危険負担の判例総合解説

危険負担の
判例総合解説

小野 秀誠 著

判例総合解説シリーズ

信山社

はしがき

　本書は，危険負担に関する裁判例を，次頁の文献目録に引用の拙著を作成する過程で検討したものを参考に，総合的な判例研究としてまとめたものである。狭義の危険負担だけではなく，実質的にこれに相当するものや補充するものにも言及している。また，従来あまり注目されていない清算関係における危険負担に関する裁判例をも扱っている。1990年代以降の新たな立法例や法統一のための草案が示すように，危険負担は，解除と密接な関係をもっており，私の従来の危険負担論の半分も解除論であり，関連する解除の裁判例がかなり多く対象となっている。

　本書には，もとになった文献の性格が反映され，分野ごとに記述に若干の差がみられる。これは，危険負担の周辺部に属する分野では，なぜその判決が実質的に危険負担に属するかを説明する必要があると考えたからである。他方，典型的な危険負担の事例に関しては，あまり詳細な言及は必要ないものと考えた。

　典型的な危険負担の裁判例には，比較的古いものが多い。しかし，関連する周辺部に位置する裁判例には，かなり新しいものまで含まれており，上述の危険負担論の新たな進路を示すものとなっている。

　危険負担の固有の分野の裁判例は，必ずしも多数というわけではないので，下級審のものまで，かなり拾ってある。しかし，本書でとりあげた裁判例は，必ずしも網羅的なものではない。とくに各論の部分や，従来必ずしも狭義の危険負担として扱われてこなかった清算関係などの危険負担や解除に関する部分は，そうである。なお，各判決の事実関係は，ごく簡略化してある。

　学説も網羅的なものではない。これを詳細にとりあげていては，本書の特質が現れないからである。あくまでも，裁判例をとりあげるのに必要な限度にとどめてある。個々の学説については，個別の引用文献や以下の文献目録を参照されたい。文献の引用も最低限のものにとどまる。

　なお，本書の第1章から3章までは，いわば危険負担の総論部分，第4章以下が契約類型別の各論であるが，第10章は，体系的には総論に属するものである。

　本書の原型となった本は1999年に一粒社から発行されている。あまり時間は経過していないことから，大きな修正点はないが，若干の判例を追加し，記述の修正などを行っている。なお，この間の大きな動きとしては，2002年にドイツ債務法現代化法が施行され，危険負担規定は，解除権の転用の構成に大きく方向を転換した（323条参照。ただし，草案の段階で削除された旧323条＝日民536条1項は，現326条1項として復活した。また，引渡主義に関する446条も修正された）。近時の多くの法統一の動きとも合わせ，本書で提示した危険負担と解除の統一的理解の必要性は，

はしがき

ますます増大しつつあると思われる（なお，本書第1章2節注3参照）。

2004年9月9日

小 野 秀 誠

はしがき

危険負担

第1章 給付の牽連関係 … 3
　第1節　給付相互の牽連関係 … 3
　第2節　牽連関係と契約の解消，牽連関係の制限 … 12

第2章 契約規範による補充 … 17
　第1節　はじめに … 17
　第2節　履行と牽連関係 … 18
　第3節　一部不能，遅滞，目的不到達 … 29
　第4節　当事者に帰責事由がある場合 … 43

第3章 当事者意思と危険負担 … 63
　第1節　534条の適用の実態 … 63
　第2節　売買約定書・約款 … 66

第4章 売　買 … 81
　第1節　特定物売買 … 81
　第2節　種類物売買 … 103
　第3節　停止条件付売買，所有権留保売買 … 110
　第4節　選択，制限種類売買，包括売買 … 124

第5章 造作・建物買取請求 … 131
　第1節　はじめに … 131
　第2節　造作と建物の買取請求 … 132

目　次

　　第 3 節　危険負担 …………………………………………… *136*

第 6 章　競　　売 ……………………………………………… *139*
　　第 1 節　競売における危険負担 …………………………… *139*
　　第 2 節　民事執行法 ………………………………………… *147*
　　第 3 節　再競売と競売保証金 ……………………………… *152*

第 7 章　雇　　用 ……………………………………………… *161*
　　第 1 節　民　　法 …………………………………………… *161*
　　第 2 節　労 働 法 …………………………………………… *178*

第 8 章　請　　負 ……………………………………………… *185*
　　第 1 節　請負契約 …………………………………………… *185*
　　第 2 節　運送および傭船契約 ……………………………… *202*

第 9 章　リ ー ス ……………………………………………… *209*
　　第 1 節　裁 判 例 …………………………………………… *209*
　　第 2 節　リースにおける危険負担 ………………………… *211*

第 10 章　清算関係における危険負担 ………………………… *221*
　　第 1 節　本章における検討対象 …………………………… *221*
　　第 2 節　対象の限定・先例 ………………………………… *227*
　　第 3 節　先例と検討 ………………………………………… *232*

判例索引 …………………………………………………………… *241*

文 献 目 録

(1) 以下の拙稿は，【　】による略語で引用する（おもに危険負担と解除に関する最初の3著）。
　　【研究】　　危険負担の研究〔1995年〕日本評論社
　　【Ⅰ】　　　反対給付論の展開〔1996年〕信山社
　　【Ⅱ】　　　給付障害と危険の法理〔1996年〕信山社
　　【利息】　　利息制限法と公序良俗〔1999年〕信山社
　　【判例】　　民法総合判例研究・危険負担〔1999年〕一粒社
　　【専門家】　専門家の責任と権能〔2000年〕信山社
　　【大学】　　大学と法曹養成制度〔2001年〕信山社
　　【土地】　　土地法の研究〔2003年〕信山社
　　【現代化】　司法の現代化と民法〔2004年〕信山社

　また，つぎの2著の拙稿にも，しばしばふれている。
　　遠藤浩＝倉田卓次＝山口和男編・逐条民法特別法講座⑥〔1986年・ぎょうせい〕「危険負担・534条～536条」39頁～75頁，「541条・解除・無責の遅滞」97頁～100頁，「548条・解除権の消滅・清算関係における危険負担」115頁～119頁など参照。
　　遠藤浩＝平井一雄編・注解不動産売買〔1993年・青林書院〕所収の「危険負担・534条～536条」412頁以下。

(2) この分野のまとまった業績（単行本）としては，つぎがある。
　　浅井清信・債権法に於ける危険負担の研究〔立命館出版部・1942年，新青出版・1996年復刻〕，同・危険負担論―その基本的考察と労働契約への展開〔日本評論社・1952年〕
　　新田孝二・危険負担と危険配分〔信山社・1998年〕
　　半田吉信・売買契約における危険負担〔信山社・1999年〕

(3) その他，契約総論に関する一般的なテキストを，とくに引用の多寡にかかわらず列挙する。
　　石田文次郎・債権各論〔1947年〕早稲田大学出版部
　　石田穣・民法Ⅴ〔1982年〕青林書院
　　内田貴・民法Ⅱ〔1997年〕東大出版会
　　梅謙次郎・民法要義〔1912年・1984年復刻〕有斐閣
　　大村敦志・基本民法Ⅱ（2003年）有斐閣
　　戒能通孝・債権各論〔1945年〕厳松堂
　　勝本正晃・債権法概論〔各論・1949年〕有斐閣
　　川井健・債権法Ⅲ・契約総論〔1989年〕有斐閣
　　北川善太郎・債権各論〔1995年・2版〕，〔2003年・3版〕有斐閣
　　来栖三郎・契約法〔1974年〕有斐閣
　　今野裕之・契約法〔1996年〕信山社
　　末川博・契約法上〔1958年〕岩波書店
　　末弘厳太郎・債権各論〔1918年〕有斐閣

文 献 目 録

鈴木禄彌・債権法講義〔1995年・3訂版〕,〔2001年・4訂版〕創文社
鳩山秀夫・日本債権法〔総論・1925年〕,〔各論上・1924年〕
広中俊雄・債権各論講義〔1994年・6版〕有斐閣
星野英一・民法概論Ⅳ〔1976年〕良書普及会
松坂佐一・民法提要〔債権各論・1982年・4版〕有斐閣
水本浩・債権各論上〔民法セミナー5・1979年〕一粒社
水本浩・契約法〔1995年〕有斐閣
三宅正男・契約法〔総論・1978年〕青林書院
森泉章・契約法総論〔1991年〕日本評論社
山中康雄・契約総論〔1949年〕弘文堂
我妻栄・民法講義 V_1〔1954年〕岩波書店

注釈民法(13)〔1966年・谷口知平編〕有斐閣
新版注釈民法(13)〔1996年・五十嵐清編〕有斐閣

(4) 危険負担に関する文献の詳細については,水本浩＝平井一雄編・日本民法学史・各論〔1997年・信山社〕248頁以下〔小野〕参照。

判例集等略称

大 判	大審院民事部判決	評 論	法律評論
最 判	最高裁判所判決	高民集	高等裁判所民事判例集
高判(決)	高等裁判所判決(決定)	下民集	下級裁判所民事裁判例集
地判(決)	地方裁判所判決(決定)	行裁集	行政事件裁判例集
支判(決)	支部判決(決定)	労 民	労働関係民事裁判例集
簡判(決)	簡易裁判所判決(決定)	法 学	法学(東北大学法学会誌)
控 判	控訴院判決	金 判	金融・商事判例
民 録	大審院民事判決録	判 時	判例時報
民 集	大審院民事判例集	判 タ	判例タイムズ
	最高裁判所民事判例集	金 法	旬刊金融法務事情
裁判集(民)	最高裁判所裁判集(民事)	ジュリ	ジュリスト
新 聞	法律新聞	新 報	法律新報
裁判例	大審院裁判例(法律新聞別冊)		

＊大審院民事判決録,大審院民事判例集,および法律評論,法律新報,法律新聞等所収の判決文で,句読点の付されていないものについては,句読点を付した。なお,原文にすでに句読点が付されているものには,変更を加えていない。

危険負担

判例総合解説

澳門與北京

第1章　給付の牽連関係

第1節　給付相互の牽連関係

1　序

　わが民法では，双務契約から生じた給付相互の関係につき，危険負担の債務者主義が原則として規定されている。すなわち，536条1項によれば，当事者の責に帰すべき事由なくして生じた不能にさいしては，債務者は，反対給付をうける権利を当然に失うのである。

　しかし，債務者主義の実現には，たんに反対給付義務を失わせるだけでは足りない。反対給付が先履行されていたときには，債権者がその返還を請求できることとしなければならないし，また，給付の一部不能の場合には，反対給付義務もそれに応じた減額をしなければならない。536条1項の規定が簡潔なことから，これらを解釈で補う必要が生じる。

　以下では，①給付の不能にさいして，反対給付義務が排除される場合，②先履行した反対給付を返還請求する場合，③一部不能の効果を検討する[1]。

2　反対給付債務の排除

㋐　請　負

(a)　給付不能にさいして，反対給付義務が排除される効力は，債務者主義のもっとも基本的な効果である（ドイツ民法旧323条1項参照）。比較法的には，解除権を転用して契約の消滅というプロセスを通して反対給付義務を排除する例も多く，またこれが近時の立法の傾向でもあるが（2002年のドイツの債務法現代化法323条がその1例であり，解除の方式を採用した。とくにその草案。ただし，新326条1項は，新323条で修正された旧323条の反対給付義務の当然消滅の方式を部分的に復活させた），わが法では，この効果は，意思表示をまつことなく当然に生じる（民536条1項）。双務契約上の給付障害は，これによって反対給付義務に反映されるのである。

---

1)　第1章1節については，小野「危険負担・534条—536条」遠藤浩＝平井一雄編・注解不動産売買〔1993年〕412頁以下（とくに423頁以下）を参照。

しかし，わが法上は，債権者主義（534条1項）の規定があることもあって，必ずしも実際例は多くない。

(b)(i) 民法536条1項の効果について，古くには，請負（引渡前）に関する裁判例がある。給付不能によって，反対給付の義務がなくなるとするものである。

【1】 大判明35・12・18民録8輯11巻100頁

[事実] 事実関係は，ほとんど不明であるが，建築請負において，目的建物が天災によって滅失したことから，請負人Xが請負代金の支払を請求した事案である。原審は，請負人が契約履行のために支出した費用は，たとえ天災によって工事が滅失した場合でも，注文者Yが負担するべきであるとしていた。
大審院は，この原判決を破棄し，建物に生じた損害は，請負人に帰せられるべきものとした。もっとも，その理由は必ずしも契約法的なものではなく，同人になお所有権が残っていることを理由とする。
[判旨]「按スルニ，X〔請負人〕カYノ為メ請負ヒタル建築物ハ，竣工前即チYノ所有トナラサル前ニ於テ天災ニ罹リ破壊シタル事実ハ，原審ニ於テ確定シタル如クナルヲ以テ，之ニ因リ右建築物ニ付キ生シタル損害ハ当時ノ所有者タルXノ負担ニ帰スヘキコトハ，危険ノ負担ニ関スル法則上誠ニ明白ナリト云フヘシ。而シテYノ指摘シタル原判文ニ掲ケタル金391円50銭ハ，係争工事ニ関スル費用ナルコトモ亦原院ノ認ムル所ナルニ因リ，右法則ニ照シ特別ノ事情ナキ限リハ，Yニ対シ其賠償ヲ求ムルコト能ハサル筋合ナリトス」。

【2】 大判大3・12・26民録20輯1208頁

[事実] これも，事実関係は，ほとんど不明である。請負人が材料を供給して注文者の土地に建物を建てた場合に，請負契約の特質上，引渡まで建物所有権は請負人にあり，また，引渡によって債務が完了して注文者に対する報酬支払の請求権が発生するとした。そして，建物を引渡すまで，危険は請負人が負担することを前提として，請負人の完成した建物の所有権の帰属を判断したものである（所有権確認登記抹消事件）。
[判旨]「然レトモ，請負人カ自己ノ材料ヲ以テ注文者ノ土地ニ建物ヲ築造シタル場合ニ於テハ，当事者間ニ別段ノ意思表示ナキ限リハ，其建物ノ所有権ハ材料ヲ土地ニ附著セシムルニ従ヒ当然注文者ノ取得ニ帰スルモノニ非スシテ，請負人カ建物ヲ注文者ニ引渡シタル時ニ於テ始メテ注文者ニ移転スルモノトス。是レ本院判例（明治37年（オ）第286号同年6月22日判決）ノ示ス所ナリ。蓋此場合ニ於テハ建物ハ全然請負人ノ供給シタル材料及ヒ労力ニ因リテ成リタルモノニ係リ，且請負契約ノ性質上特約ナキ限リハ，請負人ハ其建物ヲ注文者ニ引渡スニ非サレハ債務完了セス，之ヲ引渡スニ因リテ始メテ債務完了シ注文者ニ対スル報酬支払ノ請求権発生スヘク，尚ホ建物ヲ引渡スマテハ之ニ関スル危険ハ請負人ノ負担ニ属シ引渡ニ因リテ始メテ注文者ノ負担ニ帰スヘキ関係等ニ鑑ミ，又建物ハ土地ニ附著スルモ独立シタル別箇ノ不動産ヲ成シ，其土地ニ従トシテ附合スルコトヲ認メサル我法制ニ照シテ考フレハ，本院判例ノ旨趣〔趣旨〕ハ之ヲ是認スルヲ相当ト」する。

(ii) 戦後初期の下級審判決にも，請負に関して，不能による給付義務の不能と対価の関

係につきふれたものとして，つぎの【3】がある。

【3】　京都地判昭26・8・30行裁集2巻8号1259頁

　　［事実］　Xの課税申告に対し，Y（国税局）は，Xが戦前に国と結んだ兵器製造供給契約によって，終戦後国に対して課税の対象となる損害賠償請求権を取得したことを理由に，更正処分をした。しかし，Xは，自分は損害賠償請求権をもついわれがないとして，更正処分の取消を求めた。すなわち，損害賠償請求権は，国とXとの契約約款にもとづき，国が契約を解除したことにより生じるものであるが，兵器生産を目的とするみぎ契約は終戦により不能になったというのである。
　　判決は，Xのこの主張をいれ，履行不能が債権者たる国の責に帰すべき場合であればXは代金債権を取得し，国の責に帰すべき場合でなければ代金債権も消滅するから，いずれにせよ，Xが国による解除を理由とする損害賠償請求権をもつことはないとして，更正処分を取消した。
　　［判旨］　「同年〔昭和20年＝1945年〕9月2日にはポツダム宣言の内容をその内容とする降伏文書が日本国によって調印され，ここに国家統治の権限は連合国最高司令官の制限のもとに置かれることとなつて，同日国内規範としての一般命令第1号が布告せられ，日本国も日本国民もその第8項『一切の兵器弾薬及び戦争用具の製造及び分配は直ちにこれを終止するものとす』との規定により兵器の生産を禁止されるに至つたものである。従って同日を以てXの政府に対する滑空機制作供給債務は履行不能により消滅したものと解するのが相当である。右履行不能の事由は債務者たるXの責に帰すべからざる事由であることは多言を要しない。従ってそれが債権者たる政府の責に帰すべき事由であるとすればXは債務を免れながら，なお代金債権を有し，政府の責にも帰すべからざる事由であるとすればXの代金債権も消滅する関係，すなわちXは依然として代金債権を有するか，代金債権を失つたかいずれかである。そのいずれであるかを問わず，Xは政府の側からする約定解除権の行使に基いて仕掛品相当額の損害を蒙る理はない。Xはかような損害賠償請求権を政府に対して取得するいわれないのである。果してそうだとすれば，XはYが戦時補償特別税の課税価格に加えた如き請求権を有しないものといわなければならない」。

　　(c)　これに対して，請負の目的物を引渡した後は，危険は移転し，給付が不能となっても，反対給付義務は消滅しない。

【4】　東京地判昭52・7・11判時879号101頁

　　［事実］　注文者Xは，Yにゴルフ場の芝張り工事を請負わせたが，自分でなすべき先行工事を遅延し，また，Yの工事にも不備がみられた（芝の枯死）。そこで，Xは工事の未完成や放棄に関する特約にもとづき契約を解除し，Yの請負代金請求債権と相殺のうえ損害の賠償を求めた。その間の事情は，以下のとおりである。Yが芝張り工事に着手するため準備をしていたのに，Xが先行工事を遅滞したためYは芝を張るホールの一括引渡をうけられず，Xの先行工事が完了した部分ごとに引渡をうけて工事をし，場所によっては芝の目地をいくぶん広く張った。また，YからXへの約定の引渡期日には，部分的に，芝の枯死もみられた。

判決は，芝の枯死は，その年の冷害や多雨など気候条件が悪かったことによっており，当事者の責に帰すべき事由によるものではないとしたが，以下の理由によって，Xに危険が帰せられるとした。たしかに，YからXには仮引渡しがなされていなかったが，それは，Xが先履行義務を怠ったことから，厳格な手続を経なかったためにすぎない。Xの先行工事の遅延により工事の引渡の条件は緩和され，事案では芝張り工事につき仮引渡があったとみなされるとするのである。また，各部分の芝張り工事完成にともない順次その後の芝の滅失・毀損に関する危険負担はYからXに移転するものとする。そして，XのYに対する損害賠償の請求を認めなかった。

[判旨]「およそ，本件のごとく請負業者が土地に植え付けた芝は，特段の事情が認められないかぎり附合（民法242条）により直ちに土地の所有者に帰属すべきものと解する余地があるところ，前記認定事実のもとにおいて，本件請負契約の内容，ことに，Yが支払うべき購入予定の芝の手付金の資金に充てるためXが前渡金として金1,000万円をYに支払うこと，Yが芝張り工事を完成した各コースにつき順次Xに仮引渡しをしたうえ，Yは直ちに仮引渡し後の各コースにつき維持・管理請負作業に入る旨定められていたことなどに徴すれば，本件請負契約においては，芝の所有権は，右仮引渡しの時点をもってYからX（XとA間の契約いかんによっては，直ちにA）に移転させる趣旨であったものと解すべきであり，したがって，両当事者の責に帰すべからざる事由により芝の滅失・毀損が生じたときは，仮引渡しまではこれに関する危険はYが負担し，仮引渡しにより以後Xがその危険を負担するものというべきである。

そして，前認定のとおり，Xが約旨どおり先履行義務を履行しなかったことから，右仮引渡しも約旨どおりの厳格な手続を経なかったものというべく，したがって，YがXから引渡しを受けた各コースの各部分の芝張り工事完成をもって仮引渡しとする旨の暗黙の了解が成立していたと認めるのが相当であるから，右各部分の芝張り工事完成に伴い順次その後の芝の滅失・毀損に関する危険負担はYからXに移転するものというべきである」。

「(2) 次に，芝張り工法の不完全の点について判断するに，前示認定のとおり，本件コースのうちYが芝張り工事の最終工程でした工事部分には，約定どおりのベタ張りでなく，指1本以上の間隔で芝を張り付けた箇所があったから，Yは，不完全な履行をしたものというべきである。

しかしながら，民法は，第634条以下に請負契約についての瑕疵担保責任について規定するのであって，右規定は，単に売主の担保責任に関する同法第561条以下の特則のみならず，不完全履行の一般理論の適用を排除するものと解すべきであるから，工事が請負契約に予定された最後の工程まで一応終了し，ただそれが不完全なため補修を加えなければ，契約で定めた内容に欠けるところがある場合には，仕事は完成したものとして，注文者は，請負人に対し，約定若しくは民法第634条以下の規定により瑕疵担保責任を問うのはともかく，債務不履行の責任は問い得ないものといわなければならない。

これを本件についてみるに，前記各認定事実のもとにおいては，本件芝張り工事の一部分には不完全な履行があったとはいえ，本件芝張り工事はすべて完成されており，かつ，Yは，それ以後維持・管理請負作業を継続し，結局，Xは遅くとも昭和40年10月13日までに一応その引渡しを受け，その後間もなく，本件コースはゴルフコースとして営業の用に供されるに至ったのであるから，仕事は完成しているものとい

うべく，Xは，Yに対し，もはや債務不履行の責任を問い得ないものといわなければならない」。

また，本件には，工事の瑕疵がある場合の解除を定めた特約があるが，芝張り工事の特殊性から，「瑕疵が重大で契約の目的を達し得ない場合，あるいは信義則上これと同視し得る場合に限って」解除できる趣旨であるとして，解除はできないとした。

(d) 請負に関する古い裁判例は，給付不能に対し，債権者たる注文者が対価の支払債務を免れるとするが，その理由づけは必ずしも契約法的な配慮にもとづいていたわけではない。所有権の所在を根拠として，工事についての所有権がなお請負人に属するからとして，その危険負担を導いている。(【1】参照)。請負目的物の請負人帰属を前提とする。この理由づけによれば，材料を注文者が供給したときには，逆に注文者の危険を導くことになる。その場合には，注文者は，仕事という給付をうけなくても反対給付を義務づけられることになってしまう。

しかし，所有権は観念的なものであり，たとえそれのみが移転していても危険負担には影響を与えないとみるべきであるから，請負人負担の理由としては，むしろ給付の牽連関係に求めるべきであろう(【2】判決参照)。

その後も，明確に牽連関係の効果として，反対給付義務の排除を導く例は少ない。【2】や【3】も同様である。前者は，引渡によって注文者に危険が移転するとするが，それは，傍論的な部分にすぎない。また，後者は，不能によって反対給付義務が消滅することにも

言及する。もっとも，不能が債権者の有責にもとづいた可能性をも事実認定のうえで否定しなかったので，必ずしも給付の牽連関係のみを明示しているわけではない。

そこで，給付の牽連関係は，やや間接的にうかがえるだけである。たとえば，給付の目的物が引渡され，債務者の義務がつくされたならば，危険は債権者に移転する(【4】)。この【4】は，現実的支配の可能性が債権者に移転したことから危険も移転したとして，契約法的に説明することもできる。逆に，支配の可能性が移転する前には，なお反対給付義務が消滅する可能性もうかがえる。

さらに，債権者が反対給付を先払していた場合，あるいは同人に不能について帰責事由がある場合にも，牽連関係の現れ方は異なる(後述3，第2章4節参照)。

(イ) 賃 貸 借

(a) 賃貸借は，歴史的に早くから給付の牽連関係が認められてきた契約類型であり，これに関しては，わが法でも，給付の牽連関係(目的物の使用と賃料の支払)を明示する例がある。

【5】 大判昭14・3・10民集18巻148頁

[事実] Xは，Yに土地を賃貸し，Yはこれを道路として使用していたが，その後，土地は市長から道路の認定をうけ，市道となった。Xは，Yが賃料を支払わないので，賃料の支払を求めたが，Yは，これに対して，道路の認定によって賃貸借は履行不能となって消滅したと抗弁した。原審では，Y勝訴。敗訴したXから上

告。上告棄却。

判決は，道路の認定後には，道路としてのYの利用は，「路線認定ノ効果」であって「賃借人トシテ之ヲ使用スル為」ではないとし，「本件賃貸借カ履行不能ニ帰シタ」とする。給付が不能になったとすれば，その結果，Xの賃貸人としての義務が消滅するので，Yの賃借人としての反対給付の義務も消滅することになるとする。

[判旨]「然レトモ原審カ本件土地ノ賃貸借ハYカ其ノ所有家屋ノ居住者其ノ他一般人ノ交通ノ用ニ供スル道路敷ト為ス目的ヲ以テ為サレタルモノト認定シタルコト原判文上明ニシテ，又該賃借地カ大阪市長ノ路線認定ニ依リ市道ト為リタルコトハ，原審ノ確定シタル事実ナリ。然ラハ右認定後ニ於テY所有家屋ノ居住者其ノ他ノ一般人カ右道路ヲ通行スルコトハ，畢竟市道トシテノ路線認定ノ効果ニ外ナラサルモノニシテ，Yカ賃借人トシテ之ヲ使用スル権利ヲ有スルカ為ニ非サルハ勿論，X亦賃貸人トシテ賃借人ヲシテ其ノ目的タル使用ヲ為サシムルモノトモ云フヘキニ非サルコト，道路ノ性質上之ヲ当然トナスヘキモノナレハ，原審カ論旨摘録ノ如ク，本件賃貸借カ履行不能ニ帰シタル旨判示シタルハ洵ニ正当」。

本件判旨は，給付が不能となったときには，反対給付義務も消滅するとする限りでは正当であるが，私有地を道路使用の目的で賃貸借の対象とすることは，たとえ道路の指定をうけたあとでも可能といえるから，これをただちに不能とする点には疑問がある。行政法規がただちに契約の私法的効力を否定する場合にあたるとは，いえないからである。本件は，厳密には，契約目的の到達の場合にあたるものとして，解除権を発生させるものであり（これにつき，【I】155頁以下，201頁参照），賃借人は，契約を解除して反対給付たる賃料の弁済を免れることができる。なお，賃貸人に帰責事由はなく，債務不履行解除はできないから（541条），目的到達による解除を認めない場合には，事情変更による解除による必要が生じよう。

下級審判決では，つぎがある。

【6】 大阪地判大6·12·16新聞1356号25頁

[事実] Xは，その所有土地につきYとの間で賃貸借契約を結んだが，その土地は河川法の準用をうける川敷地となったので，XはYに土地を使用させることが不可能となった。Xが約定賃料の支払を請求した事件である。

判決は，債務の履行が不能となったことは，当事者双方の責に帰すべからざる事由によるものとし，また，賃貸借は当事者の一方が相手方に物の使用収益をさせ，相手方がこれに対価を支払う双務契約であるから，XはYに対し債務の履行を免れると同時に，536条1項に従って反対給付をうける権利を失うとした。

[判旨]「然り而して，Xの該債務の履行不能は大阪府告示に依り安威川が河川法の準用を受くべき河川として認定せられたるに基因し右はX及Y双方の責に帰すべからざる事由に属し，而も賃貸借は当事者の一方が相手方に或物の使用及び収益を為さしむるを約し，相手方が之に其賃金を払ふことを約する双務契約なるが故に，XはYに対し債務の履行を免るゝと同時に又民法第536条第1項に従ひ反対給付たる賃料を受くる権利を有せざることとなり，賃貸借は茲に全く消滅するに至りたること論を俟たず」。

さらに，最高裁では，つぎがある。

【7】 最判昭36・7・21民集15巻7号1952頁

[事実] Y先代は，X先代に昭和23年9月12日，罹災都市借地借家臨時処理法9条2項による賃借の申出をした。X先代は，この申出を拒絶したが，裁判の結果，拒絶は無効とされた（昭26年9月8日）。Xは，この間の賃料をYが支払わないことを理由に契約を解除し，土地の明渡を請求した。1審，2審とも，X敗訴。Xから上告したが，上告棄却。

判決は，Xが土地を使用させない場合にYに賃料を支払う義務はないとして，この請求を認めなかった。すなわち，この場合には，解除以前に，給付は不能となっており，「土地の賃料を支払う義務はない」とする原判決を前提とする。

[判旨]「原判決所掲の証拠によれば，X先代AがY先代Bに対し昭和26年9月8日以前に本件土地を使用し得る状態におかなかったとの原判決判示が肯認できるから，本件借地権が所掲のように昭和23年10月3日設定されたものであるとしても，昭和26年9月8日以前においてはY先代がX先代に対し本件賃貸借の賃料の支払義務がないとした原判決の判示は相当である」。

(b) (i) 賃貸借では，【5】のほか，下級審判決では【6】にやや明確に反対給付義務の排除の例がみられる。【7】は，給付の相互関係にふれているものの，実質的な内容は不能ではなく，使用させない場合に関する。後者は，債務者の責に帰すべき不履行でもあるから，債権者たる賃借人がするさいには，解除によっても反対給付義務の排除そのものは説明されよう。

賃貸借は，給付相互の牽連関係が認められやすい分野である。売買や特定物の引渡を目的とする契約では，目的物の所有権が移転し，それに伴って債権者が所有者として損害を負担することが生じるから，契約のプロセスでも，これが契約上の危険負担に影響して，給付相互の牽連関係を修正する可能性があるが，賃貸借のように所有権の移転を伴わない契約では，このような所有権的な危険のよちはないからである。貸主は，契約上つねに危険を負担しているのである。

なお，民法も，賃貸借については特則をおいているが，それも，実質的には給付の牽連関係と異なるものではない（611条1項）。ただし，意思表示を必要とする場合には，反対給付を支払うべき時期に関して差異が生じる可能性がある。

これにつき，大阪高判平9・12・4判タ992号129頁は，阪神「震災によって賃貸借の対象物が滅失に至らないまでも損壊されて修繕されず，使用収益が制限され，客観的にみて賃貸借契約を締結した目的を達成できない状態になったため賃貸借契約が解約されたときには，賃貸人の修繕義務が履行されず，賃借人が賃借物を使用収益できないままに賃貸借契約が終了したのであるから，公平の見地から，民法536条1項を類推適用して，賃借人は賃借物を使用収益できなくなったときから賃料の支払義務を負わないと解するのが相当である」とし，たんに賃料減額の問題とする賃貸人の主張を排斥した。また，賃貸借契約を締結した目的が達成できない状態になったため契約が解除されたときでも，公平の見地から民法536条1項を類推適用して，賃借人は建物を使用収益できなくなった時から賃料

の支払義務をおわないとする。解除と危険負担の相互性に着目した判決である。

　賃貸借の目的物が滅失した場合には，賃貸人の目的物を使用・収益させる義務が消滅するだけではなく，賃貸借契約そのものが終了するとされる（我妻栄・民法講義V₂の470頁）。概念的には，賃料債務が免責されること（536条1項）と契約の運命はべつのことであるが，目的物が修繕される可能性がない場合にまで債務関係を存続させておくことは無益だからである。611条2項は，この旨を一部不能につき明確にしたものである。

　全部滅失の場合には，給付は履行されていないから，反対給付義務の消滅は明瞭であるが，一部滅失の場合には，減額の範囲につき疑義が生じうる。また，過去の対価である賃料の分は，不能による義務の排除ないし軽減の問題となるが，将来の賃料債権については，不能による排除だけではなく，減額請求や解除（611条）を否定する必要はない（536条1項の適用を制限するものではない）。両者は排斥する性質のものではないから，反対給付の排除と解除には，それぞれ両者の意思表示が包含されていると考える必要がある。

　(ⅱ) また，賃貸借は継続的な関係であるから，目的物がその使用中に使用不能になることが多い。そして，一定期間についてあらかじめ対価が支払われていることも多いから，給付相互の関係は，たんに未履行の反対給付義務の排除だけではなく，既履行給付の返還をめぐって問題となることも多い。

　さらに，給付の一部不能にさいしては，賃料の減額請求が問題となることもある。これらについては，後述【8】および【9】，【37】

参照（【9】は売買）。なお，これに関連しても，賃貸借で当然に対価支払義務が消滅するかという問題が生じよう（前述(ⅰ)参照）。

　(c) つぎに，目的物の使用ができなくなる場合としては，【7】のように，貸主が目的物を使用させない事例がある。このとき，賃借人は，反対給付義務を免れることができる。もっとも，これは，債務者の帰責事由による不能であり，危険負担の問題とはいえず，賃借人は，債務不履行の一般的な救済手段，たとえば，損害賠償を請求することもできる。しかし，債権者＝借主としては，必ず損害賠償を取得して，自分も反対給付の義務を負担するとする必要はなく（これについては，後述第2章2節 **2**，代償的履行の部分を参照），逆に，給付の牽連関係を主張して，自分の義務からの解放を求めることも可能である。

(ウ)　その他の分野

　請負や賃貸借以外の分野では，給付不能にさいして，反対給付義務が排除されることを直接に明示する裁判例は乏しい。売買のような移転型の契約では，債権者主義（534条1項）がとられているからであろう（売買については後述）。もっとも，法の文言が一般的であるのに比して，その実際上の適用については，後述のようにいくつかの疑問がある。

3　反対給付の取戻

(ア)　返還請求

(a) 給付の牽連関係が実効性のあるものとされるには，たんに未履行の反対債務を排除

するだけでは足りない。反対債務が，給付の不能に先立って履行されているときには，その返還が認められなければならない。わが民法典には明文がないが，反対給付未履行の場合とパラレルに扱われる必要がある。反対給付の履行が行われたのは，給付の履行を期待したからである。

商法では，物品運送に関してだけ明文がおかれており，これによれば，運送品の全部または一部が不可抗力によって滅失したときには，運送人は運送賃を請求できず，運送人がすでに運送賃を受領しているときには，これを返還しなければならないとする（商576条1項，国際海運20条2項参照）。

返還請求権の性質は，不当利得の返還請求権と解される。外国法には，反対給付の取戻について規定するだけではなく，その内容についても，不当利得に関する規定を準用すると明文で定める例がある（ド民旧323条3項。新326条4項参照）。

(b) わが裁判例では，賃貸借につき，これに言及したものがみられる。

【8】 大阪地判昭3・7・26 評論18巻民法804頁

［事実］ Xは，Yから住宅および工場敷地として土地を借りた。その後，Xは建築認可の申請をしたが，その申請前に，市街地建築物法が施行され，同法所定の建築線に接していないとしてXの申請は却下され，建築は不能となった。そこで，Xは，Yに対し，敷金と先払した賃料の返還を求めた。判決は，これを認容した。

［判旨］ 判決は，Xが「偶々右利用ノ時期ニ於テ，既ニ市街地建築物法ノ適用ヲ受ケ〔Xの申請の日から同法が適用された〕為ニ前記目的ノ建築ヲ為スコト能ハサルニ至リシ如キ場合ハ，Xノ過失ニ基キ如此結果ノ到来ヲ来シタルモノト謂フヘカラサルハ勿論，又建築線設定ノ困難ナル程度前段認定スル如クナル以上，社会観念上不能ト認ムヘキモノナルヲ以テ，本件契約ハ前記法律適用ノ結果当事者ノ責ニ帰スヘカラサル事由ニ基キ履行不能ニ帰シタルモノト認ムヘク，従テ該契約ハXノ契約解除ノ意思表示ノ有無ニ関セス当然消滅ノ効果発生シタルモノト謂ハサルヘカラス」として，敷金，賃料の返還請求を認めるべしとした。

もっとも，具体的には，Xが契約消滅後に土地を占有していたことが不当利得となり，Yがそれにもとづく賃料相当額の返還請求権をもつとし，これにより相殺する（Yの主張）ことも認められた。

(c) しかし，住宅地として賃借した土地が建築不能な場合に，たんに借主が観念上土地を占有しているというだけでは，不当利得があるとはいえないであろう。たとえば，住宅地として利用できる場合でなければ意味がないからである。駐車場程度の利用が可能としても，その価値は住宅よりは劣るであろうから，住宅の賃料を基準として相殺できないことはいうまでもない。

なお，判決も，鑑定の結果，本件のように「建物建築ヲ許可サレサル場合ニ於テモ尚土地所有者ハ1坪ニ付キ1ヶ月金24銭ノ収益ヲ挙ケ得ヘキ」ものとしている。ちなみに，XY間の賃貸借契約では，賃料は，1か月50円であった。

なお，直接には賃貸借契約の運命が問題と

されたケースであるが，最判昭 32・12・3 民集 11 巻 13 号 2018 頁は，建物が朽廃してその効用を失った場合に，建物の賃貸借契約が終了するとした。建物収去土地明渡ではなく，賃料の請求事件として生じる場合には，反対給付である賃料支払義務の消滅と構成される可能性がある。「賃貸借の目的物たる建物が朽廃しその効用を失った場合は，目的物滅失の場合と同様に賃貸借の趣旨は達成されなくなるから，これによって賃貸借契約は当然に終了するものと解するのを相当とする」。反対給付義務の消滅に，解除や契約の消滅をもってする立法例のもとでは，両者の関係は，より密接となる（以下の第 2 節をも参照）。

(d) 賃貸借の反対給付である賃料や広義ではこれに包含される敷金が，給付の不能にさいして返還されるべきであることから，これを排除する特約の効力が問題となる。1996 年の阪神大震災を契機として，関西地区の「敷引」の特約（敷金の一部を返還しない）が問題となるケースが多発している。これについては，後述第 3 章 2 節参照。

また，反対給付の返還に関する問題は，売買においても，債権者主義を採用しない場合には生じ，手附金や代金の一部が先払されているときには，その返還を求めることになろう（後述【46】参照）。

(イ) 給付利得

牽連関係にもとづいて，先給付した対価の返還を求める不当利得の返還請求権は，いわゆる給付利得であるから，受領者＝売主の返還義務は，その善意性によって軽減されること（民 703 条＝ド民 818 条 3 項）はない。有効な契約にもとづく給付については，受領者はつねに善意であること，契約の無効・取消の場合と同じく，返還義務の軽減を制限する給付利得論に従うべきこと，解除のさいの原状回復義務がモデルになることによる。また，受領者が対価をすべて返還することが双務性に合致し，反対給付未履行の場合の解決（反対債務の消滅）とも合致するであろう[2]。

第 2 節　牽連関係と契約の解消，牽連関係の制限

1　契約の解除と危険負担

(ア)　解除との関係

危険負担の原則である給付相互の牽連関係は，解除によっても補われている。

このように解除が危険負担と関連することは，わが民法でも部分的にはうかがうことができる。たとえば，民法 611 条 1 項は，賃貸借において賃借物の一部が賃借人の過失によらずに滅失したときには，同人は滅失した部

---

[2] これにつき，遠藤ほか編・逐条民法特別法講座⑥〔1986 年〕64 頁参照〔小野〕。また，「危険負担と返還関係」【II】317 頁以下をも参照。

第2節 牽連関係と契約の解消，牽連関係の制限

分の割合に応じて借賃の減額を請求できるとし，同条2項は，その残存部分だけでは賃借人が賃借した目的を達成しえないときには，同人は契約を解除することができると定める。

ところで，賃貸借における賃貸人の給付は，目的物を賃借人に利用させることである。そこで，目的物が滅失したときには，給付は不能となる。そうすると，不能が当事者の責に帰せられない事由にもとづく場合には，給付の牽連関係を考慮すれば，賃借人には反対給付の義務はないことになる（536条1項）。前記の611条1項は，このような場合に，給付に生じた不能が一部にすぎないとすれば，反対給付の義務も一部が消滅するにとどまることを定めたものである。

しかし，外形上目的物の一部の滅失であっても，たとえば，建物の屋根が暴風雨でとばされたような場合には，通常その建物を利用することはもはやできなくなる。そこで，実質にそくして給付を把握すれば，賃貸人の義務は不能となる。そのような場合には，危険負担の原則によれば，賃借人の反対給付の義務も当然に消滅することになる（536条1項）。ところが，611条2項は，これに代えて，賃借人が契約を解除することを認めたのである。そこで，賃借人が契約を解除すると，賃貸人が給付義務を免れるとともに，賃借人も反対給付の義務を免れることになる。そうすると，この場合の解除は，賃貸人の給付が実質上不能となった場合に，それと牽連関係にある賃借人の反対給付義務を免責するのと同じ効果をもつことになり，牽連関係を認める危険負担と解除とは，実質上きわめて類似の機能をもつ，ということができるのである。

以下の記述においても，危険負担と解除の関係にふれる必要がある。

また，商法にも，実質的な危険負担に関して，解除の構成をとる場合がみられる（後述第8章2節参照）。さらに，競売における危険負担にも契約の解消の構成がみられる（第6章参照）[3]。

---

3) 商法，とくに海上運送契約における危険負担については，「運送契約における契約の終了・解除・目的不到達と反対給付」【Ⅰ】326頁以下所収，および，前掲逐条民法特別法講座⑥66頁以下参照。

なお，解除と危険負担の関係については，【Ⅱ】392頁注1において，かねてつぎのように指摘した。「筆者が解除権の転用や契約の終了による危険負担との代替性を唱えた1980年代の前半には，両者をまったく別個のものとみることがむしろ一般的であり，両者の相互性や転用の理論は特異な議論ととらえられ，かりにそのようなものがあったとしても，わが法では部分的，例外的あるいは遺物的な（611条2項や海商法の一部の規定など）ものにすぎないとされることが多かった（あるいは今日でもそのようにとらえるむきがあるのかもしれないが）」。

しかし，その後，1992年にドイツ債務法改定草案が出されてからは，両者の関連性が一般的に認められるようになった（1981年のドイツ債務法の改定の鑑定意見の段階では，まだ一部の比較法理論からの特異な議論とされた）。そのため，筆者の初期の論文には，今日的観点からは，両者の関係について饒舌すぎる面もある。さらに，ユニドロワ国際商事契約原則7・3・1条，ヨーロッパ契約法原則9-301条，2002年のドイツ債務法現代化法も，解除を転用して危険負担の代用とする構成を採用し，解除から帰責事由の要件をはずした（323条，326条1項）（なお，1980年のウィーン国

第1章　給付の牽連関係

(イ)　他の方法

また，解除だけではなく，反対給付義務を消滅させる他の方法にも，危険負担と関連する点がある。たとえば，契約の取消やクーリング・オフである。これらは，契約の後発的な調整ではなく，原始的瑕疵を理由としてその成立を妨げるものである。しかし，反対給付義務が消滅することによって，危険は債務者に転嫁されるから，給付の牽連関係と同様の機能をもちうるのである。契約の成立の阻止と契約の清算に共通する場面の一部である。もっとも，この場合には，解除権の消滅という観点も生じ（後発的障害が生じたときには，解除権を消滅させるかどうかの問題），これは，清算関係の危険負担の問題の一部となる（後述第10章参照）。

2　その他の主義との関係

(ア)　危険負担の諸主義

ところで給付の牽連関係は，売買にそくしてみると，売買契約の履行まで一方の給付の不能が反対給付の債務に影響を与えるとの立場である。これに対し，危険負担の諸主義は，売買契約の履行の段階にそくして位置づけられる。債権者主義・所有者主義・引渡主義は，それぞれ契約締結時・所有権移転時・引渡時に，売主から買主へと危険の移転があったとして，給付の不能が反対給付の債務に影響を与えないとする立場である。そうすると，本来履行の完全な終了まで存続するべき影響関係が，履行過程の途中で失わされている。いわば，中途で履行が擬制されているものといえる。双務契約の一方の給付の履行があったとみなされるから，じっさいにはそれが存し

際統一動産売買法49条を嚆矢とする）。

ところが，2004年の民法の現代語化法案において，541条の法定解除権につき，帰責事由の要件がおかれた（「第541条　当事者の一方がその債務を履行しない場合において，相手方が相当の期間を定めてその履行を催告し，その期間内に履行がないときは，相手方は，契約の解除をすることができる。ただし，その債務の不履行が債務者の責めに帰することができない事由によるものであるときは，この限りでない。(但書の追加)（第542条・省略）　第543条　履行の全部又は一部が不能となったときは，債権者は，契約の解除をすることができる。ただし，その債務の不履行が債務者の責めに帰することができない事由によるものであるときは，この限りでない」。単純に415条の損害賠償と合わせて（「第415条　債務者がその債務の本旨に従った履行をしないとき，又はその履行をすることができなくなったときは，債権者は，これによって生じた損害の賠償を請求することができる。ただし，その債務の不履行が債務者の責めに帰することができない事由によるものであるときは，この限りでない」），帰責事由の要件をおいたものであるが，実務界における伝統的な通説（我妻説）の影響力の大きさを示すものである。

しかし，解除に関する新しい考え方のもとでは，解除は，不履行に対する価値中立的な制度であり，一種の制裁たる損害賠償とは区別されなければならず，またそれゆえ給付障害からの一般的救済手段となり，双務契約では危険負担や遅滞に対して広く転用されうるのである。あらためて解除と危険負担の関係を強調しておくことの必要性を感ぜざるをえない。〔追記〕その後，種々の批判をうけ，草案の段階で解除の有責要件は削除された（415条も修正）。

ないときにも，反対債務の履行が必要とされる。そして，一方の履行が擬制にすぎないことから，不衡平という批判があてはまるのである。

それゆえ，双務契約上の給付の交換という見地からすれば，一方の給付の履行があってはじめて他方の給付も義務づけられなければならない。この意味で，債権者主義は売買契約の締結のみでまったく履行がないのに給付相互の牽連関係を失わせるものであるから，みぎの批判は当をえたものといえる。所有者主義も，それが観念的な所有権移転を考えているにすぎず，買主に対し何ら実質的支配を与えないものであるから，同じ批判があてはまる。

(イ) 引渡主義

これに反し，引渡主義は，買主に目的物の実質的支配を与えたことをもって危険移転の根拠とするものである。そして，引渡は通常履行の最終段階に位置づけられるものであるから，給付の牽連関係をもっとも存続させるものといえ，その具体化の一態様となっている。

もっとも，引渡といっても，それが売主の履行義務のすべてを意味するわけではないから，給付の牽連関係とまったく同一とはいえない。しかし，牽連関係の維持には，売主の主要な義務を考慮すれば足りる。あまりに付随的な義務が未履行であったことを理由に危険移転時を遅延させても，今度は実質的履行

第2節　牽連関係と契約の解消，牽連関係の制限

があるにもかかわらず反対給付が履行されないとの不衡平を生じるおそれがあるからである。

また，売買契約の態様は多様であるから，契約の性質から，危険移転時が引渡以外の時点に変わることもありうる。たとえば，買主の希望によって売主が好意から履行地以外の場所に目的物を送付する場合である。この場合には，買主の受領がなくても，余分な債務を引きうけた売主（同人が買主のもとに持参することを債務として引きうけた場合を除く）の送付によって危険の移転を認めることになろう（送付債務・ド民447条）。わが法では，不特定物の危険移転のさいに，送付によって，債務者が履行をなすに必要な行為を完了したかどうかが問題となる（後述第4章2節参照）。もっとも，1992年のドイツ債務法改定草案は，民事売買において引渡主義を徹底させることを目的として，前記の447条を削除した。しかし，2002年のドイツ債務法現代化法は，伝統に従いこれを復活させた[4]。引渡主義を純化することは貫かれなかったのである。国際的な売買契約においても，送付債務の特則に類似する規定が置かれていることにもよる（ハーグ国際統一動産売買法19条3項，100条，ウィーン国際統一動産売買法67条など）。

逆に，売主が義務として重い負担をおったときには，その履行まで危険は移転しないとみることができる（買主の目的物の検認・承諾が必要と定めた場合。伝統的なものとしては，試験売買）。つまり，引渡主義は，給付の牽

---

4) 新ド民447条参照。立法例については，【研究】503頁以下。債務法現代化法につき，小野「ドイツの2002年債務法現代化法──給付障害法と消費者保護法」国際商事法務29巻8号，司法の現代化と民法（2004年）214頁参照。

連関係の通常の場合をさすものにすぎず，そのすべてではないのである。

さらに，売買が請負の要素をも包含する場合には，請負の結果債務的な性質からも，危険移転時が遅らされることがある。請負においても，危険移転時は，通常引渡時とされるからである。

(ウ) 類型的考察

これらの危険移転時が早められ，あるいは遅らされる場合については，契約類型ごとに検討することを要する（第4章以下）。

3　登記と引渡

引渡主義を採用したといわれるドイツ民法典（1900年）の危険負担も，不動産に関しては，登記による危険移転をも肯定した。登記のみで危険が移転するとすれば，目的物の現実の支配なしに危険を負担することも生じうるが，これは，民法典制定当時に残存していた所有者主義（res perit domino.）の遺物と位置づけられるものである。

わが法の解釈のもとでも，不動産売買に関しては，危険移転のメルクマールとして引渡以外に移転登記がありうる。たしかに不動産取引において，登記は引渡と同様に，重要な意義をもつ。しかし，反面，それは買主の目的物件の支配を観念化するものでもある。そこで，登記が危険を移転させるかは，目的物件への実質的支配という見地から決せられる必要がある[5]。

ドイツ民法典旧446条2項は，引渡のほかに登記によっても危険が移転することを認めたが，1992年の債務法改定草案および2002年のドイツ債務法現代化法446条は，これを削除し，危険移転はもっぱら引渡によるものとした。これは，引渡主義を純化する構成といえる。

---

[5] たとえば，国内の不動産であれば，原則として引渡が必要であろうが，例外的に，離島や外国の土地の売買で，当事者がともにべつの所におり，他に現実的支配のメルクマールの欠けている場合には移転登記ほかのメルクマールでも足りることがある。実質支配は，売主と買主の相関関係によっても左右されるものである。

第2章　契約規範による補充

第1節　はじめに

　双務契約における給付相互の牽連関係は，契約の特定の状況を前提として生じる。

　第1は，契約の履行に関するものである。危険負担は，契約の存在を前提とするから，契約が履行され終了したあとでは，たんに所有者としての危険が問題となるにすぎない。これが，契約のプロセスで危険を当事者間で分配する契約的な危険，すなわち本来的な意味での危険負担と区別されるべきことはいうまでもない。

　もっとも，この契約的な危険の終了時をさすメルクマールとなる契約の終了には，本来的な履行のほか，代償的な履行や擬制的な履行が付加されることもある。これらについては，以下，第2章2節，第4章以下で検討しよう。

　第2は，履行の不能を生じさせた原因に関するものである。危険負担（牽連関係）は，契約当事者の双方に不能につき帰責事由がない場合を対象とする。当事者に帰責事由がある場合は，部分的には危険負担に取り込まれているものの（債権者に帰責事由がある場合＝536条2項），本質的なものとはいえない。過失責任主義から，帰責事由のある者がその責による損失を負担することは当然といえるからである。また，債務者に帰責事由がある場合も，同様に過失責任主義から結論を導くことができる場合である。

　そして，当事者に責のある場合は，危険負担の外縁を決定するうえでも意味をもっている。しばしば，「帰責事由」を操作することによって，危険負担の領域が左右されるからである。たとえば，労働法における「使用者（債権者）の帰責事由」の拡大である。また，売買法でも，売主（債務者）の帰責事由を拡大すれば，債権者主義を回避する手段として機能する関係がある。

　危険負担と当事者の帰責事由との関係については，以下の第2章4節で検討しよう。

　第3に，危険負担は当事者意思の補充であるから，合意により修正することができる。危険負担のような任意法規の適用は，特段の合意のない場合に限られる。これは，以下，第3章で検討する。

第2節　履行と牽連関係

1　本来的履行

㈦　履行の諸場合

危険負担は，契約法的な給付相互の調整であるから，履行が終わって契約関係が失われたときには適用のよちがない。これは，給付が当初から予定された効果を生じたとの意味で，契約の目的から正当化される。

しかし，履行がされたという場合にも，態様に相違がある。第1に，当初から予定された給付そのものによって履行された場合は，本来的な履行であり，これに対して反対給付が義務づけられることはいうまでもない[6]。

第2に，本来的な履行が不能になったことによって2次的な給付が生じ，それによって履行が行われることもある。これは代償的履行というべきものであって，本来的な履行とは異なり，必ずしも当初の契約の目的に適合しているわけではない。

第3に，本来の履行も，代償的な履行さえもなされていないにもかかわらず，あたかも履行を擬制することによって，契約的な給付の相互関係を断絶させる場合がある。債権者主義が典型であって，契約の締結と同時に，給付がそれぞれ独立したものと扱われ（債務独立説），契約の終了後と同様に債権者に危険を移転するのである。

㈣　物の危険

本来的履行とは，契約によって給付の目的とされたことがそのまま実現される場合である。たとえば，特定物を給付する場合であれば，それが債務者によって債権者にもたらされることである。こうして給付が現実に行われれば，給付義務は消滅し，債務者は，それ以後，目的物に生じるいっさいの滅失や毀損について責任をおわない。債権者は，以後所有者として目的物に生じる損失を負担しなければならない（物の危険，periculum rei）。

売買契約にそくしてみれば，履行過程中にあっては，契約の効果として，給付の一方に生じた不能は，反対債務に反映される（反対給付の排除・取戻の効力）。しかし，契約の成立前および履行後にあっては，目的物件に生じる毀滅は，その所有者が負担しなければならない。契約の効果として，損失を他の当事者に転嫁するよちはないからである。

わが裁判例にも，このことを認めたものがある。

【9】　大判大11・4・28民集1巻5号228頁，評論（民法）11巻437頁[7]

［事実］　大6年12月27日，YはXに田を売

---

6) 第1章2節の本来的履行についても，小野「危険負担・534条─536条」遠藤浩＝平井一雄編・注解不動産売買〔1993年〕412頁以下（とくに423頁以下）参照。
7) 本件については，平野義太郎・判民大11年33事件がある。

却し，売買契約は履行された。その後，その土地に対して耕地整理が完了し，それにともなう換地処分の結果，Yの所有地は2畝9歩増加したが，Xの所有地は6畝6歩減少した。Xは，大8年6月10日，地租納付のおりに，これを発見した。そこで，XはYに対し，減少した反別に相当する金額を不当利得として返還請求した。1審，2審とも，Xの請求を認容。Yから上告。

大審院は，このような反別の増減は，たんに耕地整理の結果にすぎず，売買契約とは何らの関係もないから，買主が減少反別につき相当の代金額を失い，売主が不当に代金を利得したような結果になっても，差額の返還を求めることはできないとして，原判決を破棄自判した。

［判旨］「売買契約カ成立シ其ノ履行後ニ生シタル所謂耕地整理ニ基ク換地処分ニ原因シ，買受地所ニ比シ其ノ反別ノ減少ヲ来シ，売主所有ノ他ノ地所カ却テ其ノ反別ヲ増加シタル現象ヲ呈シタリトスルモ，這ハ単ニ耕地整理ノ結果ニ外ナラスシテ，売買契約ト何等因果ノ関係アルモノト謂フヘキモノニ非サルカ故ニ，為ニ買主タルXニ於テ，其ノ減少反別ニ対スル代金ヲ損失シ，従テ売主タルYハ不当ニ其ノ代金ヲ利得シタルカ如キ結果ヲ生シタリトスルモ，売主タルYニ対シ，之カ返還ヲ請求シ得ヘキモノニ非ス。何トナレハ，既ニ其ノ売買契約カ完全ニ履行セラレタル以上ハ，其ノ目的タル地所ノ反別カ或事情ノ為減少セラルルコトアルモ，売主ノ責ニ帰スヘキ事由ニ因リタルモノニ非サル以上ハ，其ノ減少ノ為生シタル損害カ其ノ買主ノ負担ニ帰スヘキハ普通一般ノ場合ニ於テ論ナキ所ナルノミナラス，之ト同シク本件ノ場合ニ於ケルカ如ク，其ノ売買契約履行後ニ於テ所謂耕地整理ニ基ク換地処分ニ原因シ，売主所有ノ他ノ地所カ其ノ反別ヲ増加シタルニ反シ，買主ニ交付セラレタル地所カ買受地所ニ比シ其ノ反別ノ減少ヲ来シタルハ，固ヨリ売主ノ責ニ帰スヘキ事由ニ因リタルモノト謂フヲ得サレハ，此場合ニ限リ為ニ生シタル損害ヲ買主ニ負担セシムヘカラサル理由アルコトナク，且若シ斯ル場合ニ於テ其ノ救済ヲ為スコトヲ許容スルトキハ，売買契約履行後幾多ノ星霜ヲ経過シタル後ニ於テ発生シタル場合ト雖，其ノ減少シタル反別ノ割合ニ応シ其ノ売主ヨリ買主ニ対シ売買代金ニ相応シタル金額ヲ返還セサルヘカラサル結果ヲ生スルニ至リ，取引ノ安全ヲ保持スルニ由ナキヲ以テナリ」。

(ウ) 履行の終了

本件判決も指摘するように，給付の履行がすべて終了して給付義務がなくなるとすれば，危険負担の問題は生じない。ちなみに，【9】の事案では，移転登記も行われ，引渡もなされていたようである。

給付の相互的な関係によって反対債務が減額されまたは免除されるのは，給付の一方が不能になったことにもとづくから，すでに給付が履行されたときには，反対給付も履行されなければならない。その後に生じた目的物件の変化は，契約とは無関係であり，所有者の負担に帰する。判決はこの趣旨を述べたものである。

もっとも，目的物に生じた変化が原始的な瑕疵にもとづくときには，売主の担保責任を生じさせよう。そこで，たとえば，【9】事件において，Xの反別の減少が，Xの買受地のみを対象として決せられたのではなく，売却されたYの所有地と一体のものとして評価された結果生じた場合のように，売買契約または契約前の事由と関係があるときには，Yの責任を生じるよちがある。

この場合には，売主は耕地整理の結果保持しえない土地を売ったことになるから，買主

が土地を失ったときには，追奪をうけた場合と同様に，責任をおわなければならない。しかし，事案では，そのような事情は明らかではない。

耕地整理が売主と買主の各土地について別個の判断にもとづいて行われたときには，各土地にたまたま増減が生じても，それは売買とは無関係である。各当事者の土地は，ともに増加し，あるいは減少することもあろう。土地の増減は，契約の終了後にこれとは無関係に生じたといえる。

本来的履行が行われれば，給付の相互関係を追求する必要はなくなる。債権者は，当初の目的を達成し，他方，債務者も，その後に生じる目的物の変更による損失を転嫁されることはないのである。

2 代償的履行

(ア) 給付の交換

給付の履行が不能になっても，第2次的な履行がなされる場合には，反対債務は消滅しない。たとえば，債務者に責がある不能にさいして損害賠償請求権が発生し，または保険金債権が生じる場合である。このときには，これらと反対債権とが交換されうるからである[8]。

損害賠償請求権は，2面において給付の牽連関係に影響を与えている。第1に，それは，債務者の有責を要件として生じるものであるから，危険負担の限界をなしている。

第2に，それが発生するときには，反対給付債務が存続するという形で，反対給付債務の排除の効力を失わせる意味をもっている。もっとも，損害賠償債務と反対給付債務との関係については，両者が全額で交換されるとの交換説と，損害賠償額から反対給付額を控除した額についてのみ損害賠償請求権が発生するとの差額説とがある。そして，差額説によるときには，損害賠償請求権が発生しても，形式的には反対給付債務は差額の計算のなかで消滅することになる。

また，売主の債務不履行で給付をうけられない買主は，契約を解除して自分の代金債務を免れることもできるから，損害賠償請求権の発生可能性は，ただちに債権者＝買主の反対給付債務の履行を義務づけるわけではない。

(イ) 代償請求

(a) 当事者に責のない不能にさいして2次的な請求権が発生するのは，代償請求の場合である。代償請求権については明文規定はないが，判例・学説ともにこれを認める。

代償請求という言葉は，後述の【11】事件ではじめて用いられたが，これに類した考えは，かなり古くからみられる。

【10】　大判大15・7・20民集5巻709頁[9]

［事実］　YはAに株式を譲渡し，それはさらにXに譲渡された。ところが，YがXに株式を引渡さない間に，会社の合併にもとづき新株式

---

8) 代償的履行については，「代償請求と第三者関係」【Ⅰ】379頁以下所収。
9) 本件については，田中耕太郎・判民大15年94事件がある。なお，大判昭11・7・14新聞4022号7頁参照。

が発行された。そして，名義人であるYが割当をうけたので，Xは，Yに名義の書換を請求した。原審は，Xの請求を認容。Yから上告したが，棄却。

[判旨]「債務者ノ責ニ帰スヘカラサル事由ニ因リ履行不能ヲ生シタル場合ニ，債務者ヲシテ通常債務ヲ免レシムル所以ノモノハ，之ニ対シ其ノ債務ヲ認メ損害賠償義務ヲ負担セシムヘキ根拠ナキニ至リタルカ為ノ故ナレハ，債務者ノ責ニ帰スヘカラサル事由ニ因リ履行不能ヲ生シタル事由ノミニ依リ，直ニ債務者カ其ノ履行不能ノ発生ニ因リ本来ノ給付ノ残留セルモノ又ハ其ノ代リトシテ取得シタル物又ハ権利ニ付債権者ニ対シ之カ給付ヲ為スノ責務ナシト断スルヲ得ス。若此種ノ給付義務ヲ認メサルトキハ，債務者カ履行不能ニ因リ其ノ債務ヲ免レタル結果，債権者ハ損害ヲ被ルニ反シ，債務者ハ履行不能ニ因リ却テ本来ノ給付物体ノ残留セルモノ又ハ其ノ代リトシテ取得シタル物又ハ権利ヲ取得シテ利得スルコトトナリ極メテ不公平ナル結果ヲ生スヘシ。斯ノ如キハ立法ノ趣旨ナリト首肯スルコトヲ得ス。而シテ民法第304条カ第350条，第362条第2項，第375条ニ依リ，質権，権利質及抵当権ニ準用セラレ質権又ハ抵当権ノ目的物カ滅失又ハ毀損シ権利質ノ目的タル権利カ滅失スル場合ニ於テモ，質権又ハ抵当権ヲ消滅セシメス。其ノ滅失又ハ毀損ニ因リ債務者カ受クヘキ金銭其ノ他ノ物ニ対シテ，其ノ権利ヲ行フコトヲ得ル旨ヲ定メ，又民法第536条第2項ハ，双務契約ニ於テ債権者ノ責ニ帰スヘキ事由ニ因リ履行不能ヲ生シタル場合ニアリテモ，尚ホ債務者ハ其ノ履行不能ノ結果其ノ得タル利益ヲ債権者ニ償還スルコトヲ要スル旨ヲ定メタル趣旨ニ徴スルトキハ，双務契約ニ於ケルト片務契約ニ於ケルト問ハス，債務者ハ履行シ得ヘキ限リハ履行セサルヘカラサルモノニシテ，本来ノ給付カ履行不能トナリタル場合ニ於テモ，其ノ給付ノ物体ノ残留スルモノ又ハ其ノ代リトシテ取得シタルモノアルトキハ，債権者カ之ニ付利益ヲ有シ其ノ給付ヲ求メタル場合ニ，之ニ応スヘキ義務アルモノト解スルヲ妥当ナリトス。而シテ商法第225条第2項，第220条ノ5ニハ，株式会社ノ併合ニ因ル株式合併ノ場合ニ従前ノ株式ヲ目的トスル質権ハ併合ニ因リ株主カ受クヘキ株式及金銭ノ上ニ存在スルコトヲ定ムルカ故ニ，株式ノ売買ニ於ケル売主ノ義務ニ付テモ，売買ノ目的タル株式カ株式会社ノ併合ニ因リ消滅シタル場合ニアリテハ，之ト同シク売主ハ其ノ併合ニ因リ従前株式ニ対シ割当ラレテ取得シタル株式ヲ買主ニ移転スル義務ヲ負担スルモノト論断スルヲ相当ナリトス」。

　すなわち，物上代位などの趣旨から，債務者には，本来の給付が不能となっても，その残留物あるいはその代わりとして取得したものがあり，債権者がそれにつき利益を有し請求する場合には，その請求に応じなければならない，としたのである。

　本件は，債務者の利益償還義務を表明したものとも位置づけられる。債務者が債務を免れたことにより利益をうけたときには，これを債権者に償還しなければならないからである。代償請求権はその延長に位置している（【12】をも参照）。

　もっとも，より古い【79】は，売買契約後（競落による），買主にあたる競落人が危険を負担するから，売主にあたる原所有者は，火災保険金を請求しえないとしている。

(b) 初期の裁判例としては，つぎがある。

【11】 長崎控判昭 8・3・20 評論 22 巻民法 875 頁

［事実］　X先代Aは，その所有する土地家屋につき抵当権を実行され，Yがこれを競落した。そこで，Aは，その不動産をYから買いもどす契約をしたが，Aが代金の支払を怠ったので，YはAに対して明渡を訴求した。その訴の係属中，Aの相続人XとYとの間で代金4万円の支払を猶予する和解が成立した。他方，Xは，Yの同意をえて所有名義人Yの名で保険をかけていたところ，家屋が焼失したので，Yは保険料2万円を取得した。そこで，Xは，代金4万円のうち2万円をこれにより相殺したとし，残金2万円と引き換えに所有権移転登記を求めた。

判決は，Xが危険を負担する立場にあるから，YはXに代金支払を求める請求権を有するが，債務者が目的物の滅失をきたしたのと同一の事由によって代償たる利益をえた場合には，債権者は，債務者に対して本来の給付の残留物または代償として取得したものの引渡を求めうるとして，一般的にXの代償請求を認容した。

［判旨］　「本件ニ於テ，債務者タルYカ自己債務ノ履行ヲ免レタルニ拘ラス，Xニ対シ代金4万円ノ支払請求権ヲ失ハサルコトハ民法第534条ニ照シ疑ナキトコロナリ。然レトモ這ハ畢竟債務者ヲシテ債務ノ履行ヲ為シタルト同一状態ニ置キ其ノ反対給付ヲ受クルノ権利ヲ失ハサラシメムコトヲ期スルモノニ外ナラスシテ，固ヨリ之ニヨリテ過当ナル利得ヲ保有セシムルノ趣旨ニアラス。債務者カ目的物ノ滅失ヲ来シタルト同一事由ニ因リ其ノ物ノ代償タル可キ利益ヲ取得シタル如キ場合ニ於テハ，債務者ハ一面自己ノ債務ヲ免レ而モ尚反対給付ヲ受クルノ権利ヲ有スルノミナラス，他方ニ於テ右代償タル利益ヲ保有スルハ其ノ結果二重ノ利得ヲ受ケシモノナルニ反シ，債権者独リ履行不能ニ因リ生シタル損害ノミヲ負担ス可シトスルハ，公平ノ原則ニ照シ到底首肯シ能ハサルトコロニシテ，斯ル場合債権者カ債務者ニ対シ本来ノ給付ノ残留セルモノ又ハ其ノ代リトシテ取得シタル利益ノ引渡ヲ求メ得可シト解スルハ民法第536条第2項，第422条ノ精神ニ顧ミ妥当ナリト謂ハサル可カラス」。

また，保険金が代償請求の対象となるかどうかについては，「保険金ハ債務者カ保険契約ヲ締結シタルノ結果トシテ取得シタルモノナル点ヨリ見レハ，之ヲ代償中ニ包含セシムルハ不可ナルカ如シト雖モ，履行不能ノ原因タル目的物焼失ノ事実ハ，代償取得ノ唯一ナル原因タルヲ要セス。数箇原因中ノータルヲ以テ足リ，保険金ノ取得ハ履行不能ノ原因タル焼失ヨリ生スル法律上ノ結果ニシテ其ノ間因果関係ノ存スルコトハ叙上不法行為者ニ対スル損害賠償請求権ニ於ケル場合ト異ルトコロナキノミナラス，本来債務者ハ被保険物焼失シタル場合，之ニ代ラシムル意思ヲ以テ保険契約を締結スルモノナレハ，因リテ得タル利益ハ寧ロ之ヲ代償ト認ムルヲ以テ相当トスレハナリ」。

しかし，代償請求権と代金の支払義務との同時履行の関係については，「然リト雖モ，債権者ノ債務者ニ対シテ有スル代償請求権ハ，債権者ノ本来ノ債権ニ代ル可キモノニシテ，反対給付ノ債務ト牽連シ，民法第533条ノ適用ヲ受ケ，双務的関係ニ在ルモノト解ス可キ」ものとしても，本件では和解の結果，Xが4万円を支払ったあと，Yの移転登記義務が生じるものとされていたとして，代金の支払義務が移転登記より先履行の関係にあったとし，保険金引渡も代金支払後にすれば足りるとして，Xの相殺の主張を排斥した。

この判決は，代償請求権に関する先例とい

えるものであるが，債権者・Xが実質的な保険契約者といえる場合であり，Xが保険金を請求できることは，この面からも説明されうるので，なお特殊な場合であるともいえた。

　(c)　上級審の判断としては，最高裁は，つぎの判決で，代償請求権を承認するにいたったと位置づけられている。

【12】　最判昭41・12・23民集20巻10号2211頁，裁判集（民）85巻843頁[10]

　[事実]　Xは，昭27年4月17日，Yからa建物を借り敷金等をいれていたが，建物は同28年3月14日，原因不明の火災により焼失した。

　また，Xは，昭27年12月25日，Y所有地にパチンコ遊戯場とする目的で，b建物を120万円で建築し，その所有権をYに帰属させ，YはXにこれを賃貸し，最初の1年は建築費と相殺し，以後は相当賃料で引き続き賃貸する契約をした。Xは，Yの求めにより敷金25万円をいれていたが，その建物も，完成直後の昭28年3月14日，同じく原因不明の火災で焼失した。そこで，Xは，ほかの貸金債権をも合わせ，賃貸借が終了したことにもとづき，敷金等の返還を求めた。

　第1審で，Yは，火災がXの過失にもとづくとしてその賠償請求権をもって相殺すると主張したが，いれられなかったので，第2審では，予備的に，Yが両方の建物の返還をうけられなくなり損失をこうむったのに反し，Xは保険金を取得して利得したから，Yは代償請求することができ，これをもってXの請求と相殺すると主張した。

　第2審判決が，この代償請求の主張を認容したので，Xから上告。上告棄却。

　[判旨]　最高裁はYの抗弁をいれ，「一般に履行不能を生ぜしめたと同一の原因によって，債務者が履行の目的物の代償と考えられる利益を取得した場合には，公平の観念にもとづき，債権者において債務者に対し，右履行不能により債権者が蒙りたる損害の限度において，その利益の償還を請求する権利を認めるのが相当であり，民法536条2項但書の規定は，この法理のあらわれである（昭和2年2月15日〔25日・後述【51】参照〕大審院判決，民集6巻236頁参照）。」と判示した。

　その前提として，保険金が代償物たることをも肯定する。「論旨は，家屋滅失による保険金は保険契約によつて発生したものであつて，債権の目的物に代る利益ではない，というにあるが，本件保険金が履行不能を生じたと同一の原因によつて発生し，目的物に代るものであることは明らかである」。

　なお，Yの側にも不能によって生じた利益があれば，これが償還されるべきことは，いうまでもない。

　「Xの本件新建物返還（または引渡）義務が，新建物の焼失によつて消滅し，他面Xが新建物の焼失によつて保険金を取得した以上，Yに，その代償請求は認めらるべきであつて，新建物の建築費用の負担者が何人であるか，債務者たるXが火災によつて損害をうけたかどうかは代償請求とは関係のないことである。新建物を賃貸する義務を免れたことによりYが利益をえたとすれば，Xは受けた損害の限度において代償請求をなしうべきであるが，かかる事項はXが原審で主張していないところであるから，事後

---

10)　本件については，瀬戸正一・判解民昭41年度564頁，沢井裕・民商57巻1号，星野英一・法協85巻1号，甲斐道太郎・判評102号480頁がある。

審たる当審で審及しうるかぎりでない」。

㈦　実質的機能

(a)　代償請求権は，債務者が給付を不能にした事由によって本来の債務目的物に代えて代償となる物または請求権を取得したときに，債権者がその引渡を請求しうる権利である。権利と損失のそごを調整するものである。比較法的には，明文のあることが多いが（ド民旧281条1項，現285条1項，フ民1303条），わが民法には規定がない。

もっとも，この権利の実質的機能は，売買の危険負担にどのような立場をとるかによって異なる。すなわち，債権者主義または所有者主義（フランス民法の立場）によって買主が危険を負担するときには，売買の目的物が滅失しても買主＝債権者は代金を支払わなければならないから，目的物に代わる物が生じたときには，必ずその譲渡をうけて，これによって当初の交換を実現しなければならないのである。

これに反し，給付の牽連関係を認めて，目的物が滅失しても買主が危険を負担しないとの立場（ドイツ民法）をとれば，買主は，代償物を請求し自分も対価を支払うか，それとも自分の対価支払義務の消滅を主張するかの選択権を有するのである。

なお，厳密には，代償請求権は，危険を負担する債権者に，危険を負担しないが代償物を取得した債務者に対する請求を認めるものであるが，これとパラレルに，危険と代償物の帰属の調整という観点からは，危険を負担する債務者に，危険を負担しないが代償物を取得した債権者に対する請求をも認めるべきであろう。

代償請求でいう債権者・債務者は，本来，給付に関してのものであるが（売買契約の債権者＝買主の権利），双務契約では，反対給付についても債権者・債務者が発生することから，両者の関係が必ずしも明確ではなく（すなわち，給付の債務者〔たとえば，売買の売主〕も，反対給付に関しては，債権者となる），またわが学説も，必ずしも両者を区別していない。すなわち，債務者＝売主が危険を負担する場合に，危険を負担せずに代償を取得した債権者＝買主に請求する権利も，区別されずに「代償請求権」として包含されるのである（「代償請求権」によって「債権者」が請求できるとされる）。

(b)　【10】では，代償請求が認められたといっても，事例は，合併した会社の新旧株式の間に同一性を認めたにすぎない。

これと異なり，代償請求が問題とされる場合には，給付の同一性が失われていることが通常である。とりわけ，代償が保険契約によって生じ，新しい給付が金銭を目的とすることが多い。【11】，【12】の場合がそうである。

このように，代償物が，本来の給付との同一性を失うと，それによる履行は，必ずしも本来の履行と同じとはいえない。したがって，特定の給付の交換を目的とした債権者にとって，たんなる代償物による履行をうけることは，必ずしも満足するべきものとはならない。そこで，同一性が維持されない2次的給付が生じる場合には，不能によって生じる反対給付義務からの免責についての債権者の利益は

なお失われていない。すなわち，債権者は，代償請求することを義務づけられるのではなく，いぜんとして反対給付義務から免れるようちを有する（選択権）。本来的履行と代償的履行との相違である。

もっとも，この選択は，実際上はしばしば無意義なものとなる。というのは，債権者に危険がおわされる場合には，反対給付義務から免れる可能性がなく，代償請求する以外に，損害を免れることはできないからである。【11】のような売買では，債権者主義が前提とされるから，買主は，代償物を請求するほかはなくなるのである。この場合には，代償請求による2次的給付は，不能となった給付を補充する意味しかもたない。

(c) そこで，代償請求権の意義についても，危険負担の原則がなにであるかとの関連づけが必要である。売買で，債権者主義を前提とすれば，危険を負担する買主が売主に対して，代償請求することに意義が限定される。他方，債権者主義をとらなければ，代償請求は，買主のもつ選択の一つにすぎない。また，賃貸借のような債務者主義の場面では，危険を負担する貸主（債務者）が借主（債権者）に対して，代償請求できることに意味が生じるのである。【12】は，この場合であった。

【12】判決の事案では，a建物とb建物とで法律関係を異にする。前者はたんなる賃貸借であって，Yが所有者として危険を負担することはいうまでもない（いわゆる物の危険）。賃貸借では，物の利用とそれに対する賃料の支払だけが牽連関係に立ち，物の利用ができない場合には，賃料の支払義務も消滅する（536条1項）。ここでは，Yは，債務者として危険を負担するのである。他方，Xは危険を負担しないから，保険金を取得することはできず，取得したとしても，Yに償還するべき必要がある。

しかし，b建物の法律関係は，譲渡の関係であり，譲渡人Xは，建物を移転する関係では債務者にあたる。もし，Xが危険を負担する場合には，Xは保険金を取得できてしかるべきである（本件でも，Xは建築費を負担し，対価である1年間の無償利用の利益をえていない）。すなわち，Xが危険を負担する場合には，危険を負担しないYには代償請求の権利はないはずである。Xが危険を負担するとしながら（保険金を譲渡し履行する場合），Yも対価を支払わないとすることはできないのである。a建物とは異なった状況となる。

もっとも，かりにすでに1年間利用させたことによって，Y（譲渡の関係では，債権者）が対価支払義務を履行した場合には，Xも履行するべきであるから，Yは，Xに保険金を全額代償請求することができる。この場合には，双方の給付が当初のプログラム（契約）にそって実行されるからである。この場合にかぎり，債権者の負担の結果を，代償請求権の行使によって回避することになる。

なお，Xが建築した建物の所有権をYに移転し，それをXが借り，対価を賃料で相殺するとの契約では，Xの建物をYが譲渡担保にうけると類似の関係が生じるから，Yは，実質上建物を担保として取得するにすぎず，危険はXが負担すると解することもできる。この場合にも，Xが建築した建物の保険金は，Xが保持するべきことになる。

第2章　契約規範による補充

(エ)　損 害 賠 償

(a)　代償請求権と同じく2次的給付によって履行が可能になるのは，損害賠償請求権が発生する場合である（415条）。ところが，損害賠償は，給付不能が債務者の責に帰すべき事由による場合に生じるから，実際上，この態様は，代償請求の場合よりも多い。

この場合にも，実質的機能は，危険負担のあり方によって異なってくる。

まず，給付の牽連関係がない場合には，債権者に責に帰すべき事由がなくても同人が危険を負担するから，債務者が損害賠償を支払う債務者の責に帰すべき不能の場合とは，損失負担の効果は反対となる。

つぎに，給付の牽連関係がある場合には，たとえ損害賠償請求権が発生しても，債権者は，反対給付義務の排除をも請求できる。この効果は，債権者が，損害賠償請求権のほか解除権をも行使でき（543条），間接的に反対給付義務を消滅させうることとの均衡からも導かれよう。

(b)　もっとも，給付の牽連関係がある場合のような権利の選択は，代償請求権の場合と異なり，債権者にそう大きな実益をもたらさない。というのは，代償請求では，債権者は，本来の債務者以外に保険者など第三者にも請求できるという利益を有するが，損害賠償請求では，請求の相手方はいずれにせよ債務者となるからである。また，請求の内容を考えれば，たんに反対給付の排除を求めるよりも，拡大した損害の填補をも求めうる損害賠償請求や解除が実質的だからである。

3　付随義務，引渡

(ア)　付 随 義 務

給付が終了することによって契約上の危険負担を考慮するよちはなくなる。債務者が給付をしたから，債権者も反対給付を義務づけられる。このような契約の「終了」が，本来的な履行に限られ，代償的あるいは擬制的な履行がこれに含まれないことは，前述した。

ここで検討のよちがあるのは，履行の内容である。債務者が負担する給付の内容は多様であるから，そのうちのなにをもって「履行」ありとするかは，問題たりうる。一般的には，給付相互の牽連関係を終了させうるに足る本質的なものが基準になるといえる。たとえば，売買における引渡である。

そのさいに問題となるのは，付随義務である。主要な給付が履行されても，付随義務が残っていれば，給付は必ずしも終了したとはいえない。また，「付随」義務とはいっても，必ずしも非本質的なものとは限らない。そこで，それによって通常の危険負担に固執するのは不当である。場合によっては，売買において引渡後も，売主の危険負担を肯定するべき場合もあるといえよう。結果債務である請負では，物理的な引渡とは区別され，より端的に，債権者による給付の「認容」(Abnahme) が必要とされる（ド民640条・644条)[11]。

伝統的な売買の一形態である試験売買においては，たんなる引渡が危険を移転しないことは，古くから認められている。たとえば，ワインの試験売買では，買主の試味によって

品質が適格と認められてはじめて危険が移転するのである（紙の見本売買で，危険移転を否定した例として，【54】参照）。

　もちろん，文字どおりの「付随」義務で，それなしでも給付の実質が損なわれない場合もある。そのような場合には，危険負担に影響を与えることはない。もっとも，当事者の合意によって，とくに特定の行為が契約の履行にとって本質的と定められた場合には，合意の効果として危険負担が影響をうけると解される場合もある（後述第3章参照）。

　(イ)　解　　除

　付随義務の不履行を理由として給付の牽連関係を認めることは（すなわち反対給付義務の排除），付随義務の不履行を理由として契約の解除権（反対給付義務の消滅）を認めることとも，実質的に一致するものであろう。両者の峻別は，不履行・不能の事由が債務者の帰責事由によるかどうかによる。帰責事由がない場合には，解除権は発生しないから（通説），これによりえない。また，反対給付義務の排除の範囲では同一であるが，損害賠償の可能性において異なってくる。

【13】　最判昭43・2・23民集22巻2号281頁

　[判旨]　「XとYとの間で，昭和37年6月2日第1審判決添付目録（二）の土地について，売主をX，買主をY，代金坪当り金6,000円の割，代金中金80,000円は契約と同時に残金は同月以降毎月11日に金5,000円ないし3,000円の

割合の割賦で支払う旨の売買契約がされたこと，そして，右売買契約においては，所有権移転登記手続は代金完済と同時にすること，それまでは買主（Y）は契約の目的物である土地の上に建物その他の工作物を築造しないことという特別の約款がつけられていたことは，原審が適法に確定した事実である。ところで，右特別の約款が外見上は売買契約の付随的な約款とされていることは右確定事実から明らかであり，したがって，売買契約締結の目的には必要不可欠なものではないが，売主（X）にとっては代金の完全な支払の確保のために重要な意義をもつものであり，買主（Y）もこの趣旨のもとにこの点につき合意したものであることは原判決（その引用する第1審判決を含む。）の判文からうかがわれる。そうとすれば，右特別の約款の不履行は契約締結の目的の達成に重大な影響を与えるものであるから，このような約款の債務は売買契約の要素たる債務にはいり，これが不履行を理由として売主は売買契約を解除することができると解するのが相当である」。

【14】　最判昭55・3・6判時968号43頁

　[事実]　Yは，AがXから賃借していた土地上の建物を借りていたが，Aから建物とともに土地の賃借権を譲受し，Xの承諾をえて改築に着手したが，承諾料を支払わないので，紛争を生じ，土地50坪のうち新築建物の敷地（30坪・甲地）の譲渡をXが承諾し，残り20坪（乙地）をYが返還する旨の合意が成立した。

　建物完成後も，Yが乙地を返還しないので，Xは，乙地の明渡を請求し，ついで，不履行を理由に，甲地の賃貸借契約をも解除した。原判

---

11)　付随義務と危険負担については，【研究】494頁以下参照。

決では，請求認容。Yから上告。上告棄却。

[判旨]「原審の適法に確定した事実関係のもとにおいて，Yが，訴外Aから原判決判示甲地の賃借権を譲り受け，賃貸人であるXの承諾を受けた際，これに附帯してXに対し同判示乙地を明け渡す旨を約しながらその履行を怠ったことが，甲地賃貸借の継続を著しく困難ならしめる不信行為にあたる，としてXによる甲地賃貸借契約解除を認めた原審の判断は，これを正当として是認することができる（最高裁昭和46年(オ)第555号同48年3月6日第3小法廷判決・民事裁判集108号371頁参照）」。

4 擬制的履行

(ア) 履行の擬制

本来的履行によって，債務者の給付に対して，債権者も反対給付義務を負担することになる。これは，双務契約の性質上当然の効果であって，なんら問題を生じることはない。また，履行後には，契約関係は消滅し，契約とは無関係の「物の危険」によって，所有者が危険を負担することになる。しかし，債務者の給付が，本来的なものでない場合には，債権者の反対給付義務の負担は，給付相互の間に不均衡をもたらすおちがある。

これは，前述の代償的履行の場合にも，部分的にはみられた。すなわち，債権者が，本来の履行とは異なる給付を受領して，反対給付義務を負担する場合である（たとえば，フランス民法典上の代償請求権）。債権者は，本来の履行以外の給付を押しつけられる必然性はなく，本来は受領を拒みうるのが相当だからである。

(イ) 債権者主義

危険負担の諸主義のなかには，これをさらに押し進めるものがある。本来の履行がなされもしないのに，債権者のみは，反対給付義務を負担するとするものである。その極限が債権者主義であり，これは，契約の締結のみをもって，債権者の反対給付義務を肯定するのである。給付の履行は，まったくフィクションとなっている。所有者主義も同様であり，観念的な所有権の移転のみをもって，債権者の反対給付義務を肯定する。

これらの場合には，債務者のたんなる履行の一段階をもって，履行のすべてがなされたのと同様の効果が期待されているにすぎない。なぜなら，双務契約の性質上，債権者の反対給付義務は，債務者の給付のすべてと交換されるはずのものだからである。そこで，債務者の履行はいわば擬制され，その基礎の上に，反対給付義務が交換されることが正当化されている。「契約上の危険」（債権的な危険，periculum obligatoris）が，履行の一段階で打ち切られ，これに「物の危険」が代えられているのである。その結果は，給付と反対給付の交換という双務契約の性質を害するものとなり，債権者のみが一方的に義務を負担するという不衡平が生じる。

したがって，これらの債権者主義や所有者主義には，給付の牽連関係とは（日民536条1項＝ド民旧323条1項，新326条1項），両立するよちはないものとみることができる。とくに売買の領域には，沿革的に形成された多様な債権者主義や所有者主義がみられる場合があるが，これらは，沿革によってのみ理由づけられるにすぎず，牽連関係が承認されて

いる場合には，これによって排除されるものとみなければならない。給付の相互的関係を契約の完全な履行まで認めるのが，牽連関係を意味するからである。

第3節　一部不能，遅滞，目的不到達

1　一部不能

(ア)　一部不能

(a)　給付の一部が不能になったにすぎない場合には，反対給付債務もそれに応じて当然に減額される。この点についても，わが民法には明文がないが，外国法には規定をおく例もある（ド民旧323条1項2文。新323条2項5号・326条1項1文後段）。

もっとも，賃貸借に関しては，民法611条1項は，賃借物の一部が賃借人の過失によらずに滅失したときには，賃借人は滅失の割合に応じて借賃の減額を求めうるとし，また，同2項は，その場合に残存する部分のみでは賃借人が賃借をした目的を達しえないときには，契約の解除ができるとする。第1項は，一部不能の効果につき，賃借人の意思表示を要件としたものの，減額請求しうることを明らかにしたものである。

明文がないことから，賃貸借以外の場合の一部不能の扱いが問題となる。反対給付義務の減額は，危険負担の原則どおりに当然にもたらされるのか（536条1項），それとも当事者の意思表示をまってもたらされるのかである。従来の裁判例では，賃貸借を扱うものが多く，611条を536条1項の特則とみる。ほかの分野については必ずしも明確ではない。

(b)　商法には，若干一部不能に関連する規定があり，運送品の全部または一部が不可抗力によって滅失した場合には，運送人は運送賃を請求しえないとする（商576条1項1文）。これは，給付相互の牽連関係を認めたものであり，民法典の債務者主義を一部不能の場合についても明確にしたものである。運送契約も請負契約の一種であり，運送人が目的地で荷物を引渡すことができなければ履行されたとはいえず，同人は，仕事の完成に対する対価＝運送賃を請求しえないのである（これにつき，後述第8章2節参照）。

これを除いて，わが法には，一般的な規定は存在しないが，牽連関係の効力の一部として当然認められるべきものである。

(イ)　解　除

また，契約の目的を達成できない一部不能については，給付の全部不能と同じ処理をするべきかが問題となる。611条2項は，実質的に全部不能の場合に，反対給付債務が当然にではなく，賃借人の意思表示によって排除できることを定めたものである。やはり危険負担の特則を定めたものである。

当事者，とくに借主が契約をした利益にそくして判断すれば，611条2項と同様に反対給付義務の消滅は，契約の解除をまってはじ

めて生じると解するべきことになる。全部不能となるかどうかは、一部不能が契約の本質的障害となるかどうかにかかっており、その判断は、給付債権者に委ねるべきだからである。

　(a)（i）一部不能に関しては、賃貸借に関するつぎの裁判例がある。611条の減額請求のさいに、責に帰すべき事由の立証責任をおもに問題とする。

【15】 東京地判昭44・2・3判タ234号202頁

　[事実]　事実関係は不明である。
　[判旨]「民法第611条は『賃借物ノ一部カ賃借人ノ過失ニ因ラスシテ滅失シタルトキハ賃借人ハソノ滅失シタル部分ノ割合ニ応シテ借賃ノ減額ヲ請求スルコトヲ得』と規定しており、右規定の文言からすると、賃借人が賃借物の一部の滅失を理由として賃料の減額を主張する場合において、賃借物の一部の滅失が賃貸人の過失によらないものであるということについて、賃借人が立証責任を負うものと解されないではない。しかし、右の規定は双務契約における危険負担について定めた民法第536条第1項によると、賃借物の滅失部分の割合に応じて賃料が当然に減額される（滅失部分の賃料債務は当然に消滅する）ことになるのであるが、賃貸借契約の賃料は当然には減額されず、賃借人の請求によつてはじめて減額される（その効果は賃借物の一部が滅失したときまで遡及するが）という権利関係の実体面の特則を定めたものであること、立証責任については、右の双務契約における危険負担についての一般規定である民法第536条の第1項と第2項を合わせて考えると、

右条項は、双務契約の一方の債務者が自己の債務が履行不能となつたにかかわらず、反対給付を受けようとする場合には自己の債務の履行不能が相手方（債権者）の責に帰すべき事由に因るものであることについて立証責任を負うことを定めたものであり債権者が自己の債権（相手方の債務）が履行不能となつたことにより相手方（債務者）に対する反対給付（自己の債務）を免かれるためには、自己の債権の履行不能が、自己の責に帰すべからざる事由に因るものであることについて立証責任を負うということまで定めたものでないと解するのが相当であること、賃借人は賃借物について善良な管理者としての保管義務を負うが、この義務は、直接には賃借人〔賃貸人〕の賃貸物を賃借人に使用、収益させる債務と対応するものではなく、賃貸借契約終了時における賃貸人の賃貸物返還請求権に対応するものであること、民法第606条によると、賃貸人は賃貸物の一部が滅失したときには、すくなくとも右滅失が賃貸人の責に帰すべき事由によるものでない限り（賃借人の責に帰すべき事由による場合については議論があるから暫く措くこととする）、その修繕義務を負い、その修繕がなされない限り賃借人は修繕されるべき部分に相当する賃料の支払を拒絶でき、さらに修繕がなされた場合においても、修繕がなされるまでの間、右の部分を使用収益することができなかつたことに因る損害賠償請求権（これは、通常は少くなくとも右部分の割合に応じた賃料額と同額になると考えられる）と賃料債権とを対等額において相殺することができると解されること等を合わせ考えると、民法第611条は前記のとおりの権利関係の実体面の特則のみを定めたものであつて、立証責任についてまで規定したものではなく、賃借人が賃借物の一部の滅失を理由として賃料の減額を主張する場合には、賃借人は賃借物の一部の滅失について立証責任

第3節　一部不能，遅滞，目的不到達

を負うが，右滅失が賃借人の過失に因らないという点についてまで立証責任を負うものではな」い。

本件では，賃貸借における一部滅失の効果に関連して，滅失事由についての挙証責任が言及されている。

「賃貸人が賃借物の一部の滅失が賃借人の責に帰すべき事由に因るということを主張することによつて，賃借物の一部の滅失にもかかわらず，賃料の減額を免れることができると解するのが相当である」。

一部滅失の効果は，536条1項によれば，当然に反対給付義務を消滅させるのであり，債権者である賃借人が，債務者である賃貸人に帰責事由がないことを立証する必要はない。給付の牽連関係の当然の効力であり，その例外は，債権者である賃借人＝債権者に帰責事由があり，反対給付義務が存続する場合に（536条2項）限られる。後者の場合に，賃借人の同時履行の抗弁権が失われたとして，単純に反対給付の請求をするためには，賃貸人が賃借人の帰責事由を立証しなければならない。

そこで，611条の場合には，減額の請求には賃借人の意思表示が必要というものの，その挙証責任までも，賃借人におわされるわけではなく，不能が賃借人＝債権者の帰責事由によることを賃貸人が立証して，賃料の減額を免れなければならない。

(ii)　つぎは，賃貸借ではなく，滞船料という特殊な法律関係に関するものであるが，碇泊期間内の荷揚（または荷積）可能な時間と対価的関係にあることから，期間が荷役不能のために算入できない事情がある場合には，それに応じて軽減されることを述べたものである。もっとも，この判決は，その法律的な性質を損害賠償額の予定としている。

【16】　東京地判昭43・7・13判タ227号193頁

［事実］　Yは，滞船料算定の基礎となる停泊日数は，荒天による荷役不能の場合には，その期間を控除するのが事実たる商慣習であり，滞船期間中の4日間が荷役不能であったと主張した。

［判旨］　「滞船料の計算については許容碇泊期間内の荒天による荷役不能の期間は滞船料の計算から控除されるが，許容碇泊期間を経過したのちは荒天のための荷役不能期間は控除しないのが事実たる商慣習であることが認められる」。

「滞船料の約定は，許容碇泊期間内に荷揚げ（または荷積み）をすることを遅滞したことに対する一種の債務不履行に基づく損害賠償額の予定であると解するのが相当であるから，Yの責に帰しえない碇泊日数は滞船料の計算から控除すべきであり，＜証拠＞をそう合〔ママ〕すれば，新潟港渡し木材の荷揚げに際し，多数の水上に浮上しないいわゆる沈木を生じたため，昭和36年11月7日は1日中および同8日は午前中は掃海のため荷揚げができなかつたこと，同8日の午後は北朝鮮からの帰還船が入港したため荷揚げができなかつたことが認められ，右沈木および帰還船入港を原因とする荷揚げ不能期間はYの責に帰しえない事由によるものであるというべきであるから，右期間を同港における碇泊日数から控除して滞船料を計算すべきである」。

(iii)　他方，傭船契約に関するつぎの事案は，債権者に責に帰すべき事由がある場合には，

第2章　契約規範による補充

同人が危険を負担するとした。

【17】　東京地判昭 46・3・30 判タ 264 号 355 頁

　［事実］　オフ・ハイヤー時間の傭船料の負担が問題となった事例である。本件には，「入渠，修繕などオフ・ハイヤー期間中の傭船料は時間割により船主負担とする」旨の特約があり，その解釈が争われている。

　具体的な事実関係は不明であるが，まず，定期傭船契約の性質について，船舶賃貸借と労務供給契約との混合契約ないしは企業の賃貸借契約と解せられるとの立場をとり，民法の賃貸借の規定を考慮するべきとする。これは，定期傭船契約を船舶賃貸借と労務供給契約との混合契約とする先例に従ったものである（大判昭 3・6・28 民集 7 巻 8 号 519 頁，大判昭 6・8・7 新聞 3311 号 14 頁）。

　そして，611 条 1 項の反対解釈と 536 条 2 項の趣旨から，帰責事由が傭船者にあって船主にはない場合には，傭船料債権は影響をうけないものというべきであるとした。すなわち，判決は，契約のみぎ条項からも堪航力，堪貨能力担保義務のある事項についてはオフ・ハイヤーとするが，不可抗力または傭船者側の事情による船舶の使用不能期間はオフ・ハイヤー時間としない趣旨が認められるとし，しかし，本件入渠は，塗装の不完全によるものであり，それについては船主ではなく，傭船主に帰責事由があるとして，修繕期間中の傭船料の支払義務はないとする傭船主の主張を退けたのである。

　［判旨］　「定期傭船契約は船舶の賃貸借と労務供給契約との混合契約ないしは企業の賃貸借契約と解すべきところ，修繕，入渠等船体の使用収益とその対価の支払関係については商法第 1 条の趣旨に反しない限り一般に物の使用の許容と対価の支払の社会的関係を典型的に取り扱っている民法の賃貸借の規定の解釈に従うべきものであり，したがつて，公平の原則に基礎をおく民法第 611 条第 1 項の反対解釈と同法第 536 条第 2 項の趣旨から，帰責事由が傭船者にあつて船主にはない場合には，傭船料債権は影響を受けないものというべきであるからである。そして，成立に争いがない甲第 1 号証によれば，本件定期傭船契約第 14 条には，『船体，汽機，汽缶の掃除，破損，衝突，座洲，座礁，火災，検査（中間及び定期検査を含む），定期消毒，船員の雇入雇止手続，船員のストライキその他本船の事故による時間をオフ・ハイヤー時間とするが，天候不良又は貨客に関する出来事のため本船が避難又は寄港した場合はオフ・ハイヤー時間としない』旨定め，右説示の場合を除くとの明文の規定がない事実は認められるけれども，右規定からみれば，堪航力，堪貨能力担保義務のある事項についてはオフ・ハイヤーとするが，不可抗力または傭船者側の事情による船舶の使用不能期間はオフ・ハイヤー時間としない趣旨と考えられ，また一般に合理的解決を求めるものと解される商人間の取引においては，法律関係の画一的機械的処理もさることながら，公平の原則の尊重も前提とされていると解されるから，本件定期傭船契約が右解釈を許さないものということはできない。

　ところで，前述のとおり，日動丸の塗装の不完全は，本件定期傭船契約上，X〔船主〕に帰責事由がなく，かえつて前記認定のとおりの委任準委任契約上のY〔傭船主〕の債務不履行によるものであり，しかも右債務不履行にはYの過失があるから，日動丸の前記入渠，修繕期間中の傭船料の支払義務が本件定期傭船契約第 14 条によつて発生しないとのYの主張は失当である」。

(b) 【17】が，傭船期間中の船の使用不能という時間的・量的な一部不能を問題とするのに対して，土地・建物の賃貸借で，その利用条件の悪化を理由として一部不能を認めた例がある。

【18】 東京地判昭45・5・18 判時608号151頁

[事実] 建物の賃貸借において，付随的に使用されていた敷地部分が使用できなくなり，建物自体の使用にも悪影響が生じたので，賃借人が賃料減額請求の意思表示をしたのに対して，賃貸人が従前の約定賃料で残額の請求をしたケースである。

判決は，本件賃貸借は，「建物の賃貸借とは言っても，その実質は建物と敷地・通路が一体となった賃貸借と同等に評価すべきである。従って，このような場合には，土地使用の許諾も賃料額決定の一要素となっている」として，土地の一部の使用が賃借人の過失によらずに使用不能になるときには，611条を類推適用して賃料の減額を請求できるとして，賃貸人の請求を棄却した。

[判旨] 「一般に建物だけの賃貸借の場合，建物使用のために最低限必要と認められる土地については，賃貸人は建物賃貸借に付随してその目的の範囲内において賃借人がこれを使用することを容認する義務があり，賃借人はその限りで右土地を使用する権能があると解すべきである。特に本件のように建物賃貸借の目的が工場として使用することであり，賃貸人が賃借人に対して建物の敷地と建物から公道に通ずる通路を建物を工場として利用する必要上，材料置場や材料，製品の搬出入のための自動車の通路などとして賃借人が使用することを許諾したような場合は，建物の賃貸借とは言っても，その実質は建物と敷地，通路が一体となった賃貸借と同等に評価すべきである。従って，このような場合には，土地使用の許諾も賃料額決定の一要素となっているものと解するのが合理的であるから，かかる土地の一部が賃借人の過失によらないで使用できなくなり，そのため賃借人の建物賃借の目的を損い，建物利用上の機能の一部が失われるに至ったときは，公平の見地から民法第611条を類推適用して，賃借人は賃貸人に対して建物の賃料の減額を請求しうると解すべきである。そしてこの減額の範囲は，単に使用土地の平面的な減少の割合を基準とすべきではなく，あくまでも建物賃貸借の制約を逸脱しないように建物の利用価値が使用土地の減少に伴いどの程度減じたかを基準としてきめるべきである」。

この事件で問題となった使用の制限は，質的な一部不能の性格をもっており，場合によっては契約の全部不能を導く可能性もある。たとえば，住宅用建物の賃貸借で，環境の悪化を理由として解約の主張を認める場合である。

(c) また，以下の裁判例のように，家屋が半焼になったときには，貸主は，賃貸の義務を免れるが，この場合に，反対給付義務も消滅するとするべきことはいうまでもない (611条2項・536条1項)。

【19】 東京地判判決年月日不詳・新聞875号（大2年7月5日号）17頁

[事実] 事実関係は，明らかではない。
[判旨] 「法律上債務の履行不能は，必ずしも

物理上絶対的に履行を為すこと能はざる場合のみを指すに非ず。物理上は可能なるも公平の観念上債務者に対し要求することを得ざる過大の利益を犠牲に供するに非ざれば債務者に於て其債務の履行を為すことを得ざる場合にも、亦履行の不能存すと為さざる可からず。従て、今本件に於て前記各家屋か〔が〕火災の為め到底家屋として使用するに堪へざる程度に焼燬せられ、其結果賃貸人たるＹに於て、其債務を履行するが為めには、賃料に比較し頗る過大の（遙に残焼部分の価格以上）費用を支出するを要するに至りしものとする以上、Ｙの債務の履行は不能に帰したるものと認むるを相当とす」。

また、近時、マンションの賃貸借において、排水管の閉塞が建物の使用収益に支障を生じる程度に達した場合に、賃借人は、この支障の生じた程度に応じて賃料の支払を拒むことができるとし、賃料の３割相当の支払拒絶が認められた例がある（東京地判平７・３・16判タ885号203頁）。

(ウ) **継続的給付**

(a) 一回的な給付であれば、不能が生じた場合に、反対給付義務を消滅させることができる（536条１項）。これに反し、継続的給付では、不能となった給付と反対給付だけではなく、同一の契約から生じた他の給付と反対給付との関係が問題となることがある。継続的契約と一部不能の問題である。

まず、未履行の給付・反対給付については、ともに消滅すると解するべきであろう。給付がなされなければ、反対給付も意味をもたないからである。

つぎに、既履行の給付・反対給付では、検討のよちがある。すでに履行された給付は、相当の対価をえて、当事者は満足をうけている。このような場合にまで、あえて給付の牽連関係をもちだす必要はない。多くの回帰的給付では、継続的契約は、同種の契約を繰り返して締結する煩雑さを避けるために行われ、内容的にはべつの契約とも考えられるからである。

解除については、継続的契約では、遡及効のない解約告知が用いられるべきものとされる。同じ区別は、当事者に帰責事由がなく、牽連関係によって給付相互の関係が調整される場合にも認められる必要がある。過去の給付に遡って、反対給付義務が消滅するとする必要はない。継続的契約における契約の解消が、一回的な給付の解除とは異なり、帰責事由を要件とせずに「やむを得ない事由」によって認められるのは（628条・630条参照）、当事者の責に帰すべき事由のない障害に対応するものであり、遡及効のないことの証左である。

もっとも、給付が分割され、その一部が順次履行される場合には、一部不能が、契約の全部不能をもたらすこともある。たとえば、数冊の百科事典を部分ごとに給付する場合である。履行は、完結した辞典を目的としているから、その一部が欠けても、価値が没却されることが多いであろう（611条２項参照）。

(b) 労務給付では、使用者の受領なくして給付の効果を達成しえないことが多い。そこで、使用者の帰責事由なくして受領できない場合（いわゆる受領不能）にも、不能として賃金の請求権を消滅させると、被用者にとって酷な結果となる。そこで、労務提供のため

に被用者がなした出費やむだになった労務そのものを，有効な給付の一部として対価請求権を肯定する可能性がある。ここでは，一部不能の概念は，量的にではなく，被用者の提供をも含めた質的な意味で修正されるのである（第7章参照）。

(c) なお，一部不能は，給付の目的が多数の物から構成される集合物や包括財産の取引において，その一部に生じた滅失・毀損を反映させるためにも用いられる。これには，単純に滅失した物の価格を対価から差し引くのではなく，それが給付のなかで占める意味をも考慮して包括財産の一部不能ととらえることが必要である（第4章4節参照）。

2 遅滞と牽連関係[12]

(ア) 遅滞の場合

給付に障害が生じれば，双務契約ではこれをどのように反対給付義務に反映させるかが問題となる。危険負担は，当事者に帰責事由なく，双務契約の給付の一方に不能が生じたときに，反対給付の運命をどう扱うかを決する制度であり，給付障害が不能の場合には，債権者主義（534条1項）あるいは債務者主義（536条1項）によって，反対給付義務に影響がないか，あるいは反対給付義務も消滅するとされる。

しかし，給付障害の態様は，不能に限られるわけではない。たとえば，遅滞の場合がある[13]。そして，危険負担は，不能（536条1項によれば，「債務を履行することができなくなったとき」である）を出発点とする。そこで，これを適用することはできない。しかも，民法典上，遅滞に対する法的手段は限定されている。損害賠償（415条1文）も，解除（541条）も，帰責事由の存在が要件とされているのである（通説）。

債務者に帰責事由のない給付の遅延の効果がどうなるかは，法典上明確ではない。遅滞は，不能と異なり給付の可能性をすべて失わせるものではないので，反対給付義務をも必ずしも全面的に消滅させる必然性はない。しかし，だからといって，反対給付義務に何らの影響をも与えないとみるべきかには問題がある。

この場合にも，反対給付義務には影響を与えないとする考え方（債権者主義）と，影響を与えるとする考え方（債務者主義）がありうる。さらに，後者の場合に，与える影響の程度によって，反対給付に生じる効果は多様なものとなる。

債務者に帰責事由のない給付の遅延も，な

---

[12] 遅滞の危険については，「遅滞の危険・不能の危険」【Ⅱ】247頁以下所収，および簡単には，前掲の遠藤編・逐条民法特別法講座⑥97頁以下をも参照。

[13] わが民法典も，法文の上では，「履行をしない」（415条1文，541条）を基本とし，それに「履行をすることができなくなった」こと（415条2文）や，不能（543条）が，損害賠償と解除権発生の要件にされているのであり，前者を遅滞と解するのは，解釈にすぎない。そこで，ドイツ民法学のような不能と遅滞との厳格な体系があったことはなく，またシュタウプの積極的債権侵害の理論（1902年）が知られたあとは，それも容易に受容されたのである。なお，本田＝小野・債権総論〔1997年〕40頁，〔2003年〕42頁（小野），【現代化】176頁以下参照。

んら反対給付義務に影響を与えないとすることはできない。少なくとも，遅延の間は，同時に対価の義務も停止するとすることに問題はあるまい。さらに，これに加えて，解除権を発生させるかが問題である。解除権の存在理由に立ちいった考察が必要であり，これを債務者の有責に対する制裁とすれば，有責なしには解除権の発生を否定することになるが，たんに契約の障害にもとづき当事者を解放する中立的な制度とすれば，肯定することができよう[14]。たとえば，1992年のドイツ債務法改定草案323条は，解除について一般的に，後者の考え方を採用し，義務違反（Pflichtverletzung，不能と遅滞の区別は廃止）による解除では，帰責事由は要件からはずされたのである（2002年の債務法現代化法による改正323条も同様）。

(イ) 解　　除

(a) わが裁判例には，この問題に直接ふれたものはないが，当事者に帰責事由なくして，給付が遅滞する場合に，べつの構成によって契約解除の可能性を認めたものがある。

【20】　大判昭19・12・6民集23巻5号613頁[15]

[事実] XはYらから，昭14年，工場敷地にする目的で，その共有地を代金31万2,696円で買いうける契約をして，手付金5万円を交付した（履行期日は，10月17日）。10月16日，当

---

14) 2002年の債務法現代化以前の伝統的なドイツ民法でも，債務者に帰責事由がない場合には，遅滞（Verzug）という用語は用いない。それは，もっぱら有責な場合をさしたからであり（ド民旧285条は，この旨を明示する），このことは，不能・遅滞を通じた原則である（不能については，ド民旧275条参照）。

15) 本件の評釈としては，来栖三郎・判例民事法昭19年49事件，谷口知平・民商17巻2号がある。
　また，抽象論として，事情変更によって契約が効力を失うことを認めたものとして，大判昭17・10・22新聞4808号8頁がある。すなわち，昭13年11月，不動産の売買をするにあたり〔代金6,000円〕，再売買の予約をした〔10年間何時でも代金6,000円で可能とする約束〕が，昭16年2月に，臨時農地価格統制令によって公定価格4244円が定められた。売主Xは，昭16年6月に6,000円を提供して売買完結の意思表示をしたが，買主Yは，受領を拒否。Xから移転登記請求。
　判決は，「按ずるに凡そ不動産の売買を為すに当り買主が売主に対し一定の期間内買受代金を以て之を買戻すべき旨再売買の予約を為すは特別の事情なき限り当事者間に於て該期間内経済事情の変動その他法令の施行等に因り社会情勢に著しき変動を生ぜざるべき場合に限るとの暗黙の了解の下に之を締結するものと解するを妥当とすべきが故に再売買の予約締結後其の期間中社会情勢に著しき変動を来たし為に所定の代金額以下にて買戻に応ぜざるを得ざるに至りたるときは当事者に於て予約締結当時既に将来社会情勢に斯る変動の生ずる虞あることを予想し居たるに拘わらず尚且該予約を締結したるものと認めらるる如き特別事情の存ぜざる限り斯る代金額を以てしては再売買の予約を為さざりしなるべしと認むると相当とするが故に該予約は之を無効なりと解するを当事者の意思に最も適合するものと謂ふべし」，と述べたが，具体的には，予約を有効とする特別事情があったかどうかを審理すべきであるとして，原判決を破棄差戻した。
　この判決の抽象論は，【20】判決と類似しているが，事案は，金銭的不等価の問題であり，遅滞の危険を問題とする【20】とは異なる。

初の履行期日は，合意によって昭16年7月31日に変更され，同時にXはYに10万円を交付した。しかし，昭15年11月25日，履行期の到来前に宅地建物等価格統制令が施行された。しかも，当該土地は区画整理中（昭21年3月末日完成予定）であったために，行政官庁においてみぎ統制令による適正評価が困難であり，実際上，認可がうけられない状態におかれた。Yらは，昭16年7月9日に兵庫県知事に対して本件土地の価格につき認可申請をしたが，同月31日の本件契約履行期日までに認可は行われなかった。さらに，認可をうけても，その額が契約価格に比して，いちじるしく低額の場合には，契約が無効とされる可能性があった。

　そこで，Xは，7月31日，認可価格による代金額を支払う準備のあることを告げて，所有権移転登記をするように請求した。Yらは，これを拒絶し，契約代金の支払を要求した。そこで，Xは，債務不履行による契約解除，統制令の施行による当然無効，および事情変更による契約解除を主張し，支払ずみ手付金〔5万円プラス10万円〕倍額30万円のうち20万円の返還を請求した。原判決は，Xの主張を排斥。そこで，Xから上告。

　［判旨］　大審院は，本件契約は，契約締結後履行期までの間に，統制令施行のため契約所定の代金額では履行期に履行できず，また，認可のある額を超えて支払うことはできないから，その後相当長期にわたり履行を延期しなければならない場合であるとしたうえ，「本件契約ハ右認可ヲ受クル迄ハ約旨ニ従ヒ履行スルコト能ハサルモノト謂ハサルヘカラス。加之右認可セラレタル価格カ約定代金ニ比シ著〔著〕シク低額ナルニ於テハ当事者ノ意思解釈上本件売買契約ヲ無効トナスヘキ場合ナキヲ保セス（当院昭和17年（オ）第443号同年10月22日言渡判決参照）。斯クノ如ク，契約締結後其ノ履行期迄ノ間

第3節　一部不能，遅滞，目的不到達

ニ於テ，統制法令ノ施行等ニ因リ契約所定ノ代金額ヲ以テシテハ所定ノ履行期ニ契約ノ履行ヲ為スコト能ハス，其ノ後相当長期ニ亘リ之カ履行ヲ延期セサルヲ得サルニ至リタルノミナラス，契約ハ結局失効スルニ至ルヤモ知レサルカ如キ事態ヲ生シタル場合ニ於テ，当事者尚此ノ長期ニ亘ル不安定ナル契約ノ拘束ヨリ免ルルコトヲ得ストハ解スルカ如キハ，信義ノ原則ニ反スルモノト謂フヘク，従テ斯カル場合ニ於テハ，当事者ハ其ノ一方的意思表示ニ依リ契約ヲ解除シ得ルモノト解スルヲ相当トス。然ラハ右統制令ノ施行ニ因リ事情ノ変更ヲ来シタルヲ以テ本件契約ヲ解除シタル旨ノXノ主張ノ当否ヲ判断スルニ付テハ，Xカ解除ノ意思表示ヲ為シタル当時，果シテ将来如何ナル時期ニ至レハ認可申請ヲ為シ之カ認可ヲ受ケ得ヘカリシ状態ナリヤニ付審理確定スルヲ要スルニ拘ラス，原審カ此ノ措置ニ出テス，前述ノ如キ理由ヲ以テXノ右主張ヲ排斥シタルハ，審理不尽若クハ解除権ノ成立ニ関スル法律ノ解釈ヲ誤リタル違法アルモノト謂フノ外ナク論旨ハ理由アリ」として，将来いかなる時期に認可申請をして認可をうけることができるのかを判断するのが必要として，原判決を破棄差戻した。

　(b)　また，結論的には否定例であるが，賃貸借において履行の障害を理由に，契約解除が争われた裁判例として，つぎがある。

【21】　最判昭30・12・20民集9巻14号2027頁[16]

　［事実］　AはCに宅地を貸し，Cはそこに建物を有していた。Cは，Aの承諾をえて建物をXに譲渡した。他方，土地は，AからB，ついでYへと譲渡された。その間に建物は戦災に

よって焼失した。そこで，Xは，バラックを建てたが，その登記をしない間に，土地は占領軍に接収された。Xは，借地権の存続と罹災都市借地借家臨時処理法10条による期間の延長との確認を求めて，訴に及んだ。これに対して，Yは，事情変更による契約の解除を主張。1審・2審とも，借地権の存在を確認。Yから上告。上告棄却。

[判旨]「所論は，履行不能と事情変更の理論によつてYの解除の有効を主張し，この抗弁を採用しなかつた原判決は，Yが本件土地につき政府とXの双方に対し二重の義務を負担することを認めるのであると非難する。しかし本件土地に対する借地権は，原判決が正当に判示するように，いわゆる接収が解除されるに至るまで一時的に事実上行使し得ない状態におかれているにすぎないのであるから，これを一時的履行不能と見るのを相当とし，このような場合は，たとえ債権者の責に帰すべき事由，または当事者双方の責に帰すべからざる事由による場合であつても，債務を消滅せしめるものではなく，単に債務者をして履行遅滞の責を免れしめるに止まるものと解するを相当とし，所論のように債務者がこのことを理由として契約を解除し得るものでないことはいうまでもない。また，事情変更の理由により当事者に解除権を認めることは，その事情変更が，客観的に観察して信義誠実の原則上当事者を契約によつて拘束することが著しく不合理と認められる場合であることを要するところ，本件土地の接収は，占領状態の出現という当事者の予見しない事情によつて発生したとはいえ，接収が結局将来解除されることは明らかであり，かつ，Xは，Yに対し借地権存在の確認を求めるだけで現実に特段の義務の履行を求めるわけではないから所論のようにYに解除権の成立を認めなければ不当であるという理由は認められない」。

(c) みぎの【20】【21】の事件は，従来，たんに事情変更の原則の適用が問題とされた例と位置づけられている。しかし，いずれも，当事者の責に帰すべき事由なくして給付が遅滞した場合であり（【20】売主Yによる履行，【21】賃貸人Yによる履行），以下での考察にとって有用な素材を提供している。裁判では，ともに事情変更による解除が問題とされ，【20】判決は，一般論としてはこの可能性を認めた。

もっとも，事情変更の原則の適用とされる諸事例には多様な類型があり，それをたんに事情変更の原則という漠然とした法理によって律すると，事案の特質が見失われる。事情変更の原則の適用とされる事例は，大きくわけて2つに区分することができよう[17]。

第1は，等価性の破壊のケースである。売買目的物の価格がいちじるしく高騰した場合に関するものであるが，しかし，実際には，これについて事情変更の原則を適用することに，とりわけ上級審は，慎重である[18]。

第2は，契約目的の不到達のケースである。

---

16) 本件については，青山義武・判解民昭30年254頁がある。
17) ラーレンツの行為基礎論によれば，行為基礎の喪失の場合は，客観的な行為基礎の喪失と主観的な行為基礎の喪失とに分けられる。そして，前者はさらに，インフレなどによってもたらされた等価性の破壊の場合と，給付の前提とした目的の喪失（Zweckvereitelung）の場合とに分けられる。後者は，当事者の共通錯誤の場合である（Larenz, Geschäftsgrunglage und Vertragserfüllung, 1963, S. 104ff.）。

第3節　一部不能，遅滞，目的不到達

給付は，たんに物理的に不能になって価値を失うだけではなく，契約をした目的が損なわれても意味を失う。契約をした当事者の目的がたんにその内心にとどまらず，契約の基礎となったときには，契約を解消することが，当事者間の衡平にそくすることがある（Zweckstörung od. Zweckvereitelung)[19]。第1の場合と異なり，第2の場合は，不能の事例の延長にあるものであるから，より柔軟に認めるよちがある[20]。しかし，裁判例は，この場合にも，契約の消滅についてかなり慎重である[21]。これは，両者がともに事情変更による契約の改定ないし解除の問題として一括されているために，その相違が見落とされてしまうことによる。

そして，当事者の責に帰すべき事由なくして給付の遅滞が生じた場合についても，それが事情変更による解除を問題とするかぎりにおいては，その一般的な構成に包含されることから，同様の制約が生じうる。しかし，事情変更の原則といった一般的な救済によるのではなく，より具体的に解決できるのである[22]。というのは，この場合は，たんに契約への拘束が当事者にとって重い負担となるかどうかという問題にとどまらず，当事者の責に帰すべき事由がない不能とパラレルな問題であり，契約法理にそくして，より具体的に検討することができるからである[23]。

---

18)　たとえば，売買に関して，最判昭26・2・6民集5巻3号342頁，同昭31・4・6民集10巻4号342頁，同昭44・1・12民集23巻12号2467頁。また，消費貸借について，同昭36・6・20民集15巻6号1602頁，賃貸借について，【21】同30・12・20民集9巻14号2027頁など。
　　もっとも，下級審は比較的容易に適用を認めている。たとえば，金沢地判昭31・3・24下民7巻3号741頁，東京地判昭34・11・26判時210号27頁など。
19)　これに関して，【Ｉ】155頁以下参照。なお，当事者がとくに契約の基礎が重要なものとして，それが欠けたときには契約を解消する趣旨で，明示に契約に解除条件を付しておく場合には，このような構成は不要となる。
20)　契約目的物の性質から，当事者が契約をした目的（給付を利用する目的。給付を取得する目的じたいが直接目的だとすれば，これを間接目的とよぶことができる。直接目的の挫折は，給付不能にほかならない。間接目的の挫折が，目的挫折・行為基礎破壊の場合であり，いずれの場合にも，債務者の免責と債権者の反対給付債務からの解放が問題となる）がうかがえる場合には，その目的が損なわれたときには，債権者の契約からの免責を認める必要がある（【Ｉ】217頁参照）。
21)　たとえば，最判昭29・1・28民集8巻1号234頁。もっとも，同事件は，前注20)で指摘した例（債権者＝買主の契約目的の挫折）と異なり，債務者＝売主の契約による利益がえられなかった例であり，契約目的の挫折の理論からは，もともと売主による解除のよちはないものであった。このような相違は，事案を抽象的に事情変更の原則の適用とする構成のもとでは見過ごされてしまうのである。
　　債務者＝売主の契約目的の挫折は，たとえば，公益のために安値で土地を供した場合に，公共団体がその目的以外のことにその土地を用いる場合などにみられる（東京地判昭40・11・22判時444号79頁，福岡地小倉支判昭49・6・27判時759号86頁など）。【Ｉ】211頁―212頁参照。
22)　遠藤編・逐条民法特別法講座⑥・契約Ⅰ〔1986年〕97頁以下，また【研究】113頁の(b)をも参照。

(d)　定期行為の解除権は，この場合の解決にただちには役立たない。すなわち，これに関する542条は，履行遅滞にもとづく解除権の例外を定めたものであり，契約の性質にかんがみて催告を不要としたにとどまり，したがって，催告以外の要件，債務者の責に帰すべき事由によって履行しないこと，および履行しないことが違法であることについては，普通の履行遅滞と同様に，不可欠な要件と解されているからである[24]。

　(ウ)　**類型化**　(a)　以上から，2つの場合を分けることが有益である。

　一方は，遅滞が給付不能を生じたとみなしうる場合である。もっとも，典型的なのは，定期行為の場合である（民542条・ド民361条）。この場合には，期間の従過によって，契約をした目的は達成できなくなるから[25]，不能にそくして解決することも可能である。法文は解除権を定めている（542条）。もっとも，法文が予定する事例では，遅滞が債務者の帰責事由にもとづくことが必要である。そこで，予定されていない帰責事由のない場合には，無責の不能における危険負担に関する536条1項を重畳適用して，反対給付義務が消滅すると解し，このときには，不能の効果（536条1項）によることができる[26]。

　そこで，反対給付への影響，すなわち給付

---

23)　たとえば，【21】では，接収による使用の障害を理由として，Y（賃貸人＝債務者）が解除を主張したのであるが，逆に，X（賃借人＝債権者）が解除を求めた場合であれば，解除は，より積極的に認められるべきであろう。この場合は，履行不能に準じて，また不能との比較からすると，賃借人に契約からの解放を認める必要があるといえるからである。逆に，不能とパラレルに考えれば，賃貸人Y（＝債務者）の側からする解除は，ありえない（たとえば，一部不能で賃借人がそれでも契約の継続を望むとすれば，賃貸人が解除することは否定される。本件で，Xは借地権の存続の確認を求めている）。その意味でも，本件の結論は，正当である。
　　遅滞の危険を考えることは，上述のように，解除権を取得するのが当事者のいずれであるか，契約の目的の到達の程度，あるいは当事者の責に帰すべき事由の有無などを，契約上当然に考慮にいれうる点において，抽象的な事情変更の原則の適用にまさるのである。
24)　たとえば，我妻栄・民法講義V₁170頁，171頁。植林弘・注釈民法（13）398頁参照。これに対し，商法上の確定期売買では「一定ノ日時又ハ一定ノ期間内ニ履行ヲ為スニ非サレハ」契約をした目的を達成できない場合で，債務者の履行がなくその時期を経過すると，契約は当然に解除されたとみなされる（商525条）が，この場合の不履行に関しては，不履行が債務者の帰責事由によることは必要でないとされている（商法上の通説。たとえば，西原寛一・商行為法〔1973年〕160頁）。民法上も，同じ考慮が必要な場合があるのである。
25)　このような場合として，債務者の有責の遅滞に関し，大判大9・11・15民集26輯1779頁（中元用うちわの売買）がある。
26)　具体的には，542条をそのまま適用する場合と，損害賠償請求の可能性を除いて，効果は変わらない。そこで，この場合に，あえて536条1項を重畳適用することが必要といえるかには疑問も残る。すなわち，542条固有の解釈として，解除権の発生に帰責事由を不要とすることもありうるからである。解除権が，不履行当事者への制裁としてではなく，給付障害の状態を解消するための価値中立的な救済手段であるとする考え方のもとでは当然そのように解することとなろう。と

第3節 一部不能，遅滞，目的不到達

の牽連関係は，不能の場合と同じ方法で達せられる。そこで，民法典の構成は，必ずしも大幅に修正されることにはならない。

他方，これと異なり，遅滞を必ずしも不能とみなしえない場合には，遅滞を不能の構成に押しこむことは，十分に適切な解決とはならない。ここで，給付の遅滞が反対給付に影響を与えることを承認すると，その方法は，つぎのようになろう。

第1は，あえてこれを時に関する一部不能ととらえるものである。こう解すれば，遅滞が終了したのち，給付を請求する債権者は，遅れた給付が本来の給付の一部を欠くものとして反対給付の減額を求めることになろう（ド民旧323条1項2文，新326条1項2文）。そして遅滞によってよぎなくされた出費は，ある程度まで，反対給付に反映される。

しかし，遅滞を時に関する一部不能ととらえることは，不能と遅滞とを別個の障害事由ととらえることに反するし，また技巧的でもある。さらに，物理的な一部不能の場合とは異なり，減額されるべき反対給付の範囲も明確ではない。すなわち，不能とすることによる効果が当然に決せられるわけでもなく，当事者の意思表示を要件とする解除に比して，適用が明確になるわけでもない。しかも，ここで債権者が取得できるのは，減額請求権だけであるから，給付にはなお拘束され，そこからの解放のよちはないことになる。そこで，これは，必ずしも適切な解決をもたらさない。

第2は，解除権の転用の方法である。たとえば，ハーグ国際統一動産売買法は，確定期日における物品引渡の不履行が契約の本質的違反となる場合には，買主は履行の請求または契約の解除をなしうるとし，さらに，買主が履行請求をするか解除をするかの決定を相当な期間内に相手方に通知しなければ，契約は当然に解消されるとする（26条1項）。また，引渡の不履行が契約の本質的違反とならない場合でも，買主は売主に対して相当な付加期間を与えて催告し，この期間内に引渡がなされなければ，契約の本質的違反と扱うこ

くに，定期行為の場合には，帰責事由を要件としないことに定期行為の特徴があるともいえ（当事者意思にも合致し），従来の通説のように一般の解除権の要件をそのまま用いる解釈には，疑問がある（なお，一般の解除権そのものにも有責要件をおくことには疑問がある）。

なお，2004年の民法の現代語化法案において，541条，543条の法定解除権は，当初債務不履行が債務者の責に帰すべき事由によることが必要とされ，これを明らかにするために，但書「ただし，その債務の不履行が債務者の責めに帰することができない事由によるものであるときは，この限りでない」が設けられた（草案）。しかし，定期行為に関する542条には，この但書は置かれなかった（「契約の性質又は当事者の意思表示により，特定の日時又は一定の期間内に履行をしなければ契約をした目的を達することができない場合において，当事者の一方が履行をしないでその時期を経過したときは，相手方は，前条の規定による催告をすることなく，直ちにその契約の解除をすることができる」）。この相違から，542条では，帰責事由を不要とする解釈が容易になりそうである。前注3）参照。

なお，この541条，543条は，単純に415条の損害賠償に合わせて，帰責事由の要件をおいたものであり，前述のように（第1章2節注3）参照）古い通説の影響力の大きさを示すものである。上の私見は，541条，543条に関し帰責事由を必要とする解釈を肯定するものではない。

とができるとする（27条2項）。しかも，買主は，付加期間の許与と契約の解消とを，売主が引渡の不履行につき責に帰すべき事由がなくても，できるのである[27]）。

この付加期間の設定は，統一売買法がもともとドイツ民法典（遅滞に関する旧326条）からうけついだ制度であるが，その適用の要件は，ドイツ民法典の場合とは異なる。統一売買法では，遅滞について債務者の有責が不要なのに対して，ドイツ民法典では必要とされたからである（旧284条1項，旧285条。なお，新323条はこれを修正した）。

(b) 給付の遅滞も反対給付義務に影響を与えるとする結果は，上記のいずれの構成によっても達成される。しかし，遅滞を時に関する一部不能ととらえることは，不能と遅滞とを別個の障害事由ととらえることに反する。また，無責の遅滞に解除を認めることも，従来から認められた解除の要件に反する（通説）。そこで，これを認めるべき場合を整理して，わが民法典での解釈の参考としよう。

遅滞が不能をもたらすとき，および不能と認めるべきときには，定期行為の場合に準じて，反対給付義務を消滅させる必要がある（542条に536条1項を重畳適用）。また，この場合には，全部不能の場合はもとより一部不能の場合でも，たんなる反対給付債務の一部減額では足りないことがあろう。一部不能でも契約の目的を達成できない場合があるからである（611条2項参照）。しかし，契約の目的を達成できるかの判断は，当事者の意思にまかされるべきであるから，契約が当然に消滅するとするよりは，遅滞によって給付をうけられない債権者の判断を介在させるべきであろう。そうすると，債権者に解除権を与えることが望ましい。

つぎに，遅滞が必ずしも不能をもたらさないときでも，遅滞の結果，債権者が予測できない不確定な期間にわたって不安定な地位におかれることは，避けられるべきであるから，やはり契約から免れる手段をもつことが望ましい。これも，解除権を取得することによって，達成できる。そして，債務者が無責であって一般の解除権の要件を逸脱することについては，この場合が実質的には危険負担の問題であることから，克服できる。この場合には，契約の消滅（ないしは清算）が手段とされるが，その効果は，危険負担に近いものである[28]）。債権者が契約を免れれば，債権者が予測できない不確定な期間にわたって不安定な地位におかれることは，避けられるからである[29]）。すなわち，債権者は，ただちに反対給付義務を免れるとともに，遅滞した給付

---

[27]） すなわち，解除には，遅滞だけでは十分ではないが，付加期間の徒過を債権者の負担として，これを補う形となる。

[28]） したがって，この場合には債務者に帰責事由がないから，解除の効果（545条3項）としても，損害賠償義務を認めることはできない。なお，契約の解除，終了による反対給付義務の消滅と，危険負担との関係については，【I】279頁，326頁，351頁以下参照。

[29]） もっとも，解除までの間に代替物をうるために債権者がした出費は，反対給付の減額請求を認めないかぎり，債権者の負担となる。

を待たなければならない損失をも避けることができる。

そして、遅滞により債権者が契約の拘束を免れるのは、事情変更の原則といった必ずしも明確ではない法理によるのではなく、双務契約の給付の牽連関係によって説明できるのである[30]。

(c) そのためには、わが民法典上有責の遅滞に関する541条に（542条の定期行為よりも広い）、無責の不能に関する536条1項を重畳適用する必要がある。前述したように、無責の遅滞が双務契約におよぼす影響については、法の欠缺があるからである[31]。解除権をもちいるのは、債権者が契約義務を免れるには、その意思表示を必要とするとみるからである。遅滞しても、契約の目的を達成できると判断するときには、解除する必要はない。また、解除権の発生の有無は、遅滞の態様と反対給付債務の消滅の可否によって判断されるから、当然に反対給付債務が消滅するとする構成に比して、さほど手続を複雑にするものではない[32]。

3 目的不到達と牽連関係

給付障害の類型として、不能と遅滞、その他の不履行のほかに、目的不到達の場合がある。危険負担は、不能の場合に反対給付義務の運命を問題とする制度であるが、他の類型でも、反対給付義務の運命が問題となる。給付の目的不到達の場合にも、反対給付義務をどうするべきか疑問となるところであるが、これはもはや狭義の危険負担の領域を超えた問題となるので、本書では立ちいらない[33]。

第4節　当事者に帰責事由がある場合

---

1 序

給付不能が当事者の責に帰すべき事由によって生じた場合には、契約関係の調整は、その帰責事由を基準として決定される[34]。不

---

30) 【21】で、給付障害による不利益をうけるのは、借主Xである。ここで遅滞についての解除権が問題であるとすれば、貸主＝債務者Yに解除を主張させるよちはない（前注23参照）。
31) もっとも、立法者は、履行遅滞には債務者の有責を必ずしも要件とはしていなかった。フランス民法典にならったものである。【Ⅱ】282頁の注35) 参照。
32) むしろ、債権者の意思にゆだねる趣旨からすると、民法611条2項の場合と同じく、解除の意思表示を要件とすることに意味がある。なお、本稿のように、遅滞によって解除権が生じるとしなくても、事情変更の原則から解除権が出てくるとすれば、結果は同じになる。そうだとすれば、要件の明確な遅滞の方法によることが望ましい。
33) これについては、「不能・行為基礎の喪失と反対給付」【Ⅰ】155頁以下所収参照。後述第8章2節2をも参照。

第2章　契約規範による補充

能をもたらした者が、その責任をおわなければならない。そこで、当事者に責に帰すべき事由がない場合とは異なり、とくに給付相互の牽連関係をもちだす必要はなく、一般の過失責任主義が基準たりうる。

不能が当事者の責に帰せられる場合には、債権者の責に帰すべき場合と債務者の責に帰すべき場合とがある。

2　債権者に過失がある場合

(ア)　反対給付義務の存続

(a)　債権者の責に帰せられる事由によって給付が不能になったときには、債務者は、反対給付の履行を請求することができる（民536条2項本文）。不能に対し有責の当事者にみずから損失を負担させるものである。ただし、反対給付を請求する債務者は、自分の債務を免れたことによって利益をえた場合には、それを債権者に償還しなければならない（同2項但書）。

歴史的あるいは比較法的には、債権者の責に帰すべき不能にさいしても、債務者の責に帰すべき不能とパラレルに、損害賠償請求権を発生させる解決方法もあるが[35]、わが法は、単純に反対給付請求権が存続するとして解決しているのである。

また、特殊な類型としては、債権者の受領遅滞中の不能がある。この場合につき、ドイツ民法典は明文をもって、不能につき当事者に帰責事由がなくても、債権者の反対給付義務は存続するものとした（ド民旧324条2項、新326条2項。雇用契約については、とくに同615条）。不能が帰責事由のない場合に関する限りでは危険負担の問題となるが、内容的には、受領遅滞の責をおう債権者が損害を負担することになり、過失責任主義のわく内にある問題である。

(b)　先例としては、請負や雇用など、行為給付型の契約で債権者の責に帰すべき事由が問題となるものが多い。

【22】　大判大元・12・20民録18輯1066頁

[事実]　XはYから工事を請負い、一部を履行したが、完成させなかった。詳細は不明であるが、履行した部分の瑕疵を理由としてYが報酬を支払わなかったもののようである。そして、Yが工事を他人に完成させたので、Xは、報酬支払を請求した。原審は、Xが工事を完成させなかったとして、この請求を認めなかった。

大審院は、Yが他人に工事を完成させた結果、Xの残部工事の完成がもはや不能になったとして、一般論として、不能がYの責に帰すべき事由に原因するときには、Xは536条2項によって報酬をうける権利を失わず、逆に、不能がXの責に帰すべき事由に原因するときには、Yは

---

34)　第2章3節についても、前述の遠藤浩＝平井一雄編・注解不動産売買の危険負担の部分参照。
35)　歴史的には、債権者に有責な不能も、債務者に有責な不能とパラレルに扱う構成が比較的有力であり、英米法では現在でもそうである。ド民旧324条2項のように、債権者が反対給付義務を負担するとする構成は近時のものであり、伝統的には、債権者も損害賠償義務を負担したのである。これにつき、「損害賠償請求権と反対給付請求権」【Ⅱ】301頁以下参照。

損害賠償の請求ができるが，既履行工事の瑕疵によるものであれば，それによりYは損害賠償を請求でき，634条2項によって同時履行の抗弁ができるとした。そして，Xが工事を完成しなかったことを理由にXの請求を棄却した原判決を破棄移送した（大阪控訴院から東京控訴院に移送）。

[判旨]「本件請負工事ハX之ヲ完成セサリシモ，Yカ他人ヲシテ既ニ之ヲ完成セシメタルコトハ，Yノ自認シタル所ナリ。且ツ原院ハ本件工事ノ性質上，YカXヨリ目的物ノ引渡ヲ要セスシテ之ヲ他人ノ手ニ委シ完成セシムルコトヲ得ル旨判示シタル所ヲ以テ観レハ，Yハ他人ヲシテ工事ヲ完成セシメタルモノヲ既ニ占有シ更ニXヨリ目的物ノ引渡ヲ受クル必要ナカリシカ如シ。果シテ然ラハ本件請負契約ノ履行スヘキモノ存スルコトナク，Xノ為ササリシ工事ノ部分ハ既ニ履行ノ不能ト為リタルモノト謂ハサルヲ得ス。而シテ若シ其履行ノ不能カ，Yノ責ニ帰スヘキ事由ニ原因シタリトセハ，Xハ民法第536条第2項ノ規定ニ依リ自己ノ債務ヲ免レタルニ因リテ得タル利益ヲYニ償還スルコトヲ要スルモ，請負ノ報酬ヲ受クル権利ヲ之ヲ失ハサルヘク，又若シ其履行ノ不能カXノ責ニ帰スヘキ事由ニ原因シタリトセハ，Yハ損害ノ賠償ヲ請求スルコトヲ得ルモ，Xノ既ニ為シタル工事ノ部分ニ対シ報酬ノ幾分ニ相当スル金額ノ支払ヲ免ルルコトヲ得サルヘク，又若シXノ既ニ為シタル工事ニ瑕疵アリトセハ，Yハ其瑕疵ニ付キ損害賠償ヲ請求シ，又民法第634条第2項ニ依リ，同時履行ノ抗弁ヲ為スコトヲ得ルモ，其抗弁ニ因ラスシテ漫然報酬ノ支払ヲ拒ムコトヲ得サルヘシ。故ニ前示示シタルカ如ク，YカXニ請負ハシメタル本件工事ヲ既ニ他人ヲシテ完成セシメテ目的物ヲ占有シ尚ホXノ履行スヘキモノ存セサル以上ハ単ニXカ其工事ノ一部ヲ為シテ全部ヲ完成セサリシ一事ハ，未タ以テ其

第4節 当事者に帰責事由がある場合

報酬請求権ナキコトノ理由ト為スニ足ラス」。

【23】 東京地判昭6・6・10 新報262号18頁

[事実] Xは，Yからその建築中の家屋を買い，未完成の部分はYにおいて自費で完成するべきことを約した。しかし，Yが期限までに履行しなかったので，Xは，これを自分で完成し，その賠償を求めた。

判決は，注文者がみずから完成することは同人の責に帰すべき不能になるとして，XがYに対して不能により債務を免れたことにより取得した利益の償還を求めるならともかくとして，Xがみずから完成したために必要とした費用をYの債務不履行を理由として損害賠償を求めることはできないとして，Xの請求を認めなかった。

[判旨]「債務者カ其ノ債務ヲ履行セサルニ当リ，債権者カ更ニ他人ト契約ヲ為シ其ノ債務ノ内容ヲ実現セシムル行為ハ，反面ニ於テ債務者カ本来負担シタル債務ノ履行ヲ不能ナラシムルモノニ外ナラス，而モ其ノ履行不能ハ債権者ノ責ニ帰スヘキ事由ニ基クモノナルヲ以テ此事実関係ニ基キ債権者タルXカ債務者タルYニ対シYカ債務ヲ免レタルコトニヨリ得タル利益ノ償還ヲ求ムルハ格別，Xカ他人ト為シタル契約ニヨリ自己カ支払ヒタル費用ヲYノ債務不履行ニ基ク損害ナリト謂フヲ得サルコト明カナルヲ以テ，Xノ主張ハ理由ナキモノト謂ハサルヘカラス」。

【24】 大判昭13・7・5 大審院判決全集5輯16号4頁

[事実] Yは，Xに石けん製造させる契約を

し、Xはその準備をして待機していたが、Yは、この契約に関する事業に着手しなかった。そこで、Xも請負契約を履行することができなかった。Yが他の請求（内容不明）をしたのに対して、Xは請負代金請求権をもって相殺すると抗弁した。

判決は、請負人が仕事の完成をしないとしても、その不履行が注文者の責に帰すべき事由による場合には、536条2項により請負人は反対給付を請求できるとする。

[判旨]「按スルニ、物権ノ設定又ハ移転ヲ目的トセル双務契約上ノ債務カ債権者ノ責ニ帰スヘキ事由ニ因リ履行ヲ為スコト能ハサルニ至リタルトキハ、債務者ハ反対給付ノ請求権ヲ失ハサルコトハ民法第536条ノ明定セルトコロナルヲ以テ、請負人カ契約ノ目的タル仕事ヲ完成シ、其ノ引渡ヲ為ササリシトスルモ、若シ右不履行カ債権者タル註〔ママ〕文者ノ責ニ帰スヘキ事由ニ因リ履行ヲ為ス能ハサリシモノナルトキハ、前示法条ニ依リ報酬ノ請求権ヲ失ハサルモノト云ハサルヲ得ス」。

そこで、原判決が仕事の完成をしないことがXの責に帰すべき事由によるかどうかを考慮せずにXの報酬請求権を否定し、相殺の抗弁を排斥したのは違法であるとして、破棄差戻した。

【25】 最判昭52・2・22民集31巻1号79頁

[事実] XはAからYの家の冷暖房工事を請負い、ボイラーとチラーの据付を残すだけになった。ところが、Yは防水工事を理由として据付の延期を要請し、AとXの請求にもかかわらず防水工事をしないで、Xの据付を拒んだ。そこで、Xの工事の完成は不能となった。Xは、XY間ではAがXに対して負担する債務について、Yが連帯保証人となる契約があったことから、Yに対して約定請負代金の支払を請求した。1審、2審とも、X勝訴。Yの上告は棄却。

判決は、Yが履行しない防水工事は本来Aがみずからなすべきものであるが、Yにこれを行わせることが容認されていたにすぎず、したがって、Yの不履行によってXの残余工事が不能となった以上、履行はAの責に帰すべき事由によるものであるとして、Aがその責に任じるべきものとした。

[判旨]「Xは、同年11月中旬ころ、右冷暖房工事のうちボイラーとチラーの据付工事を残すだけとなつたので、右残余工事に必要な器材を用意してこれを完成させようとしたところ、Yが、ボイラーとチラーを据え付けることになつていた地下室の水漏れに対する防水工事を行う必要上、その完了後に右据付工事をするようXに要請し、その後、X及びAの再三にわたる請求にもかかわらず、Yは右防水工事を行わずボイラーとチラーの据付工事を拒んでいるため、Xにおいて本件冷暖房工事を完成させることができず、もはや工事の完成は不能と目される。

以上の事実関係のもとにおいては、Xの行うべき残余工事は、おそくともXが本訴を提起した昭和47年1月19日の時点では、社会取引通念上、履行不能に帰していたとする原審の認定判断は、正当として是認することができ、原判決に所論の違法はない。

そして、AとXとの間の本件契約関係のもとにおいては、前記防水工事は、本来、Aがみずからこれを行うべきものであるところ、同人がYにこれを行わせることが容認されていたにすぎないものというべく、したがつて、Yの不履行によってXの残余工事が履行不能となつた以上、右履行不能はAの責に帰すべき事由によるものとして、同人がその責に任ずべきものと解するのが、相当である。

ところで、請負契約において、仕事が完成し

ない間に，注文者の責に帰すべき事由によりその完成が不能となつた場合には，請負人は，自己の残債務を免れるが，民法536条2項によつて，注文者に請負代金全額を請求することができ，ただ，自己の債務を免れたことによる利益を注文者に償還すべき義務を負うにすぎないものというべきである。これを本件についてみると，本件冷暖房設備工事は，工事未完成の間に，注文者であるAの責に帰すべき事由によりXにおいてこれを完成させることが不能となつたというべきことは既述のとおりであり，しかも，Xが債務を免れたことによる利益の償還につきなんらの主張立証がないのであるから，XはAに対して請負代金全額を請求しうるものであり，YはAの右債務につき連帯保証責任を免れないものというべきである。したがつて，原判決がXはAに対し工事の出来高に応じた代金を請求しうるにすぎないとしたのは，民法536条2項の解釈を誤つた違法があるものといわなければならない」。

しかし，Xは本訴請求のうち工事の出来高を超える自己の敗訴部分につき不服申立をしていないから，結局，上記の違法は判決に影響を与えないとして，上告棄却。

（イ）請　負
（a）　一般に裁判例は，請負契約の場合にも，抽象的に債権者の責に帰すべき事由があるかどうかによって請負報酬の支払義務を確定しようとする。古くに【22】は，債権者に責に帰すべき事由があれば，反対給付義務があるとした。しかし，当該の事案では，当事者のいずれに責に帰すべき事由があるのかは，不明とされた。その後の裁判例でも，当事者のいずれか一方に責があるとして，請負代金の支払が問題とされている。

第4節　当事者に帰責事由がある場合

同じく当事者の責に帰すべき事由の存否が不明として，原判決を破棄したものとして，つぎがある。

【26】　大判昭6・10・2法学1巻378頁

[事実]　事実関係は，あまり明確ではない。請負人Xから工事残代金の請求をした事件である。判決は，工事の中止の結果，注文者Yが残余工事をしたために，Xが完成できなくなった場合には，債権者の責に帰すべき事由による不能であり，請負人は代金の請求ができるが，請負人が工事をしないので，注文者Yがやむなく完成させた場合には，Yが契約を解除しているともいえ，その場合には，Xは請負代金の請求をなしえないとし，事実関係を明らかにするために，原判決を破棄差戻した。

[判旨]　「凡そ請負人は特約なき限り仕事を完成したる後に非ざれば報酬を請求しうべからずと雖も，民法第536条に依れば債権者の責に帰すべき事由に依りて履行をなすこと能はざるに至りたる時は，債務者は反対給付をうくる権利を失はざるものなるが故に，本件Xが其請負ひたる住宅建築工事を七分通り為したるに止まりて完成せざりしとするも，残余工事を注文者たるYの手に於て直接施したる為，最早Xに於て工事完成不能となりたりとせば，之即ち債権者の責に帰すべき事由に因りて履行不能となりしものに外ならざるを以て，Yは前記法条に基き請負代金全額の支払を求め得べきものなりと解せざるべからず。然れども注文者は請負人が工事を完成すべき義務を怠れる時は義務不履行を理由として契約を解除しうべきは勿論，尚仕事の完成せざる間は損害賠償さへ為せば何時にても契約を解除しうべきものなるを以て，原審の認定せるが如くYより屢々催告をなすもXに於

第2章　契約規範による補充

て残余工事を進捗せしめざりし為已むなくY自身の手に於て該残余工事を施したるものとせば、Yは契約を解除したる事実あるが為なりとも解し得られざるに非ず。若し果して然りとせばXは請負代金の支払を求めうべき筋合にあらざるべし。原審は須らく此の点を明瞭にして判決を為すべきに、此の点につき考慮を払ひたる形迹なく、畢竟釈明権を行使せざりし違法ありて本論旨は結局理由ありと云はざるべからず」。

ほかに、注文者がみずから仕事を完成したケースとしては、つぎがある。なお、【22】も、この類型に属する。

【27】　大阪控判大6・8・3新聞1305号32頁

［事実］　注文者が、請負人から工事をとりあげて完成させた場合に、報酬請求権を肯定したものである。

［判旨］「請負契約は双務契約なれば、工事に関する債権者が債務者より工事を不当に取上げて之を完成せしめざるときは、債務者は約定期報酬金の給付を受くる権利を失ふものに非ざることは、民法第536条第2項の規定に照らし明かなり。本工事の債権者たるYは債務者たるXより叙上認定の如く故意に工事を取上げ、之を完成せしめざりしものなるを以て、同人は前示民法の規定に依り報酬金全部の支払を受くる権利を有する者と謂ふべく、其の報酬金の一部たる既成工事に対するものにして残存すとせば、Yは之をXに支払はざる可からざるは明瞭なり」。

(b)　ところで、請負、とくに建築請負では、請負人が一部を完成し、それに対して注文者が個別に代金を支払って、逐次に履行が行われることが多い。このような場合に、部分的な不履行にさいして、請負工事全体およびそれについての対価支払義務を全額にわたって、問題とするべきかは疑問となる。

というのは、請負人が工事を一部して、注文者がその後の給付を拒絶したので、前者が請負代金の請求をするという場合では、代金支払の請求は、既履行の給付に対する割合報酬と、続行するべき給付に対する出費賠償に実質があるからである。

(c)　しかし、【25】は、このような場合に、請負人は反対給付の全額を請求することができ、たんに、自分の債務を免れたことによる利益を注文者に償還するべき義務を負担するにすぎないとした。

これに対しては、このような構成では、たんなる一部対価の請求の場合と、債権者に責に帰すべき事由がある典型的な不能の場合（536条2項）との相違が無視されるとの批判がある。後者は、たとえば請負人が工事をほぼ完成させたが、注文者に引渡す前に注文者の過失で滅失させたという場合や、一部完成した工事を注文者が滅失させた場合にみられる。後二者の場合には、不能についての帰責事由が反対給付義務の運命を決定することに問題はない。

しかし、一部工事に対する割合報酬の請求では、債権者の帰責事由は必要ではない。むしろ、反対給付を求めることは、たんに履行したものに対する対価の請求を意味するにすぎない。危険負担が問題となるのは、請負人の未履行給付が免責される限度にすぎない。それにもかかわらず、前者においても、反対給付すべての支払を義務づけ、そのうえで未

履行部分の対価を控除することは，むだな回り道となる。

また，536条2項の構成では，「帰責事由」の証明ができない場合の危険を，請負人にすべて転嫁することになろう。

さらに，一部対価請求の場合に，全対価の運命を問う構成では，請負人が履行の準備をしたが，実際にはなんらの成果もあげていない場合，たとえば，【24】の場合には，不当な結果となる。

すなわち，事案において，注文者が注文しない場合には，請負人は，出費賠償を求めるほかはない。ところで，請負人が履行のために準備し出費したとしても，その程度には差異があろう。かりに出費がわずかであれば，たとえ，対価の全額の支払を注文者に義務づけても，大半は償還するべきことになる。つまり，それらは，じっさいは，注文者に仕事をさせなかったことに責があっても支払わせる必要はなかったものである。

そして，問題となるのは，帰責事由の存在ではなく，請負人に出費があり，それを注文者に支払わせるべきかどうかの点だけである。この実質をみれば，債権者の帰責事由に立ちいることは無用なこととなる（後述第8章1節【108】参照）。

しかし，割合報酬の請求という構成では，536条2項によらないことから，実質的な内容は同一でも，狭義の危険負担の構成を逸脱してしまうので，これについては，後述第8章1節で検討することとする。

(d) 【23】は，債権者の責に帰すべき不能においても，同人は，債務者が免れた出費の

償還を請求できるとしたものであるが，事案は，債権者が対価を先払いしているのと同視できる場合であった。しかし，この場合を，工事が可分であり一部対価の請求ができる事案とみれば，請負人が対価を請求できるのは完成した部分に限られ，注文者がみずから完成させた部分については，先払いした対価の返還請求が可能であったのである。

(ウ) 雇 用

(a) さらに，従来の裁判例で，債権者の責に帰すべき不能が大きな役割を果たしている分野に，雇用がある。

【28】 大判大4・7・31民録21輯1356頁

［事実］ 労働者Xが会社Yから出勤を拒否され，労務に服することができなくなったので，不能を理由として報酬の支払を請求した。原判決で敗訴したYが上告したが，上告棄却。

判決は，使用者の責に帰すべき事由によって労働者が労務に服することができなくなったときには，536条2項によって労働者は報酬を請求できるとして，Xの請求を認めた。

［判旨］「然レトモ，雇用契約ニ於テ，労務者カ其約シタル労務ヲ終リタル後ニ非サレハ報酬ヲ請求スルコトヲ得サルハ通常ノ場合ニ於テ然ルノミ。苟モ使用者ノ責ニ帰スヘキ事由ニ因リテ労務者カ労務ニ服スルコト能ハサルニ至リタルトキハ，民法第536条第2項ノ適用ニ依リ，労務者ハ其約シタル労務ヲ終ラサルトキト雖モ，報酬ヲ請求スル権利ヲ失フモノニ非ス」。

「原審カXノ現実労務ニ服セサリシハY会社ニ於テ其出勤ヲ拒絶シタルニ因ルモノト認メ，Xハ債務弁済ノ提供ヲ為シタルヲ以テ毎月報酬支

払時期ノ到来ト共ニY会社ニ対シ，本件報酬金請求ノ権利アル旨ヲ判示シタルハ相当」。

　(b)　雇用に関しては，とくに戦後多くの下級審裁判例がみられる。

　【28】は，それに先立つ判決である。雇用には，使用者のたんなる労務の不受領によって給付が不能となるとの特質がある。そこで，物給付を目的とする契約とは異なり，のちに追完することはできない。そして，みぎの不能を基礎として危険負担が問題となる。みぎ判決は，不受領について使用者に帰責事由があるかどうかを基準として危険負担を決定する立場をとっている。

　なお，雇用については，後述第7章で扱う。

　(エ)　**受領遅滞中の不能**
　(a)　債権者の受領遅滞中に不能となった場合についても，同人が損失を負担することが認められている。この場合をも債権者の責に帰すべき事由（民536条2項）に含めるのが一般的である[36]。比較法的には明文があることも多く，たとえばドイツ民法では，不能には債権者の責に帰すべき事由があることを要件とせず，たんに受領遅滞中に不能があれば足りるとして，効果に関してのみ責がある不能と同一に扱うとする（ド民旧324条2項，現326条2項）。

　そこで，明文規定を欠くわが民法の解釈としては，債権者に負担を帰せしめる受領遅滞を，同人に責がある場合に限定するべきか，が問題となる。この点に関し，多くの見解はたんに不能が受領遅滞中に生じれば足りるとする。これに対して，受領遅滞にはその責を要するとする側からこの場合にも限定を設けるべし，との批判がある。すなわち，受領遅滞について責がないときには，債権者の責に帰すべき不能とみるべきではないとする。そして，この見解は，通説が受領遅滞について債権者の責を要しないとするにもかかわらず，民536条2項の解釈としてはその責を要するとするのは理論として一貫しない，と批判する[37]。

　しかし，第1に，受領遅滞中の債権者に危険負担を認めるとしても，受領遅滞が無責である場合が実質的にどのくらい存するかには，疑問がある。また，まったく無責の受領遅滞では，債権者と債務者との間で危険を分配する基準の必要が生じるが，そのさいには危険を移転するべき履行がないから，実質的にこれに代わるものを探る必要がある。そして，履行のために準備し，かつ現実に提供した債務者に危険をおわせることは困難であろう。これに反し，受領は，取立債務以外でも，それが円滑に行われるべきことは，債権者が担保するべき事項なのである。

　第2に，有責の不能をもち出すのがたんに法文上の根拠を求める必要からにすぎない場

---

[36]　たとえば，末川博・契約法上〔1958年〕100頁，我妻栄・民法講義$V_1$112頁，古くは，鳩山秀夫・日本債権法〔総論・1925年〕179頁，同〔各論上・1924年〕135頁。

[37]　我妻・前掲書$V_1$112頁，三宅正男・契約法（総論）〔1978年〕86頁。そこで，この見解によるときには，通説とは異なり，民536条1項を適用すべきことになり，債務者は対価を請求しえない。

第4節 当事者に帰責事由がある場合

合もあることが指摘される必要がある。解釈上，有責の不能（民536条2項・ド民旧324条1項）との関連を認めずに，ドイツ法におけると同じく，衡平上の理論として受領遅滞だけを根拠として遅滞中の不能に債権者の危険負担を認める（ド民旧324条2項。現ド民ではともに326条2項）ことも可能である。そのような場合に解釈上民法536条2項を準用あるいは類推して用いることは可能であろう。というのは，債権者の「責に帰すべき事由」を必ずしも厳格に解する必要はないし，受領を債権者側のなすべき行為に属するものとみることができるからである。

(b) 後述のように，労働契約では，債権者の帰責事由を拡大して，労働者の賃金請求権を確保しようとする判決が多数存在するが，その他の分野については，理論的な争いの多いのに比して，債権者の受領遅滞中の不能に直接関係する判例は，きわめて少ない。つぎの下級審判決が先例である。

【29】 大阪地判昭5・12・20評論21巻民法625頁

［事実］ Yは，Xが採取権をもつ松茸山で松茸狩を行う事業を計画し，Xと以下の契約を結んだ。Yは，松茸の採取期に約10日で1000人以上の顧客を募集し，入山させ，客の人数に応じてXに料金を支払い（1人につき70銭，総計700円），その代わりにXは客1人につき百匁の松茸（累計百貫）を与える，というものであった（判決は，これを双務契約と認定）。ところが，採取期にXが時期の到来を告げたにもかかわらずYがみぎの契約を履行しなかったので，採取期は逸せられることになった。そこで，XはYに対して反対給付を請求した。

判決は，Yは受領遅滞の責に任ずべきであるとし，特定物の給付を目的とする契約以外では債務者が危険をおうべきであるが，債権者が受領遅滞となったのちには，たとえ当事者双方に責なくして不能が生じたときにも，債権者は危険を負担し，債務者は反対給付を請求しうるとした。

［判旨］ まず，本件契約が双務契約であるとする。

「本件契約ニ於テ，Yノ負担セル債務ハ，前期不確定ノ期間内ニ本件松茸山ニ於テ，壱千名ヲ下ラサル顧客ヲシテ松茸ノ採取ヲ為サシムルコトヲ認容シ，且顧客1名ニ付百匁ノ割合ニテ累計百貫ノ松茸ヲ供給スル債務ニシテ，之ニ対シXノ負担スル債務ハYニ対シ入山料トシテ顧客1名ニ付金70銭ノ割合ニテ総計金700円ヲ支払フ債務ナル處，両者ハ互ニ対価的関係ニ立ツモノナル事明ナルカ故ニ，本件契約ハ双務契約ナリト謂フヘシ」。

そして，債権者の受領遅滞中の不能は，債権者が負担するべきものとする。

「本件契約ハ叙上ノ如ク，債権者タルYカ顧客ヲ募集シ本件松茸山ニ入山セシムルコトヲ要スル約旨ナレハ，所謂債務ノ履行ニ付債権者ノ行為ヲ要スルモノト解スヘキヲ以テ，債務者タルXニ於テハ履行ノ準備ヲ為シタルコトヲ通知スルヲ以テ足ルモノナル處……右認定ノ当時電話又ハ其ノ他ノ方法ヲ以テ，Xヨリ本件契約ニ関スル一切ノ事項ニ付，Yノ代理人タリシAニ対シ何時ニテモ松茸ノ採取ヲ為シ得ル準備調ヒタル旨ヲ屢々通知シタル事実ヲ認ムルニ難カラサルヲ以テ，茲ニ債権者タルXハ受領遅滞ノ責ニ任スヘキコト当然ナリ」。

そこで，債務者であるXは，自分の債務を免

れ，債権者に対して反対給付を請求する権利を失わないとした。

「而シテ元来特定物ニ関スル物権ノ設定又ハ移転以外ノ給付ヲ目的トスル双務契約或ハ不特定物ノ給付ヲ目的トスル双務契約ニ付テ，其ノ特定以前ニ不可抗力ニ因リ履行不能ヲ生シタルトキハ，原則トシテ債務者カ所謂危険負担ノ責ニ任スヘキモノナレトモ，一旦債権者カ受領遅滞ニ陥リタル以後ニ在リテハ，仮令当事者双方ノ責ニ帰スヘカラサル事由ニ因リテ給付カ不能ト為リタルトキト雖，債権者カ危険負担ノ責ヲ負フヘキモノトス」。

ただし，腐敗を免れた松茸約百貫を採取期以後に採取し換価した23円を代金700円から控除するべきものとする。

「本件松茸ノ採取時期ヲ経過シタル後ニ於テ，既ニ腐敗ニ瀕シタル松茸約壱百貫ヲ採取シ之ヲ金弐拾参円ニテ換価シタル事実ヲ認メ得ルカ故ニ該金員ハ右金700円ヨリ控除スヘキモノナリ」。

(c) 前述のように，債権者の受領遅滞中に当事者に責なくして不能が生じる事件に類するものは比較的少ない。その理由は危険負担との関連によって説明できよう。すなわち，債権者の危険負担を前提とすれば（たとえば，売買で債権者主義をとる場合），受領遅滞がなくても債権者に損失が帰する。したがって，とくに遅滞をもち出す必要はない。逆に債務者主義の場合には，これを修正する受領遅滞の意義は大きい。そして，【29】も，偶然の不能であれば債務者が危険をおうべき場合を修正したのである。

ここで，受領遅滞中の不能に関して若干の区別をしよう。遅滞と不能との関係はつぎの2つに大別できる。

第1は，遅滞と不能との原因が無関係の場合である。たとえば，特定物の買主が受領しないために，売主が自分の家においておいたところ，売主の家が類焼して物も滅失した場合である。ここでは，不能は偶然に生じたのであって，遅滞とはいちおう無関係である。両者の間では，買主が受領しておけば売主の家で滅失することはなかったであろうとはいえても，受領拒絶が不能の原因そのもの，とはいえないのである。

第2は，不能が給付の性質にもとづき遅滞とともに生じる場合である。たとえば，労務給付契約で不可抗力によって工場設備が滅失する場合である。その結果，使用者が受領しえないとともに，被用者の給付も不能となる。そして，ここでは遅滞と不能とは時間的に前後することなく，同時にもたらされる。すなわち，第1の場合とは異なり，両者は不可分の関係にあるのである[38]。

前述【29】事件は，第2の場合に近い事例であった[39]。したがって，第1の場合が典型的な遅滞中の不能の場合とするならば，この事案は必ずしもこれにはあたらない。むしろ，

---

38) すなわち，ここでは遅滞だけが生じて不能は生じないということはないのである。
39) もっとも，【29】の場合でも，採取期にはある程度の幅があるので，受領遅滞になったからといってただちに不能がもたらされるわけではない。やや労務の場合よりは不能の必然性は少ないわけである。そこで，第2の場合ともまったく同じではなく，第1の場合との中間的性質の給付であったといえる。事案でも，腐敗にひんした松茸を採取して換価した金額（23円）は，対価（700円）から控除すべし，とされた。

事案を第1の場合に適合させると，たとえば，受領遅滞中に山火事のため採取不能が生じた場合をあげることができよう[40]。

なお，大阪高判昭37・6・27下民13巻6号1306頁は，買主が受領を遅滞した結果，目的物であるくぎにさびを生じ，売主Xの自助売却（商524条）の額が低廉になったケースで，Xに「注意義務に欠けるところがないのみならず，売主の前記自助売却権は売主のために認められた権利であつて義務ではないから，その行使が権利の濫用にわたる場合は格別，単に競売の時期如何により生じた消極的損害の如きは売主たるXにおいてその責を負わないものと解するのを相当」として，残金請求を肯定した。買主の受領遅滞中に，売主の注意義務が軽減され，買主が危険を負担することを前提とする。

3 債務者に過失がある場合

(ア) 債務不履行

債務者の責に帰せられる事由によって給付が不能となった場合には，債務不履行の問題を生じる。債権者は，不能になった給付に代わる損害の賠償を求めるか（民415条），契約を解除してみずからの債務を免れることができる（民543条）。前者の場合には，本来の履行は代償的な履行である損害賠償請求権によって代替されるにすぎないから，それと反対給付義務との間には，対応関係が存続する。

この場合には，危険負担の問題そのものは生じない。しかし，危険負担との関連が問題にならないわけではない。第1に，不能そのものに当事者の責に帰すべき事由がなくても，なお債務者に負担をおわせるべき場合であり，これには，遅滞中の不能がある。わが民法典には明文がないが，たとえば，ドイツ民法典は，債務者は，遅滞の間はすべての過失につき責任をおうとし，遅滞中偶然によって生じた不能にも責任をおわなければならないとする（287条）。とくに，双務契約に関する規定は存在せず，危険負担とは性質を異にすることを前提に，過失責任主義のわく内で処理さ

---

[40] なお，本文で述べたことから，第2の場合は，通常の危険負担が対象とするところとは異質の給付障害を対象とするものであることがわかる。というのは，通常では，不能はそれ自体で独立して生じるからである。

また，第2の場合は，受領遅滞中の不能であるとさえいうことはできない。なぜなら，第1の場合で先に遅滞があるときにも，不能は遅滞中に生じるが，遅滞とは区別できるからである。そうすると，第2の場合は，遅滞と不能との関連を問題とするのではなく，遅滞が当然に不能をもたらすことの扱いを問題としなければならない。また，そうだとすれば，ここで不能につき債権者に責がないとしても，同人に危険を帰しえない（民536条1項の形式的適用として），ということはできないであろう。これは，遅滞とも不能ともべつの給付障害の形態として独自の効果をもつ，といえるのである。この問題は，雇用における受領不能の問題として争われている。その検討は，【研究】120頁以下参照。

なお，事実関係は不詳であるが，受領遅滞中に債務者の責に帰せられない事由によって履行不能となった事例で，反対給付の履行請求が肯定されたとされる横浜地判昭58・6・27判タ509号174頁がある。

れる問題となる[41]。

　第2に,「責に帰すべき事由」の範囲が問題となる。帰責事由の存在が,危険負担の外縁を決定するからである。

(イ)　遅滞中の不能
　(a)　給付不能には債務者の帰責事由がなくても,なお同人に損失を負担させるべき事例として,債務者の遅滞中の不能の場合がある。
　この場合は,給付の牽連関係を前提とする場合と否とで異なった意義を有する。たとえば,所有者主義をとった場合には(フランス民法典。買主負担主義),売主が目的物の引渡を遅滞しているときには,とくに売主(債務者)の危険負担を肯定しなければならない(フ民1146条・1302条1項)。しかし,給付の牽連関係を前提とすると,売主は遅滞がなくても危険を負担するから,このような扱いは特則とはならない。すなわち,遅滞中の不能は,給付の牽連関係を前提としないときに(物の危険を前提とする場合),とくに契約法的な考慮をいれる構成となる。給付の牽連関係を前提とすれば,遅滞中の不能は,給付障害の契約的調整の1つとして,牽連関係と同様のレベルのものとなる。
　なお,多くの立法例中,債務者が遅滞中は,偶然の危険をも負担するというのは因果関係の推定であるから,その遅滞がなくても不能が生じるときには,債務者は責任をおわない,とされる(フ民1302条2項,ド民287条2文但書)。

　(b)　わが学説上も,債務者の遅滞中の不能について,同人に不履行責任をおわせるべきことが認められている。そして,この効果は,多くは,債務者に責がある不能であるから,と理由づけられている[42]。
　これとともに,遅滞がなくても不能が生じるべきときには,債務者が不履行責任を免れることも認められている(前述(a)参照)。というのは,債務者に不履行責任をおわせうるのは,同人が履行しておけば不能を生じることもなかったはずであるとの推定によるのであるが,この場合には,みぎの推定は成り立たないからである[43]。
　たとえば,給付目的物を1日出帆の甲船に積みこむのを怠り,5日出帆の乙船に積みこみ,乙船が暴風のため沈没したとすれば,債務者は不履行責任をおうが,甲船も沈没したとすれば,同人は責任を免れる,とされる。損害と遅滞との間に因果関係がない場合と構成できよう[44]。

(ウ)　裁判例
　(a)　裁判例によっても,遅滞中の不能が通常の危険負担を修正することが認められている。

---

41)　これを肯定するのも,受領遅滞中の不能と同様,古くからの通説であろう(鳩山・前掲書(総論)139頁,於保不二雄・債権総論〔1972年〕107頁ほか)。後述42)をも参照。
42)　我妻栄・民法講義Ⅳ〔1964年〕145頁,末川博・前掲書上104頁。
43)　この点につき,たとえば,末川・前掲書上104頁。
44)　我妻・前掲書Ⅳ 145頁。

第4節　当事者に帰責事由がある場合

【30】　大判明 39・10・29 民録 12 輯 1361 頁

[事実]　YからXへの葉煙草の売買契約締結後に，Yが履行を遅滞している間に葉煙草の私的取引が禁じられたので，みぎ契約の履行は不能となった。そこで，XからYに対し履行不能による損害賠償の請求がなされた。

判決は，債務者が遅滞に陥ることなく履行不能が生じたときには同人は不履行責任をおわないが，遅滞中に不能となったときには，不能がその責に帰せられなくても責任を免れることはできない，として請求を認容した。

[判旨]　「審按スルニ契約履行ノ期間前ニ債務者ノ責ニ帰スヘカラサル事由ニ因リテ契約ノ履行不能ト為リタルトキハ，債務者ハ其履行ニ付テハ責任ヲ有セス。然レトモ債務者カ履行期限後履行ヲ怠レル間ニ於テ，其責ニ帰ス可カラサル事由ニ因リテ履行不能ト為リタリトモ債務者ハ其履行ニ関シテ責任ヲ免ルルヲ得。是レ債務者ノ履行ノ遅滞ヨリ生スル当然ノ責任ナリ。依テ原院カ以上ノ趣旨ニ基キ本件ノ葉煙草ハ甲第1号証ノ契約履行期限ノ当時ニ在リテハ，契約ノ目的ト為スコトヲ得タルモ，其期限後Yカ履行ヲ怠レル間ニ於テ，煙草専売法発布ニ依リ其取引禁止セラレ履行不能ト為ルニ至リタレトモ，Yニ損害賠償ノ責任アリト判示シタルハ相当」。

この【30】事件では，売主の遅滞中に当事者に責なくして不能が生じた。このような場合に売主に損失を負担させることは，古くから承認されている。そして，その後も数多くの事案で確認されている[45]。内容的には，これがたんなる不能のさいの危険負担を修正することに意味がある。とりわけ，売買では債権者主義を修正する機能を有するのである[46]。

(b)　遅滞中の不能と類似するのは，債務者の過失が間接的に不能の原因となっているが，直接には当事者の責に帰すべき事由なしに不能が生じる場合である。

【31】　最判昭 52・3・31 判時 851 号 176 頁

[事実]　XはAから建物を賃借していたが，YがAから建物を取得したので，Yとの間で賃貸借契約を結んだ。この建物はB所有地上にあったが，BはAに建物収去土地明渡を請求し，これが1審で認められ，Aが控訴中にYが訴訟係属を知らずに，借地権があるものと信じてAから建物を譲受したのである。その後，Yは訴訟を引きうけたが，結局，上告審でも敗訴した。

他方，Bは，Xにも賃借部分からの退去と敷地明渡を請求した。Yは，Xのため弁護士を依

---

45)　たとえば，①東京控判判決年月日不詳明 45 (オ) 23 号評論 1 巻民法 529 頁，②東京地判昭 3・6・14 評論 18 巻民法 496 頁（もっとも，判決が遅滞中の不能についてふれたのは傍論であり，事案では遅滞はなく，債務者の責任も否定された），③大判昭 8・10・2 裁判例 7 巻 228 頁，④東京地判昭 31・10・23 下民 7 巻 10 号 29 頁，⑤福岡高宮崎支判昭 36・8・29 下民 12 巻 8 号 2088 頁〔ただし，債務者の責任を否定〕，⑥松山地判昭 40・2・24 下民 16 巻 2 号 335 頁，⑦鹿児島地判昭 44・1・20 判時 568 号 74 頁など。

46)　前注 45) に引用の裁判例のほとんどが売買に関するものである。①が特定物の給付の場合〔詳細は不明〕，②が債務者が株の引渡義務をおう場合とされているのを除くと，いずれも売買を対象とする。

頼し，証拠を集めるなどしたが，Xも上告審で敗訴した。そこで，XはYに対し，債務不履行による損害賠償を請求した。

原判決は，Yが瑕疵ある賃貸人の地位を承継した者として，できるかぎり可能な努力をしており，信義則上賃貸人としての責任をおわせることは酷であるとし，また，Xが賃借部分を使用収益できなくなったのも，Yの責に帰すべき事由によるのではなく，したがって，Yに履行不能の責任を問うことはできないとした。

Xの上告に対し，判決は原判決を破棄して，責に帰すべからざる事由がある場合とは，債務者に故意・過失がない場合または債務者に債務不履行の責任を負わせることが信義則上酷に失すると認められるような事由がある場合をいうものとして，Xが賃借部分を使用できなくなったのは，Yの過失によって生じたものと認めるよちがあり，信義則上，Yに履行不能による責任を負わせることが酷に失する場合にあたるものと解することはできないとしたのである。

[判旨]「債務が履行不能となったときは，債務者は，右履行不能が自己の責に帰すべからざる事由によって生じたことを証明するのでなければ，債務不履行の責を免れることができないものと解すべきであり（最高裁判所昭和32年（オ）第571号 同34年9月17日第1小法廷判決・民集13巻11号1412頁），ここにいう責に帰すべからざる事由がある場合とは，債務者に故意・過失がない場合又は債務者に債務不履行の責任を負わせることが信義則上酷に失すると認められるような事由がある場合をいうものと解するのが相当であるところ，原審の前記認定によれば，Xが本件賃借部分を使用収益することができなくなったのは，Yの過失によって生じたものと認める余地が十分にあって，いまだ信義則上Yに履行不能による責任を負わせることが酷に失する場合にあたるものと解すること

はできない。したがって，前示履行不能がYの責に帰すべき事由によるものとは認められないとした原判決には，法令の解釈適用の誤り，ひいては審理不尽又は理由不備の違法がある」。

(c)【31】は，貸主Yが貸す義務を履行しえなくなった場合に，その不履行責任は，土地所有者Aから明渡を請求され敗訴した貸主に，同人にも使用させられなくなったことにつき責があるかどうかを基準として決するべきものとする。この構成では，責任の成否は，債務者の帰責事由の存在により個別に左右されることになる（とくに原判決）。

しかし，このような問いの仕方には疑問がある。

まず，貸主（建物の貸主Y）の責任を，所有者（土地の所有者A）から明渡を求められるにいたるプロセスから問題とする必要がある。たとえば，建物の賃貸借がされるまえに，土地の賃貸借が解約あるいは期間の満了により終了していたときには，建物の賃貸借には，一種の原始的瑕疵があるといえる。その場合には，貸主は土地を占有するべき権原なくして建物を貸したことについて，他人のもの，すなわち土地の貸主としての担保責任をおわなければならない（561条・559条）。

逆に，後発的に債務不履行によって土地の賃貸借契約が解消されたときには，借地権の消滅は，土地賃借人である貸主Yの責に帰すべき事由によって生じたものである。そして，敷地の明渡も，借地権の消滅によっているから，同じく貸主の責によるものといえる。そこで，これらの場合には，建物の賃借人が建物を使用収益できなくなったのは，貸主の責

第4節　当事者に帰責事由がある場合

に帰すべからざる事由によるものとはいえない。

また，みぎの事案では，貸主の地位の交代がある。しかし，建物取得者Yは，責のある貸主としての地位をAから承継取得したのであるから，Yの責任もそれによって客観的に判断されなければならない。したがって，貸主の個人ごとの主観的事由によって責任の有無を判断するよちはないと解するべきである。

なお，本件では，Xが賃借権の設定をうける前に，ＡＢ間に建物収去の訴が係属していた。そこで，Xが貸主の担保責任を追及する場合には，他人のものの賃貸借につき悪意かこれに準じたものとして，損害賠償請求が否定されるよちもある（561条）。ただし，その場合でも，Xは解除はできるから，先払賃料の返還請求は可能である。

(d)　同じことは，事案を売買におきかえてもあてはまる。XがYから建物を買ったが，Yの借地権が消滅した結果，それがとりこわされたとしよう。この場合でも，裁判例には，売主の主観的事由だけを問題とするものがある[47]。

しかし，借地権の消滅にいたる原因が問題とされるべきである。たんに給付不能をもたらした直接の行為だけではなく，その原因に遡って考える必要がある。建物の滅失自体に売主の責がないとしても，売主が借地権を保持できなかったことに責任があれば，不能は，売主に責のある事由にもとづくものである。

もっとも，このような責任につき，一部の裁判例は消極的である。

【32】　大判昭12・3・13民集16巻269頁

［判旨］「然レトモ抵当権ノ実行ニ依ル建物ノ競売手続ニ於テハ，当該建物ヲ現形ノ儘競売ニ付セラルルモノニシテ，敢テ建物敷地ニ付賃借権其ノ他土地使用権カ存在セルモノトシテ競売ニ付セラルルモノニ非サルノミナラス，民法第570条但書カ強制競売ノ場合ニハ売主ノ瑕疵担保ノ責任ニ関スル規定ヲ準用セサル律意ニ鑑ミルモ，抵当権実行ニ依ル競売手続ニ於ケル建物ノ競落人ハ縦令競売申出若クハ競落当時建物敷地ノ賃借権其ノ他土地使用権カ存在セサリシトスルモ，其ノ不存在ノ故ヲ以テ民法第95条ニ依リ右競売申出若クハ競落カ要素ノ錯誤アル無効ノモノナル旨主張シ得サルモノト解スルヲ相当トス」。

しかし，たとえば，直接には判決にもとづく建物収去であっても，その判決をうけた原因に債務者の責任があれば，責に帰すべき滅失たりうる。さらに，原始的に瑕疵があった場合には，競買の取消ができ，それによって対価の支払を免れることができる。

【33】　東京高決昭54・12・13判時957号57頁

［事実］　Xは，建物の競売手続で競買の申出をしたが，建物には，すでに債務者を被告として建物収去の確定判決が存在したので，競買の

---

47)　東京地決昭39年9月28日判時395号37頁，【32】。もっとも，競売では，借地権の存在が前提とされているわけではないとして，その不存在につき債務者の担保責任に否定的な見解もある。来栖三郎・契約法〔1974年〕95頁参照。

取消を申し立てた。原審が競落許可決定をしたので，Xから抗告を申し立てた。

[判旨]　「右競買取消の申立てがなされた時期については，右申立書の編綴箇所から推定して右競落許可決定の言渡前になされたものと認めることが相当である。しかして，このような場合には，天災その他の事変により目的物件が著しく毀損した場合に比して，競買人の利益の保護においてこれと区別する理由がないから，民事訴訟法第678条〔競買取消権〕を準用すべきであると解するのが相当である」。

4　双方に責がある場合

(ア)　双方の有責

不能について，当事者双方に責に帰すべき事由がある場合がある。たとえば，請負契約で，注文者の指図にも，請負人の工事にも欠陥があった場合である。また，当事者双方の責は，最終的に生じた不能に，直接に当事者の関与がある場合だけではなく，履行の過程のそれぞれの行為が間接的に関与している場合にもみられる。

さらに，買主が目的物を受領しないので，売主が他に安く譲渡したとか，あるいは売主が引渡さないので，買主が他から高く取得した場合もある。前者では，売主は他に譲渡するまえに，受領を拒み反対給付義務をも履行していない買主との契約を解除することもでき，そうすれば，みずからは契約上の義務を免れる。しかし，このような手続をとらないで他に譲渡すれば買主に対する債務不履行と

なる。だが，売主だけが有責であるとするのは酷な結果となろう。また，後者で，売主が遅滞していることから，買主が他から買いうけた場合も同様である。

とくに，継続的な契約である請負では，一方の不履行が他方の不履行を招来するといった形で，当事者の双方に責に帰すべき事由があるとみられる場合がまま生じる。

このような場合に，当事者の一方にだけ損失を帰することはできない。そこで，債権者が債務者に損害賠償を請求するときには，過失相殺を考慮する必要がある。しかし，これは損害賠償を出発点とするときに限り可能な扱いであり，他の救済手段がとられたときには，べつに考慮する必要が生じる[48]。

(イ)　事例の判断

(a)　当事者双方に不履行の生じたことにつき責任があるとみることができる場合に，その直接の行為だけをみて，一方のみに責任をおわせることは妥当でないであろう。

【34】　大判昭2・2・26新聞2680号15頁

[事実]　YはXから家屋の建築を請負ったが，工事に着手しなかった。そして，第三者の調停によって工事期間を延長することにしたが，Xは建築予定地にAによって家屋を建てさせ，Yとの契約を解除するとし債務不履行による損害賠償を請求した。原審は不能についてXに責があるとして上記請求を認めなかった。

---

[48]　英米法では，寄与過失として，債務者が不能につき直接には責がなくても，間接的にでも関与した場合には，不能による免責の効力は及ばないとされている。参考とするべきであろう。後述(ウ)参照。

第4節 当事者に帰責事由がある場合

大審院は，債権者の行為が不能の直接の原因であっても，それがさらに債務者の行為にもとづくときには，債権者の責に帰すべき不能とはいえないとした。また，Yにも遅滞のある本件では，Yの責に帰すべき不能になる可能性もあるとして，原判決を破棄差戻した。

[判旨]「債務ノ履行不能カ債権者ノ行為ニ基キ発生シタル場合ト雖，右債権者ノ行為カ更ニ債務者ノ行為ニ原因スルトキハ，債務者ハ其ノ履行ヲ不能ナラシメタル責ヲ免ルルヲ得サルコトアリ。此ノ如キ場合ニ於テ，履行不能カ何人ノ責ニ帰スヘキモノナルカヲ定ムルハ一ニ其ノ因テ生シタル全般ノ事情ヲ斟酌考量シ信義ノ原則ニ從ヒ之ヲ判断スヘキモノニシテ，單ニ債権者ノ行為カ其ノ直接ノ原因ナルノ故ヲ以テ其ノ責ヲ債権者ニ帰ス可キモノニアラス。家屋ノ建築ヲ請負ヒタル者カ其ノ債務ノ履行ヲ遅滞スルトキハ，注文者ハ他人ヲシテ之ヲ建築セシメ其ノ需要ヲ満スノ処置ニ出ツルコトヲ必要トスル場合ナシトセス。此ノ場合ニ於テ注文者カ請負人ヲ差措キ第三者ヲシテ建築ニ着手セシメタルカ為，請負人カ其ノ債務ヲ履行スル能ハサルニ至リタルトキハ，履行不能ハ請負人ノ責ニ帰スヘキ事由ニ基クモノナルヲ失ハサルモノトス」。

(b) 【34】事件において，不能の直接の原因は債権者にあっても，債務者の責に帰すべき不能となる可能性が示唆されている。しかし，そうだとしても，その効果は，債権者になんら責がない場合と同視することはできないであろう[49]。上記の場合に，不能にはYの遅滞によるところが大きいとしても，遅滞を唯一の原因としていたわけではない[50]。そこで，むしろ，いずれの当事者も単独では責任をおうことはないと解される。

そこで，法的構成としては，不能につき当事者双方に責がある場合の解決を参考とする必要がある[51]。たとえば，不能に着目して債権者に反対給付義務を課するさいにも，過失相殺を考慮する必要があるし[52]，逆に債務者に対する損害賠償請求を主とする場合にも過失相殺を行う必要がある[53]。前者では，反対給付請求権への過失相殺の規定を適用することになるが，その適用が損害賠償請求権を予定したものであるとの前提からすれば，その類推適用ということになろう。

(c) 当事者双方に不履行につき責がある場合に，結果的に双方の負担を認めたとみることができるものとして，以下がある。

---

49) たとえば，債務者が契約の存続を信頼してこうむった損害については，債権者に負担させるべきであろう。それゆえ，損害賠償を債権者が請求するときには，これに過失相殺を行う必要がある。債権者は，これを避けるには，あらかじめ契約を解除しておくべきであったのである。

50) すなわち，Aに仕事をやらせようとするXの判断が媒介となっているのである。

51) なお，当事者双方に責がある場合の検討そのものには，本稿は立ちいらない。後注53) 参照。

52) なお，債務者の遅滞にもとづく損害賠償請求のよちもあり，これによっても，反対給付請求を実質的に減額することが可能である。

53) しかし，債権者が契約を解除したときには，過失相殺的考慮は行いえない。この問題は，「当事者双方に責がある不能」でも論点となるが，ドイツの議論を参考にし結論だけを示せば，債務者が債権者による積極的契約侵害に対する賠償請求をなしうる，とする見解などが注目される。【I】307頁，350頁参照。

【35】 東京地判昭 54・6・27 判時 946 号 65 頁

[事実] YはXに土地を売却したが，以下の特約がなされた。Xは，代金を分割で支払い，またYは分筆と地目の変更を行い，さらに，Yの債務不履行により契約が解除されるときには，手付金と同額の違約金をXに支払う，というものである。Xが代金を完済しないので，Yは，土地を第三者に譲渡した。そこで，XはYの債務不履行を理由として契約を解除し，手付金の返還と違約金の支払を請求した。

判決は，Xにも代金の不払いがあり，他方，Yは履行の準備を相当程度しており，履行期に履行を拒む意思はなかったとして，Xがみずからの債務を履行することなく，Yの債務不履行だけを責めて違約金の支払を請求することはできないとし，しかし，手付金については，Xの解除によって契約は失効したから，Yは，これを返還しなければならないとした。

[判旨] 「この事実によると，本件契約はYの責に帰すべき事由により履行不能になったとはいえ，Xも約定の期日に代金を支払う態度を示していないのであり，また，Yによる解除の際仮に履行の提供がなされていてもXにおいて残代金全額に相当する資金準備があり直ちにその履行をなしたものとまで認めることはできない。しかも，解除までにおけるYの債務不履行についてみると，Yは道路位置指定通知書を取得しており，また，公道への通路の一部を地主から取得し，《証拠略》によれば，残余の通路部分についてはいつでもYにおいて入手可能であったことが認められ（現に前記のとおりXY間で本件紛争発生後Yが数か月以内に本件土地を転売し得たことは地主の承諾により右通路開設が可能であったことを推認せしめる。），地目変更及び分筆の登記を完了しており，更に，所有権移転登記手続の提供がなかったとはいえYもこれを拒む趣旨でないことは弁論の全趣旨から推測し得るのであり，しかも右手続は多額の金銭債権とは異なり，容易になし得るものでいつでも応じ得る性質のものということができる。

以上のような事実関係に加えてYの違約金が手付金額と同額の 160 万円の高額に達することを考えると，Xが自らの債務を履行することなく，Yの債務不履行である履行不能のみを責めて違約金を求めることはできないものと解するのが相当である。しかし本件契約はともかくYの履行不能を原因とするXの解除の意思表示により失効したのであるから，Yはその受領にかかる手付金 160 万円についてはこれを返還する義務を免れることはできない」。

(d) ここでは，2つの事項が問題となっている。第1は，債務不履行による違約金の支払である。事案では，特約による違約金の支払が問題とされているが，一般的には，債権者が債務不履行を理由として損害賠償を請求することが問題となろう。そして，その場合には，債権者の有責性を考慮して過失相殺が可能であろう。

第2は，契約解除の問題である。事案では，たんに手付の返還が争われているが，対価が支払われていれば，当然にそれが問題となろう（後述(ウ)参照）。そして，事案では，当事者の双方に責があることは，違約金の支払を認めず，手付金の返還だけを認めることによって調整されているのである。

(ウ) 解 決

当事者双方に帰責事由がある場合に一般的に考えられる解決は，第1は，債権者が損害賠償を請求し，それに過失相殺を考慮する構

成である。比較法的には，かねて当事者双方が損害賠償請求権を有するとするものもあったが[54]，債権者に対して損害賠償請求権が発生するとの普通法的な考え方を前提とするものである。わが法は，債権者に対しては反対給付請求権が発生するとしたから[55]，必ずしも採用しうる解決とはならない。

第2に，逆に，債務者が，反対給付請求権を行使した場合には（536条2項），過失相殺を類推適用して，債務者の過失の相当する割合だけこれを減額しなければならない[56]。

第3に，債権者が契約を解除した場合には，単純な解除の効果を認めると，債権者は対価の支払を免れるから，損失は，債務者に帰せられる。しかし，この場合でも，債権者は，不能を生じたことにつき共同行為があったことから，積極的債権侵害を理由とする賠償義務を負担しなければならないとするか，あるいは解除による反対給付義務の免除の効力を制限して，債権者にも負担を求めるべきことになる。

---

54) ALR 1部5章362条。前注35) をも参照。
55) これにつき，【I】303頁参照。
56) ドイツの通説である。また，ドイツのライヒ裁判所の裁判例（RGZ 71, 187, JW 1909, 413; RGZ 94, 140）は，当事者双方の責に帰すべき事由により売主の不動産が競売されたことによる不履行に関し，これを債務者の責に帰すべき不能と評価するだけでも，債権者の責に帰すべき不能と評価するだけでも足りず，過失相殺的考慮が必要なことを述べている。

第3章　当事者意思と危険負担

第1節　534条の適用の実態

1　約款による修正[57]

534条1項は，伝統的な理解によれば，いわゆる債権者主義（買主負担主義）を定めたものとされる。すなわち，売買契約の成立によってただちに，目的物件に生じる滅失・毀損の危険は，給付債権者たる買主の負担に帰するのである。しかし，これに対しては，売買のように給付と反対給付とが交換される双務契約においては，売主による給付が不能になったにもかかわらず，買主の反対給付の履行のみが義務づけられるのでは不衡平になるとの批判がある。とりわけ，不動産売買のように，売買の目的物件の価格が高額な取引においては，その不衡平さは重大なものとなる。

そこで，一方で，学説上は債権者主義の修正解釈が主張され，他方で，実務上は危険負担規定が任意法規に属することから，当事者間の合意・取引約款による修正が行われている。その結果，近時では，危険負担，とくに不動産売買に関する裁判例は，ほとんどみうけられない。かえって，民法534条1項を修正する約定の解釈が問題となった事例がみられるにすぎない。しかし，危険負担に関する合意がないことも，534条1項と同趣旨の約定がおかれることもあり，一部の学説がいうように，合意によってすべてが解決されているというわけではない。

2　判　例

(ア)　約　款

つぎは，売買契約で，約款の解釈が問題とされた事例である。

【36】　大阪高判昭54・3・15金判577号34頁

［事実］　本件は，売買における危険負担に関係する数少ない事例の1つである。

---

[57]　第3章についても，小野「危険負担・534条—536条」遠藤浩＝平井一雄編・注解不動産売買〔1993年〕412頁以下（とくに423頁以下）参照。

第3章 当事者意思と危険負担

事案によれば，XはYから土地建物を買いうけたが，Yはその引渡をしない。その間に建物は当事者に責なく焼失した。Xの引渡の請求に対して，Yは，以下のように抗弁した。

すなわち，売買契約書中に，「目的物件焼，滅失した場合買主何等責任なく契約解除する」との条項がある。これは，目的物が滅失したときには，売買契約が失効するか，あるいは当事者のいずれからでも契約を解除できる旨の意であり，本件売買の目的物件である建物が焼失したことによって，契約は失効したか，そうでなくてもYの解除によって失効した，というのである。なお，Yが引渡を遅延したこと，および建物の焼失にもかかわらず買主Xが契約の解除をしなかったことの理由には，売買の主目的が土地であり，その価格の上昇があったためであると思われる。

判決は，みぎ条項の解釈について，売買の目的物件の偶然の滅失・毀損の結果として買主は不測の損害をこうむることがあるが，民法534条1項の適用によって売主の代金請求権は影響をうけないから，売主のために契約解除権を認める必要はない。しかし，買主のためには，特約によって契約を解除できることにすれば，解除権を行使して代金支払債務を免れさせることができるから，意義を認めることができるとしたうえ，みぎ条項は，目的物件が引渡前に売主の責に帰しえない事由によって焼・滅失した場合に買主に契約解除権を与える趣旨のものであると解して，Yの主張のような特約がされたとは認めなかったのである。

[判旨]「Yは，本件物件の売買契約において，目的物件がその引渡前に焼滅失した場合には，右売買契約は当然に効力を失う旨の特約（解除条件付売買契約）もしくは当事者のいずれからでも右売買契約を解除することができる旨の特約がなされたことを前提として，本件物件中の建物が焼失したことによる本件物件売買契約の当然失効もしくは解除による失効を主張する。

そこで検討するに，原審における……各供述によれば，本件物件売買契約は甲第1号証の売買契約証書によってなされたものであることが認められ，同売買契約証書に『目的物件引渡前に物件焼・滅失した場合買主何等責任なく解除する』旨の条項が存在することは当事者間に争いがないところ，……によると，右売買契約は，司法書士事務所においてあらかじめ注文作成した印刷された定型的な不動産売買契約証書用紙を用いてなされたものであって，前記当事者間に争いのない条項は，同用紙中の印刷された1条項であることが認められる。ところで，特定物の売買契約において，履行前に目的物が債務者の責に帰すべからざる事由によって滅失又は毀損したときは，特約のない限り，その滅失又は毀損は債権者の負担に帰するから（民法534条1項），この原則に従えば，債権者である買主は目的物の滅失，毀損により不測の損害を被ることがありうるとしても，売主の代金請求権は何らの影響も受けないのであるから，このような場合，売主のために特に契約解除権を認める必要性はまったくないのであるが，反対に買主としては，右のような場合に特約により当該売買契約を解除することができるとするならば，この解除権を行使して代金支払債務を免れることができるわけであるから，この点甚だ有利であるということができる。また，他方，その履行前に債務者の責に帰すべき事由によって目的物が滅失又は毀損した場合には，そのような債務者の債務（責任）を免れさせる理由ないし必要性はまったく存しないことはいうまでもない。このような点を参酌して右定型用紙に印刷された前記条項の趣旨とするところを考えてみれば，同条項は，他に特段の事情がない限り，目的物件を引き渡す前に目的物件が売主の責に帰すべ

からざる事由によって焼滅失した場合にも買主に契約解除権を与えた趣旨であると解するのが合理的である。したがって，本件物件売買契約証書中に前記条項が定められているからといって，これによって直ちにY・X間にY主張のような特約までが合意されたものと解することはできない。原審及び当審におけるY本人の供述中には，右条項が約定された際にはY主張の前記特約が合意され確認された旨前記主張にそう部分があるけれども，右にみた前記条項の趣旨並びに原審におけるX会社代表者尋問の結果に照らしてたやすく採用することができないし，他にY主張の前記特約の存在を認めるべき証拠もない。

そうすると，本件物件中の建物の焼失により本件物件の売買契約が当然もしくは解除によって失効した旨のYの前記主張も，その前提であるY主張の特約の存在を確認することができない」。Yの控訴棄却。

(イ) 解　除

この判決は，民法534条による債権者主義が契約にさいして修正されていることを前提としている。事案では，その修正の方途として買主に契約解除権を与える旨の構成がとられたことから，売主も解除権を主張したとの特殊性がみられる。端的に民法534条の適用を排除する旨の約定であれば，問題を生じるよちはなかったといえる。

なお，事案において，約款の解釈として，買主に解除権が与えられていると解するだけではなく，売主に引渡の遅滞があれば，遅滞中の滅失とみても，その危険は売主が負担するべきものと考えられる。売主の解除を認めるよちはない。

(ウ) 債権者主義の修正

当事者が合意によって，536条相当の効果を導くことは，積極的に評価されるべきである。しかし，このことを超えて，明示の合意の存在しない場合にも，同様の合意が推定，擬制されることがある。すなわち，双務契約には，給付が不能になった場合には，反対給付義務も消滅するとの黙示の条件が包含されている，とする場合である。これは，イギリス法のフラストレイションやフランス法の解除条件（1184条）にみられる解釈であるが[58]，この構成にまでいけば，534条1項は，実質的に廃止されたに等しいことになろう。

また，そこまでいかない場合でも，給付相互の牽連関係は双務契約の基準として働くことから，当事者の意思解釈の基準とはなりうるであろう。

さらに，危険移転時の選択は，個別具体的な状況を背景としているから，当事者が行うことが契約規制のうえでもっとも適している。たとえば，遠隔取引では，対価のなかに危険負担の帰属や保険料の支払が包含されていることがある。このような場合には，形式的にはどうであれ，給付相互の牽連関係は貫かれている[59]。

---

58) もっとも，本文の解除権による危険負担の代替（解除することによって，債権者を反対給付義務から解放する解釈は，フランス法でもイギリス法でも，売買には適用されていない。売買を除外した，いわゆる二元的構成である。これについては，【研究】43頁以下参照。

59) たとえば，形式的には債権者主義でも，買主の負担は保険でカバーされる。遠隔売買の危険負担については，【研究】503頁以下参照。

第2節　売買約定書・約款

1　文　　例[60]

不動産取引において危険負担規定がどのように変更されているかを知るためには、定型的な約定書の文例をみることが有用であろう。

(ア)　売主負担主義

(a)　売主負担主義を明示するものとしては、つぎがある。

「(文例44)　第12条　売買物件がその引渡前に全部又は一部について天災その他不可抗力により滅失又は毀損及び崖崩れ流出などをした場合、その他公用徴収、建築制限、道路編入などの公法上の負担が課せられた場合にはその損失は売主の負担とする。
　2．前項の場合に買主が契約を締結した目的を達することができないときには、買主は本契約を解除することができる。
　3．買主が前2項の規定によって本契約を解除したときには、売主は遅滞なく買主に対し手附金を返還しなければならない[61]。」

本文例と同旨のものは、ほかにもみられる（文例47，第7条，文例49，第11条[62]）。

(b)　これに対し、目的物件毀滅のさいには契約が失効するとするものがある。

「(文例46)　第7条　目的物件が本登記する前に火災その他天災地変等不可抗力により滅失するか或は著しくその価値を減少した場合、本契約は当然効力を失い甲〔売主〕は手付金その他既に受領せる金員全額を乙〔買主〕に返還しなければならない。甲は本件家屋につき存する火災保険証書を乙に引渡し保険契約上の一切の権利を無償で譲渡し、同火災による損失が保険金の支払によって補填される場合には前項は適用されない[63]。」

(イ)　所有者主義

上記文例46は、売主の負担を認めるものの、それは移転登記時までに制限される。占有移転がこれにともなうことは多いであろうが、所有権移転時を基準とするものともいえる。所有権移転との関係をとくに明示する文例もみられる。

　もっとも、危険負担は、必ずしも費用に関する契約条項のみで決定されるわけでもない。これを明示するのは、ハーグ国際統一動産売買法（1964年）101条である。
60) 以下の「文例」は、おもに大野文雄＝矢野正則編・新版契約全書I（契約総説・売買・交換）による。
61) 前掲書138頁。
62) 前掲書144頁、同146頁。
63) 前掲書143頁。

「(文例45) 第13条　物件が所有権売買移転〔所有権移転〕のとき以前に不可抗力により滅失または毀損した場合，その損失は売主の負担とする[64]。」

(ウ) 折半主義

これらに対し，建築請負では，両当事者が損失を折半するとの例もみられる（文例53，第9条)[65]。

また，即時支払の分譲地売買契約書の一部にも，折半方式がみえる。

「(文例54) 第13条　売買不動産がその売買代金完済前に，全部又は一部について天災（地震，雷，風水害，火災，がけくずれなど）その他不可抗力により滅失，毀損，流出などが生じたときには，その損失を売主と買主とが折半して負担する旨特約する[66]。」

(エ) 買主負担主義

また，買主負担主義の例がないわけでもない（自家用居宅建築特約付土地売買契約の例）。

「(文例55) 第14条　この土地に関する危険負担（天災その他不可抗力による滅失，毀損，がけくずれ，流失などの損失負担）は民法の定めるとおり，この契約を締結したときから買主に帰属する[67]。」

(オ) 規定のない場合

なお，危険負担につき特約をおかない例もみられる[68]（文例50など，買受人が日本住宅公団の場合。しかも，その3条によって契約締結と同時に引渡されたものとみなすとされている）。

2　約定と危険負担

(ア) 2つの方法

約定によって民法534条1項の適用を排除する方途としては，2つの形態がありうる。第1は，単純にその適用を排除するとするものである。①民法534条1項は適用しない，とすれば，危険負担の原則（536条1項）に立ち返って，給付が不能となったときには反対給付たる対価の支払を免れうるし，あるいは，端的に，買主は危険を負担しないとしても，売主が対価の請求権を失う趣旨は示されよう（1(ア)(a)の文例）。

②これに対し，【36】大阪高判昭54年3月15日判決（前掲）のように，解除権を約定することによっても（あるいは契約の失効—1(ア)(b)の文例によっても），売主の対価請求権を失わせることができる。法定解除権は，当事者の責に帰せられる不能によってのみ生じるものであると，従来解されているから（民543条），本来，危険負担が問題となる当事者の責に帰せられない不能にさいしては発生しない[69]。しかし，合意でその発生を約定してお

---

64)　前掲書141頁。
65)　前掲書155頁。
66)　前掲書158頁。
67)　前掲書160頁。
68)　前掲書148頁。

けば，売主の給付が不能となったときにも，買主は契約を解除し，その結果，反対給付の債務を免れることができるからである。

(イ) 解　除

解除を危険負担に転用しようとする立場は，わが民法典ではまれであるが，若干はあり (611 条 2 項)，また商法典 (761 条) にもみられる。外国法でも，フランスの裁判例は，当事者に責のない不履行に対しても，解除権の発生を認めることによって，債権者＝解除権者の対価支払債務を失わせることがある (もっとも，フランス民法典は，売買における危険負担に所有者主義を採用したから (1138 条 2 項・1624 条)，売買契約ではこの転用は認められていない)。

解除権の行使と危険負担の売主負担主義とは，法律構成と発生の要件において異なる (前者では当事者の有責を要し，意思表示を必要とする。後者では有責を要せず，売主の対価請求権は給付の不能によって当然に消滅する) が，効果においては，等しく売主の対価請求権の消滅をもたらすのである[70]。

3　約款の合理性

(ア) 合理的解釈

定型的な約定書や普通取引約款については，その正当性が問題となることがある。これら約定書または約款が契約当事者の一方のみによって定められ相手方に交渉のよちがないことからである。売買契約では，とくに売主の瑕疵担保責任を免除する旨の約定の有効性が争われることが多い (民 572 条参照)。

民法 534 条 1 項の適用を排除する旨の約定については，とくにその正当性を問題とする必要はあるまい。前述したように，これを排除することが当事者の通常の意思に合致し，また双務契約の性質にも適合するからである。

(イ) 信義則

(a) これに反して，債権者主義の趣旨の合意や約款の効力には疑問があることが多い。双務契約を前提としながら，その本質である給付相互の牽連関係を否定する意思には矛盾があるからである。しばしば契約のさいの交渉力の相違から，弱者に押しつけられることがある。消費者契約や賃貸借の保護法規の適用される場合には，有効性の認定に慎重であるべきであろう。

その他の契約においても，保険によるカバーがある場合を除いて，信義則を考慮しなければならない。買主＝債権者主義は，給付のないところに反対給付を対応させるものであるから，いちじるしい給付の不均衡がある場合の 1 つであり，原則として否定されなけ

---

[69]　しかし，近時の立法例のように，解除権について，帰責事由の必要性という前提をとらなければ，危険負担の代替手段となる。これについては，【研究】21 頁以下，および【II】407 頁以下参照。

[70]　もっとも，不履行について売主に責がなければ，買主＝解除権者から売主に対して損害賠償を求めることはできず，この限度では，有責の不能のさいに法定解除権が生じる場合との相違はいぜん残されている。

ればならない。一般に危険負担は任意法規とされるが，給付と反対給付の対立構造は，契約的な信義則の内容をなすものであるから，全面的な任意法規というのは給付の牽連関係にそくした合意のみを前提とした議論というべきである。

(b) たとえば，家屋の賃貸借で毀損が生じたときに，賃借人に修繕義務を負担させる特約が問題である。賃貸借では，賃貸人に目的物を使用させる義務（606条1項）があり，その給付が不十分な場合には，給付の牽連関係が認められている（611条）。上記の特約は，賃借人の一部不能にさいしての賃料減額請求を否定するものである。そこで，学説・判例は，上記の特約をたんに賃貸人の修繕義務の免除の意味に限定し，積極的に賃借人を義務づけるものではないと解している[71]。この場合には，あわせて賃料の減額請求をも認める必要がある。これは，給付の牽連関係と信義則による危険負担の制限の問題となる。

また，労働法上，賃金は全額払いが原則とされている（労基24条）。労務給付が使用者の責に帰すべき事由によって妨げられた場合には，賃金の支払を免除する合意は，労務給付と賃金支払との牽連関係に反するものであり，上記の規定は，このことを強行法的に保障したものと解される（なお，労働基準法上の休業手当＝26条の意義については，争いがある。後述第7章2節）。

(ウ) 事　例
(a) ほかの裁判例では，米の取引にさいして，民法534条1項と同一内容の規定を有する「東京廻米組合市場規定」が用いられた【47】があり，その裁判例は，同規定の適用を排除している（もっとも，【68】は，肯定）。学説には，危険負担の特約につき，これがもっぱら債権者主義を排除する趣旨で定められているとの前提で議論するものが多いが，特約は必ずしも合理的なものばかりではないことにも注目する必要がある（前述1(エ)参照）。

(b) また，賃貸借では，給付の不能にさいして先払いされた賃料や敷金が，返還される関係にあることから，これを排除する特約の効力が問題となる。1996年の阪神大震災を契機として，関西地区の「敷引」[72]の特約

---

71) たとえば，星野英一・借地借家法〔1969年〕617頁，最判昭43・1・25金判98号6頁参照。
　　東京地判平7・3・16判タ885号203頁は，排水管の閉塞により使用に支障が生じた場合には，貸主が修繕義務をおうべきであり，その不履行により賃借人は賃料の支払を拒むことができるとして，賃料の3割相当額の支払拒絶を認めた。なお，返還される敷金で畳・建具の取替費用などを精算する合意は，賃借人の一般的な原状回復義務の範囲を超えて，費用を賃借人に負担させるが，借家法の趣旨に反して無効とするほど借家人に不利とはいえないとした。ただし，賃借人の負担する原状回復義務の内容は，特約がないかぎり，通常の使用収益や経年変化による汚損・破損を修繕する義務までは含まないとする。
72) 敷引のように，賃貸借終了のさいに，一定の要件のもとに敷金を返還しない特約の効力については，下級審判決は分かれているが，天変地異による賃貸借の終了では，これを無効とする先例がある（大阪地判昭52・11・29判時884号88頁）。東京高判昭49・8・29判時759号37頁（賃貸借

（敷金の一部を返還しない）が問題となるケースが多発した。

【37】 神戸地判平7・8・8判時1542号94頁（①判決）が比較的早い裁判例である。この事案では，全壊の罹災証明があっても滅失していないとされ，敷金の一部を控除する特約が有効とされた。しかし，**【38】** 神戸簡判平7・8・9判時1542号94頁（②判決）では，賃借人の都合による解約では敷金の28パーセントを控除するとする特約が，震災の場合には適用されないとされた。さらに，**【39】** 大阪地判平7・2・27判時1542号94頁（③判決）は，天災などにさいしての敷金返還義務免除の特約を無効としたが，敷引の特約は有効とし，しかし具体的には，その適用を否定した。

【40】 大阪地判平7・10・25判時1559号94頁も，保証金を返還しない特約を無効としたが，敷引の特約の効力を認めた。

敷金は，礼金の趣旨の場合には，賃貸借の設定に対する対価であるから，賃貸借の終了にあたって返還されないこともありうる。また，修繕費の趣旨の場合には，前述(イ)(b)のようになる。しかし，一般には，賃借人の債務を担保する趣旨で金銭を賃貸人に移転し，賃貸借終了のさいに，賃借人の債務不履行がなければ賃貸人が返還することを約して授受される金銭とされているから（大判大15・7・12民集5巻616頁），広義では賃料の一部に包含されるものとなる[73]。

狭義の賃料が月々の使用の対価であるのに

の経過した期間に対応する分だけ返還を否定），浦和地判昭59・1・31判時1124号202頁（授受された金銭を「敷金」でなく返還を要しない「保証金」ととらえた）など。

[73] わが国の敷金（Kaution）に関する規制は，きわめて不十分であり，それが賃貸借終了にあたっての賃貸人の返還義務をあいまいにしている。これに比して，たとえばド民551条では，①まず，賃借人が賃料の保証として給付する額は，月額の賃料（管理費などの運営費を含まない）の3倍を超えることはできないと総額の定めがされており（1項），②この金銭給付につき，賃借人は，3回の分割支払の権利を有する（2項）。最初の分割金の支払時期は，賃貸借関係の開始時である。③また，賃貸人は，受領した額を，自分の財産と分離して，金融機関に3か月の定期預金（Spareinlagen）に通常の利率で預けなければならない。別の預金方式を合意することもできるが，この利息は，賃借人に属し，授受された保証金額を増額させる（3項）。学生寮（Studenten- od. Jugendwohnheim）の賃貸借では，賃貸人には，この利息をつける義務は発生しない。④これらに反する賃借人に不利な定めは無効である（4項），とされている。賃借家屋の譲渡があった場合には，建物の取得者は，敷金の返還義務をおい，賃借人が取得者から敷金の返還をうけられない場合には，最初の賃貸人も返還義務をおう（566a条）。なお，小野「ドイツにおける賃料制限と暴利」民法と著作権法の諸問題〔半田正夫教授還暦記念論文集・1993年〕371頁参照。【利息】554頁（ド民旧550b条に関するものである）。

従来，わが国では，授受された金銭の保護は，利用権の保護に比して，等閑視されることが多かったが，今後の課題である。さもないと，賃料に含まれるべき通常の修繕費・維持費が敷金からも徴収され，実質的な二重払が強いられることもあるからである。従来，不動産の賃貸借には更新による契約の継続が強く，賃料や敷金などの金銭的な給付について，賃貸人に有利に考慮される（あるいは有利な条項がそのまま放置される）ことが多かったのは，その代償としての意味あいが強かった。しかし，金銭給付であるからといって，賃借人の保護を無視していいことには

比して，個別の使用との対価性は薄いが，包括的には，賃貸借の全期間にわたって使用の保証となるものであるから，反対給付である性格は失われない。返還しなければ，実質的に賃料額を高めることになる。したがって，使用が不能となった場合には，返還されるべきであろう。そこで，これを制限する特約の範囲，拘束力が問題である。

【37】 神戸地判平7・8・8判時1542号94頁（①判決）

[事実] 賃借人Xが解約を申し入れ，敷金の返還を請求した事件である。

判決は，まず，建物の消滅による借家関係の終了を否定した。

[判旨]「2《証拠略》を総合すると，本件建物は，阪神・淡路大震災により，1階部分の柱が建物内部で折れ曲がり，垂直に建っているのではなく傾いた状態になったこと，にもかかわらず，2階ないし4階は，建物の躯体部分にほとんど被害が生じていないこと，本件建物は既に取り壊されてしまったところ，右取壊費用に約1,600万円を要したこと，あらためて本件建物と同じような規模の建物を建てようとすると金2億円以上を要すること，本件建物の1階部分のみの解体及び修復も技術的には可能であって，複数の業者から金3,000万円ないし金3,350万円とする見積書が出されていたこと，右修復工事に要する工期は約75日間であると予定されていたことが認められる。

そして，これらの事実によると，本件建物の主要な部分は，1階の躯体部分の一部を除いては未だ消失しておらず，右消失部分の修復も，建物全体を取り壊す費用及び建物全体を建て替える費用と比較した場合，通常の費用で可能と認められるから，本件建物は，阪神・淡路大震災により滅失したとはいえないと解するのが相当である。

なお，弁論の全趣旨によると，本件建物は全壊した旨の神戸市発行のり災証明書があることが認められるが，このことは右判断を左右するものではない」。

そして，敷引の特約については，敷金の性格から，これを有効とした。

「(3) ところで，神戸市をはじめとする広い地域において，慣習として，賃借権の譲渡及び転貸借の禁止されている居住用建物の賃貸借契約の中で，月額賃料の10倍を超える敷金又は保証金の授受が行われることが多いこと，右敷金又は保証金は無利息で貸主が預かるとされていること，この場合，契約更新にあたっては更新料の授受は行われないこと，賃貸借契約終了の時に，未払賃料等借主の貸主に対する債務を控除する他に，当然に，右敷金又は保証金の3割前後の金員を控除すると定められることが多いこと，借主の故意重過失に基づく建物の損傷を除き，通常の使用に伴う建物の修繕に要する費用は，建物賃貸借契約終了時には別途精算されることがないことは，いずれも当裁判所に顕著である。

そうすると，右敷引きされる金額は，賃貸借契約成立の謝礼，賃料を相対的に低額にすることの代償，契約更新時の更新料，借主の通常の使用に伴う建物の修繕に要する費用，空室損料等，さまざまな性質を有するものが渾然一体に

ならず，しかも，今日では，契約の更新のない定期賃貸借が認められているから，更新の埋め合わせとしての賃料に関する規制もきちんと行うべきであろう。【土地】203頁参照。

なったものとして，当事者間で，これを貸主に帰属させることをあらかじめ合意したと解するのが相当である。

そして，右慣習にはそれなりの合理性が認められ，それ自体を公序良俗に違反するとすることは到底できないから，右当事者間の合意は，最大限尊重されるべきである。

したがって，一般的に，建物の修繕が不要な場合には敷引きの規定は適用されないとする見解（大阪地裁平成6年（ワ）第5409号同7年2月27日判決・消費者法ニュース23号47頁等）は，当裁判所のとるところではない。

また，契約期間が満了する前に，貸主及び借主の双方の責めに帰さない事由によって賃貸借契約が終了する場合には，例外的に，貸主は，敷引きの約定の金額のうち，約定期間中の残存期間に対応する分の返還を拒むことができないとする見解がある。

しかし，右に述べたように，敷引きされる金額は，さまざまな性質のものが渾然一体になったものであり，これを期間のみで按分する根拠に乏しい。そして，当事者間の右合意の存在及び右合意の合理性をも併せ考えると，賃貸借契約直後に天変地異があったなど借主が賃貸借契約締結の目的を全く達成していないと認めるに足りる特段の事情のない限り，貸主及び借主の双方の責めに帰さない事由によって賃貸借契約が終了する場合には，敷引きされることを予定されていた金額は，すべて貸主に帰属すると解するのが相当である」。

なお，賃料については，給付の不能に対応して，減額されるとした。

「建物又は土地の賃料は，当該建物又は当該土地を使用収益する対価であるから，借主の責めに帰さない事由によって，借主が当該建物又は当該土地を客観的に使用収益することができなくなった場合には，その使用収益することができない程度に応じて，借主の賃料支払義務の全部又は一部が免除されると解するのが相当である。」

【37】の賃料に関する判断部分は，一部不能の効果の一例でもある（第2章3節1参照）。

【38】　神戸簡判平7・8・9判時1542号94頁（②判決）

［事実］　賃借人Xによる敷金の返還請求の事件である。敷引の内容は，各契約によって必ずしも同一ではないが，本件では，その要件は，賃借人の自己都合による賃貸借終了の場合とされていた。

［判旨］「本件賃貸借契約が本件ビル全壊による本件賃貸物件の滅失のために終了したものであるとすると，このような場合にも，敷引をなすことが可能であることをYにおいて主張・立証することを要すると考えられるが，Yは本件敷引条項を敷引をなす根拠として主張する。これには，賃借人が『自己の都合で』本件賃貸借契約を解約した場合に賃貸人において敷金から28パーセントに相当する金員を控除した残額を返還し，賃貸人は控除した金員の返還を免れる旨が定められている。この点について，Xは，地震による本件賃貸物件の滅失は，賃借人の『自己の都合』でないことは明らかで，本件賃貸借契約の敷引条項によっては敷引はできないことは明白であると反論する。しかしながら，本件においては，X・Yの間で『自己の都合』の内容について契約当時においては明確にされていなかったと考えられ，本件賃貸借契約の契約書には，敷引に関し，他に，賃貸人が契約を解除するときは敷金を全額返還するものとされて

おり（第4条），本件敷引条項における賃借人の『自己の都合』とは，これと対比して，漠然と賃貸人側の事情で契約を解除される場合以外の場合を広く指しているものと考えるべきであって，契約当事者間における敷引についての実質的な根拠を離れて，地震による本件賃貸物件の滅失は賃借人の『自己の都合』でないという理由から本件の場合には敷引は許されないとすることはできない」。

「そこで，敷引の実質的な根拠についてのYの主張であるが，本件賃貸物件が存する本件ビル2階はいわゆる雑居テナントビルの中で飲食店・スナック等が複数入居する部分であるという通常の居住用の建物賃貸借とは異なった性格から，当該賃貸借契約の期間中にその維持・管理に関して必要な，不定期に生じるため賃料に組み入れられない諸費用が生じるのであって，本件における敷引はこれに充当するために存するのであるというものである」。

「これらの費用については，不定期とはいえ，ビルの賃貸借に関してはその発生が，ある程度予想される性質のものであって，家賃・管理費等の形で賃借人に負担を求めることが通常であると考えられること，また，賃貸期間が長期間になればなるほど額が大きくなるはずであり，また，逆にいえば，期間を決めて敷引分を償却して新たに差し入れることが約されるべきであろうが，本件賃貸借契約については，そのようなことはなされていないなど，Xが指摘するような問題点がある。また，本件賃貸借契約の契約書には賃料には共益費が含まれている旨の条項があることも考えると，本件敷引条項が，右の費用を賃借人に負担させる趣旨であると考えるのは不自然で，Yの主張するものを敷金の実質的な根拠と認定することはできない。

右のように，本件賃貸借契約における敷引の根拠は，Xの主張するような一般的なものとは異なることが伺えるものの，Yが主張するように，当該賃貸借契約の期間中にその維持・管理に関して必要な，不定期に生じるため賃料に組み入れられない諸費用に充当するためのものとは認定できない。結局，本件敷引条項によって本件におけるような地震による賃貸物件滅失という両当事者の責めに帰すことのできない賃貸借契約終了の場合にも敷引が可能であることについてYによる立証がなく，本件においては敷引は認められないと考える」。

【39】 大阪地判平7・2・27判時1542号94頁（③判決）

[事実] 賃借人Xの敷金返還請求事件であるが，建物の消滅は，震災によるものではなく，建物が火災によって滅失した事件である。

判決は，まず，天災などにさいしての敷金返還義務免除の特約について，これを例文として無効とした。

[判旨]「X〔Y〕と本件各賃借人との間の賃貸借契約書中には，賃貸借物件が，天災，火災，地変等その他の災害により通常の用に供することができなくなったときは，敷金の返還はされないものとするとの本件特約に係る記載が存することを認めることができる（なお，弁論の全趣旨によれば，Xについては賃貸借契約書を紛失していることが認められるが，《証拠略》によれば，これについても同様の内容の記載が存することを推認することができる。）。

これに対し，Xらは，本件各賃借人は本件各賃貸借契約書にその意に反して押印せざるを得ず，本件特約に拘束される意思を有せず，本件特約は契約当事者を拘束するものではない単なる例文にすぎないと主張するので，以下，検討する（なお，本件と同種の事案につき，同様の

問題点につき検討を加えたものとして，大阪地方裁判所昭和52年11月29日判決（判例時報884号88頁参照）がある。当裁判所の抗弁1に関する以下の判示は，基本的には右裁判例の見解を踏襲するものである。）」。

「しかしながら，(1)，本件特約に係る文言は不動文字として印刷されており，しかも，弁論の全趣旨によれば，いずれの賃貸借契約書もYがかねて作成印刷したものと認められること，(2)，また，一般的に賃貸人は，賃借人に比し，経済的には優位な力関係にあるのであって，賃借人は賃貸借契約書中に自己に不利な条項が記載されていても賃貸人にこれを訂正するよう要求するのは難しいのが通常であり，本件各賃貸借契約においても右力関係の存在を覆すに足りる証拠はないこと，(3)，さらに敷金は，元来，賃貸借契約が終了した場合に，賃借人の延滞した賃料や賃料相当損害金，その他賃借人が故意又は過失により賃借物を毀損して賃貸人に損害を被らせた場合の損害賠償債務の支払を担保するものであって，それ以外の賃貸人の被った損害を填補するものではないこと，(4)，一方，賃貸借物件が，天災・地変や原因不明の火災等賃借人の責に帰すべからざる事由により，滅失し，そのために賃貸人が損害を被ったとしても，右損害につき賃借人には何ら法律上の賠償義務はないこと，(5)，しかるに，賃借人の責に帰すべからざる事由により，賃借家屋が滅失して賃貸借契約が終了した場合に，賃借人において，賃借人の差し入れた敷金の返還を要しないとすることは，実質的には法律上何らの責任もない賃借人の損失において，賃貸人の被った損害の填補を図るものであるところ，このようなことを認めることは賃借家屋の滅失により家財道具や衣類等の生活必需品を失い，経済的に大きな損害を受けた賃借人にとって著しく苛酷な結果となるし（現に，弁論の全趣旨によれば，Xらは，本件共同住宅が焼失した際，家財道具や衣類等を失ったりして困っていたことを認めることができる。），(6)，また，一般に賃貸人は賃貸借物件である建物については火災保険により損害を填補することができる（弁論の全趣旨によれば，現に，Yは，本件共同住宅につき，火災保険契約を締結し，本件火災により相当多額の保険金の支払を受けたこと（もっとも，Yは，右保険金支払請求権につき，第三者のため質権を設定していたため，右質権の実行により右第三者が保険金のほとんどを取得した。もとより，右事実があっても，Yは，右保険金相当額につき，自己の財産からの出捐を免れたのであるから，Yが損害の填補を受けた事実に変わりがないことが明らかである。）を認めることができる。）のに，賃借人はそのような損害保険に入っていることは稀であることから，賃借人が特段の事由もないのに，本件のような自己に不利な特約を，唯々諾々として承認するようなことは，経験則上一般には考えられないこと等の諸事情からすれば，本件特約の拘束力を認めることは明らかに本件各賃借人の合理的意思に反するといわなければならない。したがって，本件特約の記載は単なる例文というべきであって，本件各賃借人は本件特約に拘束される意思はなかったものと認めるのが相当である」。

つぎに，敷引そのものの効力を有効としたが，その趣旨が賃借人による債務不履行，修繕費用の損害を概括的に算定したものとして，限定的に解釈し，建物が滅失して修繕する必要がない場合にはその適用がないとした。（中略）

さらに，Xらが，延滞賃料がなく賃貸借物件が滅失してもはや部屋の修繕をする必要のない本件には敷引規定の適用がないと主張したことについては，「前記認定のとおり賃借人の債務不履行の担保という敷金の性質からすれば，契約

当事者間の合理的意思としては，各敷引の金額は延滞賃料等賃借人の債務不履行による損害や家屋の賃貸に伴う損傷に関する修繕費用といった賃貸人に生じたであろう損害等をあらかじめ概括的に算定したものと認めることができ，他に右認定を覆すに足りる証拠はない。そうだとすれば，本件各賃借人に延滞賃料がない点については当事者間に争いがなく，また他に本件各賃借人に債務不履行があった旨の主張立証はなく，さらに賃貸人において賃貸借物件が滅失して部屋を修繕する必要がない本件には，本件敷引規定の適用はないというべきである。」

つぎの判決は，天災・事変等により借家が使用できなくなったときは賃貸人は「保証金」を返還しない旨の特約を無効としたが，2割の敷引の特約を有効とした。

【40】 大阪地判平7・10・25金判990号37頁，判時1559号94頁

［事実］ 賃借人Xが，賃貸借の終了にともない，保証金の返還を請求した事件である。返還にさいし，保証金の2割を差し引き，天災など事変のときには，保証金を返還しない特約が問題となった。判決は，本件の「保証金」を敷金の性質をもつものとし，特約の効力を否定した。しかし，敷引部分を「礼金」と位置づけて，返還を否定した。

［判旨］「2 ところで，一般的には，敷金交付の目的は，主として，当該賃貸借契約に基づく賃借人の債務の担保であり，本件の場合も，右2割の敷き引きは暫くおいて，保証金についてこれと異なる目的があったと認めうる証拠はない。

そうすると，Xの責めに帰すべき事由による債務が発生していない限り，Yは，本件保証金を返還すべき義務があるということができるところ，本件賃貸借契約には，前記本件特約があり，これによれば，平成7年1月17日に起こった兵庫県南部地震によって，本件建物の使用が不能となったような場合には，Yは本件保証金の返還義務を負わないというものである。

もとより，契約はその目的が公序良俗に反しない限り，制約を受けるものではないが，保証金の主要な目的が右のとおりであり，賃借人の保護のため片面的強行法性を定めた借家法6条の趣旨，本件賃貸借契約の期間が2年毎に更新され，本件保証金の額が賃料（20万円）の12.5か月分（約1年分）に相当すること（乙1）を併せ考えると，本件特約は，Xにとって一方的に不利益なものであるから，本件特約について法的拘束力が認められるためには，それなりの合理性が要求され，合理性の認められない場合又は認められない部分は，その法的拘束力が否定され，無効であると解する」。

「貸主であるYは，敷き引きの2割は別として，当然に，残りの8割は，通常，その返還を予定しているべきものであって，この8割の部分は税務上も，原則として，不動産所得の計算上収入とは取り扱われず，Yなどの貸主が，賃借人から受領する保証金を他の目的に運用したりあるいは費消しているのが一般的であって，前記地震などによる多数の賃借人からの保証金の返還に応じることが，Yにとって不可能なことであったとしても，それは，あくまでも賃借人の与かり知らぬ賃貸人側の事情に過ぎず，本件特約の合理性を満たす事情といえないことはいうまでもない。

確かに，予期できない前記地震のような天災によって，本件建物の使用ができなくなり，本件建物の多数の賃借人から一時に保証金の返還を求められた場合に，事実上，Yにおいてすべ

ての保証金の返還に応じることが困難な場合のありうることが考えられないではないが，このような場合を想定しても，返還の猶予を特約することには，その内容，程度によっては，その特約の合理性を認める余地があるものの，それより進んでYの返還義務を免除まですることには，合理性を見出すことはできない。

いま，仮に本件特約が前記地震のような天災によって，本件建物に関しYに生じた損害の塡補を図る目的であったとしても，Xなど賃借人とYとの間の賃貸借関係は消滅するにもかかわらず，Yの受ける利益とXなど賃借人の受ける不利益の差はあまりにも大きく，右目的には，合理性があるとはいえないばかりか，Yのように賃貸を業とする者は，賃料収入などの内から不時の災難に対してある程度種々の対処をしているはずであるところ，本件特約が右目的のようなものであったとすれば，本件保証金の8割は，結果的に賃料と実質的には同じものとなり，いきおい，実質的な賃料は高額なものであったことになり，Xが右目的や結果を認識して本件特約をしたとはいい難い」。

その他，Yは，本件特約を結んだ理由について，Yが本件建物のみを所有していること，前記地震による保険金が少額であって，それによる損害塡補が不可能であると主張するが，これらの事情は，いずれも右合理性を裏付けるものとはいえず，Xが本件特約（ただし，敷き引き部分を除く）に拘束されるべき合理性を基礎づける事実を認めうる証拠はない」。

(c) 最高裁も，震災のさいの敷引の特約の効力を否定して，借主の返還請求を肯定した。

【41】 最判平10・9・3民集52巻6号1467頁，判時1653号96頁[74]

[事実] 賃借人Xの敷金返還請求事件である。1審では，X勝訴，2審で敗訴。最高裁は，原判決を破棄し，Yの控訴を棄却して，1審判決を支持した。2割の敷引の特約の効力を否定したものである。

[判旨] 「居住用の家屋の賃貸借における敷金につき，賃貸借契約終了時にそのうちの一定金額又は一定割合の金員（以下『敷引金』という。）を返還しない旨のいわゆる敷引特約がされた場合において，災害により賃借家屋が滅失し，賃貸借契約が終了したときは，特段の事情がない限り，敷引特約を適用することはできず，賃貸人は賃借人に対し敷引金を返還すべきものと解するのが相当である。けだし，敷引金は個々の契約ごとに様々な性質を有するものであるが，いわゆる礼金として合意された場合のように当事者間に明確な合意が存する場合は別として，一般に，賃貸借契約が火災，震災，風水害その他の災害により当事者が予期していない時期に終了した場合についてまで敷引金を返還しないとの合意が成立していたと解することはできないから，他に敷引金の不返還を相当とするに足りる特段の事情がない限り，これを賃借人に返還すべきものであるからである。

これを本件について見ると，原審の適法に確定した事実関係によれば，本件賃貸借契約においては，阪神・淡路大震災のような災害によって契約が終了した場合であっても敷引金を返還しないことが明確に合意されているということ

---

[74] 本判決はマスコミにも注目され，とりあげられたが（たとえば，朝日新聞9月4日），判決の翌日4日にはすでに，最高裁のホームページに掲載された（http://www.courts.go.jp）。第1小法廷の裁判官全員一致の意見であった。

はできず，その他敷引金の不返還を相当とするに足りる特段の事情も認められない。したがって，Yは敷引特約を適用することはできず，Xは，Yに対し，敷引金の返還を求めることができるものというべきである。

そうすると，右と異なる原審の判断には，法令の解釈適用を誤った違法があり，この違法は原判決の結論に影響を及ぼすことが明らかである。論旨は右の趣旨をいうものとして理由があり，原判決は破棄を免れない。そして，以上に説示したところによれば，Xの本訴請求は理由があり，第1審判決は正当であるから，Yの控訴を棄却することとする」。

(エ) ガイドライン，東京ルール，消費者契約法

(a) 敷金に関しては，かねて旧建設省は，1998年に，敷金トラブルを防ぐために補修費負担の考え方や判例などを紹介した「原状回復をめぐるトラブルとガイドライン」を作成していたが，それ以上の規制には消極的であり，このガイドライン自体，一般にはほとんど浸透しなかった。

敷金による修繕費の負担方法は，全国的な問題でもあり，国民生活センターには2001年度，敷金関係だけで1万件近い相談が寄せられた。敷金の高額な関西を中心に，敷金返還訴訟も増加している。都消費生活総合センターにおいても，賃貸住宅の借主からの苦情件数は増加しており，97年度の2,938件に対し，02年度は5,549件とほぼ倍増し，そ のなかで1番多いのが，全体の3割超を占める退去時の敷金の清算である。負担の範囲の不明瞭さが原因となっている。

2004年に，敷金トラブルを防止するために，これまで不透明だった修繕費につき借主と貸主の負担を明確にする「東京ルール」を盛り込んだ東京都の新条例が策定された（東京における住宅の賃貸借に係る紛争の防止に関する条例，平16年3月31日条例第95号，2004年10月施行）。都内で民間の賃貸住宅に暮らす200万を超える世帯の借主保護を目的とする。

この「東京ルール」では，旧建設省のガイドラインも参考とされ，民間賃貸住宅を退去するさいに，敷金で清算される部屋の修繕費について，借り手が負担すべきものを，通常の使い方を超えるような使い方で生じた破損や汚れに限定する。たとえば，普通の使い方をしていて色あせた畳の表替えや，日焼けした壁紙の張り替えなどの補修費，借り手が通常の掃除をしていた場合のハウスクリーニング代などは，特別に契約にない限り，貸手側の負担とする。

また，仲介する不動産業者が貸主に加担しがちであることから，「東京ルール」と契約内容について，正確に借主に説明するよう求めている。条例では罰則は設けられないが，怠った業者に勧告したり，悪質な不動産業者については名前を公表する[75]。

新ルールが徹底されれば，借主に不利な商

---

75) 東京都住宅局2004年2月6日「民間賃貸住宅に関する『東京ルール』の推進について」，および朝日新聞2004年2月6日。なお，国土交通省も，平成16年2月に「原状回復をめぐるトラブルとガイドライン」を改訂した（旧建設省の平成10年3月のもの）。国土交通省住宅局「『原状回復をめぐるトラブルとガイドライン』の改訂」市民と法28号34頁参照。

慣習が改められるきっかけとなるが，反面で残された問題としては，新たに借主に不利な合意が「契約」の形で一般化することがある。たとえば，関西で多い「敷引」である。実質的には当事者の力関係で決まるが，契約自由の建前からすると，条例だけで制限することはむずかしい。これは，消費者契約法のもとでは，消費者の利益を一方的に害する条項として無効の対象となる（同法10条）。しかし，解釈論に持ち込む不便や，額が訴訟に適するほど高額ではないことから，借主の泣き寝入りになる可能性はあり，少なくとも立法論としては，本来立法で手当てするべき事項である。

（b） 2001年施行の消費者契約法10条は，民法，商法その他の法律の公の秩序に関しない規定の適用による場合に比し，消費者の権利を制限し，または消費者の義務を加重する消費者契約の条項であって，民法1条2項に規定する基本原則（信義則）に反して消費者の利益を一方的に害するものは，無効とする。給付の牽連関係の実現は当事者の衡平に合致することから，これに沿う形での危険負担規定の任意法規性は肯定されるが，逆の場合には相当でなく制限される。とりわけ賃貸借契約においては，当事者間の力関係に相違があり，賃借人の修繕義務を定めることは，一方的に債務者の負担を加重する条項にあたるものとして制限されると解される。

（c） 大阪高判平15・11・21判時1853号99頁は，マンションの賃貸借契約において，通常の使用に伴う消耗分の修繕費を賃借人の負担とする特約について，賃借人がその趣旨を十分に理解し，自由な意思にもとづいて同意したことが積極的に認定されないかぎり，認めることができないとした。

「本件賃貸借契約17条1項は，『賃借人は，次の各号に該当するときは，直ちにこれを原状に回復しなければならない。ただし，賃借人の責に帰することができないと賃貸人が認めた場合には，この限りではない。』としていて，賃借人の責に帰することのできない消耗を賃貸人の負担とする趣旨と解される。本件でいう通常消耗分すなわち賃借人が賃借物を通常の方法で使用することに伴って生じる消耗は，賃借権が目的物の使用を内容とすることからすると，賃借人の責に帰することのできない消耗に該当すると解するのが相当である」。

「一般に，建物賃貸借契約にあっては，建物の使用による通常損耗がその本質上当然に予定されており，これによる投下資本の減価の回収は，実質賃料構成要素の一部である必要経費（減価償却費，修繕費）にふくまれていると考えるのが合理的であり，社会通念であるというべきであるから，一にも述べたとおり，賃貸借契約終了時における通常損耗による原状回復費用の負担については，特約がないかぎり，これを賃料とは別に賃借人に負担させることはできず，賃貸人が負担すべきものと解するのが相当である。そして，本件賃貸借本文が，通常損耗分を賃借人ではなく，賃貸人の負担とするものであることは(1)記載のとおりであり，これは上述の社会通念に合致する。しかも，通常損耗分に関するこのような取扱いは，二(1)記載のとおり，本件契約

当時，望ましいものと公的に認められ，その普及，言い換えればこれに反する特約の排除が図られていた。

このような事情及び第二・二(2)記載の特優賃法及び公庫法の規定の趣旨にかんがみると，本件特約の成立は，賃借人がその趣旨を十分に理解し，自由な意思に基づいてこれに同意したことが積極的に認定されない限り，安易にこれを認めるべきではない」。

そして，事案では，特約についての説明がないか，あるいは不十分であったとし，賃借人が「特約の趣旨を理解し，自由な意思に基づいてこれに同意したと認めることはできない」とした。

「本件特約の成立が認められないから，争点(2)及び(3)について判断する必要がない。そして，本件賃貸借契約第17条1項」により，賃借人の責に帰すべき事由がある部分については賃借人の債務不履行として賃借人の負担となり，それ以外の部分については賃貸人の負担となる」。

本件では，おもに，通常の使用に伴う消耗分の修繕費を賃借人の負担とする特約が問題とされているが，その不当性については繰り返さない。もう1点問題なのは，賃借人の責に帰することのできない消耗をその負担としないとしながら，賃貸人が認めないと，帰責事由のないことも主張できない構造となっていることである。このような事実の主張さえも制限する条項は，一方的に賃借人の権利を制限するものであり，不当条項にあたる。もっとも，さすがにそのような主張は，裁判上はされないであろうし，また認められようもないが，裁判外では，賃借人の泣き寝入りの原因となりうるものであり，賃借人の主張を制限する趣旨ではないと制限解釈する必要がある（賃借人の責任ではないと賃貸人が認めた場合の当然の規定とみる。賃貸人が認めなくても，責任がなければ義務のないことは当然とする）。

第 4 章 売　買

第 1 節　特定物売買

1　判　例

　わが裁判例のなかでは，売買における危険負担に関するものはそれほど多くはない。とくに近時は，判例が特定物売買については債権者主義をとるとの見方が一般的であるためか[76]，争いとなることは少ない。あるいは，商慣習法上，任意の売買には危険負担について明示に合意がなされるためであろう[77]。

　もっとも，単純に判例が債権者主義に固執しているとする見方には，なお検討を要する点がある。たしかに古い裁判例のなかには，534条1項に関し肯定的な見方を述べたものもある。そして，種類物の売買についても，その見方を当然の前提としているような説明がなされることがかなりあり，特定の分野には，534条1項を機械的に適用した例も散見される。

　しかし，債権者主義を肯定したケースのなかには，債権者主義の説明はたんなる傍論にすぎなかったり，または買主に危険を負担させるべつの実質的理由をみい出しうるものがある。したがって，以下にみるように，債権

---

[76] 【43】，【44】判決に関しては，我妻・民法講義V_1 101頁参照。
　しかし，より一般的に判例の債権者主義に言及する学説も多い。たとえば，半田吉信「売買契約における危険負担」林良平先生還暦記念論文集(下)〔1983年〕163頁，同「危険負担」民法講座(5)〔1985年〕81頁。また，比較的近時では，北川善太郎・債権各論〔1995年〕176頁は，【43】判決は，「蚊取線香40個の特定物としての売買で引渡前に空襲のために滅失した事案で買主危険負担を認めている」とする。同・〔2003年〕184頁。

[77] そこで，任意の売買については裁判例はきわめて少なく，非任意の売買関係である造作・建物の買取請求および競売の場合について，比較的裁判例が豊富であるが，内容的には，形式的に534条の適用を検討するにとどまるものが多い（後述第5章，第6章参照）。また，新しい取引形態であって判例の集積のないリースに関しては，【119】（後述第9章）参照。また，【Ⅰ】132頁以下参照。
　さらに，売買における危険負担に関する約款については，前述第3章参照。

者主義に関する534条1項は，たんに学説上だけではなく，判例上も，文言ほどの価値をもつものではないことが注目されるべきである。

(ア) 有 責 型

債権者主義にふれていても，必ずしも典型的な債権者主義の要件を満たしていないと思われるものは，いくつかの類型に分けることができる。

(a) 第1は，有責型である。

【42】　大判明 34・11・28 民録 7 輯 10 巻 121 頁

［事実］　XがYに船を売却したのち，Xが雇用する船長Aは，Xに無断で売買目的の船を朝鮮に回航し，その沿岸で沈没させた。直接の沈没原因は判決文からは明らかでない。その後，XはYに対し，売買契約にもとづき代金の支払を請求した。

原判決が，534条を適用して，これを肯定したので，敗訴したYが上告した。上告棄却。

［判旨］「按スルニ民法第534条ニ依レハ，特定物ニ関スル物権ノ移転ヲ契約ノ目的トセル売買ノ場合ニ，其物件カ引渡前ニ滅失シタルトキハ，其滅失ノ事由カ債務者タル売主ノ責ニ帰スヘキ場合ノ外ハ，総テ其危険ハ債権者タル買主ノ負担ニ帰スヘキハ論ナキ所トス。故ニ本件ニ於テハ其滅失ノ事由カ債務者ノ責ニ帰スヘキトキハ，果シテ如何ナル場合ヲ指示スルヤヲ論定スルヲ必要トス。依テ審究スルニ滅失ノ事由カ債務者ノ責ニ帰スヘキ場合トハ，蓋シ其滅失カ債務者ノ行為又ハ過失ト事実上原因結果ノ関係ヲ有シ（但シ其関係ハ必ラスシモ直接タルヲ要セス）其行為又ハ過失ナカリセハ滅失モ亦生セサリシト認メ得ヘキ場合ヲ指シタルモノト解セサルヘカラス。何トナレハ何人ト雖モ自己ノ行為若クハ過失ノ結果ニアラサレハ之ヲ負担スヘキノ責アラサルハ普通ノ条理ナレハナリ」。

すなわち，判決は，債権者主義を一般論として肯定し，さらに，事案において滅失が売主の責に帰せられるかにつき，滅失が債務者＝売主の責に帰せられる場合とは，「其滅失カ債務者ノ行為又ハ過失ト事実上原因結果ノ関係ヲ有シ其行為又ハ過失ナカリセハ滅失モ亦生セサリシト認メ得ヘキ場合ヲ指シタルモノト解セサルヘカラス」とし，そして，本件において，船が滅失したことで，XがAの過失につきYに対して責任をおうものではなく，Xの責に帰すべき事由があるとはいえないから（「勢美丸ノ滅失ハ，Xノ責ニ帰スヘキ事由ニ因リ生シタルモノニアラサルヲ以テ，其危険ハ債権者タルYニ於テ之ヲ負担スヘキモノナルヤ明ナリトス」），Y＝買主が危険を負担するべきである，としたのである。

(b)　裁判例には，買主の危険負担を肯定するにさいし債権者主義に言及するものが，かなりみられる。しかし，その内容には，なお検討のよちがある。

というのは，債権者主義が適用されているというには，いくつかの前提があるからである。特定物の売買のような交換型契約では，危険（物の危険）はいずれ債権者＝買主に移転するから，結果的に買主に移転したというだけでは十分ではない。

まず，いまだに履行が完全には行われていない場合でなければならず（契約上の危険），また，毀滅が買主の責に帰せられない場合でなければならない。このような場合であり，

かつ締約時から買主が危険を負担するときにのみ債権者＝買主負担主義が機能している，といえるのである。

　有責型の【42】事件では，債権者主義が肯定され，またそのような事案として位置づけられることもあるが，今日的意義は疑問とするべきであろう。というのは，売主Ｘの被用者・船長Ａの過失をも考慮するべきであるからである。外洋航海は危険をともなうが，判決は，船長ＡがＸの「承諾ナク恣ニ」回航したにもかかわらず，ＸはＡの行為に責任をおわないとする。しかも，「縦ヒ朝鮮航行カＸノ承認ニ出テタルモノトスルモ，為メニ勢美丸ノ滅失ハＸノ責ニ帰スヘキ事由ニ因リ生シタルモノトナル筋合ニアラサ」るという。

　同判決は，売主は狭く自分の故意または過失についてだけ責任をおえば足りる，との立場をとっている。しかし，これに対しては，船長の行為は，売主の履行補助者に対する責任に準じて考慮しうること[78]，また売買後に危険をともなう外洋航海に出る行為が買主に対する目的物保存義務に反し，滅失につき売主の責任を肯定しうることが注目されるべきである[79]。なお，判決文からは，なにゆえＡがそのような行為に及んだのかは明確ではない。

　そうすると，ここで，履行補助者の過失が本人の帰責事由の一部として認められたのが，ようやく昭4年の大審院判決からであることに着目しなければならない（大判昭4・3・30民集8巻36頁＝恒栄丸事件，大判昭4・6・19民集8巻675頁）。そして，それによれば，売主の過失を肯定し，買主への危険移転を否定するよちも生じる。そこで，本件の先例的価値は，いちじるしく減少したとみるべきである。

(イ)　引　渡　型

(a)　第2は，引渡型である。

---

78)　本件において，船長が船を回航したことは，債務の履行（たとえば，買主のもとへの回航）ともいえず，「履行」補助者の行為とさえいえないかもしれない。しかし，債務者に積極的に賠償責任をおわせるのではなく，たんに不能が一方当事者の責に帰せられるという場合には，このような被用者の行為も帰責事由に算入されるべきであろう。

79)　もっとも，判決文はごく簡潔であり，なにゆえＡが回航に及んだかは，明らかではない。外洋航海をすることが，売主自身の目的物保管義務に反することはいうまでもない。たとえば，留置権の消滅に関する裁判例であるが，参考になるものとして，最判昭30・3・4民集9巻3号229頁がある。これは，木造帆船の買主が，売買契約解除前に支出した修繕費の償還請求権によって，船を留置すると主張したケースである。同判決では，留置権を主張する買主が，船を遠方に航行させて運送業務に使用したことから，そのような使用が従来と同一の使用であっても，保存に必要な使用とはいえないとして，留置権の存在が否定された。留置権者の善管注意義務の範囲に関する判断であるが，外洋航海には危険がつきものであるから，売買契約の当事者の目的物保管義務一般につき参考にあたいしよう（留置権者の保管義務では，建物への居住が保存に必要な使用に入るとされるが，これが限度であろう。大判昭10・5・13民集14巻876頁，最判昭47・3・30判時665号51頁参照）。

第4章　売　買

【43】　最判昭24・5・31民集3巻6号226頁[80]

［事実］　Y₁会社は資金に窮し，Aに金融を依頼したが，Aは，現金を融通できなかった。そこで，Y₁会社は，同社が手持していたA所有の蚊取線香を同人から買受け，これを転売して金融を得ることになった。Y₁会社は，その代金支払のため，訴外Bに約束手形を振り出し，BおよびY₂がみぎ手形債務を保証する目的で裏書し，Aに交付した。ところが，みぎ蚊取線香は，Y₁が転売する前に昭20年，空襲によって焼失した。Aは，その後手形所持人として満期に手形を呈示したが，その支払を拒絶された。その後，Aは，みぎ手形をXに裏書譲渡した。事件はXがY₁・Y₂に対して手形金の請求をしたものである。第1審でXは勝訴したが，原審でXは，Y₁会社に対する請求については手形金支払債務の確認にその請求を減縮し，同じくXが勝訴した。

そこで，Y₁らは上告して，①蚊取線香は滅失して，Y₁らはこれを取得していないから，代金の支払義務はないこと，②Y₂の債務は，Y₁会社の手形債務を保証する従たる債務であるから，主たる債務が給付を命ぜられるものでなく確認をうけるにとどまるときには，Y₂の債務もこの範囲を超えるものではないこと，などを主張した。原判決で，X勝訴。

判決は，Yの支払義務を認めて，Yの上告を棄却した。

［判旨］　「右蚊取線香の売買は特定物の売買であること判文上明らかであるから，空襲によつて右線香が滅失したとしても，売主の代金債権が消滅する理由はない。従つて右線香の滅失により，本件手形の振出が原因を欠くに至つたものとはいい得ないから，原判決は，理由齟齬があるとか虚偽の証拠によつて抗弁事実を排斥した違法があるとか，審理不尽であるとか主張する論旨は，理由がない」。

また，手形における裏書人の債務と振出人の債務の関係については，「按ずるに，手形の裏書人が振出人の手形債務を保証する目的で裏書をした場合においても，裏書人の債務と振出人の債務とは別箇の債務であるから，手形債権者が振出人に対して，単に手形債権の確認判決を求め，裏書人に対しては，手形債務について給付の判決を求めたとしても，何等違法はない〔。〕そして原判決が，振出人たるY₁会社に対しては本件手形債権の確認判決を為し，裏書人たるY₂に対しては，手形債務について給付を命ずる判決をした理由は，手形債権者たるXの請求に基くものであつて，上告人Y₂に対し，Y₁会社の債務の範囲態様を超える債務を負担せしめることを認定した趣旨でないことは，判文上明白である。従つて原判決は所論の如き違法はない」。

(b)　債権者主義は，目的物の引渡がないのに買主に危険をおわせる点に特徴，したがって欠陥を有する。【43】判決に代表される引渡型の判決については，この点で再検討のよちがある。

【43】判決は，しばしば債権者主義によったといわれる。また，民事判例集の「判決要旨」には，「その物が引渡前空襲により滅失したとしても」売主には代金請求権がある，との記述がある。そこで，本判決を根拠として，判例が債権者主義をとっていると位置づける学説もみられる。

---

80)　本件については，浅井清信・民商26巻5号，同・判例演習（債権(1)）229頁，森泉章・法学16巻4号の評釈がある。

しかし，認定された事実関係にそくしていえば，必ずしもそのようにいうことはできない。つまり，A・Y₁間で，A所有の蚊取線香の売買契約を締結したが，その目的物は，すでに買主Y₁が手持していたものであり，同人の支配下で焼失したのである。そうだとすれば，蚊取線香の焼失にもかかわらず買主の代金債務が消滅しない理由として，ことさら債権者主義をもちだす必要はない[81]。というのは，危険負担は，契約が履行される前に給付が滅失した場合を対象とする法理だと解され，しかも，本件では，簡易の引渡（民182条2項）の方法ですでに目的物の引渡が完了しており，したがって契約は締結の時点で履行があったとみられるから，それ以後に目的物が焼失しても，Y₁の代金債務が消滅することはありえない。それゆえ，その代金支払のために振出された手形が，実体上は原因を欠くということにもならないのである。

民法の規定する債権者主義について，学説が批判的であるのは，契約を締結しただけでは，給付目的物に対する実質的な支配は，債権者すなわち買主に移転せず，したがってこの段階で目的物が滅失すれば，買主は何らの給付をも受領できないのに，代金支払という反対給付を義務づけられることになるからである。

本判決についても，要旨のように債権者主義の抽象論をなぞるだけではなく，双方の給付の双務的な関係にそくした実質的な基礎づけをすることが重要であろう。すなわち，特定物の移転，ことに売買において，目的物が滅失して債権者主義がとられたというためには，結果として買主が危険（物の危険）を負担したというだけではなく，物の実質的な支配が移転する前に危険が生じた，という場合でなければならない（契約の履行のプロセスでの危険）。

というのは，物の支配が買主に移った後で滅失した場合には，買主が代金支払義務をおっても，双方の給付の双務的な関係が否定されたとはいえないからである。たとえば，ドイツ民法（446条1項）は，引渡がなされた時から買主は危険を負担するとの引渡主義をとるが，これは，双務的な関係を考慮したものである（ド民旧323条1項＝日民536条1項相当。ド民323条，326条参照）。

本件の事案でも，買主に物支配が移った後に滅失している。これを単純に534条の債権者主義によるというのではなく，双方の債務の双務的関係から把握することが必要であろう。およそ引渡が行われれば，買主が危険を負担する理由は，引渡主義からも導くことができる。本件を，引渡をうけない買主にも危

---

[81] この点を指摘するものとして，鈴木・債権法講義〔1980年・2版〕179頁，〔1995年・3訂版〕278頁，〔2001年・4訂版〕281頁，小野「特定物売買における危険負担」好美編・民法〔債権・1982年〕152頁など。

なお，判旨第2点は，Y₁・Y₂の手形債務の関係を問題としている。Y₂は，手形債務を保証する目的で裏書をしたのである（いわゆる隠れた保証）が，その場合でも，裏書人として手形法上は独立の債務をおい，振出人などと合同責任をおう（手77条1項・47条1項）。それゆえ，一方に確認訴訟をし，他方に給付訴訟をすることに問題はない。

険を負担させたものとみるのは，不当な拡張となろう。

(ウ) 不 特 定 型
(a) 第3は，不特定型である。

【44】 大判大12・2・7新聞2102号21頁

[事実] XはYに清酒を売却し送付した。しかし，Yは，目的物が契約当時（つまり特定前に）腐敗していたとして代金支払を拒絶した。Xの代金請求に対して，原審は，清酒の腐敗は契約後に生じたからその危険は買主Yが負担する，とした。

大審院は，不特定物の危険負担について，以下の一般論を述べた。

[判旨]「案ズルニ，特定物ヲ双務契約ノ目的トスル場合ニ於テハ，当事者ノ責ニ帰スベカラザル事由ニ因ル滅失毀損ニ関スル危険ハ債権者ニ於テ之ヲ負担スベキモノナリト雖，双務契約ノ目的ガ不特定物ナルトキハ，民法第401条第2項ノ規定ニ依リ其ノ物ガ確定シタル時ヨリ右ノ原則ヲ適用スベキモノニシテ，其ノ物ガ未ダ確定セザル間ハ，之ガ危険ハ債務者ノ負担ニ帰スベキコト民法第534条，第536条ノ規定ニ依リ明カナリ」。

また，清酒が送付の時にはじめて特定したとすると，「其ノ以後ニ於テ該清酒ノ腐敗シタル事実ヲ認定スルニアラザレバ，其ノ危険ガ買主タルYニ帰スベキモノト云フコトヲ得ズ」。

しかし，大審院は，原審は清酒が送付の時に特定していたことを認定したにすぎず，契約成立時に特定していたか，が不明であるとして破棄差戻した（つまり，契約後に腐敗したとしても，なお不特定であれば買主の負担とすることはできないからである。契約後に腐敗したとして買主の負担を求めうるとするためには，その時に特定していたことをも要しよう）。

特定物の売買について，一般論としては債権者主義が肯定されているが，具体的には不特定物の売買であり，その特定も認められておらず，傍論といえる。

【45】 最判昭30・10・18民集9巻11号1642頁[82]

[事実] 種類債務の特定が争われた著名な事件である。

XはYから，昭21年9月漁業用タール2000トンを買いうけた。そのさいに，タールの受渡については，Xが必要のつど引渡を申し出て，Yが引渡の場所を指定し，そこにXがドラムカンをもちこんで受領することとし，また，翌22年1月末までの約4か月間に全部を引きとる，と定めた。

ところで，YはAからタールを買いうけ，これをXに転売したのであるが，タールはなおAの工場のため池に貯蔵されていた。Yは，契約にしたがい，約半年の間に代金の5分の1相当のタールを引渡したが，その後，Xはタールの品質が悪いとして引きとらず，Yも当初は引渡の準備をしていたが10月ごろにはやめ，以後は管理人もおかなかった。その間に，A会社の組合員がタールを他に処分してしまった。Xは債務不履行を理由に契約を解除し，支払済の手付金から受領ずみのタールの代金額を差し引いた

---

82) 本件に対する評釈として，柚木馨・民商34巻3号，三淵乾太郎・判解民昭30年194頁。

第1節　特定物売買

残金の返還を求めた。

原審は，目的物が当初から特定物であったかどうかは不明であるが，いずれにせよ引渡のために必要な行為を完了した時に目的物は特定したとし，しかし，Yは引渡まで善管注意義務をつくしておらず，滅失による履行不能はYの責に帰せられるとして，タールの代価を差し引いた残金につき，Xの返還請求を認容した。

Yの上告に対して，最高裁は，売買目的物の性質上，本件では不特定物の売買が行われたと認められるが，原審が特定を認めたことの根拠が原判文からは不明であり，特定の有無を検討する必要があるとして，原判決を破棄差戻した。

[判旨]「原審は，Xは昭和21年2月Yから漁業用タール2,000屯を，見積り価格金495,000円で買い受けることを約し，その受渡の方法は，買主たるXが必要の都度その引渡方を申し出で，売主たるYにおいて引渡場所を指定し，Xがその容器であるドラム罐を該場所に持ち込み，右タールを受領し，昭和22年1月末日までに全部を引き取ることと定め，Xは契約とともに手附金200,000円をYに交付したこと，右タールは，Yが室蘭市所在の日本製鉄株式会社［A］から買い受けてこれをXに転売したものであつて，同会社の輪西製鉄所構内の溜池に貯蔵したものであり，Yは約旨に従い引渡場所をXに通知し，昭和21年8月までに代金107,500円に相当するタールの引渡をなしたが，その後になつて，Xはタールの品質が悪いといつてしばらくの間引取りに行かず，その間Yは，タールの引渡作業に必要な人夫を配置する等引渡の準備をしていたが，同年10月頃これを引き揚げ，監視人を置かなかつたため，同年冬頃同会社労働組合員がこれを他に処分してしまい，タールは滅失するにいたつたことを認定した上，売買の目的物は特定し，Yは善良なる管理者の注意を以てこれを保存する義務を負つていたのであるから，その滅失につき注意義務違反の責を免れず，従つて本件売買はYの責に帰すべき事由により履行不能に帰したものとし，Xが昭和24年11月15日になした契約解除を有効と認め，前記手附金からすでに引渡を終えたタールの代価を差し引いた金額に対するXの返還請求を認容したものである。以上の判断をなすにあたり，原審は，先ず本件売買契約が当初から特定物を目的としたものかどうか明らかでないと判示したが，売買の目的物の性質，数量等から見れば，特段の事情の認められない本件では，不特定物の売買が行われたものと認めるのが相当である。そして右売買契約から生じた買主たるXの債権が，通常の種類債権であるのか，制限種類債権であるのかも，本件においては確定を要する事柄であつて，例えば通常の種類債権であるとすれば，特別の事情のない限り，原審の認定した如き履行不能ということは起らない筈であり，これに反して，制限種類債権であるとするならば，履行不能となりうる代りには，目的物の良否は普通問題とはならないのであつて，Xが『品質が悪いといつて引取りに行かなかつた』とすれば，Xは受領遅滞の責を免れないこととなるかもしれないのである。すなわち本件においては，当初の契約の内容のいかんを更に探究するを要するといわなければならない。つぎに原審は，本件目的物はいずれにしても特定した旨判示したが，如何なる事実を以て『債務者ガ物ノ給付ヲ為スニ必要ナル行為ヲ完了シ』たものとするのか，原判文からはこれを窺うことができない。論旨も指摘する如く，本件目的物中未引渡の部分につき，Yが言語上の提供をしたからと云つて，物の給付を為すに必要な行為を完了したことにならないことは明らかであろう。従つて本件の目的物が叙上いずれの種類債権に属するとしても，原判示事実によつてはいまだ特定したとは云えない筋合であつて，Yが目的物につき

第4章 売　買

善良なる管理者の注意義務を負うに至つたとした原審の判断もまた誤りであるといわなければならない。要するに，本件については，なお審理判断を要すべき，多くの点が存するのであつて，原判決は審理不尽，理由不備の違法があるものと云うべ」きであるとして，原判決を破棄し差戻した。

差戻審判決は，札幌高函館支判昭37・5・29高民15巻4号282頁である。

「Xは前記会社より前記製鉄所構内にある溜池中正門から入り左側に存する特定の一溜池に貯蔵してあつた廃タール全量（約3,000屯ないし3,500屯）を買受けていたもので，Yに対する本件売買においては右の特定の溜池に貯蔵中のタール全量約3,000屯ないし3,500屯中2,000屯がその目的物とされたものであることが認められるのであるから，右売買契約から生じた買主たるXの債権は制限種類債権に属するものというべきである。そして，前段認定の事実によれば，YはXが残余タールの引渡を申し出で容器を持参すれば直に引渡をなしうるよう履行の準備をなし，言語上の提供をしただけであつて，Xに引渡すべき残余タールを前記溜池から取り出して分離する等物の給付をなすに必要な行為を完了したことは認められないから，残余のタールの引渡未済部分は未だ特定したと云い得ないけれども，前認定の如く，右引渡未済部分も含めて右特定の溜池に貯蔵中のタールが全量滅失したのであるから，Yの残余タール引渡債務はついに履行不能に帰したものといわなければならない」。

「右履行不能がYの責に帰すべき事由によるものであるかどうかについて考えるのに，本件残余のタールが特定するに至らなかつたことは前叙のとおりであるからYは特定物の保管につき要求せられる善良な管理者の注意義務を負うものではない。ただ，本件の如く，特定の溜池に貯蔵中のタールの内その一部分の数量のタールの引渡を目的とする制限種類債権にあつては，通常の種類債権と異なり給付の目的物の範囲が相当具体的に限定せられているから，その限定せられた一定範囲の種類物全部が滅失するときは，目的物の特定をまたずして履行不能が起りうるので，少くとも債務者はその保管につき自己の財産におけると同一の注意義務を負うと解すべきところ，……Yは前認定のように溜池からスチームを取外し人夫を引揚げた後は，本件溜池に貯蔵中のタールの保管について監視人を置く等特別の措置をとらなかつたけれども，右溜池は前記輪西製鉄所の構内にあり，右製鉄所の出入口には昼夜引き続き右製鉄所の守衛が配置され，第三者がみだりに右構内に出入することはできない状況にあつたので，Yは格別の保管措置を講ぜなくとも盗難等による滅失の虞はないものと判断して会社の管理下に委ねたもので，漫然野外に放置して，目的物を捨てて顧みなかつたものではないことが窺われるので，本件目的物の性質，数量，貯蔵状態を勘案すれば，Yとしては本件タールの保管につき自己の財産におけると同一の注意義務を十分つくしたものと認めるのが相当であつて，この点についてYに右注意義務の懈怠による過失はなかつたものと云わなければならない。その他右滅失につきYの故意又は過失を認めるに足るべき何等の証拠がない。

5，しからば，XがYに対しなした債務不履行を理由に本件売買契約を解除する旨の意思表示は無効であつて，これを前提とする本訴請求はその余の点について判断するまでもなく失当として棄却を免れない。よつて，右請求を認容した原判決はこれを取消し，Xの請求を棄却」する。

第1節　特定物売買

その他の種類物売買の特定に関する裁判例については、後述第2節参照。

(b)　不特定型の2判決は、ともに種類債務の特定の有無を疑問として原判決を破棄差戻した。【44】判決は、一般論として特定物売買における債権者主義を肯定する。しかし、特定のない当該の事案では傍論とみるべきである。

また、【45】判決でも、主要な争点は、種類債務の特定の有無および売主の注意義務の履行にあり、議論は必ずしも危険負担にまで及んではいない。

原審は、特定を前提として売主の保管義務違反を認めたが、最高裁は、当該事件における債務の性質を問題とした。たんなる種類債務であれば、売主の提供した目的物の品質が問題となり、また不能にもならないから、売主Yの不履行は債務不履行となる可能性があるが、制限種類債務であれば、全部滅失では不能となり、また当該の目的物を引渡せば足り品質の良し悪しは問題とならないから、買主Xの不受領が受領遅滞となる可能性があるからである。また、特定の有無も問題とされた。

差戻審は、制限種類物の売買としたうえ、目的物が全部滅失したために不能となったとする。さらに、目的物の性質、数量、貯蔵状態から、売主に保管義務違反はなかったとし、結局、買主の債務不履行解除を認めずにこれを敗訴させた。すると、解除ができないという結論からはじめて、当事者に帰責事由のない不能が生じても買主が先払代金の返還を求めえないことから、その危険負担が推察されるにすぎないのである。しかし、それは、差戻審でようやく間接的に明らかにされたにすぎないのである。

ところで、種類債務では、特定を境として損失を負担する当事者が交替する（534条2項の起草者の解釈）。そこで、特定の有無をめぐって当事者が争うことが多い。特定を認めず債権者主義を否定した多くの判決と[83]、特定を認めた少数の判決とがある[84]。判文に直接現れることはないが、債権者主義を適用する結果への考慮およびその制限解釈が影響を与えているとみるよちがある。

(エ)　全部滅失型
(a)　第4は、全部滅失型である。

【46】　東京地判大15・10・14 新聞2622号5頁

［事実］　XはYから古ぶり網を数量で買いうけ、手付金を支払った。しかし、関東大震災の結果、古ぶり網はすべて流出してしまった。そこで、買主Xは、契約を解除し手付金の返還を請求した。

判決は、本件を制限種類債務の目的物が特定しない間に、当事者に責なくして不能が生じた場合と解し（「古鰤網なる種類を以て指示せられ然かも其種類の存在する場合の範囲を静岡県網代及び神奈川県真鶴と限定せられたる所謂限定

---

83)　後述第2節の諸判決、とくに【56】参照。
84)　たとえば、【57】参照。

第4章　売　買

的種類債務を以て目すべきもの」），特定がないかぎり売主が危険をおう，として買主の請求を認めた。

[判旨]「右鰤網は履行以前たる大正12年9月1日大震災に因り全部流出するに至りたる事実は認め得べきが故に給付の物体が特定せざる間に当事者双方の責に帰す可からざる事由によりて給付不能を生じたる場合に該当するものに外ならず，而して民法第536条第1項に依れば特定物に関する物権の設定移転以外の給付を以て双務契約の目的と為したる場合に於て当事者双方の責に帰すべからざる事由に因りて給付が不能と為りたるときは債務者は債権者に対して反対給付を受くる権利を有せずと規定するを以て右の場合に於ては債務者の負担する債務が消滅すると共に債権者の側に於ても亦其反対給付を為すことを要せざるものと謂ふ可く従て債権者が既に反対給付を為したるか又は手附金の給付を為したる時に於て債務者の負担する給付に付き前示の如き不能を生じたる場合に於ては債権者の該給付は全く法律上の原因を缺くに至る可きを以て債権者は債務者に対し目的の消滅による不当利得の償還を請求し得べき筋合なりと云ふべし」。

ただし，Xによる手付金の返還請求は，解除による原状回復（民541条・545条）ではなく，不当利得返還請求によってなすべきであるとして，具体的には請求を棄却した。

【47】　東京地判昭2・9・26新報136号20頁

[事実]　XはYに対し，Aの倉庫に有する米90俵を売却する契約（第1取引）と，Bの倉庫に有する米200俵を売却する契約（第2取引）とをした。その後，米がなお倉庫（ともに深川）にある間に関東大震災による火災のために，倉庫は焼失した。Xは，Yに売買代金を請求した。なお，みぎ取引にあたっては，民法534条1項と同一内容の規定を有する「東京廻米組合市場規定」が用いられた。

判決は，まずみぎの市場規定は大震災のような異常な事態を予定したものではなく，本件には適用されないとし，また，民法534条1項の適用についても，本件売買は限定種類物を目的とするものであり，民法典が特定物売買でとくに債権者に危険をおわせた趣旨からすると，特定物の売買をもって論じることはできない，とした。

[判旨]「民法第534条以下ノ所謂危険負担ニ関スル規定ハ，取引上ノ公平ヲ期スル為設ケラレタル非強行法規ニシテ，当事者カ該規定ニ異ル定メヲ為スコトヲ禁スル趣旨ニ非ス。従テ当事者カ右法条ニ異ル定メヲ為シタルトキハ，該特約ニ依ルヘク此場合ニハ右民法法条ノ適用ハ排除サルルモノト謂ハサルヘカラス」。

「然レトモ，凡ソ吾人ノ通常ノ法律生活ニ於テ，一定ノ集団カ特ニ規約ヲ設ケ其条項中天災事変其他ノ不可抗力等ノ文句ヲ使用スルモ，該文句ハ其時ト場所ニ於テ予想シ得ル事実ヲ前提トスルモノニシテ，畢竟平常ノ法律生活上全ク予想シ能ハサル如キ事実ハ之ヲ包含セシメサル趣旨ノモノト解スルヲ相当トス，〔ママ　→。〕然ルニ本件目的物ヲ焼失セシメタル前記大震火災ノ如キハ通常全ク予想シ能ハサルカ如キ事変ナレハ，前記ノ如ク組合員カ特ニ規程ヲ設ケ天災事変其他ノ不可抗力ナル文句ヲ使用シタリトスルモ，反対ニ解スヘキ事情ナキ限リ，直チニ前示ノ如キ事変ハ茲ニ包含セサル趣旨ノモノト解スルヲ相当トス」。

「本件売買取引ハ其目的物ヲ指示スルニ付限定的種類ヲ以テシタル売買ト謂フヘク，民法カ特定物ノ売買ニ付特ニ危険ヲ債権者ニ帰セシメタル立法ノ精神ニ鑑ミルトキハ，斯ノ如キ売買ハ，民法第534条第1項ニ所謂特定物ノ売買ニ非サ

ルモノト観ルヲ正当トス」。

そして，不特定物の売買であっても，534条2項の「特定又ハ之ト同一視スヘキ事情」があれば，「其時ヨリ特定物ニ関スル売買ト同一ノ取扱ヲ受ケシムルヲ相当」とするが，第2取引については，「何等ノ事情モ存セサル」として，第2取引については，Xの請求を認めなかった。

他方，第1取引については，XはYに対し，倉庫会社発行の貨物受取証を交付していた。そこで，みぎ受取証の交付によって「目的物ノ引渡ト同一視能ハストスルモ，危険負担ニ関スル民法ノ立法精神ニ鑑ミ尠クトモ民法ニ所謂特定ト同一視スヘキ状態ニ到リタルモノト謂ハサルヘカラス」として，貨物受取証の交付によって，危険もYに移転していたとして，Xの請求を認めたのである。

(b) 全部滅失型は，制限種類債務の目的物が全部滅失した場合に関する裁判例である。【46】【47】（第2取引）ほかの判決は，ともに債権者主義の結果を否定している。制限種類物の全部が売買の対象とされたときには，特定物として債権者主義を認めるとの立場からは，一部が売却された場合でも給付が不能となるかぎり，特定のないことを理由に売主に危険を負担させるのは一貫しないこととなろう。そうすると，ここでも，「特定」の有無によって，債権者主義の修正が試みられているといえよう。

もっとも，【47】と類似の事件で債権者主義をとる裁判例もみられる（【68】参照）。米の売買契約ののちに関東大震災によって倉庫内の米が全部滅失したケースで，買主の負担を認めたものである。その理由は，制限種類債務の目的物が全部滅失した場合に，給付は不能となる。これは，制限種類に属するものの全部が売買の対象とされても債権者が危険を負担するから，その一部が対象とされたときも同様とするからである。

【45】の差戻審は，この趣旨を認めるものと位置づけられるが，【46】と【47】とは，いずれも特定がないことと制限種類債務の特質から債権者主義をとらないとする。「特定」という解釈によって，事実上債権者主義が修正されているのである。

また，【47】は，貨物受取証の交付がすんでいた（第1）取引については，買主に危険をおわせたが，倉庫に寄託してある物に対する貨物受取証の交付は，それによって目的物の支配を移転するものと考えられるから，引渡型の場合に準じて再構成できる。目的物の支配なしに危険を移転する債権者主義と同列にとらえることはできない。

(オ) 考　察
(a) つまり，裁判例のなかでは，抽象論や傍論で債権者主義に言及する例はあるものの，いわゆる債権者主義が予想している事案について正面からこれを肯定しているものは，意外に乏しいのである。それゆえ，これらの諸判決の抽象論を一般化して，判例が債権者主義を問題なく採用しているということは，過大な解釈というべきであろう。前述のように，学説には慎重なものもあるが，場合によっては，もっと一般化して，判例は債権者主義によるとするものも多い[85]。

また，事案の多くは，きわめて古いものである。これは，現実の取引のなかで534条1項を排除する特約が用いられることが多いの

第4章　売　買

に対応している（前述第3章参照）。債権者主義は，この点からも，必ずしも意義をもっているとはいえないのである。

(b) 遠隔売買で，買主の負担が認められたケースとしては，以下があるが，これも倉庫証券の提供があった場合である。倉庫証券のような物権的な証券の移転があった場合には，現実の引渡があった場合に準じて危険も移転させるべきであり，結果的に買主が危険を負担したからといって，これを引渡もなしに契約の締結のみで危険を移転する債権者主義と同視することはできないであろう。

近時の立法では，アメリカ統一商法典（1952年）が，倉庫中の物の売買の危険負担を明文化している（2—509条2項）。この場合には，買主の危険負担を認めても，引渡型の一種として説明することができる。

先例では，【47】の事案において，第1取引と第2取引とで結論が異なったことは，貨物受取証の交付が行われていたかどうかの差によるとされていた。目的物が第3者のもとにあって，売買当事者間で現実の引渡が必要とされない場合には，その第三者に対する指図権の帰属をもって引渡に代えるほかはない。

つぎも，買主の危険負担を認め，その手付金返還請求を排斥したものである。

【48】　横浜地判大11・7・26新聞2035号18頁

［事実］　大10年9月6日，XY間で，アメリカ，コンソリデーテット社製薄鉄板50英噸の売買契約が締結され，Xは，Yに手付1450円を支払った。その売買物件引渡請求事件であるが（その後，手付金返還請求に訴が変更されている），Yは，同年11月12日にXの債務不履行を理由として，契約を解除したと主張している。

判決は，物件受渡の場所は，もともと横浜税関内であったが，買主Xが売主Y方に行って履行の提供をし，売主もこれにしたがって提供をしたときには，当事者の合意によって受渡の場所が変更されたものとし，また，倉庫証券の提供は，現実の提供と同様の効果があるとした。

［判旨］「按ズルニ，右契約物件ヲ積載セル船舶ペルシヤ丸ガ大正10年9月28日横浜港ニ入港シタルコト及同年11月8日附ヲ以テ，YヨリXニ対シY主張ノ如キ期間ヲ定メタル履行ノ催告竝ニ条件附契約解除ノ意思表示アリタル事実ニ付テハ，本件当事者間ニ争ナキ次第ナル處，右催告ノ趣旨ニ従ヒ其所定ノ期日タル同年11月12日，YガY方ニ於テXニ対シ本件物件ノ倉庫証券ヲ提供シタルコトハ其成立ニ争ナキ乙第1号証第2号証ノ記載及第2号証中鉄板トアルハ本件物件ヲ指称セルモノニ外ナラザルコトノ当事者間ニ争ナキ事実トヲ総合シテ之ヲ認ムルヲ得ベク，且本件物件ガ当時横浜税関構内ニ現存シタル事実ハ，証人片平栃郎，浅子隆治，高橋徳光ノ各供述ニ徵シ明ナルガ故ニ，結局右解除ノ有効ナリヤ否ヤハ右催告所定ノ期日ニ於テ，XガYニ対シ其債務ノ本旨ニ従ヒ代金ノ提供ヲ為シタリヤ否ヤノ1点ニ繫ルモノト云フベシ。何者本件物件ノ受渡ニ付テハ本来横浜税関構内ニ於テ，現金引換現品渡ノ約定ナリシコト前説示ノ如クナルモ，Yヨリノ前記催告ニ応ジ右11月12日Xハ Y方ニ到リ履行ノ提供ヲ為シタルモノナルヲ以テ，右受渡ノ場所ハ，当事者ノ合意ニヨリ変更セラレタルモノト認ムベク，而シテ，

---

85) 前注76) 参照。

倉庫証券ノ提供ハ法律上，現品自体ノ提供ト同一ノ効果アルモノナルコトハ云フヲ俟タザルガ故ニ，YガY方ニ於テ，現品ニ代ヘ本件物件ノ倉庫証券ヲXニ提供シタル一事ニヨリ，Yノ提供ガ其債務ノ本旨ハ副ハザリシモノト為スヲ得ズ」。

また，売買物件が船に積みこみを予定されていた場合には，その積みこみ時に特定物となったとする。そして，積みこみ後，入港前に海上で，売主の帰責事由なくして品質が毀損した場合の損害は，買主の負担に帰するとする。

「元来本件物件ハペルシヤ丸積込予定ノモノニシテ本件契約ノ目的物トセラレタルモノナルガ故ニ，現実其積込アリタル時ニ於テ，既ニ特定物ト為リタルモノ認ムベク，而モ証人片平栃郎ノ供述及真正ニ成立シタルモノ認ムベキ甲第8号証ニ依レバ前記品質ノ毀損タルヤ同船横浜入港以前海上ニ於テYノ責ニ帰スベカラザル事由ニヨリ発生シタルモノナルコトヲ推測スルニ難カラザルヲ以テ，其毀損ハ，債権者タルXノ負担ニ帰セルモノト云ハザルベカラズ」。

さらに，事案では，目的物のYによる他への転売があるが，判決は，Xの履行の提供が不十分であったとして，またYによる目的物の転売が不能の直接の原因ではなかったとして，損害賠償請求を否定した。

「元来債務者遅滞ノ場合ニ於テ，其給付ガ債権者ノ利益ト為ラザルカ又ハ遅滞ノ結果履行不能ヲ生ズルガ如キ特別ノ事由ナキ限リ，債権者ハ契約ヲ解除シタル後ニアラザレバ，履行ニ代ルベキ全部ノ損害ノ賠償ヲ請求スルヲ得ザルモノト解スルヲ相当トスル」。

なお，判決は，買主と転買主の転売契約ができなかったことによる損害は，特別事情による損害であって，Yの予見可能性が必要であるとして，この点でも，Xの損害賠償の請求を否定している。

(c) (i) つぎの民法施行前の大審院の判決も，しばしば債権者主義を採用したものと位置づけられている。

【49】 大判明27・11・13大審院判決録1輯494頁，復刻版322頁

[事実] 明21年8月18日，売主（上告人・国）X，買主（被上告人）Yの間で，三池鉱山の営業権ならびに付属物件の売買契約が締結され，翌22年〔1889年〕1月に引渡された。もっとも，契約上，Yは，明21年から明35年の15年年賦で代金を支払うこと，および売主は代金の完済とともに目的物の所有権を移転することとされていた。本件は，大蔵省の国有財産の払下に関するケースであり，売主は大蔵省である。そして，所有権が移転するまでの間は，「賃下」の名義で，XからYに目的鉱山を引渡すこととされていた)[86]。

---

[86] 三池炭鉱は，1888年〔明21年〕三井物産に払下げられ，翌89年〔明22年〕に，三井鉱山に譲渡された。判決で問題となっている「勝立坑」の開坑は，1885年〔明18年〕であった（簡単には萩野喜弘・平凡社大百科辞典〔1985年〕14巻289頁，関口博正・同391頁）。不能時に引渡されていることは明らかである。

同判決の事実経過や背景を詳細に検討したものとして，五十川直行「特定物売買における危険負担（一）―明治前期民事判例研究1―」法政研究60巻1号がある。判決の社会的・経済的背景など興味ぶかい。

第4章 売　買

　明22年7月28日，震災のために目的物の一部である「(古)勝立坑」は，廃坑となり，坑道としてのXの履行義務は，天災のため不能となった。

　原審は，「天災其他事変ノ為メ物ノ滅失ニ因ル損害ハ民法上ノ原則ニ於テ，其所有者即チ売主之ヲ負担セサル可ラス」と述べて，売主Xに所有権があることを理由として，買主Yの代金支払義務を否定した。敗訴したXから上告した。大審院は，この原判決を破棄自判し，買主の代金支払義務を肯定した（「三池鉱山震災損害要償ノ件」）。

　判決は，双務契約上の各債務もいったん成立した以上は独立した存在になり，たがいに他の債務の消滅によって影響されないという債務独立説によっている。

　[判旨]「凡ソ双務ノ契約ナルモノハ最初契約ヲ取結フ時ニ於テハ，一方ノ義務ハ即チ他一方ノ義務ノ原因タリシコト疑ヒ無シト雖トモ，然レトモ其契約一旦成立シテ，双方ノ者既ニ各別ノ義務ヲ負担シタル以上，其義務ハ各自独立ス可クシテ，以後其運命ヲ共ニス可キモノニアラス。是故ニ義務ノ免脱ヲ得ルニハ，各自各別ニ法律上義務消滅ノ原因ニ依ラサル可ラス。」

　「本件ノ事実ハ前ニ掲載スル通リ，売主Xニ於テ危険ヲ担当スルコトノ特約アルニアラス」。また，Xに遅滞の責もなく，停止条件付の契約でもなく〔すなわち，停止条件付売買では，売主が危険を負担することから〕，「単純ニ上文〔ママ→条文〕ノ法理ヲ適用ス可キモノニシテ，Xノ義務ノ一部タル勝立坑ナルモノカ契約上ノ引渡シ期限以前ニアリテ震災ノ為メ滅盡シ，Xニ於テ引渡ノ義務ヲ盡ササルニアラス，之ヲ盡ス能ハサルコトニ至レルモノナレハ，Xハ法律上義務消滅ノ原因中，所謂履行ノ不能ニ依リ当然其義務ノ免脱ヲ得可キモノナリ。詳言スレハ恰カモ期限ニ至リ完全ニ其引渡ヲ遂ケ義務ノ免脱ヲ得タル者ト同一ノ地位ニアルモノトス。然ルニ，原裁判所カ古勝立坑ニ対シ，Yニ代金仕〔支〕払ノ義務ナキモノト判決シ，危険ヲ以テXノ担当ニ帰セシメタルハ，履行ノ不能ニ依リ適法ニ義務ヲ免レタルXニ猶ホ重複ノ義務ヲ負ハシメタル筋ニシテ法理上其当ヲ得タルモノニアラス」。

　しかし，判決は，債務の独立だけでは当事者間の「公平」に欠けることがある点を認め，買主の負担を正当化する理由として，利益あるところに損失も帰するとの考え方も付加している。

　「此論結タルヤ買主Yハ目的物ノ一部カ滅盡シ其所有権ノ移付ヲ受クコト能ハサルニ拘ハラス尚ホ契約ニ依テ定メタル全部ノ代金ヲ支払ハサルヲ得サルヲ以テ，一見公平ヲ缺ク観ナキニアラス。然レトモ其実決シテ公平ヲ缺クモノニアラス。其所以ハ合意ノ期間即チ契約成立ノ後，引渡シノ期限前ニ於テ意外ノ原因ヨリシテ目的物ノ増殖又ハ増加又ハ改良ノ為メ，幾倍ノ増価ヲ生スルニ至ルコトアルモ，既ニ一定ノ代価ヲ以テ売買契約ヲ成立セシメタル上ハ，其増価ハ総テ買主ノ利得トナリ，売主ハ之カ為メ厘毛ノ利得ヲモ得ルコト能ハサルニ在リ。故ニ，本条契約ノ場合ニ於テモ，前述ノ如キ増加ノ事実アルトキハ，買主Y独リ其利益ヲ得可キモノナリ。而シテ，此未必ノ利益ヲ受ク可キモノナルカ故ニ，従テ之ニ対スル未必ノ損失ノ負担ス可キモノ無キヲ得ス。即チ天災ニ原因スル損害負担ノ責ニ任スルカ如キ是レナリ。是レ契約者双方ノ間ニ平等ノ地位ヲ保ツ所以ニシテ公平ノ主旨ニ適スルモノトス」。

　そして，買主負担という結論から，原判決を破棄し自判した。

第1節　特定物売買

「然ラハ勝立坑ノ廃滅ニ因ル損害ハ，買主Yニ於テ当サニ負担ス可キ未必ノ損失ノ到来セルモノニ外ナラス。然ルニ原裁判所カ所有権ノ所在ニ拘泥シ，其損失ヲ売主即チ現ニ所有者ノ地位ヲ保有スルXニ於テ負担ス可キモノト為シ竟ニ第3段ノ如キ判決ヲ為スニ至レルモノハ，畢竟本件ニ適切ナル上文〔ママ　条文〕ノ法理ヲ適用セス，他ノ法則ヲ不当ニ適用シタルモノニシテ，原判決ハ民事訴訟法第435条ニ該ル不法アルモノトス。乃チ民事訴訟法第447条第1項ニ依リ原判決ヲ破毀シ，且ツ本件ハ其事実既ニ確定シ裁判ヲ為スニ熟スルモノト看認ムルヲ以テ同法第451条第1号ニ依リ本院ニ於テ事件ニ付直チニ裁判ヲ為ス所以ナリトス」。

(ii)　ここにも，前述の引渡型の判決と同様の問題がある。事案は，所有権留保売買において，目的物の引渡後に毀滅が生じた場合に関するものであり，判決が詳細に理由づけている部分は，引渡と関係のない債権者主義についてであり，実質的にはあまり参考とならない。

すなわち，所有権留保売買において，すでに引渡が行われた場合には，履行の効果として反対給付が義務づけられるのであり，これを引渡なしに反対給付を義務づける債権者主義と単純に同視することはできない（後述第4章3節2参照）。

しかし，判決が詳細に債務独立あるいは「利益あるところに損害も帰する」という理由づけを行ったために，引渡という本質的な部分が見落とされたのである。

これには，大審院蔵版・大審院判決録の判決要旨「双務契約一旦成立シテ，双方ノ者既ニ各別ノ義務ヲ負担シタル以上ハ，其義務ハ各自独立ス可クシテ，以後其運命ヲ共ニス可キモノニアラス。是故ニ義務ノ免脱ヲ得ルニハ，各自各別ニ法律上義務消滅ノ原因ニ依ラサル可ラス。乃チ一方（上告人）ノ義務ノ一部タルモノカ契約上ノ引渡シ期限以前ニアリテ天災ノ為メ滅盡シ，引渡ノ義務ヲ盡ササルニアラス之ヲ盡ス能ハサルコトニ至ルトキハ，法律上義務消滅ノ原因中所謂履行ノ不能ニ依リ当然其義務ノ免脱ヲ得ヘキモノトス。

然ルニ原院ハ目的物一部ノ滅盡ニ対シ，一方（上告人）ニ所有権アルニ執拗シ他ノ一方（被上告人）ニ代金支払ノ義務ナキモノト判決シタルハ其当ヲ得サルモノナリ」の要約の仕方にも問題があるといえよう。この部分は，判例体系にも引用され，昭61年の大審院判決録の復刻版が出るまで流布している[87]。

また，滅失の程度も，文言から示されるような全部滅失というわけではなく，その一部にとどまったこと，売買の目的物が，たんな

---

87) もちろん，判決文中にも，要旨と同様に「契約上ノ引渡期限以前ニアリテ震災ノ為メ滅盡シ」という文言がある。しかし，引渡期日は，年頭の1月3日とされており，震災は，引渡後の7月28日に生じた。そこで，ここでいう「引渡」ということの中には，所有権の移転が15年間留保されていたことを考慮したものであり，現実の引渡というよりも，「所有権の移転を含めた全面的な引渡」の意味があったのではないかと思われる（判決中の「契約上ノ引渡期限以前ニアリテ震災ノ為メ滅盡」というのは，所有権移転時期をさすことが明らかである）。明治初期の判決には，所有権の移転をもって，危険負担の根拠とする例があり（前述【1】参照），観念的な所有権の移転と現実の引渡との区別が（少なくとも用語上は）明確ではなかったことが反映されている。それが，のちには，文字どおりの「現実の引渡」と理解されたことから誤解が生じたのであろう。

る有体物に限定されるだけではなく，【69】にみられるような集合物あるいは営業の譲渡とみられる場合であることにも注目する必要がある[88]。

(iii) 所有権留保売買の危険負担は，19世紀後半のフランス民法学において争われた問題であった[89]。民法典起草時の所有者主義は，19世紀後半には債権者主義によって批判をうけたが，物権変動に意思主義を採用するフランス民法典によれば，買主の負担となることに差異はない（フ民1138条参照）。そこで，所有権留保売買の場合は，具体的に結論の相違する唯一の点であった。ここで，債権者主義にもとづく見解は，買主の負担を唱え，所有者主義にもとづく見解は，売主の負担を主張した。これは，ちょうどわが民法典の制定期にあたっていたのである[90]。

また，所有者主義と債権者主義の対立は，イギリス法とフランス法（19世紀後半の債権者主義）の対立という形に引き直され，後者は，梅謙次郎のほか，起草時の学説にかなりの影響を与えている[91]。

(d) 土地収用の場合に，以下の下級審判決は，危険負担の債権者主義をとらなかった

【50】 東京地判大13・11・3新報25号20頁

[事実] 東京府土地収用審査会が大12年8月9日にした裁決により，Yらの地上物件は収用されたが，その直後，大12年9月1日の関東大震災による火災で焼失した。本件は，起業者Xが，東京府収用審査会の裁決による焼失後の損失補償金，物件移転料などの減額を求めたケースである。

[判旨]「裁決ニヨリ収用セラルヘキ区域ニ存スル地上物件カ大正12年9月1日ノ震火災ノ結果焼失シタル事実ハ，当事者間ノ争ナキトコロナリ。依テ各争点ニ付キ進〔ママ 審〕究スルニ，土地収用法ニヨリ土地其他ヲ収用スヘキ場合ノ損失ノ補償ハ，収用期日ニ於ケル損害ヲ標準トシテ算定スヘキモノナルコト同法ノ解釈上疑ナク，而シテ本件土地収用期日タル大正12年10月9日ニ於ケルY等ノ有スル借地権ノ価格ハYニ対スル分ヲ除ク外，鑑定人金子岡安両名ノ孰レノ鑑定ノ結果ニヨルモ裁判所記載ノ価格ヲ以

---

88) 集合物の譲渡で，一部不能のさいには，特則として買主負担を認める例も多いからである（第4章4節参照）。しかし，「勝立坑」の崩壊が契約以前からあったことから，引渡後も，これを修補するべき売主の何からの付随義務があった可能性もあり，この場合には，売主負担とする強い理由がある（第2章2節3参照）。それがないのは，官物払下という特殊な法律関係に根ざすものであろう。

89) 【研究】327頁およびその注8, 9参照。

90) 【研究】385頁およびその注11, 12参照。
債権者主義の理由づけとして，所有権ではなく，増加や価格の騰貴あるところに損失も帰するとの理由は，起草者のほか（【研究】384頁参照）仁井田益太郎「第14, 債権者ヲ以テ危険負担者ト為シタル理由如何」法典質疑問答・民法債権（1906年）146頁にもみえる。

91) 仁井田益太郎「第15」前掲書149頁は，債権者主義を原則とする立場から，535条でも，第2項の買主負担を原則とみている。第1項は，目的物不存在による条件成就の遡及効の制限の効果とする。

第1節　特定物売買

テ相当ト認ムヘク，唯Yニ対スル分ニ付キテハ鑑定人金子謙二ノ鑑定ノ結果ニ依リ坪当44円ヲ以テ相当トスヘク，従ツテ其総計額ハ金880円ナリトス」。

　すなわち，収用も強制的な売買類似の関係とはいえるものの，民法の規定が当然に適用になるわけではなく，収用期日の価格によるのであり，当該事案では，収用期日は震災の時よりも後であったから，債権者にあたる起業者は，毀滅した目的物に対して，減額した代金を払えば足りることとなったのである。もっとも，これは，価格が収用期日（震災後）によるとされていたことの結果であり，かりに震災の時よりも前が収用期日とされていたとすれば，目的物がその後毀滅しても毀損しない価格を払うこととなり，買主の危険負担に類似した問題が生じよう。

　つぎに，移転料は，いわば移転という行為に対する対価であるから，特定物の譲渡の対価とは異なり，534条1項が適用にならないのはいうまでもない。判決は，以下のように，これが民法の危険負担とは関係なく，移転に対する費用の賠償であるとの観点から，移転のない場合には，支払の必要がないとした。

　しかし，ここでも，移転という給付とこれに対する反対給付とみれば，危険負担類似の関係を認められないこともない。そして，その場合でも，移転給付とこれに対する対価は牽連するべきであるとすれば（536条1項），目的物が減失し移転しえなくなったときには，対価の支払の必要もなくなるのである。

「地上物件移転料ハ，土地収用法ニヨル土地及借地権利収用ノ結果該地上ニ存在スル物件ヲ他ニ移転セシムル為メニ生スヘキ費用ニ対シ，土地収用法ノ規定ニ従ヒ起業者ガ支払フ補償金ニシテ，起業者ト物件所有者トノ関係ハ，民法ノ双務契約ニ基クモノト其性質ヲ異ニスルカ故ニ，本件ノ如ク地上物件カ土地及借地権ノ収用ト何等関係ナク起業者並ニ物件所有者双方ノ責ニ帰スヘカラサル事由ニ因リ滅失シタル場合ニ於テハ，民法ノ危険負担ノ法理ヲ適用スヘキ者ニ非ス。然レトモ土地収用法ニヨル移転料ノ性質ハ，前述ノ如ク収用ノ為メノ移転ヲ前提トシテ其費用ヲ補償スルニアルヲ以テ，土地ノ収用ト関係ナキ事由ニヨリ目的物滅失ノ結果移転ノ問題ヲ生セサルニ至リタル場合ニ於テハ，移転費用ナク，従ツテ起業者ニ於テ之ヲ補償スルコトヲ要セサルモノト謂フヘシ」。

　ほかに，家賃損害補償，休業補償，顧客喪失補償の請求も排斥された。

2　学　　説

㈦　概　　観

　本書の性格上，学説については，簡単に言及するにとどめる[92]。

　学説は，ほぼ一致して民法534条1項の修正解釈を主張する。修正解釈には大別して2つの構成がある。

　比較的古い学説のとる構成は，個別的制限解釈とよびうるものである。すなわち，外国法との比較から，債権者主義の不当性を批判し立法論的に否定する。しかし，法文の解釈としてはこれを否定できないとして，たんに，

---

92)　学説については，【研究】384頁以下参照。本稿では，いちいち立ち入らない。

特定の売買類型を個々に除外していく方法をとるのである。そして，債権者主義は，単純な特定物の売買にのみ適用されるとして，条件付売買，種類物の売買，権利の売買などに民法534条1項の適用を否定する。そこで，この立場のもとでは，売買における危険負担の原則として債権者主義じたいを否定することはできない。534条1項自体の解釈を変更しようとする後述(イ)の制限解釈とは異なる。

これに対し，有力説は，個別的制限解釈によったものの，一歩進んで，目的物の引渡，登記のいずれかがなされるかまたは物権の変動を生じた場合にだけ民法534条1項が適用されると解するよちがあるのではないか，あるいは解釈論としてこのように解しえないとしても，不動産の売買において，当事者が，代金の支払と移転登記を引き換えに行い，その時に所有権移転の効果も生じると特約したような場合には，危険負担についてもその時期まで民法534条1項の適用を排除する特約をしたものと解しえないか，と提言した[93]。近時の解釈論は，いずれもこのような考え方を出発点とする。

(イ) 制限解釈

(a) 民法534条1項を一般的に制限しようとする試みは，かつても存在した。たとえば，債権者主義が投機的取引については合理性をもつとして，商事取引にかぎって適用しようとするものである[94]。しかし，このような制限解釈は，規定の文言から大幅に逸脱することから，ほとんどうけいれられるところとはならなかった。

(b) これに対し，近時の制限解釈は，引渡主義または所有者主義を民法534条1項のなかに読みこむことによって，債権者主義を一般的に克服しようとする。

第1は，引渡主義であり，民法534条1項によって買主に危険が移転するのは引渡の時からと読みこむものである。古くは立法論的な主張とされてきたが，近時この立場を明らかにするものが多い[95]。

第2は，所有者主義である。買主に所有権が移転したことをもってその危険負担の根拠とするものであるが，フランス法上の所有者主義が所有権移転の意思主義（日民176条に相当）を前提に，契約締結時から買主が所有者として危険を負担することを認めるのとは異なり，あわせて意思主義をも修正する。すなわち，所有権の移転は，目的物の引渡・移転登記・代金支払のいずれかがなされるまで生ぜず，したがって危険もこの時まで移転しないとするのである[96]。

---

93) 我妻・前掲書$V_1$102頁。
94) 浅井清信・債権法に於ける危険負担の研究〔1942年，1996年復刻〕434頁，山中康雄・契約総論〔1949年〕215頁。
95) 早くに，川村泰啓・商品交換法の体系Ⅰ〔1972年〕338頁。また，船越隆司「買主の危険負担法理に対する考察と再構成」判時1053号13頁，沢井裕「危険負担」現代契約法大系2（1984年）100頁以下。
96) 広中俊雄・債権各論講義〔1979年〕310頁，〔1994年〕338頁，星野英一・民法概論(4)〔1976

(c) これらに対し，民法534条1項の解釈としては，その不当性は認めても，このような修正解釈は困難とする批判97)，および，債権者主義を肯定することを前提に，民法534条1項をなお債権者主義の規定として解するべしとの見解98)がある。

3 疑問とされる諸判決

裁判例には，とくに古いものには，債権者主義を採用しているが，現在の判例理論の水準からみても明らかに維持されないと思われるもの（【51】，【52】），あるいは明らかに誤解ないしは事案の性格を理解していないと思われるものがある。これらも，債権者主義を述べていても，先例的な価値は乏しいものと位置づけざるをえない。

(ア) 権利の売買

534条1項は，「特定物ニ関スル物権ノ設定又ハ移転」を目的とする契約における物の「滅失又ハ毀損」と述べ，明らかにその対象を有体物に限定しているが，権利の売買にも，534条1項を適用したものがある。

【51】 大判昭2・2・25民集6巻236頁，評論16巻284頁

[事実] Xは，Aに金銭を貸与し，Aの家屋に抵当権を取得した。Aが債務を履行できなかったので，Yは，Aに代わって債務を支払うことを約した。そこで，Xは，Aに対して有する債権をYに譲渡することを約した。本件は，XがYにその契約の履行を求めたものである。これに対して，Yは，市税の滞納処分によって抵当物件が公売に付され，Xが抵当権をYに移転できなくなったことから，反対給付である金銭の支払義務が消滅したと主張した。原判決は，抵当権の消滅は，Xの責に帰すべからざる事由による滅失であり，民法534条1項の規定から，Xは債務を免れるが，Yには，反対給付をする義務があるとした。Yから上告。上告棄却。

[判旨]「民法第534条第1項ニ所謂滅失ハ，法典ノ用語上ヨリスルトキハ物ノ物理的滅失ノ場合ノミヲ指称スルカ如シト雖，双務契約ニ於テ特定物ノ所有権移転ヲ目的ト為シタル場合ニ公カニ因リ其ノ所有権ヲ奪ハレタルカ如キ又ハ抵当権ノ移転ヲ目的ト為シタル場合ニ，抵当権カ公カニ因リ消滅シタルカ如キ其ノ権利ノ喪失又ハ消滅カ債務者ノ責ニ帰スヘカラサル事由ニ基因シ履行不能ヲ生シタル場合ハ，債務者ノ責ニ帰スヘカラサル事由ニ因リ物ノ物理的滅失ヲ来シ為ニ権利消滅シ履行不能ヲ生シタル場合ト

年〕56頁，鈴木禄彌・〔2版〕179頁，同〔1995年・3訂版〕278頁，〔2001年・4訂版〕280頁など。なお，近時の鈴木説は，引渡（および登記）主義のようにも読める。比較的新しいテキストでも，この立場が有力とするが，必ずしも自分の立場は明確ではない（たとえば，大村敦志・基本民法II（2003年）44頁，内田貴・民法II（1997年）65頁は，「支配」による危険移転にふれる）。

97) 加藤一郎「民法の解釈と利益衡量」法教25号29頁。
98) 三宅正男・契約法総論〔1978年〕96頁，81頁。また，近時，おもにフランス法を参考に，所有者主義（締約時危険移転）を主張するものとして，前田敦「特定物売買にかかわる諸規定の考察」私法66号135頁。

第4章　売　買

債務者ノ地位ニ於テ何等選フ所ナク，危険負担ニ付之ヲ別異ニ取扱フノ理由毫モ存在セサルカ故ニ斯ノ如キ物ノ滅失ニ基カスシテ，権利ノ消滅シタル場合モ亦前記法条ノ適用アルモノト解スルヲ妥当ナリトス」。

抵当権のような担保物権は，債権に附従しているから，これを独立したものとみて，有体物と同様に扱うのは不当であろう。「物権」に関する534条1項の適用は，かりに肯定する場合でも，最小限に地上権や永小作権などの用益物権に限定される必要がある。（Yの義務を肯定することがあるとしても，危険負担ではなく，債務引受の解釈の問題として解決されるべきである）

(イ) 他人の物の売買

学説は，二重売買や他人の物の売買において，買主に目的物を支配する可能性が乏しいことから，534条1項の適用を否定する[99]）。

【52】　益田区判大9・2・14 評論（諸法）141頁

［事実］　Xは，Aから試掘権を買いうけ，さらに，これをYに1600円で売却したが，権利の登録は，AからYに直接なされた。その後，権利が消滅したことから，Yは，1240円しか支払っていない。Xが残金を請求した事件である。

［判旨］「売主タルXハ，売買ノ目的タル試掘権ヲ取得シテ之ヲ買主タルYニ移転スヘキ義務ヲ負ヘルコト前段説明ノ如クナルニ，当区裁判所カ未タ其義務ヲ履行セサルXノ請求ヲ容レテYニ代金支払ノ義務アリト判定シタル理由如何，是レ他ナシ。Xハ履行ノ不能ニ因リ其義務ヲ免レタレハナリ。前ニ第3事実トシテ掲ケタルカ如ク，XカYニ移転スヘキ義務アル試掘権ハ，Yノ占有中消滅シタリ。此試掘権ニシテ已ニ消滅シタル以上ハ，其売主タルXハ自ラ之ヲ取得スルコトモ不能又之ヲYニ移転スルコトモ不能，而カモ其不能ハ絶対不能ナルカ故ニ之ヲ移転スヘキ義務者タルXハ，其消滅ニ因リ其義務ヲ免ルルニ反シ，之レカ買主タルYハ民法第534条ニ因リ消滅ニ因ル損害ヲ負担スヘキ責アルヲ以テ，Xニ対シ代金支払フ義務ヲ拒否スルコトヲ得サルモノト判定スルノ外ナシ」。

本件は，権利の売買であり，かつ他人の物の売買である。いずれの点からも，534条1項の適用が疑問とされており，買主負担の結果を認めたことは，二重の意味で不当とされる判決である。機械的・形式的に534条1項を適用したにすぎず，判決年月日の古さと，その後の学説の発展から，今日的な意義は，ほとんどないものとみることができる。

(ウ) 売主の責任

(a)　つぎは，必ずしも他人の物の売買とはいえないが，他人の物の売買の場合と同様に，売主が目的物の自由な処分権をもたず，534条1項の債権者主義を制限する必要があると思われる事案である。

【53】　福岡高宮崎支判昭36・8・29 下民12巻8号2088頁

［事実］　昭30年11月2日，Xは，Yに借地

99）　古くから通説であろう。たとえば，我妻・前掲書103頁，鈴木禄彌・前掲書283頁〔3訂版〕など。【研究】402頁以下参照。

権つきで建物を売却した。Yが本件建物を高値で買いうけたのは、「その場所的利益を考慮したものであり、地主の承諾の有無については敏感になっており、将来承諾を得られない場合のことをも慮りXの責任において地主から借地権譲渡の承諾を得ることを契約の内容としたもので、Xはまず、地主の承諾を得た上昭和30年11月15日までに代金と引換に所有権移転登記をなすことを約定した」のである。建物は、昭和30年12月3日、大火により類焼滅失した。Xは、この滅失がその責に帰すべき事由によらないとして代金を請求する。これに対して、Yは、Xの履行遅滞中の不能と主張する。判決は以下のように述べて、Yの代金支払義務を肯定した。

［判旨］「本件建物が本件売買契約締結後同年12月3日の大火により類焼滅失したことは当事者間に争いがないので、まずこの滅失がXの主張するごとく債務者たるXの責に帰すべからざる事由による滅失となるのか、Yの主張するように履行遅滞中の履行不能としてXの責に帰すべきかどうかについて判断する。

昭和30年11月5日Yが本件建物の引渡を受けたことは当事者間に争いがない。もつともその後訴外Aが売買代金の支払を督促する目的で1日だけ本件建物に簡単な釘付けをしたことは当審証人Aの証言の一部により認められるが、当審証人Bの証言によると同訴外人は直ちに釘付けを解いたことが認められる（右証人Bの証言中その後本件建物焼失の日に再び釘付けしたとの証言部分は当審証人Aの証言と対比して措信しない）。したがつて、Yは本件建物売買契約後引渡を受け、焼失にいたるまでの間事実上本件建物を支配していたことが認められる。

しかし、前記二、において認定したとおり、本件売買契約では借地権譲渡に関する地主の承諾を得ることがXの責任になつていたのであり、右認定に挙示した証拠と成立に争いのない甲第1号証により考察すると、地主の承諾はおそくとも所有権移転登記期日の昭和30年11月15日までに得ることになつていたと認められるとともに、Yは契約内容の金員を準備し、再三Xに対し義務の履行を催告したのに、ついに地主の承諾を得ることができないうちに焼失するにいたつたものであることが認められる。

だとすると、Xがその義務の履行を遅滞している間に履行不能になつたことに帰し、その限りではYは本件建物の滅失による契約の履行不能をXの責に帰すべき履行不能として契約を解除し得るもののごとくであるが、更に検討すると、本件建物の滅失は前記認定のとおり、大火にもとづく類焼によるものであつて、たといXが履行期に履行を完了していたとしても、なお、この滅失による損害は避けることのできなかつたことが明らかである（Yにおいてその以前に該建物を売却するとかその他の事由により損害を防止し得たことを認めるべき証拠資料はない）。

ところで、このような場合には債務者は履行不能の責を負わず、本来の履行を目的とする債権は消滅し、填補賠償請求権も発生しないと解するのが相当であるから（大審院大正10年11月22日、民録1986頁参照）、Xは結局債務を免がれ、本件建物の滅失による危険はYの負担に帰し、XはYに対し反対給付を請求する権利を失なわないし、Yにおいて契約解除をすることは許されないといわなければならない」。

(b) 本件には、いくつもの問題点がある。

(i) まず、同判決では、履行遅滞中の不能は債務者＝売主の負担になるが、遅滞がなくても滅失する場合であれば、やはり債務者はその責任を免責されるという構成が前提となっている。しかし、履行遅滞中の不能に関する議論は、当然に対価請求権の運命までも

決するものではないことに注目する必要がある（受領遅滞中の不能の場合とは異なる）。つまり，Xが損害賠償義務をおわないことと，さらに反対給付まで請求できることはべつの問題である。売主の遅滞中の危険まで，買主の危険とすることはきわめて不合理だからである（所有者主義＝債権者主義をとるフランス民法のもとでも，売主の遅滞中はその危険となる）。

たしかに，損害賠償請求権の発生について，交換説（損害賠償請求権は，滅失した給付の全額を対象として発生し，これと従来の反対給付義務とが対立する）をとるとすれば，給付が不能になり，それが遅滞がなくても生じた場合であれば，反対給付義務のみが存続する可能性があるが，この効果は，遅滞につき当事者の責に帰すべき事由がある場合にも，帰責事由がない場合と同じ構成をとるという選択にもとづくにすぎない。

しかし，当事者に帰責事由がある場合には，給付の牽連関係を認めて反対給付義務を消滅させるという考慮も可能である。もともと534条1項には広く疑問が提示されているところであり，当事者に帰責事由のない通常の危険負担以外には，拡大されるべきではないからである。

また，損害賠償請求権について，損害賠償請求権は，反対給付との差額についてのみ発生するという差額説を採用するとすれば，遅滞がなくても不能が生じた場合の効果は，たんに差額の請求ができない（差額の請求権が消滅する）という結果がともなうにとどまる。けっして反対給付義務が全額にわたって発生することにはならない。差額の計算の中で，給付の牽連関係が実現されるからである。

(ii) つぎに，本件は，実質的に他人の物の売買と同じであり，これに買主負担主義を適用するのはおかしいということをも考慮する必要がある。

すなわち，借地権つきの建物の売買において，賃貸人の同意は権利の移転に不可欠であり，同意がえられない場合には，権利は有効に譲渡されない。すなわち，自分の権利といっても，自由な処分ができるわけではないから，実質的には他人の権利の処分に等しい。権利の確保が不確定であるという点では，停止条件つきの売買などと同じく，債権者主義を否定するべき強い理由がある。無批判に債権者主義を適用するべき場合ではない。また，建物所有権についても，これが売主に属し任意の処分に服するといっても，建物の存続は土地の存在を前提とするから，建物についても，同様に考えるべきであろう。

そして，この場合の売買の目的物は，たんに個別の権利や建物というわけではなく，賃貸人の同意を前提とした権利と建物の移転である。したがって，賃貸人の同意がえられない売主の行為には，いわば原始的な瑕疵があるのである。買主は，他人の物の売買の場合と同様に，この原始的な瑕疵を追求することによって，負担を免れると解さなければならない。比較的新しい裁判例との関連では，借地権つきの建物の強制競売において借地権が存在しなかった場合について，民法568条1項，2項，566条1項，2項の類推適用をした最判平8・1・26民集50巻1号155頁も参考になろう（買受人による売買契約の解除を肯定したうえ，売却代金の配当をうけた債権者に対

して代金の返還請求を認容した）。借地権つきの建物の売買では，売主の担保責任を考慮するべきであり，その場合には，単純な売買をもって論じるべきではない。

これは，つぎの清算関係の危険負担の観点，結果とも一致する。

(iii) 他人の物の売買や原始的瑕疵の存する場合において，当然に売主が危険を負担するという構成によらなくても，同様の結論は，清算関係における危険負担の観点からも導くことができるのである（詳細は，後述第10章参照）。

すなわち，買主Xは，目的物の権利の瑕疵（561条）あるいは付随義務の不履行を理由として解除権を取得するが，解除権を行使した結果，当事者間には，当初の契約をまきもどす関係が発生する。この関係は，当初の契約と反対方向のものであり，買主は，目的物を返還する給付義務者となり，売主は，代金を返還する反対給付義務者となる（当初は，売主が給付義務者で，買主が反対給付義務者）。そして，給付と反対給付との間には，双務的な関係があるから，給付が不能となったときには，反対給付の義務も消滅する（536条1項）。したがって，受領した買主が返還しえなくなったときには，売主の代金返還義務も消滅する。

しかし，他人の物の売買における買主は，もともと追奪により給付物を失う関係にあったから，実質的に給付をうけていない（あるいは，まきもどしの関係にそくしてみれば，買主は，返還するべきものをすでに返還していることになる）。すなわち，売主の給付は未履行であるから，買主も反対給付義務をおわない。すでに履行している場合には，返還を請求することができるのである。重要な付随義務が履行されていない買主についても，同様のことがいえる。

なお，かりに，滅失が解除の意思表示の前だったとしても，この結論は変わらない。買主は，目的物は返還しえないが，それは同人の責に帰すべき事由によるものではないから，解除権は存続し（548条2項），買主は解除によって代金を返還請求できるのである（後述【129】参照）。

(エ) 二重譲渡

二重譲渡も，他人の物の売買と同様に，危険負担の債権者主義を適用するべきではないとして問題となる類型であるが，これに関する適切な裁判例は存しない。学説は一致して，この場合に534条1項の適用を否定している。

第2節　種類物売買

1　401条2項の「物ノ給付ヲ為スニ必要ナル行為ヲ完了」した時

(ア)　特　　定

民法534条2項によれば，不特定物に関する契約については，401条2項〔種類債務の特定〕の規定によって，その物が特定した時から，同条2項の債権者主義が適用されるか

第4章 売　買

ら，危険移転は，401条の解釈に依存する。

すなわち，「債務者が物の給付をするのに必要な行為を完了し」あるいは「債権者の同意を得てその給付すべき物を指定したとき」から，債権は特定し，危険が移転するのである。

種類債務の特定に関する裁判例では，前述の【44】【45】が著名であるが，ほかにも，いくつかがある。従来の裁判例は，もっぱら，この「債務者カ物ノ給付ヲ為スニ必要ナル行為ヲ完了シ」た時を問題とする。

(イ)　裁　判　例

特定を認めず，危険移転をも認めない例は多い。古くは，つぎの判決がある。

【54】 大阪控判明42・3・24最近判例集4巻94頁

［事実］　Xは，Yの注文に応じ輸入したうえで授受する約定で，泥紙600連を売却する契約を締結した。品物は神戸に到着し，Xはその通知をしA商会に引渡したが（Yの指図があったかは不明），さらにその一部を大阪に運搬中海難にあって毀滅した。Xの代金請求事件である。

判決は，不特定物の売買であって見本売買の場合には（「売買契約が見本に依りて締結せられたるものなるとは争いなき處なるを以て，当初の契約が特定物を目的とするものに非ざりしことは論を俟たざるなり」），債務者が物の給付をなすに必要な行為を完了するまでは，買主Yは危険を負担しないものとした。

［判旨］　「不特定物が特定物に変ずる時期に付ては，債務者が物の給付をなすに必要なる行為を完了し又は債権者の同意を得て其給付をすべき物を指定したるときなることは民法の明規する處にして，右Xの主張事実が之に該当せざるは明かにして，其他の証拠に依りては右荷物が海難遭遇の前に既に特定物に変じたりし事実を認むるに由なし。而して第2の争点に付てはXはYの指図に依りてA商会に引渡したりと主張すれども，其援用する原審証人福出重二郎の供述に依りては未だ以て其主張を信認するに定〔ママ　足〕らず。其他の証拠に依りてもXの主張を証明するに足るものなし。即ち此の如き本件遭難荷物が特定物に非ず又右荷物をA商会に引渡したることもYの指図に出でたることを認むるに足らずとせば，此荷物がA商会に依りて運送中海難に遭遇して損傷又は亡失したりとするも売主たるXに於て其損失を負担すべきものにして，買主たるYに対し代金の支払を求むる権利を有せざるや民法の規定に徴し明かなり」。

【55】 大阪控判大8・4・30評論8巻民法579頁，新聞1555号24頁

［事実］　Yは，石炭をXに売却し，石炭を積んだ船が尼崎港まで到着したが，その後の引渡は行われなかった。詳細は不明であるが，代金を請求した事案のようである。

［判旨］　「按スルニ，不特定物カ特定物ニ変スル場合ハ，債務者ノ給付ヲ為スニ必要ナル所為ヲ完了シタルトキ又ハ債権者ノ同意ヲ得テ，其給付スヘキ物ヲ指定シタルトキノ2箇ノ場合ニシテ此時ヲ以テ其変化ノ時期トスルコトハ民法ノ規定上明白ナリ」。

そして，債務者が物の給付をなすに必要な行為をした場合とは，本件のように，債務者たるYが債権者たるXの工場桟橋まで石炭を持参してそこで引渡をする契約では，「Yカ単ニ石炭ヲ発送シタルヲ以テ足レリトセス，又夕送付ノ通

知ヲナシタルヲ以テ足レリトセス。前記履行ノ場所ニ於テXニ対シ現実ニ履行ノ提供又ハ之ト同一ノ効力ヲ生スヘキ行為ヲナシタルトキヲ以テ，始メテ物ノ給付ニ必要ナル行為ノ完了アリトナスヘキモノト解セサルヘカラス」。

そこで，「石炭ハ未タ特定セルモノト謂フヲ得ス」とし，たとえ，石炭の送状をXに交付しても，「是亦夕履行ノ場所ニ於ケル履行ノ提供又ハ之ト同一ノ効力ヲ生スル行為ト謂フ能ハサルヲ以テ，是ニ依リテハ特定物ニ変シタルモノト云フヲ得ス」。

そして，目的物が不特定物であることから，「本件観音丸積載ノ石炭カ其後競買セラレタリトスルモ，Yハ他ノ同種ノ石炭ヲ以テ給付スルコトヲ得ヘキヲ以テ，該石炭カ競売セラレタリトノ一事ヲ以テシテハ決シテ履行不能ノ問題ヲ生スルコト」がなく，履行不能を原因とする本件請求は失当とされた。

【56】 東京地判昭 2・3・11 評論 16 巻民法 333 頁，新報 109 号 26 頁

[事実] 大 12 年 4 月，XはYにアメリカ製スプレイペインチング装置一式を売買する契約を結び，内金を受領したので，装置をアメリカから輸入し，Yに発送した。しかし，装置は，配達の途中で，大 12 年 9 月 1 日の関東大震災によって焼失し，Yに引渡されなかった。

[判旨]「而シテ民法第 536 条第 1 項ニ依レハ，不特定物ノ売買ニ於テ目的物カ当事者双方ノ責ニ帰スヘカラサル事由ニ因リテ滅失シタルトキハ，其危険ハ債務者ノ負担ニ帰スヘキコト明カニシテ，本件ノ場合カ不特定物ノ売買ナルコトXノ主張自体ニ依リ明カナルノミナラス，其ノ履行ノ場合ニ付，特別ノ意思表示ナカリシコト亦前段記載ノ如クナレハ，本件商品ハ債権者タルYノ営業所又ハ住所ニ到達スル迄ハ，民法第 534 条第 2 項ニ所謂確定生セサルモノト看ルヲ相当トス。然ラハ，前記商品ノ滅失ハ債務者タルXノ負担ニ帰シタルモノト謂フヘク」。

(ウ) 例 外

逆に，不特定物が特定した後，債権者主義を適用した裁判例がある。事実関係は不明である。

【57】 東京地判昭 44・10・13 ジュリ 449 号 6 頁―判例カード

[判旨]「不特定物が特定した後，それを第三者が他の者に提供したために，債務者が債権者に提供できなくなったときと民法 534 条 1 項の準用」という表題のもとに，以下の記述がある。「不特定物が特定した後に，それを第三者が他の者に提供したために，債務者が債権者に提供できなくなつたときは，特定物に関する双務契約における危険負担について債権者主義をとる民法 534 条 1 項の特定物が債務者の責に帰すべからざる事由により滅失した場合に準じ，債権者はその代金支払義務を免れないものと解さなければならない」。

なお，特定を認めて債権者主義を適用した事例がごく少ないことに注目する必要があろう。

2 送付をともなう種類物売買

(ア) 送 付 売 買

種類物売買に関する裁判例には目的物の送付をともなうものが多い。そして，売主によ

る送付が債務を特定するかについて，若干判例の流れに変化がみられる。

(a) 初期の下級審裁判例は，特定が生じるには，売主が物の給付をなすのに必要な行為を完了しまたは買主の同意をえて給付するべきものを指定することを要し，売主がたんに目的物を発送しただけでは足りない，とする（【54】【55】）。

もっとも，【55】の事案では，買主のもとで引渡すことが約されたことから，持参し提供することが必要とされたのであろう。

(b) これに対し，つぎの【58】以降の判決は，債務の性質によって履行の提供の程度が異なることを述べている。持参債務にあっては，たんに物をとり分け運送人によって送付しただけでは足りず，買主の住所で提供しなければならないとする（直接には所有権を争点とするが，危険も移転しないことになろう）。

【58】 大判大 8・12・25 民録 25 輯 2400 頁（＝たらの売買事件）

［事実］ Xは，Aに鱈を注文し，Aは，注文に応じてY運送店を通じてX宛に発送した。しかし，Yは，鱈をBに引渡してしまった。Xは，Yに対して「特定ノ事実アリトセハ係争物ノ所有権ハ」Xにあるとして，損害賠償を請求した。原判決は，本件のような不特定物の債務では持参債務が原則であり，「送付債務ナル例外ノ主張」をするには，Xに立証責任があるとして，鱈の所有権がXにあることを否定した。敗訴したXから上告，上告棄却。

［判旨］「民法第484条ニ依レハ，不特定物ノ引渡ヲ目的トスル債務ノ履行ヲ為スヘキ場所ハ，別段ノ意思表示ナキ限リハ債権者ノ現時ノ住所ナルヲ以テ，原判決説示ノ如ク本件売買契約ノ目的タル鱈カ不特定ナルコト当事者間ニ争ナキ以上ハ，特約ナキ限リ債務者タルYハ之ヲ債権者タルXノ住所ニ持参シテ其権利移転竝ニ引渡ヲ為スヘキ義務アルモノトス。故ニYノ本件鱈ヲ給付スヘキ義務ハ所謂持参債務ニシテ送付債務ニアラサルモノト謂フヘク，且本件ノ如キ不特定物給付ノ債務ニ在リテハ，通常持参債務ナリト謂ヒ得ヘキヲ以テ，原裁判所カ本件ノ場合ニ普通生スヘキ債務ハ所謂持参債務ナレハXニ於テ所謂送付債務ナルコトヲ立証スル責任アリト判断シタルハ不法ニアラス」。

「然リ而シテ不特定物ヲ売買スルニ当リ，其所有権カ買主ニ移転スルハ其物カ特定物トナリタル後タルコトヲ要スヘク，不特定物カ特定物トナルノ時期ハ，債務者カ物ノ給付ヲ為スニ必要ナル行為ヲ完了スルカ又ハ債権者ノ同意ヲ以テ其給付スヘキ物ヲ指定シタル時ナルコトハ民法第401条第2項ニ依リテ明カナリ。仍テ債務者ハ物ヲ特定セシムル為メ如何ナル行為ヲ為スヲ必要トスルヤヲ按スルニ債務者ハ給付ノ目的物ヲ債権者ノ受領スルコトヲ得ヘキ地位ニ置キタル時ニアラサレハ給付ニ必要ナル行為ヲ為シタルモノト謂フコトヲ得ス。給付ノ目的物ヲ債権者ノ受領スルコトヲ得ヘキ地位ニ置クニハ，債務者カ現実ニ履行ノ提供ヲ為シタルコトヲ要スルモノニシテ，所謂持参債務ノ場合ニ於テハ債務者ハ債権者ノ住所ニ到リ債務ヲ履行セサルヘカラサルモノナルヲ以テ，債権者ノ住所ニ於テ履行ノ提供ヲ為スニアラサレハ，給付ニ必要ナル行為ヲ為シタルモノト謂フヲ得サルナリ。蓋シ持参債務ノ場合ニ於テ，若シ其他ノ債務ノ場合ニ於ケル如ク債務者カ債権者ニ目的物ヲ発送シタルノミヲ以テ給付ニ必要ナル行為ヲ完了シ

タルモノト為ストキハ，民法第484条ノ規定ニ反シ，債権者ノ不利益トナルヘケレハナリ。従テ債務者ハ，物ヲ取分ケ債権者ニ送付スル為メ運送人ニ送付シタルノミニテハ未タ給付ニ必要ナル行為ヲ完了シ目的物カ特定セラレタルモノト為スコトヲ得サルナリ」。

また，つぎの【59】（ワイヤーロッドの売買）は，荷渡指図書の交付により引渡があったものとする慣習の効果を肯定したものである。判決がいうように，ただちに目的物の引渡と同一の効果を認めたものではない。物権的証券とはされなかったのである。これに反し，前述【48】は，遠隔売買で，倉庫証券の提供のある場合に，買主の危険負担を認めた。

【59】 大判大11・11・24民集1巻732頁[100]

［事実］ Xは，Aからワイヤーロッドを買いうけ，さらにこれをYに売り渡す契約をし，荷渡指図書をYに交付した。Xの代金請求事件である。原判決は，阪神地方の商人間の慣習では，売主から買主に荷渡指図書を交付したときには引渡があったものとみなす取引上の慣例があることを肯定し，引渡があったとして，Xの主張を肯定した。そして，Yの解除，同時履行の抗弁権の主張を認めずに代金の支払を命じた。Y上告，上告棄却。

［判旨］「原判決ハ…取引上ノ慣例ヲ根拠トシテ当事者間ノ為シタル行為ニ付其ノ効力ヲ認定シタルモノニシテ，固ヨリ右荷渡指図書ノ授受ノミニ依リ直ニ目的物ノ引渡ト同一ノ効力ヲ生スルモノト認メタルモノニ非ス。換言スレハ所謂各証券ト同シク物権的効力ヲ有スルモノト認

メタル趣旨ニ非ス。左レハ公ノ秩序ニ関スル規定ニ背反セル慣習ト謂フコトヲ得サルヲ以テ，右慣習ハ法律上当然之ヲ無効トシテ排斥セサルヘカラサル理由アルコトナシ」。

なお，これらでは，危険負担そのものは争われていない。

(c) 送付による危険の移転については，裁判例はかなり厳格である。運送人への送付では足りないとするものや（【58】，なお，事案では，Xは所有権ではなく，Aの債務不履行を争うべきであろう），前述【56】のように，履行地の定めがない場合について，商品（アメリカ製スプレイペインチング装置一式。判決では不特定物の売買とされている）の発送では足りず，買主の営業所に到達することを要する，としたものがある。

前掲【44】判決は，送付債務では送付で足りることを前提とするかのようであるが（送付によって特定が生じその後に毀滅するときには，買主の負担となる），具体的には否定例であり，いわゆる送付債務に関する傍論のようでもある。他の判決にも，厳格なものが多い（【54】，【55】）。

あまり新しい裁判例も存しないが，債務の性質によって区分し，わが法上はとくに明文もなく，たんに運送人に引渡しただけでは足りないとする構成が一般的であるといえよう。

(d) つぎは，種類債務の特定の時期を問題とするが，今日的意義には，やや検討のよちがある。

---

100) 本件について，末弘厳太郎・判民大11年109事件の評釈がある。

第4章　売　買

【60】　東京地判昭3・8・6評論19巻民法260頁

[事実]　Yは，Aを援助するために，Aの店舗に同店の看板とならべて，自分を表示する商号（米穀問屋Y出張所）を掲げ，また米穀買入れにさいしても同様の名刺の使用を認めていた。Xは，Aに対して荷為替ならびに貨物の到達の通知をした。Xの発送にかかる米穀は，Aの手により他に売却された。Xの代金請求事件である。

判決は，Yの商号をAに掲示する行為は，AがしたXとの米穀取引に関し民法109条の表見代理の責任を生じるものとし（「商取引一切ニ付代理権ヲ授与シタルコトヲ表示シタルモノニ外ナラスト謂フヘク」），また，XがAにした荷為替ならびに貨物の到達の通知は，Yに対してしたものと同様の効力があるとした。

また，本件のように荷為替付きで貨物を発送する約定でされた売買契約では，その性質上，貨物ならびに荷為替の到達があり，かつその旨の通知があれば，「給付ヲ為スニ必要ナル行為ヲ完了シタ」ものであるから，X発送の米穀は，みぎ行為の完了された昭2年4月6日以前に特定しており，その後，これが「第三者タルA等ノ手ニ依リ他ニ売却セラレYハ未夕受領ヲ為ササストスルモ」，Xの責に帰すべき事由によるものではないから，民法534条によって，Yは代金の支払をする義務があるとした。

[判旨]　「本件ノ如ク荷為替付ニテ貨物ヲ送付スル約定ヲ以テ為サレタル売買契約ニ於テハ，其性質上前示ノ如ク既ニ貨物並ニ荷為替ノ到達アリ且其旨ノ通知アリタル以上，爾後ハ買主タルY側ノ協力アルニアラサレハ到底履行ノ完成ヲ見ル能ハサルモノナルヲ以テ，Xカ之ニ対シ右売買ノ目的タル本件米穀ノ給付ヲ為スニ付必要ナル行為ヲ完了シタルモノト謂フヘク，従テ右行為ノ完了セラレタル昭和2年4月6日以前ニ於テ既ニX発送ニ係ル米穀ハ特定シタルモノト言ハサルヘカラス。果シテ然ラハ，其後右貨物カ第三者タルA等ノ手ニヨリ他ニ売却セラレ，Yハ未夕之力受領ヲ為サストスルモ，右ハXノ責ニ帰スヘキ事由ニ因ルモノニアラサルヲ以テ，民法第534条ニヨリYニ於テ右代金ノ支払ヲ為ササルヘカラサル義務アルヤ明カナリ」。

本件は，直接には，種類債務の特定の時期を問題とするが，今日的には，再構成される必要があろう。判決は，ＡＹ間の関係を，「商取引一切ニ付代理権ヲ授与」した関係としているから，Aに対してした発送は，Yにした行為と同視でき，これをあえて「第三者タルA」が滅失させたものとする必要はない。すなわち，目的物の滅失は，契約の履行後のことであり，また債権者たるＹＡら買主側の事情によるものでもあり，無責の場合の危険負担と構成する必要はないのである。これも，債権者主義の典型例ということはできないのである。

もっとも，種類債務の特定の時期として，本件のような売買契約で，荷為替つきの貨物の到達をもって足りるとした点には，一定の意味があろう。たんに発送ではなく，到達が基準とされ，しかもその理由として，これ以降は，買主Y側の協力がなければ「履行の完成」をみないことが挙げられている。観念的な契約というよりも，実質的な支配が基準となっている点が注目されるべきである。

(イ)　判例の要約

(a)　ところで，判例の立場は，以下のように要約できよう。

第1に，わが民法が持参債務を原則とすることから，債務の性質が十分明確でないかぎり持参債務と推定されるとすると，履行には送付では足りないことになる（【56】）。送付債務という概念は，必ずしもわが民法典上のものではないから，実質上そのよちは限定されるのである[101]。

第2に，持参債務には一見そのように売主に厳格な立場をとりながら，反面で，提供さえあれば債務は特定し危険は買主に移転することになる。そうすると，物の交付は必ずしも必要とされずに，また，提供と特定とが接合されるのである。ここに，提供の内容を高度化しようとする契機が生じる（前述【45】判決参照）。

（b）他方で，買主が受領拒絶の意思を表示している場合には，口頭の提供でも売主が履行遅滞の責を免れることができることを認めなければならない。しかし，物の分離もない状態では，特定はありえない[102]。この場合には，特定の効果によらずに，危険が買主に移転することを認める必要がある。このように提供と特定とが必ずしも連動しないことは，前述【45】判例以来，承認されている。ちなみに，その場合に，買主への危険の移転を認めるとすれば，それは特定の効果としてではなく，受領遅滞の効果として認めるほかはあるまい[103]。

したがって，給付危険（Leistungsgefahr）と対価危険（Preis- od. Gegenleistungsgefahr）は，特定があれば対価危険も移転するとするかぎりでは，未分離であることができるが[104]，受領遅滞の場合に限っては，対価危険が移転するから，給付危険（特定がなければ移転しない）のみが留まるという形で，その分離が実現されているのである。また，特定の高度化によって危険移転を制限するとの見解，あるいは判例のような構成をとったところで，給付危険と対価危険の分離は，少なくとも部分的にはさけられないのである[105]。

提供の高度化，ひいては特定の時期を遅らせることは，不特定物の売買にも，特定物売買の危険負担についての債権者主義の制限解釈を反映させようとする限りでは意義があるが[106]，制限をもっぱら「特定」の時期とい

---

101) これに対して，たとえば，ド民447条は，送付債務では，売主が運送人に目的物を引渡した時から，買主に危険が移転するとする。これは，1992年のドイツ債務法改定草案では削除されたが（【II】412頁参照），国際的な売買慣行や統一条約に従って，2002年の債務法現代化法は，これを復活した（新447条）。
102) 前述【45】参照。なお，我妻・民法講義IV 33頁参照。
103) このような構成をとるものとして，ド民300条2項，旧324条2項（新326条2項）参照。
あるいは，売主は義務をつくしたとして遅滞の責を免れるが危険は移転しない，とするかである。
104) もっとも，私見は，これを分離する。すなわち，特定は対価危険の移転だけをもたらし，対価危険の移転を当然にもたらすものではないから，後者は，引渡など独自の要件をみたしてはじめて移転するのである。【I】73頁以下参照。
105) ここで，両者を分離する見解を，切断説という。この給付危険と対価危険の移転に関する諸説の関係についても，【I】83頁以下参照。

う技術による点に無理がある。なにが「高度」かは，多分に相対的なものにならざるをえないし，ひいては恣意的なものとなろう。その判断の基礎にあるものを正面に出す必要があろう。すなわち，給付危険の移転の制限ではなく，対価危険の制限そのものである。

第3節　停止条件付売買，所有権留保売買

1　条件付売買

(ア)　停止条件付売買[107]

(a)　(i)　停止条件付売買においては，条件の成否未定の間は，買主の地位が不確定であることから，一般に売買における危険負担で債権者主義（買主負担主義）をとる立法例にあっても，その例外を定めることが多い（フ民1182条）。わが立法者も，民法534条の例外をおいた。すなわち，目的物件が条件の成否未定の間に滅失しても，売主が危険を負担し，同人は対価を請求しえないのである（民535条1項）。

(ii)　停止条件付売買の危険負担に直接関係する裁判例はなく，所有権留保売買の性質に関連して，【61】が言及したにとどまる。そこでは，売主の危険負担が言及されているが，後述するように，所有権留保売買には，停止条件付売買をもって論じるべきではない。

停止条件付売買は，単純な売買において債権者主義を採用した場合にも，その不当性を緩和するために，とくに売主＝債務者の危険を認めることが通常である。

(iii)　これに対し，民法535条2項は，たんなる毀損の危険は，債権者（買主）がおうとした。

しかし，滅失と毀損とで法的効果が反対になるとする理由はなく，また給付の牽連関係を否定する理由もないから，民法534条1項を制限解釈する場合にはそれに準じ，さもなければその「毀損」はごく軽微なものだけに限られるとの制限解釈による必要がある。

目的物件が債務者（売主）の責に帰せられる事由で毀滅する場合は，危険負担の問題ではないが，民法は明文を設けて，買主が条件成就の時に契約の履行または解除を求めうるとした（民535条3項）。条件が成就すれば契約の履行を求めうるはずであるし，また債務不履行に対しては解除・損害賠償の請求もできるはずだからである。

(b)　目的物件が条件の成否未定の間に滅失しても，結局，条件が成就しなかったときには，債務は成立しない。そうすると，売主は代金を請求しえず，通常の危険負担の問題は

---

106)　提供の「高度化」については，たとえば，沢井・前掲書（第1節注95参照）119頁以下参照。
107)　【研究】417頁以下参照。また，遠藤編・逐条民法特別法講座⑥契約Ⅰ〔1986年〕52頁～55頁参照。また，遠藤・平井編・注解不動産売買〔1993年〕412頁―429頁参照。

生じない。もっとも，その物の損失を当事者のいずれが負担するのが妥当かという問題は生じうる。

条件の成否未定の間は，買主はなお確定的には目的物件を取得していないから，その地位は不安定である。そこで，たとえ引渡があったとしても，買主はたかだか賃借人に準じた地位を取得するにすぎず，引渡によってうけた利得を支払えば足りよう。

(c) 条件が成就すれば，売買契約は効力を生じるから，通常の売買契約の危険負担による。

逆に，条件が不成就になったのち滅失すれば，売買契約は効力を生ぜず，売主の代金請求権も生じない。

(イ) 解除条件付売買[108]

(a) 解除条件付売買で条件の成否未定の間に目的物件が毀滅した場合の効果については，規定がない。たとえば，AがBに家屋を売却するさいに，Aがその家屋の所在地に転勤する事由が生じたときには売買契約を解除する旨の合意をした場合である。

まず契約が履行されたのちは，危険負担は問題とならず，買主は自分のものに対しみずから損失を負担しなければならない。これに対し，契約が履行にいたらない場合には，いちおう売買における危険負担の原則（民534条1項）によるが，条件が成就すれば，買主の代金債務は消滅するので，売主は代金を請求しえず，損失をも負担するのである。

(b) 目的物件が条件の成否未定の間に滅失しても，条件が成就しなかった場合には，契約は無条件となる。危険負担は，売買一般の原則（民534条1項）によって決せられる。

(c) 条件が成就すれば契約は解消されるから，その後目的物件が滅失しても，売主は所有者として損失を負担するほかはない。

逆に，不成就後に目的物件が滅失した場合には，契約は無条件となっているから，通常の売買の危険負担をもって論じることになる。

(ウ) クーリング・オフ

(a) 近時，通信販売などに付随して，買主が一定期間試用して気にいらなければ返還しうるとする類型がある。試験売買では，買主の認諾なくしては契約は拘束力をうけないから，契約の締結・目的物の引渡によっても買主に危険が移転することはない。契約の成立を妨げることは，契約の解除と類似の効果を有している。

法律上当然に買主にクーリング・オフの権利が付与される場合には，クーリング・オフにはその理由を問わないから，買主はその行使によって代金債務を免れることができる。

もっとも，現在のところ，このような権利が付与される場合は限定されており（割賦販売法4条の3や旧訪問販売法6条，特定商取引9条，宅建業法37条の2などの特別法や特約に

---

108) 【研究】432頁以下参照。ここでも，債権者主義が制限解釈されるべきことは，いうまでもない。本書では，詳細については立ちいらない。

よる），また不動産売買に適用されることは，実際上も動産の場合ほど多くはない。

(b) クーリング・オフは，解除とは異なり，その行使は必ずしも後発的な障害の場合に限定されない。契約の成立時の買主の意思表示の欠陥をも補う意味をもつが，後発的な障害に対する解除と同様に，契約の消滅というプロセスを通して，反対給付義務の消滅を導く。契約の成立を妨げることにより，契約の清算を目ざしているのである。

2 所有権留保売買[109]

(ア) 危険負担への影響

(a) 所有権留保売買は，買主による売買代金の完済まで売主が目的物件の所有権を留保する形態である。割賦販売と組み合わされて近時多く用いられる。割賦販売法は，割賦販売の方法によって売られた商品の所有権は，賦払金の完済まで売主に留保されたものと推定している（割賦7条）。所有権留保は不動産取引にも用いられるが，宅建業者がみずから売主となる取引については，代金の10分の3以上の支払をうけて目的不動産を引渡すまでに，登記その他の売主の義務を履行しなければならない（宅建43条1項）。これによって，所有権留保も制限されるのである。

(b) 所有権留保売買に関して危険負担が争われた裁判例は，そう多くはない（後述の諸判決）。これらは必ずしも所有権留保の法的構成によって形式的にではなく，実質的に危険負担を決定する立場をとっている。すなわち，買主が引渡をうけ，目的物を完全に支配し使用することによって利益をうることができる場合には，その危険負担をみとめるべきだとするのである。学説の多くも，この結論に賛成する[110]。

比較法的にも，所有権留保は危険移転に影響を与えないとするものが多い[111]。

(イ) 当事者間の関係と第三者との関係

(a) 所有権留保売買でも，当事者間では，売主あるいは買主のいずれが危険を負担するかという比較的単純な問題となる。

【61】 秋田地判昭40・5・12判時416号76頁[112]

[事実] Xは所有権留保つきの割賦販売契約によってYに耕うん機を売却し，引渡をすませた。ところが，耕うん機は，Yの代金完済前に，第三者の放火によってYの家屋とともに焼失した。そして，XはYに対して代金残額の支払を請求した。

判決は，割賦販売は割賦金完済前でも買主に目的物の自由な使用をさせるところに特質を有し，この限度では所有権が移転する場合と異ならず，目的物の引渡を終えた以上，民法534条にしたがって買主が危険を負担するべきである，

---

109) 【研究】439頁以下参照。
110) たとえば，米倉明・所有権留保の実証的研究〔1977年〕38頁。
111) ドイツの学説とアメリカの統一売買法の立場である。小野・前掲⑥55頁以下参照。
112) 【62】および【65】判決には，神崎克郎・神戸15巻168頁の評釈がある。

第3節　停止条件付売買，所有権留保売買

として請求を認容した。

[判旨]「割賦販売では，割賦金完済まで売主に目的物の所有権が留保されるのが原則（割賦販売法第7条）で，本件の場合も同じであることは前叙のとおりである。それは，目的物の所有権が，買主の割賦金完済を停止条件として，売主から買主に移転することを意味する。この点だけからみると，本件の場合，特定物の売買ではあるが，民法第535条第1項第536条により，所有権移転の債務者Xが耕耘機滅失の危険を負担するかのごとくみえること，Y所論のとおりである。

しかし，割賦販売の特質は，少額の割賦金の支払により目的物の引渡を受けることができ，引渡を受けると，割賦金完済前でも，自己が使用する限り，所有者である売主の意思とは全く独立して，買主が完全に自由に使用できるところにあり，この限度では，所有権が移転した場合と差異を生じない。したがって，売主に留保される所有権には，右の意味での買主の使用権を含まず，完全な所有権ではない。売主に所有権を留保され買主は何らの利益を受けない旨のY主張は失当である。

さらに，売主の目的は，売却すなわち代金を得て買主に目的物所有権を移転することにある。それ故，売主に所有権を留保することは，代金支払の確保（担保的権能）の目的であるのにすぎず，処分権を行使する等本来の所有権を行使することを目的とするものでないから，処分禁止の特約をしたことをもって，第534条の適用を制限する根拠とするY主張は，また，正当な論拠とはいえない。

停止条件成否未定の間は，まだ目的物が債権者の支配内に入らないため，その間に滅失した場合（後発的不能）には，第534条の適用を制限したのが，第535条第1項の立法趣旨である。割賦販売にあっては，前叙のように，割賦金完済の停止条件成否未定の間すでに買主は目的物の引渡を受けることができ，その引渡を受けると，これを完全に支配し使用して，利益を得る。したがって，このような割賦販売で目的物の引渡を了した場合には，停止条件付の特定物に関する双務契約であるが，衡平の理念，前叙立法趣旨よりみて，第535条第1項の適用がなく，第534条にしたがい，目的物所有権移転の債権者である買主が，目的物の滅失の危険を負担する，と解するほかはない。本件において，前叙冒頭の争いのない事実，認定事実によれば，前叙説示のように，耕耘機滅失の危険は買主Yが負担すべきもので，たとえ，Y主張の事情で耕耘機が滅失したとしても，割賦金残金（本件手形金）の支払を免れることはできない，といわなければならない」。

所有権留保売買について，引渡後は買主が危険を負担するとしたもので，結論は正当であるが，その理由を債権者主義の534条1項に求めたのは，妥当ではない。その論拠に対して疑問の出されている法文をあえてもちだす必要はなく，536条1項の危険負担の原則，ひいてはそこから導かれる引渡主義を適用すれば足りよう。

また，所有権留保は，売買契約そのものの条件ではなく，所有権移転のみが代金の支払によって条件づけられているにすぎないことに注目する必要がある。

(b) 当事者間の負担に対して，第三者との関係でも危険負担が問題となることがあり，この場合には，かなり複雑な問題が生じる。
(i) つぎは，買主が危険を負担することを前提とするケースである。

第4章 売　買

【62】　東京地判昭39・4・28 判時381号36頁

[事実]　所有権留保の特約のもとにAからXにバスが売却されたが、刑事事件の証拠として押収された。しかし、それらバスは、保管について検察官が注意を怠ったことによって荒廃した。そこで、Xは、国Yに対して損害賠償を請求した。

判決は、所有権留保によって売買された場合でも、特定物の引渡を目的とする売買契約であり、債務者の責に帰しえない事由によって目的物が毀損したときには、その毀損は買主であるXの負担になるから、Xはその負担によってこうむった損害を賠償請求できるとした。

[判旨]　「これを要するに本件において担当検察官はその押収にかかる本件バス9台を保管するにつき必要な注意を欠き、その保管責任を完うするに足りず、その結果右押収物を荒廃せしめるにいたつたものであつて、ひつきよう右職務の執行は違法であり、かつ過失にもとずく〔ママ〕ものとせざるを得ないのである。従つてYはこれによつて生じたXの損害を賠償する責任があることは明らかである。

4，そこで、Xのこうむつた損害について検討する。証人泉剛の証言およびX本人尋問の結果によれば、本件バスが押収された当時、別紙目録番号2ないし4の3輛はXの所有であつたが、同1の車輛は訴外いすず自動車株式会社の、同8の1輛は東京ふそう株式会社の、同5ないし7，同9の4輛は日野ヂィーゼル株式会社のいずれも所有に属するもので、Xがそれぞれ右各会社から所有権留保の特約付で買受け使用していたものであることを認めることができる。右事実によれば、Xは前記2ないし4の3輛についてはその所有権そのものにもとずいて損害賠償請求権を有するし、その余の6輛については、特定物の引渡しを目的とする売買契約について債務者の責に帰すべからざる事由により目的物が毀損したものとして、その毀損はXの負担に帰することとなるのであつて、その損害については所有権の侵害と同様に解してさしつかえないから、以下便宜上、本件全車輛についてその所有権侵害がなされたものとして損害額を算出する。前認定の事実によれば少くとも本件バスの荒廃は昭和34年2月11日以降に生じたもので、それまではともかくXにおいて保管委託にもとずきその責に任じていたものであるからまず同年2月11日当時における本件バス9輛の価額を算出する。……合計金1,802万円相当となること算数上明らかであり、これが昭和34年2月11日Xがその保管委託の辞退を申出たときの価額というべきである。しかるに、……6月29日当時本件バス9輛はいずれもその重要な部品は盗まれ車体は破損して大型バスとしての性能はほとんど失つていたこと、そこで、Xは還付を受けた後昭和35年2月5日に本件バスのうち3輛を合計金30万円で売却し、さらにそのころ本件バスのうち番号1ないし4の4輛が抵当権により競売されて合計金70万円で競落されたことを認めることができる。ところで、本件バスについてはこれを運行に使用せずかつ適切な保管方法をとつていたとしても、なおその1輛につき1ヶ年金50万円の割合でその価額を減少することを免れないことは前記認定のとおりであるから、右に従つて前記昭和34年2月からXがこれを処分した当時たる昭和35年2月ごろまでの約1年間に自然に減価すべき価額を算出すれば、9輛につき合計金450万円となる。しからば、前記昭和34年2月11日当時の価額1,802万円から右自然の減価額金450万円を差し引いた金1,352万円と、Xが現実に処分して得た価額金100万円（残り2輛についてはXがこれによりいくばくかの利益を得たと認め得る証

拠がない）との差額金 1,252 万円が担当検察官の前記違法な保管方法による荒廃の結果による損害というべきである。

　ところで前認定の事実によればXは昭和34年2月11日本件バスの保管委託を辞退する旨申し出たまま検察官が直ちに自ら適切な措置を講じないのを知りながらエンジン鍵を返還するでもなくあえてその監視を廃し、検察官からの仮還付の申し入れに対してもその破損を理由に拒否したものであつて、もしXにして右申出後も検察官が直接これを引き取る等の措置に出るまでの間、不本意ながらも、従前のそれに準ずる監視を続け、あるいは破損や盗難による損害の問題は後日に留保し、とりあえずその仮還付に応じていたならば、右に見たような本件バスの荒廃は幾分その度を減じたであろうことが看取できる。本件バスがともかくXの権利に属するものであり、その所在がXの自宅のまん前であることに思いをいたせば、この程度のことをXに期待するのは社会通念上不当とは解し得ない。しからば本件損害についてはXもまたその一斑の責任を負うものというべく、これをしんしやくすれば本件の損害賠償額は金 800 万円をもつて相当とすべきである」。

　(ⅱ)　また、つぎは、日本坂トンネル事故の損害賠償のさいの損害の算定に関して、所有権留保で売却されたものが混在しており、買主負担を前提とする裁判例である。ただし、買主が代金を完済したときには、買主は、売主が取得した第三者に対する損害賠償請求権を取得するものとする。

【63】　東京地判平 2・3・13 判時 1338 号 21 頁

　[判旨]　「自動車が代金完済まで売主にその所有権を留保するとの約定で売買された場合において、代金完済前に、右自動車が第三者の不法行為により毀滅するに至ったとき、右の第三者に対して右自動車の交換価格相当の損害賠償請求権を取得するのは、不法行為当時において右自動車の所有権を有していた売主であって、買主ではないものと解すべきである（最高裁判所昭和41年6月24日第2小法廷判決・裁判集民事83号39頁は、この趣旨の判断を前提とするものと解される。）。しかしながら、右売買の買主は第三者の不法行為により右自動車の所有権が滅失するに至っても売買残代金の支払債務を免れるわけではなく（民法534条1項）、また、売買代金を完済するときは右自動車を取得しうるとの期待権を有していたものというべきであるから、右買主は、第三者の不法行為後において売主に対して売買残代金の支払をし、代金を完済するに至ったときには、本来右期待権がその内容のとおり現実化し右自動車の所有権を取得しうる立場にあったものであるから、民法536条2項但し書及び304条の類推適用により、売主が右自動車の所有権の変形物として取得した第三者に対する損害賠償請求権及びこれについての不法行為の日からの民法所定の遅延損害金を当然に取得するものと解するのが相当である」。

　つぎも、買主の負担（事案で、ＡＸ間の売買のX）を前提にしたものである。

【64】　東京地判平 5・9・16 金判 955 号 35 頁

　[事実]　Xは、Aが所有権留保で売却した自動車を（登録名義もA）、Yに対する債務の担保として譲渡担保に供して引渡した。Xは、債務の弁済の提供をして、譲渡担保権の消滅による

受戻権にもとづき，自動車の引渡を請求し，その引渡が不能となった場合について，自動車の価格相当額の損害賠償金の支払を求めた。

判決は，Xの請求を認容し，自動車の返還を命じ，その返還不能な場合には，自動車の価格相当額の損害賠償金の支払を命じた。

まず，判決は，本件譲渡担保権の効力について，「原則として譲渡が不可能な権利について譲渡担保権を設定することはできない」として，所有権留保売買の目的となった自動車には，売主の所有権が留保されているから，この留保された所有権について買主が処分権を有するものではなく，所有権を対象とする譲渡担保権が成立するものではないし，所有権留保売買の買主たる地位にもとづく利用権も，買主たる地位と一体のものであり，この契約上の地位の移転なくして利用権のみが譲渡可能とは解されないから，これについて譲渡担保権を設定することもできないとし，所有権留保売買の目的となった自動車に設定された譲渡担保は無効とした。

つぎに，判決は，このような譲渡担保の目的となった自動車が他に譲渡されて返還不能となった場合の金銭賠償の評価額について述べる。

［判旨］「YはXに対して本件自動車を返還すべき義務があるので，本件自動車が引渡不能の場合の損害賠償額について検討するに，前記のとおり本件自動車は所有権留保にかかる自動車ではあるが，無条件の自動車と同額の価格を有するものと解すべきである。

このように解すると，Yは一方で所有者のAから所有権に基づく返還請求を受ける可能性があり（中略），他方でXに対して全額の損害賠償義務を負担することになって，二重払いの危険を負担することになる。これに対してXは本来支払うべき分全額の支払いをしていない時点で（その意味で完全な所有者とはいえない時点で），完全な所有者と同様の保護を受ける結果となり，ややXに対する保護を優先させると考えられなくもない。

しかし，逆に，これを本件譲渡担保権設定時もしくは本件口頭弁論集結時までにXが既に払い込みを終わった部分と同額と解すると，Xは本件自動車が返還されると否とにかかわらず全額の支払義務をAに対して負っているのであるから，その後に支払うべき部分について損害の填補を受けられなくなってしまうことになる。したがって，その非合理なことは明らかであり，前記Yの二重払いの危険はやむを得ないものとして，仮にそれが生じた場合には，Xに対する不当利得の法理によって解決を図るべきであると思料する」。

(iii) これに対して，売主（事案で，XA間の売買のX）にも，損害賠償請求の利益があることを肯定する判決がある。

【65】 広島高松江支判昭39・9・11高民17巻6号412頁

［事実］ YはAから軽自動二輪車を質にとり，貸金の弁済がなされないため，これを第三者Bに売却した。ところが，この二輪車は，もともとXがAに売却したもので，代金残額の支払までXが所有権を留保し，Aはその間目的物を他に売却もしくは質権を設定することを許されず，滅失・毀損にも責任をおうべきこととされていた。そこで，Xは，所有権侵害を理由にYに損害賠償を請求した。

判決は，所有権留保が売買代金担保を目的として行われたことを理由に，Yが目的物を処分したことによってXがこうむった損害は，担保権侵害の場合と同じに把握することができ，したがって，Aによる処分時における目的物価額

とそれによって担保される未払代金とのいずれかの価額の小さいものの範囲によって賠償されるべきであるとして，具体的には後者によって賠償するべきことをYに命じた。

[判旨]「本件割賦売買における所有権留保は，法律的には停止条件付の所有権移転ということができる。然し事を実質的にみるならば，所有は買主に移り，ただ売買物件により売買代金を優先的に担保させる意味を持つものということができる。したがつて，代金完済前第三者たるYが右軽自動車を処分したことにより売主たるXの蒙むる損害は，担保権の毀損された場合と同じく，処分時における自動車価額と，それによつて担保される未払代金とのいずれか小なるものの範囲に止まる，ということができる（右の如き場合においては，買主が他に資産を有しているかどうかは，損害の有無及び額と関係ない。）」。

(ウ) 類型化

(a) 前述(イ)の諸事例は，2つに大別することができよう。

その第1は，【62】，【63】，【64】判決にみられる。ここでは，所有権留保売買の買主が危険負担者として，損害賠償請求権を取得するものとされる。

その第2は，【65】判決にみられる。当事者間では，買主が危険を負担し，損害賠償請求権を取得するとしても，売主にも，第三者に対して損害賠償を請求することに利益がある。というのは，買主は無資力かもしれず，所有権はそのような場合のために留保されているからである。そこで，少なくとも担保の範囲では，売主にも賠償請求権行使の利益は残されているのである。このように契約の双方当事者に，代償物に対する利益がある場合としては，所有権留保の場合のほかに，譲渡担保，再売買の予約，リースなど実質的な非典型担保の諸場合がある。双方利益型の危険負担ということができる[113]。

ちなみに，所有権移転型の非典型担保によるのではなく，本来の典型担保の場合には，債権者は，担保の目的物が滅失した場合には，物上代位によって，直接に代償物に担保権を及ぼすことができる。たとえば，抵当権を有する場合である。

(b) 単純な売買で，当事者の一方だけが危険を負担し，第三者に対する請求権をも取得する場合（代償請求権），あるいは所有権留保売買でも，当事者間で危険負担が問題となる場合には，当事者のいずれかに権利が帰属するとすれば足りる（(イ)(a)参照。たとえば【61】）。

このような当事者の一方にしか権利帰属の利益がない一方利益型と，前述の双方利益型とでは，その効果には相違を認めなければならない。一方利益型では，契約当事者の利益の調整は，第三者に対する請求権の帰属によって一義的にはかることができるのに反し，双方利益型では，双方の当事者がいかなる権利を有するか，の検討によってはからなければばらない。

---

[113] 双方利益型の所有権留保や譲渡担保における危険負担者と第三者との関係については，【Ⅰ】398頁以下参照。外国法についても省略する。なお，後述4(ウ)参照。

(エ) 保護利益の分属

(a) 前述のように，一方利益型の解決は，比較的容易である。ここでは，危険を負担し損害をうける当事者に，第三者に対する権利がないことだけが問題である。これは，前述の代償請求権の帰属の問題となり，たとえば，売主が保険を付したあと売買契約が締結され，買主が危険を負担する場合には，危険を負担する買主が代償請求できるとすることが解決となるにすぎない。あるいは第三者が滅失させたことによる損害賠償請求権でも，同様である。

(b) これに対し，双方利益型の諸事例では，保険金請求権や損害賠償請求権の帰属をたんに危険の所在によって決定することはできない。

たとえば，【62】判決において，買主Xは，目的物の危険を負担するとされた。そこで，目的物が侵害されたときには，賠償をうける利益があるはずである。しかし，同時に売主であるAも，所有権を留保することによって有していたはずの利益を侵害されている。そこで，Aは賠償をうける利益をなおもっており，Xに権利を譲渡するわけにはいかないのである。裁判例には，ほかに買主に賠償請求権の行使を認めたもの (【63】，【64】) と，売主に認めたもの (【65】) とがみられる。なお，同様の考慮は，【61】においてさえ不要とはいえない。

所有権留保売買において，売買当事者と賠償義務者である加害者Aとの関係について，とりうる解決方法は以下のようになろう。

第1は，目的物の価格のうち，すでに代金を支払っている部分については買主が，そして残額については売主が，それぞれ第三者Aに対して損害賠償を請求できるとするものである。しかし，この結論では，買主の危険負担およびその残代金未払にもかかわらず，売主の担保権が失われる結果となってしまう。また，逆に買主がその後現実に弁済をしたとしても，買主がその部分の賠償を請求できずに，売主が賠償を請求できることになる。損害賠償の請求の時点でのみ当事者の利益の調整がはかられるにすぎず，硬直した解決となる。

第2は，買主は，売主に代金支払義務を負担しているので，第三者Aへの損害賠償も請求しうるとするものである。しかし，これに対しては，第一説に対するのと同じ批判があてはまろう。また，買主が代金を支払わないときには，売主にとっての不利はより大きいものとなる。実質的な担保権の存在を無視したものとなる。

第3は，買主は，支払ずみの金額については自分の権利として，その残額については売主の権利として，それぞれ賠償を求めることができ，ただ後者については売主との間で清算するように義務づけられるとするものである。しかし，これに対しても，売主が担保として所有権を留保した利益をそこなうとの批判があたりえよう。

第4は，売主と買主は，損害賠償を不可分債権として行使するべきだとするものである。

(c) 一方で，売買の目的物の所有権を留保した売主は，売買代金に担保が付せられることに利益を有する。そこで，その物が第三者

第3節　停止条件付売買，所有権留保売買

の行為によって滅失させられたときにも，なお賠償請求権を取得してつぎの担保目的物を補充しなければならない[114]。他方で，危険を負担する買主に対しても，必ずしも危険負担のみに応じて第三者に対する請求権を取得させる必要はない。というのは，買主も，代金の完済までは目的物を確定的には取得しえず，したがって，目的物に対する買主の期待権の侵害が不法行為になるとしても，損害賠償債権が確定的に同人に帰属するべきかは疑問とするべきであるからである。そこで，このような売主と買主の利益を調整するには，買主に損害賠償請求権が帰属するとしても，代金の完済まで売主がそのうえに担保権をもつ構成がもっとも望ましいのである[115]。

わがくにの裁判例には，第三者に対する損害賠償の請求が買主に認められた場合と売主に認められた場合とがあった[116]。このような結果の相違は，当事者のいずれにも請求の利益があったことを示している。古い裁判例は，必ずしも問題の本質を把握しているものとはいえないが，近時の裁判例である【63】，【64】は，当事者の利害の調整を詳細に考察している。もっとも，一面的に，一方にのみ所有者的地位を認める結果となり，また，第三者に二重払の危険を負担させることを肯定する点で問題がある。

買主の代金完済前には，売主と買主との損失の割合が不確定であること，および賠償義務者に二重払の危険をおわせるおそれがあることから，売主と買主に個別に請求権の行使を認めるべきではなく，前述の不可分債権的な配慮を要しよう。

(d)　同様に，譲渡担保のような非典型の所有権移転型の担保においても，債権者に相当する買主は，債務者である売主の取得した保険金請求権などの代償物のうえに，実質的な担保権を取得する構成を探ることが必要であろう。もちろん抵当権のような典型担保であって，目的物の滅失によって債務者が代償物を取得するさいには，債権者は，物上代位の法理によって，当然にそのうえに優先権を主張することができる（304条・350条・372条）。すなわち，代償請求と物上代位とは，ごく近接した関係にあることが注目されるべきである。

なお，所有権留保売買にさいしても，売主と買主との内部的関係においては，危険負担にしたがって賠償請求権の帰属が決せられる

---

[114]　これに反して，所有権を留保しない通常の売買において，買主が危険を負担する場合には，売主は，みずから信用をおいた買主のみを相手方としなければならず，たまたま不法行為を行った第三者に賠償を求めることはできない（一方利益型となる）。

[115]　そこで，考え方としては，売主の所有権侵害に対する賠償請求権でなく，買主の期待権侵害に対する賠償請求権を基礎として，後者のうえに売主が法定質権を有すると解するのが，所有権留保を担保として構成することにそくしている。このように解すれば，売買代金の支払をうけた売主が，不要になった賠償請求権を買主に譲渡するといった手続も不要になる。

[116]　それぞれ前掲【62】ほかと【65】である。なお，後者では，買主にも債務不履行があり，しかも無資力と考えられ，売主の代金請求権の満足には，第三者を相手方にするしか方法はなかったのである。

のが妥当である。そこで，売主が，危険を負担する買主に残代金の支払を求め，買主がこれに応じるときには，賠償請求権は買主に帰属する結果となる。そこで，この場合には，一方利益型における権利の譲渡の構成があてはまる[117]。

3 再売買の予約

㋐ 担　保

売買では，目的物に関する危険負担という問題が生じるが，たんなる担保の場合にはこの問題が生じるよちはない。債権者は，債務者との関係では，担保物の滅失のみによって債権を失うことはないからである。たとえば，抵当権者は，目的物の滅失によって実質的に弁済をうけがたくなるとの危険は負担するが，それによって債権を失うことはなく，場合によっては追担保の請求も可能である。

しかし，売買の形式をとった担保の場合はどうなるであろうか。売買という形式から生じる危険負担がどのように修正されるかを検討する必要がある。所有権留保売買において，一般の売買とは異なった考慮を要するのと同様に，実質的に担保であるという内容を重視すれば，いっそう債務者自身の負担を肯定することになろう。

㋑ 所有権留保型

売主Xが買主Aの代金債務を担保する趣旨で再売買を予約することがある。たとえば，XがAに土地を売却して，代金の支払のないときに備え，再売買を予約しておくものである。

所有権留保の場合と同じく，Xの予約完結権は実質的には担保権にすぎない。目的物件の実質的支配はAにあるから，その危険はA（もとの売買関係の債権者，返還関係の債務者）がおうべきである（売却関係では引渡後。返還関係では，引渡前とみられる）。ただ，物件がなおAに引渡されていないときには，なおXが危険をおう。つまり，目的物件の支配・占有によって判断すれば足るのである。

㋒ 譲渡担保型

(a) これに対し，Xが自分の債務の担保として土地の所有権をBに移転し，債務を弁済したときに取戻しうる趣旨で再売買の予約をする形態がある。この場合には，(a)とは逆に，所有者Bが実質的には担保権者となる。所有権の移転は，担保の趣旨で行なわれるにすぎないから，占有もまたXのもとにとどめられることが多いであろう。この形態は，譲渡担保に近い。それゆえ，実質的な目的物の支配もXのもとにとどまるから，危険は売主X（売却関係の債務者，返還関係の債権者）が負担するべきである（売却関係では引渡前。返還関係では，引渡ずみとみられる）。もっとも，例外的に，債権者Bが占有を取りあげたときには，危険も同人に移転する。すなわち，危険負担は，目的物件の支配・占有によって判断されるのである。

---

[117] 逆に，買主の代金支払債務の不履行が確実である場合には，第三者に対する権利は，売主に帰属することになろう。なお，物上代位一般については，川井＝清水編・逐条民法特別法講座④担保物権Ⅱ〔1994年〕109頁以下，113頁，158頁ほか〔小野〕参照。

(b) 裁判例には，譲渡担保型の再売買の予約に関するものがある。

【66】 大判大 12・12・7 新聞 2234 号 19 頁，同 2238 号 17 頁

［事実］ Xは，その所有する土地 21 筆を債権担保の目的でBに譲渡し，その後Bから買戻す旨の売買の予約を行なった。これら土地には，再売買の予約がなされる以前に，Xの債務として抵当権が設定されていたが，Xがその債務を履行しないために実行され，予約の完結も不能になった。そして，抵当権の実行による競落代金はすべて抵当権の被担保債権への弁済にあてられた。また，国Yは，XがBへの売買代金弁済のためにした供託金をBに払い渡した。

そこで，XはYによる上記払渡しによって損害をこうむったとしてその賠償を求めた。その主張するところによると，BのXに対する土地の引渡が不能になったのは，B・X間の売買の予約成立前に設定された抵当権が実行されたことによる（すなわち，返還関係の売主＝債務者Bの有責を理由とする）。そこで，X（返還関係の買主＝債権者）に責がある事由にあたるとして民法 536 条 2 項を適用し，その結果としてXのBに対する支払義務を肯定することはできない，というのである。しかし，原判決は，Bの履行不能はXの抵当債務の不履行の結果であったとして，Xの主張をいれなかった。そこで，Xが上告した。

［判旨］ 大審院は，「民法 536 条第 2 項ニ所謂債権者ハ，売買予約ノ場合ニ於ケル買受ノ予約者即将来売買完結ノ意思表示ニ因リテ買主ト為リ得ヘキ者ヲモ包含スルモノト解スルヲ相当トスル」とした。

また，「所論ノ土地ニ付テハ，抵当権ノ設定ア

第 3 節　停止条件付売買，所有権留保売買

リタルモ抵当権ハ債務ノ履行ヲ確保スル為ニ存スルモノト認ムルヲ当然トシ，其ノ設定アルカ為ニ必シモ債務ノ不履行ヲ予期スヘキモノト謂フコトヲ得サルヤ論ヲ俟タサル所ナレハ，Xカ債務ヲ履行セサリシカ為ニ抵当権ヲ実行セラレ，其ノ結果Bカ売買ノ目的物給付ノ義務ヲ履行スルコト能ハサルニ至リタル」ことから，「Bノ履行不能ハXノ責ニ帰スヘキ事由ニ因リタルモノ」として，すなわち，Bの履行不能がX自身の債務不履行によるものであることを理由として，Xの請求を否定し上告を棄却した。

この事案では，2 つの論点をみることができよう。第 1 は，当事者の有責である。Xがみずからの債務のために先順位の抵当権の設定をBに依頼し，みずから履行しなかったことによって目的物件を失ったのであれば，取得の不能はXの責に帰せられるから，Bに担保責任を問うこともできない。再売買の関係では，債権者であるXの責に帰せられる不能となる（事案は，この場合にあたった）。

第 2 の論点は，不能が当事者の責に帰せられない場合の危険負担である。事案から若干ふえんして考えると，そのような場合であれば，Bは実質的に債権者であり，たんなる担保権者にすぎない。X・B間の関係を当初の売買契約を中心にとらえると，目的物件を占有し支配可能性のあるXが危険を負担するのである。

4　譲渡担保

(ア) 当事者の関係

上の 3 (ウ)では再売買の予約のうち譲渡担保型（買主が実質的な担保権者）のものを考え

第4章　売　買

たが，さらに，譲渡担保そのものを考えてみよう。譲渡担保は担保の一形態であるが，所有権の移転をともない，またそれが目的物件の代金との対価的関係にある点で，再売買と対比することができる。

ここで，債務者Xを売主と考えれば，債権者＝買主Bは，所有権を観念的には取得するものの，実質的には担保権者にすぎない。また，占有もXに留保される。すると，これを売買関係にひきなおしても，危険は，占有を有し物件を支配するXがおうべきものとなる。また，純粋に担保権ととらえても，担保の目的物件に生じる危険は，設定者Xがおうべきものである。債権者は，債務者との関係では，担保物の滅失によって債権を失うことはないからである[118]。

(イ)　第三者との関係

所有権留保売買の場合と同じく，譲渡担保の場合にも，たんに当事者間の危険負担の問題だけではなく，第三者との関係で，危険負担が問題となる場合をも考える必要がある。

すなわち，当事者間では，目的物を支配する債務者が危険を負担するとしても，第三者との関係で，たとえば，損害賠償請求権を取得するのは，譲渡担保権者と設定者のいずれの当事者であるかの問題である。

(ウ)　利益の分属

(a)　契約当事者間の危険負担も，不能を填補するための権利の取得も，それぞれ独自の要件によって，契約当事者の一方に帰属する。その帰属が合致し，危険の負担者が損失を填補することのできる場合には，問題はない。これに反し，危険を負担しない当事者に権利が帰属した場合には，第三者に対する請求権を危険負担者に譲渡させることが，契約当事者の関係を衡平に扱うゆえんである。

(b)　損失の負担と権利のそごは，原則として危険負担を基準として，第三者に対する権利を契約当事者間で譲渡することによって解決される。危険を負担しない当事者は，危険負担者のために，後者が第三者に権利を行使できるよう協力しなければならない。他方，第三者も，自分に対する権利の譲渡をうけた当事者が，契約当事者の内部関係において，危険を負担することを主張して自分の債務を免れることを主張することはできない（一方利益型）。

しかし，所有権留保や譲渡担保のように，契約当事者がともに第三者に対する権利について利益をもつ場合がある。この場合には，第三者に対して所有権侵害を理由として請求権を取得した（所有権留保売買の）売主は，自分の固有の利益があることから，これを単純に買主に移転してしまうわけにはいかない。他方で，期待権しかもたない買主も，その譲渡を請求することはできない。売主は，できるだけ買主の取得した権利のうえに担保権をもつべきであろう。

また，譲渡担保において，売主（譲渡担保

---

[118]　抵当権者と同様である。もっとも，それによるXの無資力の危険は，結局，債権者も負担しなければならないことになろう。

設定者）が保険金請求権を取得したとしても，これを買主に移転してしまうわけにはいかない。ここでも，本来は買主が売主の取得した権利のうえに担保権をもつとするべきであろう。それゆえ，これが認められない場合には，これに代わるべき措置として，両当事者が，第三者に対する権利を不可分的に有する，とみなければならない（双方利益型）。

（c）このような救済の相違は，根源的には，当事者の関係がたんなる契約上のものか，さらには物権あるいは物権的なものであるかという性質の相違にまで帰着するとみることができる。

① 第1に，たとえば，売買契約上，危険を負担する買主は，売主が所有権にもとづいて取得する賠償請求権の譲渡をうけなければならない（担保目的以外の理由から所有権がなお売主のもとに留まり，同人には固有の利益がない場合である）。また，譲渡を請求できるにとどまる。というのは，買主への債権侵害は，ただちに不法行為を成立させるものではなく，同人は直接に第三者に対する賠償請求権を取得するとは限らず，対外的な権利の取得は，契約相手方の権利を譲受することによってはじめて達せられるからである。

② 第2に，所有権留保売買の買主（あるいは譲渡担保の買主）に対する侵害は，たんなる債権侵害ではなく，物権に準じた期待権への侵害である。そこで，ここでは，担保権を物権的に構成することで，買主も，対外的な賠償請求権を当然に取得しうる。しかし，その請求権は売主の所有権，実質的な担保権の対象となり，売買代金完済前には，単独で

第3節 停止条件付売買，所有権留保売買

は行使することはできないのである。

③ 第3に，買主の権利がより高められ，たとえば，所有権そのものを取得した場合には，買主は，直接に第三者に対する権利を取得する。これは，地上権のような制限物権，あるいは抵当権のような担保物権を取得した場合と同様であり，かりに目的不動産が収用されても，買主や借主，あるいは抵当権者は，直接に自分の権利として補償＝対価を求めることができる（差押の問題は除外する）。物上代位がこれにあたり，物権者は，自分の固有の権利として対外的にも権利を主張しうるのである。

このように，契約当事者の第三者に対する権利のありかたは，結局，契約において取得した当事者の地位にまでさかのぼりうるものであるから，そこの調整の問題を解決するにあたっても，物権と債権の峻別までも着目しなければならない。

(エ) 保険金の例

以下は，譲渡担保において，売主と買主の双方がそれぞれ保険契約を締結して，2つの保険金請求権が顕在化した場合の調整についての裁判例である。ただし，当事者間の保険金の調整の問題ではなく，保険契約が重複した場合の，保険負担額の各保険契約への割りつけの問題として現れている。

【67】 最判平5・2・26民集47巻2号1653頁[119]

［判旨］「2 譲渡担保権者と譲渡担保設定者が別個に同一目的不動産につき損害保険契約を

第4章 売　買

締結し，その保険金額の合計額が保険価額を超過している場合には，その二つの保険は，被保険者を異にするため，商法所定のいわゆる重複保険に当たるものではないから，商法632条，633条の規定を適用することはできないといわなければならない。したがって，右各法条の特約を定めている火災保険普通保険約款の該当部分が，この場合に適用されるものでないことも当然である。

そうすると，この場合において，損害保険金をそれぞれの保険者の間でどのように分担させるかについては，特段の約定がない限り，公平の見地からこれを決定するほかないところ，譲渡担保権者と譲渡担保設定者は同一の被保険者ではないとはいえ，両者が有する被保険利益はいずれも同じ対象物件に係るものであるから，同一の目的について重複して保険契約が締結された場合と同様の状態が現出することは否定することができないのであって，同時重複保険の場合の各保険者の負担額の算定を保険金額の割合に応じてすべきものとしている商法632条の規定の趣旨にかんがみれば，各損害保険契約の保険金額の割合によって各保険者の負担額を決定すべきものと解するのが相当である」。

第4節　選択，制限種類売買，包括売買

1　選択債務

㋐　債務者が給付義務を免れない場合

選択債務でも，給付目的物の一部が残存し，債務者が給付しうるかぎり不能とはならない。そこで，無責の事由によって給付目的物の一部が滅失しても，債権は残存するものについて存続する（410条1項）。債務者がなお給付義務を負担するから，対価危険を論じるよちはない。

もっとも，410条2項によれば，選択権を有しない当事者の過失によって給付が不能となったときには，債務は残存するものに特定しない。そこで，①債権者が選択権を有し，債務者の過失で目的物の一部が滅失した場合と，②債務者が選択権を有し，債権者の過失で目的物の一部が滅失した場合には，滅失した目的物を選択することが可能である。また，選択には，遡及効がある（411条）。

そこで，①の場合には，債権者は，残存する物を請求するか，滅失した物を選択して債務者に損害賠償を請求することができるが，この場合には，危険負担の問題は生じない。他方，②の場合には，債務者は，残存する物

---

119) これについては，小野・ジュリ1038号142頁，【Ⅰ】416頁以下参照。

を給付するか，滅失した物を選択して，債権者に反対給付を請求することができる。後者は，536条2項の効果とみるべきであり，形式的に534条の適用とみるべきではない。特定や遡及効の前提に，債権者の過失があるからである。したがって，買主に支払義務が生じても，たんなる債権者主義の効果とみることはできない。

(イ) 債務者が給付義務を免れる場合
これに反し，給付の目的物が一部についても残存しない場合には，選択の有無にかかわらず給付は不能となる。そこで，反対給付義務の存否いかんによって，債権者主義と債務者主義との相違が生じる。これをどう解決するかについては，いくつかの考えかたが成り立ちうる。この問題は，つぎの制限種類債務の目的物の全部滅失の場合と共通する。そこで，あわせて検討することにしよう。

2 制限種類債務[120]

(ア) 債務者が給付義務を免れない場合
制限種類債務でも，目的物の一部の滅失はただちに不能をもたらすわけではない。給付が可能なかぎり債務者は給付義務をおい，したがって反対給付の運命も問題とはなりえない。

(イ) 債務者が給付義務を免れる場合
(a) これに反し，種類に属する物がすべて滅失した場合には，給付は不能となる。たとえば，特定の船の積荷である石炭の一部が売買されたのちに船が沈没した場合である。この場合には，反対給付義務の存否が問題となる。

もっとも，特定が生じたのちには，種類に属するものがすべて滅失した場合ではなくても，給付は不能となる。しかし，そのさいの危険負担については，特定物の危険負担をもって論じればたり（534条1項），また以下の第4節2では特定の時期の問題について立ちいらないから，以下もっぱら種類物の全部滅失にふれるにとどめる。

(b) 種類物の全部滅失のさいの危険負担については，およそ2つの解決が可能であろう。
(i) 第1は，「特定」の有無に着目する方法である。種類債務については，特定の時から危険負担（対価危険）が問題となる（534条2項）。そこで，特定しないかぎり通常の危険負担の規定を適用することはできない，というものである。

これについては，すでに指摘した2判決がある（【46】，【47】）。

また，つぎの裁判例は，前述の【47】と同じく制限種類物として米の一定量が売買されたのちに，関東大震災によって全部焼失した事例である。

---

120) 制限種類債務の危険負担については，【Ⅱ】104頁以下参照。また，種類債務の危険負担については，前述第4章2節参照。ローマ法については，【Ⅱ】107頁参照。

第4章 売　買

【68】　東京区判昭2・6・17新報127号23頁

　［事実］　Xは，Yに（関東大震災の直前の大正12年9月1日午前）米25俵を売却したが，引渡前に焼失したので，Yは代金を支払わない。代金支払請求事件である。おもに慣習の効力として，買主の負担を肯定しているのが，特徴である。

　また，本件の契約は，見本売買ではなく，確定的な売買契約としての性質を有するとされる。すなわち，売買契約の性質につき，何らの理由なく解除することを認めたものではないとし（見本と現物が異なる場合に代米を提供し，あるいは当事者で合意解決するための規約），不確定の契約とするYの主張を排斥した。

　［判旨］　「尤モ，東京廻米問屋組合規約ニハ売買成立後受渡ノ際，見本ト現物ト相違セル場合ハ直チニ相当ノ代米ヲ提供シ，又ハ示談解約スル等当事者ノ合意解決ニ一任ス（第44条）ル旨ノ規定アルコトハ乙第1号証ニ依リ認メ得レ共，右ノ規約ハ見本ト現物トカ相違セルカ如キ場合ヲ規定シ何等ノ理由ナクシテ解約ヲ許ス趣旨ト認ムヘカラサルノミナラス，右ノ規定アルカ為メニ，前示ノ手打式ニ依リ合意ヲ売買ノ予約ナリトシ，若クハ不確定ノ契約ナルカ如ク解スル根拠ト為シ難シ。然ラハ本件契約ハ本契約トシテ確定的ニ成立セルモノト謂フヘシ」。

　そして，不可抗力について，買主負担の慣習があったとする。

　「東京廻米組合市場ニ於テハ，売買契約成立後火災其他不可抗力ニヨル損害ハ，総テ買主ノ負担トスル旨ノ慣習存在スルコトヲ認ムルコトヲ得ヘシ」。

　「本件ノ如キ限定種類債務ノ全部履行不能ノ場合ニ，当事者カ右慣習ニ隨テ特約ヲ為スコトノ適法ナルハ，民法第536条カ任意規定タル性質上固ヨリ支障ナキトコロニシテ，之カ為メ当事者ノ一方ニ聊カ利害ノ偏スル結果ヲ生セリト仮定スルモ，之レ固ヨリ当事者ノ特約ノ結果ニシテ，Yノ謂フカ如ク右慣習乃至特約ノ直チニ公序良俗ニ反スル無効ノモノト為スコトヲ得ス」。

　また，類似の事案であるが，「特定」後に滅失したとして債権者の負担を認めたものとして前述【47】第1取引がある。

　(ii)　第2は，不能に着目する方法である。制限種類物が全部滅失した場合には，特定の有無によらず，給付は不能となる。そこで，たとえば，船の積荷の石炭の一部が売買された場合でも，積荷が全部滅失してしまえば，積荷の全部が売買され特定している場合と変わらない。そこで，売主の給付は不能となるから，買主の代金支払債務の運命を検討しなければならない，とするものである。

　(c)　みぎの(b)のいずれの方法によっても，特定物売買における危険負担との関係は無視することはできない。【46】および【47】判決（後者では第2取引）は，目的物に特定がないことを理由として売主が危険を負担するとした。特定がないことを重視することによって債権者主義を回避することができるし，またその考慮が働いているといえよう。しかし，同じ結論は，第2の方法をとった場合でも（(b)(ii)），債権者主義そのものを制限解釈することによって導くことができる。

　そうだとすると，たんに「特定」という技術的説明だけで債権者主義を回避することが妥当か，を問題とする必要がある。無限定の

種類債務の場合とは異なり，制限種類物の全部滅失のさいには，特定はなくても，給付は不能である。そこで，制限種類物の全部（たとえば船の積荷の石炭全部）が給付の対象とされた（そして全部滅失）場合との釣り合いから，端的に危険負担を問題とするべきであろう。後者では，給付は不能であるから，通常の危険負担の問題となるのである。たとえば，船の積荷40のうち39が売買された場合に，40すべてが滅失しても，「特定」がないとして売主が危険を負担するとすれば，40が売買された場合に（特定物の売買として），不能によって買主が危険を負担するのといちじるしく異なることになろう。しかし，買主にとって，積荷が39であったか（この場合には，39の滅失でも不能になる），4,000であったか（特定がなくては不能にならない）は，無関係のことである。

　さもないと，「特定」の有無による場合には，つぎのような結果をも認めなければならない。たとえば，①船の積荷40のうち，20がXからYに売却されたとしよう。まず，20が不可抗力によって滅失すると，債務は，残りの20に特定する。ついで，この20も不可抗力によって滅失すると，これは，特定物の危険負担をもって論じなければならない。この場合に，債権者主義を前提とすると，Yは危険を負担しなければならない。②あるいは，同様に船の積荷40のうち，20がXからYに売却されたとしよう。まず，30が不可抗力によって滅失すると，債務は，残りの10に特定する。ついで，この10も不可抗力によって滅失すると，これは，特定物の危険負担をもって論じなければならない。そうすると，Yは，最初の10については危険を免れ，後の10については危険を負担しなければならない。しかし，①②のいずれの場合でも，40が1度に滅失した場合には，特定がないから，Yは危険を免れるのである。

　かりに，「特定」の有無によって，債権者主義を回避することが目的とされているとしたら，それは回り道というべきであろう。制限種類債務でも，危険移転に引渡を必要とするといった考慮が必要というべきであり，また，それを正面に出すことが正当である。問題は，制限種類債務だけに特有のものとはいえない。

　売買一般に債権者主義を制限解釈する近時の見解のもとでは，制限種類物の全部滅失についても，売主負担を原則とする必要がある。その理由は，債権者主義の制限解釈に説かれるところによる。すなわち，目的物の監視も支配もできない買主に，危険を負担させることの不当性からである。そこで，目的物の引渡によって監視・支配可能性が移転した場合には，買主の危険負担を肯定することができるのである[121]。

---

121)　そこで，一般の引渡主義によることになろう。しかし，倉庫中の物の売買では，占有を化体する倉庫証券によって取引されることがあり，その場合には，目的物の支配はもっぱらそれによるから，その交付によって危険移転を認めることになる。【47】判決の第一取引に対する判断には，この考慮が入っているとみることができる。つまり，なんらの支配権能も移転しない債権者主義とは同視することはできない。

第4章 売　買

(ウ)　給付が一部不能となる場合

(a)　制限種類物が滅失しても，債務者の給付の一部しか不能とならない場合がある。(ア)と(イ)の中間形態といえる。たとえば，(イ)の例と同じく，船の積荷である種類物40のうち20が売買されたとしよう。40すべてが滅失すれば，給付は不能であり(イ)の場合となる。20だけが滅失したとすると，給付はなお可能であり(ア)の場合となる。これに反し，30が滅失すると，10についてだけ給付は不能となるのである。

(b)　一部滅失の場合にも，履行できなくなった範囲では（上記30の滅失の場合に，引渡せなくなった10について）全部滅失の場合と同じく特定の有無によらず，端的に不能とみるべきである。そうすると，対価危険を問題とすることになるが，その結果は，売買に債権者主義をとるかによって異なってくる。そこで，債権者主義をとっても，売主は可能な給付については履行しなければならないから，先の例で30の滅失の場合に，買主は不能となった10についてだけ危険を負担しなければならないことになる。

しかし，債権者主義の一般的批判には立ちいらないとしても，この結果には問題がある。かりに制限種類物の母集団が大きければ（たとえば，積荷が4,000であった），不能の生じるよちは限りなく小さくなる。危険負担は，母集団の大きさによって左右されることになる。しかし，母集団そのものは取引と直接には関係がない。このような偶然的事情は，むしろ排除されるべきであろう。そこで，債権者主義を制限解釈し，売主の負担を認めるのが妥当である。やはり，売主は，みずから給付しえない10について対価を請求できないとする必要がある[122]。

3　集合物の売買[123]

(ア)　集合物（vente en bloc）

(a)　給付目的物が複数の物から成り立っている場合にも，危険負担が問題となる。集合物は複数のものから成り立つが，全体としては特定している。この集合物の売買において，そのなかの一部の物が滅失した場合の効果が問題となる。

物の集団が包括して売られた場合（包括売買）に，それが種類物から成り立っていれば，制限種類物の売買の一種となる。比較法的には，これについて明文をおく例も多いが，わが民法典には規定がない[124]。

---

[122]　母集団の総量は本文でふれたように当該の取引とは無関係であり，また，契約にあたって当事者がそこまで考慮にいれていたとすれば，むしろ，危険負担についての当事者の合意が推認できることもあろう。また，債権者主義のもとでは，買主が不能になった10について対価危険をおうのに対し，履行可能な10については売主が給付危険をおうのである。錯綜した関係というべきであろう。

[123]　集合物売買の危険負担については，【Ⅱ】109頁参照。

[124]　フ民1585条（種類物売買），1586条（包括売買）。すなわち，種類物は計量・計数・計重によって特定するまでは売主が危険を負担するのに対し，包括売買では，特定物売買におけると同じく，締約によって買主が危険を負担するのである（フ民1138条2項・1624条）。もっとも，こ

(b) また，包括売買の目的物には，種類物だけではなく，多様な財物が含まれることがある。そのなかに特定物が含まれることも，まれではない。古い立法は，債権者主義をとることが多い[125]。

すなわち，個々の構成物の損傷は，対価に影響を与える包括財産の毀損とはとらえられずに，買主の負担とされる。包括財産の全部滅失はまれであるから，結局，危険は個々の物にそくして買主に帰せられる。その理由は，個々の滅失によっても残る大部分の物の取得によって通常与えられるべき価値をなお取得することができるからとされた。個々の物とその対価との対応を探ることは断念され，買主の負担は，いわば包括売買の投機的性格によって理由づけられる（あるいは，この効果も一種の特定物のドグマといえる）。

(イ) 相続分売買 (Erbschaftskauf)

包括売買のうち，かねてとくに意義の大きかったのは，相続分売買である。今日の立法例でも，包括売買一般には規定がなくても，これに関する特則をおくことがみられる（ド民2380条）[126]。この場合に債権者主義がとられた理由は，2つある。第1は，締約によって所有権，果実収取権が買主に移転するので，危険移転をもそれに合わせたことであり，第2は，相続分売買の特質である。すなわち，相続分売買は，多様かつ不確実なものを対象とすることから，投機的性質をもつとされ，債権者主義が採用されたのである。そこで，目的物に生じる多少の増減は，考慮されないことを前提とされた。たんに後発的な不能が考慮されないだけでなく，売主は，瑕疵をも担保しないのである[127]。

しかし，これらの理由づけは，今日的見地からすると，必ずしも説得的とはいえない。果実収取権の帰属に危険移転時を合わせるのは，本末を転倒したものといえる。また，今日，包括売買に意義を認めるとすれば，むしろ営業のような集合財産の売買，あるいは構成する物が変わる倉庫中の物の一括売買であろう。そうだとすれば，これらは，従来の包括売買の対象とは異なり，必ずしも投機的な性質をもつものともいえない。そこで，債権者主義を限定解釈するという危険負担の原則にもどった解決が示唆的である。

れは特定物売買において，一般的に債権者主義または所有者主義をとることを前提とする。そこで，そのような前提をとらない場合には，この解決による必要はない。前記の【49】は，営業の譲渡の場合でもあったが，引渡後の買主負担を肯定した事例であり，たんなる債権者主義の例とみるべきではない。

125) たとえば，プロイセン一般ラント法典〔ALR・1794年〕1部11章117条，同118条，120条である。包括財産の全部滅失では引渡主義が前提であるが，個々の物の引渡前の損傷では，その損害は，買主の負担となる。オーストリア一般民法典〔ABGB・1811年〕1049条2文でも，個々の物の危険は買主負担となる。

126) ド民2380条，ALR 1部11章474条であり，後者では，売買契約の締結によって，相続分の所有権と危険は，ただちに買主に移転する。

127) ABGB 930条。また，ALR 1部11章448条・同213条。フ民1696条，ド民2376条2項参照。

(ウ) 営業譲渡

(a) その実例を，営業譲渡に関する裁判例でみてみよう。

【69】 東京地判昭3・12・8新報172号23頁

[事実] XはYから，営業所を含めた営業のいっさいを買いうけたが，そのさいにYは，Xが営業の不振を理由に廃業・移転する場合には，売買代金と同額で買い戻す旨を約定した。その後，Xは，営業が不振なため，上記約定にもとづいて買戻の意思表示をした。しかし，そのあと関東大震災のために営業所および財産は，すべて焼失した。

XのYに対する売買代金返還請求に対して，判決は，当事者に責なくして不能が生じた場合には，返還関係における債務者Xがその危険を負担するべきだとして，請求を棄却した。

[判旨] 「然ラハ，右営業引渡カ当事者双方ノ責ニ帰スヘカラサル事由ニ依リ履行不能ヲ生シタル場合，所謂危険負担ノ問題ヲ生スルヲ以テ，斯ル危険ハ孰レノ負担ナリヤニ付按スルニ，元来営業ナルモノハ種々ノ営業財産ヲ包括シタル一団ノ財産ニシテ，其譲渡契約ハ，特定物ニ関スル物権ノ設定又ハ移転ヲ目的トセサル双務契約ト認ムルヲ相当トスヘク，右危険ハ債務者ノ負担ナリト云ハサルヘカラス」として，民法534条1項を適用せず，債務者Xが危険を負担するものとしたのである。

(b) 上記事案において，Xは当初の売買の買主であり債権者であるが，買戻による返還関係では売主であり債務者にあたる。売買における危険負担では，引渡による目的物の支配をもって危険移転時とする見解が近時有力であるが，同じことは返還関係にもあてはまる[128]。そこで，Xが目的物を占有している場合には，Yによる受領遅滞など特段の事情のないかぎり，Xはみずから危険を負担するべきである。そうすると，代金（事案では買戻代金）を請求することはできないのである。判決は，この旨を認めたものと位置づけられる。

(c) 集合物の一部不能にさいしては，物の一部不能の場合にしたがって，対価を減額することができる（ド民旧323条2項，訴326条1項1項日民536条1項＝ド民旧323条1項，日民611条1項参照）[129]。もっとも，特定物の売買のさいとは異なり，個々の物の価額が当然に反対給付に反映されるとみるべきではなく，全体の価値との割合で決せられるにすぎない。また，契約の目的を達成するに必要な重要な財産の滅失は，全部不能とみるべきであろう（611条2項参照）。

---

[128] 清算関係における危険負担については，後述する（第10章参照）。返還関係でも，原則は，債務者主義である（536条1項）。もっとも，売買では，引渡主義が妥当するから，引渡があれば，返還についての債権者に危険が移転することはいうまでもない。

[129] 一部不能の危険負担については，前述第2章3節参照。

第5章　造作・建物買取請求

第1節　はじめに

1　合意による修正の不能

危険負担に関する諸規定は，任意法規だといわれる。そして，このことから，わが民法では債権者主義（民534条1項）を修正するために，多くの場合にこれを排除する旨の合意がなされており[130]，また，一部の外国法では黙示の合意を推定することによって，債権者主義の適用を広く排除している[131]。そこで，わが民法典のように債権者主義を明文で定めても，その弊害は，法の文言から推測されるほどには大きなものとはならないのである。

しかし，上記のような修正が可能なのは，売買が当事者の任意の合意にもとづいて成立する場合だけである。これと異なり，売買一般につねに双務的な危険負担の合意が推定されるとの立場をとらないかぎり，非任意の売買関係では，債権者主義を排除することはできない。従来の裁判例では，法定の売買関係では，形式的に534条1項の適用を認めることが多く，債権者主義の制限解釈とはほど遠い。

2　法定の関係

法定の売買関係とは，当事者の合意によらず，売買関係が成立する場合をいう。以下では，借地・借家関係で造作・建物買取請求権が行使され，賃借人・賃貸人間に売買関係が生じる場合を扱う（競売における危険負担は，第6章参照）。

このうち，造作・建物買取請求権では，賃

---

130) このような合意の内容が争われた事例として，前述【36】。この判決や約款における危険負担の特則については，遠藤・平井編・注解不動産売買〔1993年〕412頁以下（小野），本書第3章参照。

131) フランス民法では，双務契約には黙示の解除条件が含まれているとの（フ民1184条）の規定を転用して，給付に不能が生じたときには，反対給付義務も消滅するとしている（ただし，売買では認められていない）。この点については，【研究】43頁参照。

借人（売主）の一方的意思表示によって，また，競売では競売申立によって非任意の売買が行われる点で，任意の売買とは区別できよう。そして，いずれの場合においても，当事者の自由な合意によって売買契約の内容を定めることはできない132)。そうだとすれば，債権者主義を回避するためにしばしば強調される危険負担の任意法規性は，ほとんど意味をもたない。そこで，債権者主義を制限することの必要性は，任意の売買に比していっそう大きくなるのである133)。

第2節　造作と建物の買取請求

1　造作買取請求

(ア)　売買類似の関係

(a)　造作または建物買取請求が行われると（旧借家5条＝借地借家33条，旧借地法4条2項，10条＝借地借家13条・14条），賃貸借の当事者間で，売買類似の関係が発生する。賃借人の買取請求権は形成権であって，その意思表示のみで売買関係を生ぜしめるが，現実の履行は，ただちになされるわけではない。

---

132) もっとも，この2者の間でも，競売の買受人は，買受の申出をするかどうかの自由を有するが，賃貸人たる買主にはその自由すらもないという相違がある。逆に，売主の側について，2者を比較すると，競売の所有者には売却を決定する自由がなく，買取請求の賃借人には売却の自由はいちおうある。そこで，単純に債権者主義をもちこむと，買取請求をうけた賃貸人（買主）にとって，もっとも酷な結果となろう。
　　しかし，建物買取請求権は，土地と建物が別個の不動産となるわが法上特有の体系に根ざすものであり，他方，建物が土地に吸収される法制のもとでも，当然にその所有権は賃貸人に移転するから，売買じたいは避けられないことである。したがって，問題は，「売買」によって生じる内容にあり，目的物が滅失しても，償還されるべき利益のみは残存するとすれば，滅失によって生じる危険を負担するのは，やはり買主である賃貸人ということになるし，利益はなくなるとすれば，売主である賃借人ということになり，不当利得の解釈論に帰着することになる（248条・703条・704条）。類型論によれば，双務契約的な関係には，牽連関係の適用があるから，双務的に売主負担となる。この結果との同一性をも考慮するべきであろう。

133) ほかに，清算関係における危険負担にも，合意によって危険負担を変更するよちは少ない。すなわち，契約が無効・取消・解除された場合にも，目的物と対価をたがいに返還する関係が生じるのであるが，物が滅失することによる危険は，これと同時に対価の返還義務もなくなるとすれば，原契約の買主（返還関係の債務者）が負担し（債務者主義），逆に対価の返還義務は残るとすれば，原契約の売主（返還関係の債権者）が負担することになる（債権者主義）。当事者がこのような場合についてまで合意しているかについては，疑問がある（まれであろう）。これについては，後述第10章参照。

そこで，履行がなされるまでに目的物が滅失・毀損した場合に，代金請求権の存続が問題となる。

(b) 造作買取請求権が行使された場合の危険負担の効果に言及する裁判例は，いまだ下級審判決に限られている。

【70】　東京地判大 13・3・27 新聞 2255 号 13 頁

［事実］　XはYから，Y所有の家屋を賃借し，契約と同日，畳などを買いうけた。賃貸借は，1年後に合意解除された。Xは，契約にさいして買いうけた造作の買取を請求したが，造作は関東大震災による火災によって焼失した。その後，Xは代金の支払を請求した。

［判旨］　「然ラハ，右買取請求ノ意思表示ニ因リ直ニ造作売買契約成立ト同一ノ効果ヲ生スルモノト解スヘク，従テ，YハXニ対シ本件造作ノ時価ニ相当スル代金ヲ支払フヘキ義務ヲ負フニ至リタルモノトス。Yハ本件造作中畳ヲ除キ其他ハ凡テ大正 12 年 9 月 1 日震火災ニヨリ焼失シタルニヨリ，代金支払義務ナシト主張スレトモ，右買取請求ハ特定物ニ関スルモノナレハ目的物ニ付生スヘキ其後ノ危険ハ，買主タルYニ於テ之ヲ負担スヘク，従ツテ目的物焼失シタレハトテ代金支払義務ニ影響ヲ及ホスヘキモノニ非ス。Yノ右主張ハ理由ナシ」。

すなわち，Yは，Xに代金を支払う義務をおい，この義務は，造作が焼失しても影響されない，としたのである。

これに類した裁判例は多い。

第2節　造作と建物の買取請求

【71】　東京区判大 14・4・15 新聞 2417 号 15 頁

［事実］　賃貸人Xが賃借人Yに，遅滞していた賃料の請求をしたところ，Yは，敷金の返還および造作買取請求権を行使した結果取得したその時価に相当する金額により相殺する旨の反訴を提起した（賃貸借は合意解除）。その後，関東大震災による火災で，建物は焼失した。Yの請求認容。

［判旨］　「造作買取請求権ハ，賃借人カ一方的意思表示ニ依リ造作ヲ時価ヲ以テ買取ルヘキ売買関係ヲ成立セシメ得ル形成権ナルヲ以テ，造作ノ所有権ハ買取請求ニ依リ当然賃貸人ニ移転シ，賃借人ハ其代金債権ヲ取得スルモノナル故，偶々大正 12 年 9 月 1 日ノ震火災ニ因リ各造作ハ焼失スルモ，賃借人タルYノ代金請求権ニ何等ノ影響ナキモノトス」。

【72】　東京区判大 15・5・20 新聞 2683 号 12 頁

［判旨］　「借家法第5条ニヨル造作買取請求権ハ民法第 276 条ニ所謂請求ト同シク一方ノ意思表示ニヨリ直ニ法律上ノ効果ヲ生スヘキ権利ナレハ，買取請求ニヨリ造作ノ所有権ハ当然賃貸人ニ移転シ，賃借人ハ其代金債権ヲ取得スルモノニシテ，其造作ニ付キ生スヘキ其後ノ危険ハ買主タル賃貸人ニ於テ当然之ヲ負担スヘキモノトス」。

【73】　東京地判大 15・11・24 新報 106 号 22 頁

［判旨］　同様のケースであり，造作買取請求権を形成権としたうえで，「原告カ被告ニ対シ造作買取請求権ヲ行使シタル大正 11 年 4 月 13 日

第5章　造作・建物買取請求

ニ，原被告間ニ本件造作ノ売買契約カ成立シタルモノト解スヘク，其ノ後震火災ニ因リ本件造作カ焼失シタルコトハ，原告ノ造作代金ノ支払ヲ求ムル本訴請求ニ何等ノ消長ヲ及ササルモノトス」。

いずれも，古い裁判例であるのも，第5章のケースの特徴である。

(イ)　買主負担主義

造作買取請求に関する裁判例は，ほぼ一致してみぎ判決と同様に，買取請求権の行使によって当事者間には売買を締結したのと同じ状態が生じ，危険は債権者たる買主が負担するとしている。そして，裁判例のほとんどは，形式的に534条1項が適用されるというにすぎない[134]。ごく形式的な論理だけが現れているにすぎず，一般の売買との相違にも言及されていない。また，一般の売買において，債権者主義を正面から適用した裁判例が乏しいこととの対比からすると，特異な領域を形成している。

2　建物買取請求

(ア)　売買類似の関係

危険負担の問題は，建物買取請求権が行使された結果，借地人と地主との間に売買関係が成立する場合にも生じる。

【74】　大阪高判昭26・12・22下民2巻12号1494頁

[事実]　YはX所有の土地上に建物を有していたが，賃貸借期間満了による地上権の消滅にともない，Xに建物買取を請求した。その後，みぎ建物が戦災によって焼失したので，Xが土地明渡を請求したところ，Yは建物買取請求にもとづく代金の支払を求めた。

判決は，売買が成立しているから，XはYに代金の支払義務があるとした。

[判旨]　「右買取請求権がいわゆる形成権であることは明かであるけれども，右買取請求権行使の結果，XとYとの間には，本件建物につき売買契約（双務契約）が成立したのと同様の効果があるものであるから，この場合双務契約について定められた民法第534条第1項の適用のあるべきはもちろんであつて，且つ本件においてはYが買取請求権を行使した後，すなわちXY間に売買契約が成立したものと見るべき時より後戦災という債務者であるYの責に帰すべからざる事由によつて右建物が焼失したのであるから，XはYより右建物の引渡を受けることなくして，その時価の支払を免れるを得ないのは，右法条に基く当然の帰結であるというべく，これを目して衡平の原則に反するとか，あるいは，代金についてはYが，建物についてはXがそれぞれ債権者であるから，いわゆる『やらずとらず』の道理によつてYは代金を請求すべきでないというが如きは，右法条を無視する独自の見解というの外なく到底採用に値しない」。

---

134)　【71】判決から【73】判決のいずれについても，そういえる。

第 2 節　造作と建物の買取請求

(イ)　裁　判　例

(a)　裁判例は，ここでも下級審のものに限られるが，造作買取請求の場合におけると同じく，534 条 1 項の適用を肯定する。しかし，その判断は実質に立ち入るものではなく，たんに売買関係が成立したとの形式論理によるだけであり，一般の売買との相違に立ち入った判断はなされていない（【74】判決参照）。

(b)　注目されるのは，建物買取請求権が予備的に行使されたつぎの 1 例である。これは，例外的に 534 条 1 項の適用を否定している。

【75】　大阪高判昭 45・9・29 高民 23 巻 4 号 511 頁

[事実]　X は Y に対して建物収去・土地明渡の訴を提起した。これに対して，Y が主位的に借地権の存在を，予備的に建物買取請求権の行使を主張したところ，この予備的主張がいれられ，判決は確定した。しかし，建物の一部は判決の約 3 か月前に Y の責に帰すべき事由によらずに焼失していた。X は，別訴をもって Y に土地明渡を請求した。原審は，前訴で認められた買取代金を減額したうえで，これと引き換えに明渡すことを命じた。

高裁判決は，買取請求権が予備的に行使されたときには，賃貸人は，裁判が確定するまでは行使の効果を期待しえず，買主としての地位も不安定な状態にあるから，裁判が確定するまでの間は，建物の滅失による危険負担は，「民法 536 条を準用し建物についての債務者である建物取得者[135)]にあるものと解する」として，原判決を支持した。

[判旨]　「思うに，借地法 10 条による買取請求権が行使された場合，建物取得者と土地賃貸人（以下，土地所有者ともいう）との間にその建物の時価による売買が成立したのと同様の効果が生じ，建物の所有権が土地賃貸人に移転するとはいえ，その効果は右両者の合意に基づく双務契約としての売買によるものではなく，建物取得者の買取請求権なる形成権の行使により一方的に生じるのであつて，土地賃貸人の意思には全然係わりがない。建物の時価による代金も買取請求権行使の段階では，当事者間に不明または一致をみないことがむしろ常態であり，買取請求に対する裁判の確定をまつてはじめて具体的に定まるのである。土地賃貸人は買取を余儀なくされながら，その裁判の確定するまでは，代金支払義務を履行しようにもその術がないし，土地建物の占有移転を期待することもできない。しかも，成立に争いのない甲第 1，2 号証によると，前記建物収去土地明渡請求事件においては，土地所有者が建物取得者に対し，その敷地の無権原占有を理由として建物収去土地明渡を請求したのに対し，建物取得者はまず第 1 次的には土地所有者の承諾を得て前者から借地権をゆずり受けた適法な借地権者であると抗弁し，仮にその抗弁が理由ないとしても買取請求権を行使するというのである。買取請求権の行使は訴訟上，無条件，確定的になされているのではなく，建物取得者の借地権の抗弁の排斥されることを条件として予備的に主張されているのである。右の抗弁は建物取得者に立証責任のあることはいうまでもないところであり，その抗弁の排斥につき土地所有者に責を負わせることはできない。また，建物取得者が借地権の抗弁を主張する限りにおいては，建物の滅失に

---

135)　この言葉は，本判決では，売主（買取請求者）Y をさしている。

第5章　造作・建物買取請求

よる損失を建物取得者が負うことは当然の事理に属し，危険負担の問題が生じる余地はないし，借地権の抗弁が認容される場合は，買取請求権の行使は訴訟上主張されないことに帰し，その行使の効果もこれにともなう危険負担も不問にされる。したがつて，買取請求権の行使の効果が生じるか否かは，建物取得者が立証責任を負う借地権の抗弁の採否に繋つており，これらの点はすべて裁判の確定をまつてはじめて明確にされる。そうすると，買取請求権の行使が右のように訴訟上予備的に主張された場合，これに対する裁判の確定するまでの間は，土地賃貸人は上記のとおりその行使による効果の実現を期待しえないばかりでなく，その行使によつて実際に建物を買取ることになるかどうかさえ判然としないのであつて，土地賃貸人の建物買主としての地位は極めて浮動的，不安定な状態にある。しかるに，これにひきかえ，危険負担については右裁判の確定をまたないで買取請求権行使の時点から直ちに土地賃貸人が負うものとし，本件のごとく買取請求に関する裁判の確定前に建物が類焼によつて一部焼失しても土地賃貸人（建物についての債権者）は焼失部分に対応する代金を支払わなければならないとすることは，当事者間の公平を欠き，土地賃貸人に酷に過ぎるといわざるをえない。したがつて，買取請求権が上記のごとく訴訟上予備的に行使された場合には，その裁判が確定するまでの間は，建物の滅失による危険負担は民法536条を準用し建物についての債務者である建物取得者にあるものと解するのが相当である。

　よつて本件において前記認定の本件建物の一部焼失による危険負担は控訴人〔Y〕にあるものといわなければならない」。

　すなわち，売主である賃借人（賃貸借の関係では債権者であるが，売買の関係では債務者となる）Yの危険負担となるのである。

第3節　危険負担

1　裁判例の動向

　造作あるいは建物の買取請求権が行使されたのちには，534条1項を適用して賃貸人が危険を負担するというのが，下級審判決の動向である。そして，それら裁判例がほとんど実質的な判断をせずに形式論理だけによつている点は，造作買取請求の場合でも，建物買取請求の場合でも共通している。賃貸借契約であることから，とくに賃借人保護の観点があったということでもなさそうである（【74】は，給付の牽連関係を否定しているが，これが形式論理だけなのか，あえてそういう理由づけをしたことにより保護的観点を隠蔽したものかは，断言しえない）。

　裁判例のなかで，やや実質的な判断に立ちいっているのは，【75】判決である。これは，建物買取請求権の予備的行使という特殊な場合に関する事件であるが，売主に危険を負担させた点で意義がある。買主としての地位の不安定性を理由とした。しかし，これも，必ずしも建物買取請求の特質に着目したものとはいえない。すなわち，事案は，建物買取請求権がたんに予備的に行使されたにすぎないから，一般の売買に比べると，売買関係すら

生じていない状態といえる。一般の売買では，契約の成立前と対比されるべきであるからである。上記の判断は当然の帰結といえよう。

さらに踏みこんで，買取請求権が行使された場合が，一般の売買において契約の成立した場合にあてはまる。しかし，一般の売買との相違である534条1項の適用を排除する合意が不可能であること，あるいは買主が目的物を実効的に支配していないことなどに言及するものはないのである。

なお，裁判例の基礎となった賃貸借の終了事由の多くは合意解除を理由とするものである[136]。また，旧借地法4条2項の場合と10条の場合との間に相違はみられない。

2 学　説

これに反して，学説では，534条1項の適用は，原則そのものの妥当性も問題であるが，ことに買取請求権が行使された場合については，一方的意思表示によって売買が成立するから，目的物の引渡まで危険は売主にある，とする見解が有力である[137]。

前記の裁判例がほとんど実質的考慮をしていないことを考えると，上記学説に賛同して，引渡まで売主が危険を負担すると解するべきであろう。これは，売買が一方的意思表示，しかも売主の意思だけによって締結されること，したがってその成立にあたって通常の売買におけるのとは異なり，契約の内容も定まっていないことによる。とりわけ，危険負担を任意に定めるよちもないことが重要であろう。さらに，意思表示時から現実の履行の時までの間に裁判の進行を待つ場合が多く，かなり長期間を要することをも考慮にいれなければならない。なぜなら，そのような場合に，危険は増大するのに反し，通常の売買のように，履行期の定めさえないことから，売主の引渡遅滞を理由として危険負担を修正するよちもないからである[138]。

---

136) 造作買取請求では，【72】判決のみが賃借人の債務不履行にもとづく賃貸借の終了を基礎とし，その他は合意解除にもとづく。また，一般に，判例は，債務不履行にもとづく解約では買取請求権の発生を否定して，学説と反対の立場をとるとされるが（たとえば，星野英一・借地・借家法〔1969年〕627頁・210頁参照），【71】判決は，買取請求権の発生を前提としている。

137) 鈴木禄弥・注釈民法(15)401頁，同借地法〔下・1971年〕1333頁，新版注釈民法（15）〔1990年〕604頁〔鈴木・生熊〕，782頁〔渡辺・原田〕，星野・前掲書368頁参照。

138) 通常の売買であれば，引渡時の定めがあるのが通常であり，売主が引渡を遅滞すれば，その後の危険も同人に課せられるとなしうるが，買取請求権の行使の場合には，裁判の確定まで引渡義務の存在も確定せず，そうすると，つねに買主が危険を負担することになる。この意味でも，債権者主義による不公平は大きなものとなる。

なお，裁判例のうち，造作買取請求では，造作の滅失事由は，いずれも関東大震災による焼失である。また，【74】は戦災，【75】は類焼による滅失である。

1996年の阪神大震災関係では，「敷引」の合意に関する紛争が多発し，これに関する裁判例がみられるが（【37】—【41】），買取請求権に関する裁判例は，いまだみられない。

第6章　競　売

第1節　競売における危険負担

1　売買類似の関係

競売にさいしても，競落人（または買受人）と所有者たる債務者との間には，売買に準じた関係が生じ，競売目的物を給付する債務とその対価である競落代金支払債務との間には双務的関係が生じる。そこで，給付を目的とする債務が当事者の責に帰しえない事由によって不能となった場合には，反対給付の運命が問題となる。以下では，まず学説・判例の豊富な旧強制執行法のもとでの扱いを検討し，ついで，これと対比する形で，旧法を修正した民事執行法における危険負担を検討する。

2　危　険　負　担

危険移転時について，滅失の場合と毀損の場合とで，若干の相違があった。

(ア)　旧強制執行法

(a)　旧強制執行法は，不動産執行の場合について若干の明文規定をおいていた。以下では，まずこれと旧強制執行法下の裁判例とを概観するが，規定上場合をわけることができるので，毀損をべつに検討する（(イ)）。ついで，民事執行法を検討する（後述第2節）。旧法上の裁判例は，現行民事執行法に直接には関係しないが，売買における危険負担との対比上，なお参考になる点もあるので，簡単に概観する。

旧法によると，競売期日と競落期日との間に天災その他事変により目的不動産がいちじるしく「毀損」した場合には，最高価競買人の呼出をうけた者は，競売の取消を求めることができるとされていた（旧民訴678条・旧競売32条）。しかし，競売目的物に他の形で障害が生じた場合についても，また競落期日以降に障害が生じた場合についても，その対応は必ずしも明確ではなかった。そこで，これらの危険負担の問題には，民法（534条ないし536条）の解釈が基準になる，とされていたのである[139]。

(b)　不動産に生じる障害のなかでもっとも重大なものは，その滅失である。そして，こ

第6章　競　　売

の場合に，いつ買主たる競落人に危険が移転するかについては，およそつぎの時点が基準となる。①売却許可決定の言渡時，②売却許可決定の確定時，③競落人による代金支払時，④所有権移転時，⑤引渡時である。

従来の学説は，競落許可決定の確定時(②)を基準としていた140)。その理由は，競売許可決定が確定しない間は，なお即時抗告によって抗告審で取消される可能性があり，売買の効果はいまだ確定的には生じていない，というものであった。

(c)　従来の裁判例も，そのような立場(②)をとっていたと目される。

(i)　まず，売却許可決定の確定前には，競落人は，危険をおわないとされた。

【76】　東京高決昭39・9・16下民15巻9号2195頁

［事実］　売却許可決定の確定前に，目的家屋の敷地賃借権が消滅したので，建物がとりこわされ収去されたので，競落人から競落許可決定に即時抗告の申立がなされた事件である。

決定は，競落許可決定の言渡があっただけでは，競売人は不動産につき私的売買成立後における買主の権利に対応する権利を取得することはできないので，危険を負担するべきではない

とした。

［判旨］　「一般に特定物の売買においては，売買成立後物が売主の責に帰することのできない事由により滅失したときはその滅失は買主の負担に帰し買主は代金支払の義務を免れない。公の換価手続である不動産競売の場合は，私的売買成立の要件である申込と承諾に対応するものは競買の申出と競落の許可であり，もし競落許可決定の言渡により売買が成立したものとして危険負担の原則を適用するとすれば，競落許可決定言渡後の不可抗力による不動産の滅失は競落人の負担に帰し競落人は競落代金支払義務を免れることを得ず不動産滅失だけを理由に競落許可決定を取消すことはこの義務を不当に免れさせ関係人の権利を理由なく害することになるので許されないとの結論になりそうである。しかしながら，競落許可の効力が確定するのは競落許可決定確定の時であり，競落人は競落許可決定確定後に競落代金を支払うべく，それまでは不動産の引渡を受けることはできないものと規定され，なお競売法による不動産競売の場合は，所有権は競落代金支払の時に競落人に移転し，その以前は競落人は不動産の果実を取得することを得ず反面競落許可決定言渡後代金支払までの利息を支払うことも要しないとされている。このような制度の下では競売法による競落許可決定の言渡があつただけではまだ競落人は競落不動産につき私的売買成立後における買主の権利権限に対応する権利権限を取得できないし，執行機関との特約によりその点を予

---

139)　宮脇幸彦・強制執行法〔各論・1978年〕393頁以下，兼子一・増補強制執行法〔1976年〕255頁，明石三郎「競売における危険負担」小野木常・斉藤秀夫還暦記念論文集『抵当権の実行』〔下・1972年〕317頁以下など。なお，【研究】471頁以下参照。

140)　宮脇・前掲書393頁，兼子・前掲書255頁ほか。しかし，山本進一「競落許可決定後に不動産が滅失毀損した場合，手続はどうなるか」判タ182号152頁，明石・前掲論文326頁は，言渡時説（ただし，後者は確定を停止条件とする）。

140　危険負担の判例総合解説

め調整しておくような途ももとより存しない。従つてこの場合に危険負担についてだけ競落人に対し一般私的売買における買主と同様の負担を課することは，実質上の根拠を欠くものであり，競売法による不動産競売の場合は，少くとも競落許可決定の確定までは売買成立を前提とする危険負担の規定の適用はなく，競落人は物の滅失につき危険を負担しないものと解するのが相当である。

一般に競落許可の要件である競売物件の存在は，競落許可決定に対し適法な即時抗告の申立があつたときは抗告審の決定時を標準として定めるのが原則であり，競売法による不動産競売の場合は危険負担の点から右の原則の適用を排除すべき余地もないこと前記の説示より明らかであるので，すでに競売目的物件が現存しない本件においては，競売法による不動産競売に基づく原競落許可決定は現在においてはもはやこれを維持することができないものというべきである」。

同様の判決としては，以下がある。

【77】 大阪高決昭42・5・17下民18巻5＝6号536頁

［判旨］「競売法による競売手続においても，強制競売手続の場合と同様に，競売期日における最高価競買申出人及びその申出価額の呼上げ並びに競売終局の告知があつて後競落許可決定確定前に競売物件の全部又は一部が競落人の責に帰すべからざる事由によつて滅失又は紛失しても，右最高価競買申出人は右滅失又は紛失による危険を負担しない。けだし，競売法による競売手続においても，最高価競買申出人が競落人たる地位を確定的に取得するのは競落許可決定確定の時であるから，同人は，その後においてはたとえ競落物件の所有権未取得の状態にあつても競落物件についての危険負担を免れることはできないけれども，それ以前においては競売物件に関し特定物の売買における買主に類する地位を未だ取得していないので右物件についての危険を負担すべき理由はないからである。」

しかし，【76】の場合は，必ずしも当事者に無責の後発的不能によるものではないから，担保責任の問題ともなりうるよちがある。というのは，同事件で，家屋が滅失したのは借地権が失われたためであったが，家屋譲渡にさいし借地権をも譲渡することが売主の義務だと解することもできるからである。もっとも，建物は必ずしも借地権が存在するものとして競売されるわけではない，とする見解もある[141]。

---

141) たとえば，来栖三郎・契約法〔1974年〕94頁。また，債務者が地代の支払わない場合の，建物の差押債権者による代払（民執56条）参照。

なお，担保責任に関する問題には立ち入らないが，【33】は，競売目的の建物につき，これを収去すべき確定判決の存在が判明し，競買人が競買取消の申立をしたときは，旧民訴法678条の準用により競落不許の裁判がされるとした。前述【32】は，担保責任について消極的である。

最近の実務では，第三者所有地上の建物の借地権の消滅につき，民執法75条の類推適用をして，売却の不許可または売却許可決定の取消を認める傾向にある。たとえば，第三者所有の土地上の建物の競売手続で，建物収去土地明渡の判決が確定した場合につき，民執法75条1項の類推適用を認めた例がある（大阪高決昭62・2・2判時1239号57頁）。

第6章　競　売

(ⅱ) これに反して，競落許可決定の確定後に生じた滅失の危険は，競落人が負担するべきだとされた。

【78】　東京地決昭 39・9・28 判時 395 号 37 頁

[事実]　Y所有の建物に対する競売手続の進行中に，土地賃借権が消滅したので，土地所有者Aが，建物収去・土地明渡を訴求した。そこで，Yは，Aとの間で建物収去・土地明渡をする和解をした。他方，建物の競売手続は進行し，Xに競売許可決定がなされ，確定した。その後，上記裁判上の和解にもとづき強制執行が行われ，建物が収去されたので，Xは，競売手続開始決定に対する異議を申立てた。

決定は，競売不動産はXに対する競落許可決定の確定後に滅失したから，危険負担は民法534条1項によって決せられ，Xが危険を負担するとした[142]。

[判旨]　「本件競売不動産は，Xに対してその競落を許可するものとする決定が確定した後に滅失したものであるから，これに伴なう危険負担は，民法第534条第1項によつて律せられるべきものというべきである。

そこで右建物の滅失が右法条にいわゆる債務

もっとも，第三者所有の土地上の建物の競売で，建物所有者が地代を滞納したため，地主が賃貸借を解除し，売却許可決定後，解除の効力が発生したことが判明した場合には，民執法75条1項の「不動産の損傷」として売却許可決定の取消を求めえないとした（東京高決昭62・12・21判タ660号230頁。現況調査報告書，評価書，物件明細書に，地代の滞納がある旨の記載があった）。

また，借地権つき建物の競売で，売却許可決定後で代金納付前に，賃貸借終了にもとづく建物収去土地明渡の確定判決の存在が判明した場合でも，執行裁判所は，買受人に，民執法75条の売却許可決定の取消の申立を検討させる機会を与えるために，この事実を通知する義務をおわないとされた（大阪高判平3・2・27判時1400号31頁）。

しかし，代金が納付され配当が実施された場合には，実体法的に，競売による売買契約を解除するほかはない。これにつき，最高裁は，競売手続で，建物の敷地使用権が評価され，これを考慮して最低競売価格が決定されていたが，後日使用権が存在しないことが判明し，競落人の敷地使用権が否定されたときには，民法568条1項，566条1項，2項を類推適用して，債務者ないし所有者に敷地使用権の存在について担保責任を負担させ，競落人は債務者に対して，競売による契約を解除できるものとした（最判平8・1・26民集50巻1号171頁）。

142) もっとも，この事案では，建物の滅失は，土地の賃借権が消滅したことにもとづき，しかも，その消滅はYの債務不履行によって生じたので，Yの責に帰せられるとも考えられる。しかし，裁判所は，Yが和解に応じたのは，賃料債務の不履行によりAから契約を解除されてやむをえない処置であったとして，Yの責を否定した。だが，家屋売買において敷地についての使用権がともなうべきことは当然であり，Yはこれを競落人に譲渡する義務をおうべきであろう。そして，賃借権の喪失は，Yの不履行にもとづくから，事案は，有責の不能あるいは担保責任の問題として構成したほうがより適切であったと思われる。そして，このような解決によるべきことは，実際上も必要であろう。さもないと，債務者は競売が開始された物件について十分な保全を怠ることになり，しかも，その損失が実質上競落人に転嫁されるからである。

者の責に帰すべからざる事由によるものであるかどうかについて考えるに（競売法の規定によるいわゆる任意競売をもつて一種の売買とみる場合において，その売主が何人であるべきかに関しては，意見の対立があるけれども，本件の場合にあつては，競売不動産の所有者たるY以外の者を売主とみるときには，右不動産の滅失がこれ等の者の責に帰すべき事由に基づくものであるとして，民法第534条第1項の規定を適用すべき限りでないものとすべき余地は存しないので，以下においては，Yを任意競売における売主とみる見解に立つて，前記不動産の滅失が同人の責に帰すべからざる事由によるものであるかどうかについて検討することにする），右滅失を招来したものというべき，AよりYに対する建物収去土地明渡に関する強制執行，ひいてはその債務名義とされた右両者間における裁判上の和解の成立をもつて，Yの責に帰すべきものであるとして，右建物の滅失をXの負担に帰せしめないものとするに足りる事情は叙上認定にかかる裁判上の和解の成立及びこれによる強制執行の遂行についての経緯にかんがみて，存在しないものといわなければならない。

換言すれば，前記裁判上の和解の成立に応じたことは既に賃料債務の不履行により，賃貸人たるAより契約解除の意思表示を受け，前叙のような訴訟を提起されたYとしては，まことに万やむを得ない処置であつたものとみるべく，この和解による強制執行によつて建物を収去されたこともまた，Yにとつては避けることを得なかつた事態であつたと解すべきである。

この場合において，YがAに対して賃料の支払を遅滞したことを云々して，前記建物の滅失がYの責に帰すべからざる事由によるものでないとすることは，Yに対する帰責事由を不当に拡大する誤りを犯すものであつて，到底採るを得ないのである。

してみると本件競売の目的物件たる別紙物件目録記載の建物の滅失については，本件競売による売買における債権者たるXがその危険を負担すべきものであつて，Xは，競売法第33条の規定するところに従つて，競落人として代価の支払をする義務を免れないものというべく，前示競売手続開始決定が本件競売不動産の滅失したことの故に取り消されなければならないものとは解されないのである」。

もっと古いものとしては，以下がある。

【79】 東京地決大 6・5・31 新聞 1271 号 28 頁

[事実]　Xはその所有家屋についてY保険会社との間で火災保険契約を締約したが，家屋の強制競売の結果，Aに競落許可決定が行われた。その後，みぎ家屋が焼失したため，XはYに保険金の支払を求めた。これに対し，Yは，所有権はAに移転しておりXのもとにないから，保険金支払義務もないと抗弁した。

判決は，競落人Aが危険を負担するから，Xは保険金を請求しえないとして，請求を棄却した。

[判旨]「競落代金支払の時期は競売不動産の所有権移転の時期と何等の関係なく只競落人は代金の全額を支払ひたる後にあらざれば目的不動産の引渡を求むるを得ざるに止るのみ，目的不動産が競売期日と競落期日との間に天災其他の事変に因りて著しく毀損したるときは最高価競買人たる呼上を受けたるものは其競買を取消す権利を有することは民事訴訟法第678条の規定するところなりと雖目的不動産が競落許可決定以後に於て滅失毀損したるときの如きは其危険は固より競落人の負担すべきものなること更に疑を容るるの余地あることなし，Xの主張は採るに足らざること勿論なりとす，以上の如く

本件保険契約の目的たる建物は大正4年11月1日に於て業已にXの所有を離脱して訴外Aの所有に帰したるものなるを以て其以後なる大正4年11月20日火災に罹りて焼失したりとてXは本件保険金請求の権利を有するの限りにあらず」。

本件は，古い裁判例において，保険金の上への代償請求を否定していた事例としても，参考となろう。

【80】 東京控判大15・5・8新聞2625号11頁

［判旨］「抑モ抵当権ノ実行ニ因ル競売ハ，競売法ノ手続ニ依ル競売物件ノ売買ニ外ナラスシテ，此売買ハ競落許可決定ノ確定後ハ有効ニ成立セルヤ勿論ナルカ故ニ，其後競売物件カ天災其他ノ不可抗力ニ因リテ滅失シタルトキハ，其滅失ハ民法危険負担ノ法則ニ則リ，債権者即チ競落人ヲシテ之ヲ負担セシムルヲ至当トス」。

「抑モ競売法ニ依ル競売ニ於テハ，競落人ハ競落代価ノ支払ヲ為シタル後ニ非サレハ競落物件ノ所有権ヲ取得セストモ，債権者カ危険ヲ負担スルニハ必スシモ売買物件ノ所有権ヲ取得シタルコトヲ前提ト為スモノニ非サルカ故ニ，競落許可決定後競落人未タ競売ノ目的タル権利ヲ取得セサルモ，危険ハ競落人ニ在リト解スルノ妨ケトナラス。然ラハ本件競売ニ於テ，競売物件ハ滅失シタルモ競落人タル控訴人ハ競落代価支払ノ義務ヲ免ルルコトヲ得サル」。

(iii) 以上と異なり，競落許可決定に対する抗告中に滅失が生じた場合には，競落人は危険を負担しないとされた。

【81】 横浜地決昭31・1・11下民7巻1号1頁

［事実］ Xは抵当権を実行し，みずから最高価競買人となり，競落許可決定をうけた。これに対して，債務者から即時抗告の申立がなされ，その抗告の係属中に目的不動産は競落人の責に帰しえない火災のために滅失した。しかし，東京高裁は，この滅失の事実を知らずに抗告を棄却する決定を行い，その競落許可決定も確定するにいたった。そこで，Xは，競売手続開始決定の取消を申立てた。

決定は，任意競売において競落人が競落不動産の所有権を取得する時期は競落代金を支払ったときと解されており，元来競落許可決定が取り消される可能性のある限り競売の効力も不確定なものであるとして，Xは，競落許可決定確定前の競落不動産の滅失につき危険を負担しないとした。

［判旨］「思うに任意競売において競落人が競落不動産の所有権を取得する時期は競落代金を支払つたときと解されている上元来競落許可決定が取り消される可能性のあるかぎり競売の効力も不確定なものというべきであるから，民法第535条の趣旨に従い本件競落人は競落許可決定確定前の競落不動産の滅失につき危険を負担しないものと解すべきものである。

従つて本件競落人は競落代金の支払の義務を負わないものと解するほかはない。

なお本件においては競落許可決定が確定しているけれども，その確定当時その目的物が存在しなかつたのであるから，その所有権を競落人に移転させる形成的効力を発揮するに由なかつたものと解するのが相当である」。

(iv) 裁判例が，このように競落許可決定の確定をもって競落人に危険が移転するとした

根拠は，この時点で売買の効果が確定的に生じることに着目したためであろう。つまり，通常の売買にひきなおせば，この時点がようやく契約締結時にあたるのである。もっとも，所有権が競落許可決定の言渡によって解除条件付で競落人に移転することからすると（旧民訴686条），言渡時を売買の締結時と対応させる可能性もあろうが，言渡だけではまだ手続の効力は一般的には不確定である。その確定によってはじめて競落人の地位も確定するから，かりに民法（534条1項）を適用するとしても，買主の危険負担には，競落許可決定の確定が必要なのである。

そして，同じ理由から，競落許可決定に対する抗告中に不動産が滅失した場合に，競落人が危険を負担しないことをも説明することができる。というのは，この場合にも，許可決定が取消されるおそれがあり，競落人の地位は不確定だからである。そこで，この状況は，同じく法定の売買関係を生じる建物買取請求において請求権の行使が予備的になされた場合（前述【75】参照）と対応させることができる。

(d) ところで，競落許可決定の確定前に競落人の地位が不安定であるから，同人は危険を負担するべきではないとしても，逆に，この確定時が過ぎさえすれば当然に危険移転があるとするわけにもいかない。

ここでは，第1に，売買における債権者主義に対する批判が考慮されるべきものと思わ れる。前述のように，競落許可決定の確定は，たかだか一般売買における契約の締結時と対応されるにすぎないから，目的物の使用も監視もできない競落人に危険を負担させるのは疑問となる。

第2に，法定売買関係としての特質も加わる。ここでは，任意の売買におけるとは異なり，当事者間の合意にもとづいて危険負担を決することもできない（【76】のいう執行機関との特約の可能性）。たしかに，競売では競買人に申込の自由がある点では，造作・建物買取請求とは異なる。しかし，それも買主の危険負担を合理化する説明とはならない。

あるいは，通常の売買との間に実質的な相違を設けるだけの十分な理由があれば，この基準もあてはまろう[143]。しかし，裁判例や学説のうえからもそれをみい出すことはできない。たとえば，当事者の衡平あるいは実質的支配関係という理由づけは，競落許可決定の確定が必要である，とするさいにはしばしばみられるが，これらは，むしろ，目的物の引渡が行われてこそ機能しうるものである。

(イ) 毀　損

(a) 旧強制執行法は，競売期日と競落期日との間に天災その他事変により不動産が「いちじるしく毀損」した場合には，競落人は，競買申立を取消しうるとした（旧民訴678条）。したがって，法の文言のうえからは，危険が競落期日から競落人に移転するのはいちじるしい毀損の場合に限られ，前述したように滅

---

[143] たとえば，決定が確定すればただちに占有も移転するとか，とくに手続の安定のために，他の基準時がとれないなどの理由である。

失そのものの扱いは不明であり，また，軽度の毀損でも，競売期日から競落人が危険を負担すると解するよちがあった[144]。なお，この場合の「毀損」の拡大解釈としては，【33】がある。

(b) しかし，いちじるしい毀損を滅失と区別する理由は乏しい。そこで，この区別を設けていない民事執行法では，「損傷」に滅失と毀損とをともに含めて解するべきであろう（民執75条1項）。

また，毀損が軽度であれば競落人に危険をおわせてよいとすることも，必ずしも給付の牽連関係に適したものとはいえない。旧強制執行法では競落期日からは競落人がすべてその危険をおうと解するよちがあったが，民事執行法はこれを修正し，買受人は代金納付時までに売却許可決定の取消の申立ができるとし，さらに申立のできないのは損傷が「軽微」な場合だけであると限定している（民執75条1項）。

ここで，損傷が「軽微」であるとは，たんに「著しくない」だけではなく，より軽度のものをいうと解するべきである。というのは，この場合に限って，この制限は必ずしも給付の牽連関係を害することがなく，手続の安定のうえからも正当化できると思われるからである。さもないと，わずかな損傷を理由として取消の申立が濫用されるおそれもありえる。そして，この制約は，代金減額の方法を認めない限り，契約関係の解消という方法をとる牽連関係の構成が（解除の方法），一部不能に対してもつ技術的制約にもとづいている[145]。すなわち，買受人は，目的物を取得する目的を達しえない場合には，取消の申立をしなければならない。しかし，損傷がいちじるしくなければ，必ずしも取得の目的を達しえないとはいえない。そのようなときに，通常の売買であれば，代金減額を求めることができる。しかしながら，売却許可決定には，取消すか否かの方法しか存在しない。そこで，軽微な損傷に取消の申立ができないとすれば，その危険は買受人が負担しなければならないのである[146]。

---

144) たとえば，宮脇・前掲書395頁。しかし，そのように反対解釈するのでなく，無規定と解するよちもあろう。反対解釈の基礎には，特定物の引渡には多少の変更にかかわらず，現状で引渡せば足りるとの考え（民483条）があるのであろう（いわゆる特定物のドクマ）。

145) 牽連関係を達成する方法には，契約の解除による全債務の消滅によるものと，給付不能に対して，反対給付義務だけを消滅させるものとがある。手続の取消という構成は，前者に準じたものとなる。

146) かつての競売の裁判例を，任意競売と強制競売とで分けてみると，【76】から【82】までのほとんどが，競売法による任意競売に関するものである。ただ，前述【79】の東京地決大6・5・31のみが，強制競売の事案である。おそらく任意競売と強制競売との区別がそれほど意識されたこともなかったと思われる。

第2節　民事執行法

1　危険移転の基準時

民事執行法は，旧強制執行法における危険移転の時期を修正し，最高価買受申出人または買受人は，買受の申出をしたのち，自分の責に帰することができない事由によって不動産が損傷した場合に，売却許可決定前には売却不許可の申出をすることができ，また，売却許可決定後には，代金を納付する時まではその決定の取消の申立をなしうる，とした（75条1項）。

そこで，売却が不許可になり，あるいは取消されることによって買受人の義務が免責されれば，同人は不動産が損傷しても代金支払義務を免れることができるので，損傷の危険をも免れうる。こうして，代金支払時まで買受人は危険を負担しないとされているから，競売期日と競落許可決定期日との間に不動産がいちじるしく毀損した場合に限り競買取消が認められていたにすぎない旧法（678条）に比して，牽連関係は拡張されているといえる。

もっとも，はたして本法による解決で十分であるかどうかには，なお検討のよちがある。たしかに，本法は，競落期日（いちじるしい毀損の場合）あるいは競落許可決定の確定（滅失の場合）までしか給付の牽連関係が認められない旧法およびその解釈よりも，これを広く認めている。しかし，必ずしも十分とはいえない。

2　所有権移転

⑦　代金と所有権

代金納付が危険移転の基準とされたのは，所有権移転との関連が考慮されたためである。というのは，旧法下では，競落人は競落許可決定の言渡の時に不動産の所有権を取得するとされ（旧民訴686条）[147]，しかし任意競売では代金支払時に競落人は所有権を取得するとされ[148]，後者が法律関係の簡明化あるい

---

[147]　たとえば，大判昭12・5・22民集16巻723頁ほか。学説も同様（兼子・前掲書253頁，宮脇・前掲書370頁など）。

[148]　たとえば，大判大4・12・15民録21輯2117頁。
　「然レトモ競売法第32条第2項ニ依リ競売法ニ依ル不動産ノ競売ニ準用セラルル民事訴訟法第687条第1項ニハ『競落人ハ代金ノ全額ヲ支払ヒタル後ニ非サレハ不動産ノ引渡ヲ求ムルコトヲ得ス』トアリ，又競売法第33条第1項ニハ『競落人ハ競落ヲ許ス決定カ確定シタル後直チニ代価ヲ裁判所ニ支払フコトヲ要ス。此場合ニ於テハ裁判所ハ其裁判ノ謄本ヲ添ヘ競落人カ取得シタル権利ノ移転登記ヲ管轄裁判所ニ嘱託スヘシ』トアルニ依リ，之ヲ観ル時ハ，競売法ハ競落代価ノ全額カ支払ハレタルトキニ於テ不動産ノ所有権カ競落人ニ移転スト為スモノタルヤ明カナル」。斉藤秀夫・競売法〔1960年〕172頁参照。

第6章　競　売

は取引慣行からみてすぐれている，といわれていた。これをうけて，民事執行法は，買受人は，代金納付の時に不動産を取得すると規定した（民執79条）。そこで，民事執行法によれば，危険も所有権もこの同じ時点で移転することになったのである。

(イ)　この考えかたを一般の売買の所有者主義と対比することが有益である。たしかに，売主が代金支払まで目的物の所有権を保持することは，物権変動の意思主義的解釈の問題点を修正することには意味がある。しかし，同じ基準を危険移転時としても転用しようとすると，買主にとって不当な結果がもたらされる。というのは，買主は代金を支払うことによって危険をおうわけであり，より不利な立場におかれるからである。

しかも，買主は，それに対して何ら実質的な利益をうるわけではない。ただちに現実的支配が帰するわけではなく，たんに抽象的な所有権が移転するにすぎない。一般的に，牽連関係を終了させ，買主に危険を移転させるためには，現実的支配が買主に帰属して実質的な履行がなされることが必要であると考えられているが，これが欠けており，買主に危険を移転させるだけの実質がないのである149)。

また，競売は法定の売買関係である性質上，通常の売買とは異なり合意によって危険移転時を変更するよちもなく，買主の地位はより不利になっている。そこで，牽連関係を貫くには，抽象的な所有権移転だけでは十分ではない。

さらに，競売が売買関係を生じさせる以上，実体法との連続性をも無視できないであろう。たしかに，旧来は実体法の解釈としては，いちおう債権者主義が肯定され，それは競売における危険負担ともほぼ一致していた。しかし，今日，債権者主義は解釈論としても実体法上否定されつつある。そこで，競売における危険負担もこれに合わせて修正していく必要がある。

(ウ)　そのためには，法文上牽連関係を認めている規定を考慮することが有益である。とくに，これについては，不動産の滅失その他売却による不動産の移転を妨げる事情が明らかとなった場合には，執行裁判所は強制競売の手続を取消さなければならないとされていることが参考になろう（民執53条）。この規

---

149)　つまり，買主は観念的な権利を取得しても現実に何もえていないから，実際上，意思主義をとって締約時に危険が移転する場合と異ならない。そこで，逆に，代金納付にさいして現実的支配を移転する手当がなされれば，これによって危険を移転しうることにもなろう。

ところで，実体法上も，危険負担の諸主義のなかには，反対給付がいったん履行された場合には，その履行を理由として取戻を認めない立場がある。これは，所有者主義のうち，代金支払によって買主に所有権が移転することを認める立場である。それによれば，買主は，所有者として目的物の危険を負担するから，代金支払によって危険も移転することになる。しかし，この効果は，先履行の買主の地位をいちじるしく弱めるものとなる。これについては，【II】317頁以下，333頁以下参照。

定によって強制競売の手続が取消されると，買受人の買受にもとづく義務は免責される。その取消は以下の内容をもつ。まず，取消が，強制競売の手続の開始前から不動産が滅失していることを理由として行われるとすると，取消事由は原始的不能を理由とするものであり，手続の取消は，成立上の牽連関係を意味するものとなる。これに反し，手続の開始決定後，とくに売却許可決定後に滅失が生じるのは，後発的不能の場合となり，この場合になされる手続の取消は，存続上の牽連関係を意味するものとなる。

そこで，上記53条は，各種の障害事由に対して広く牽連関係を導きうる規定であるといえる。たしかに，後発的不能に対しては，前述の75条によって制限が加えられている。しかし，それは，給付の牽連関係を達成するのに必ずしも十分な性格のものではなかった[150]。そうだとすれば，53条との関係を若干修正することによって不合理を除くことが望ましい。それには，帰属の瑕疵に対する扱いが参考に値いする。つまり，物が滅失してしまう場合には，給付受領者の地位は，たんに物が他人に属している場合よりもいっそう不利になる。そこで，目的物が滅失する場合にも，この帰属の瑕疵との均衡から，同じように手続をくつがえす効力を認めるのである。

こうして，目的物の滅失によって競売手続が取消されることを認めれば，買受人は，代金支払義務を免れうるから，給付の牽連関係も維持することができる。このような牽連関係の実現方法は，実体法上の解除の転用による牽連関係の構成と対応させることができる。

その場合に，危険負担の移転時を新たに検討しなければならないが，解決は，危険負担の牽連関係の一般論によることになる。そうすると，牽連関係は，現実的な履行がなされるまで存続すれば足りる。そこで，具体的には引渡まで買受人は手続を取消しうる，とみるべきことになる。また，そうした場合に，民事執行法75条は，代金支払以後，牽連関係を制限したのではなく，売却許可決定の取消以外何ら規定していない，と解さなければならない[151]。すなわち，買受人は，同条による売却許可決定の取消の申立をなしえなくなるが，民事執行法53条によって，引渡まで強制競売の手続の取消をなしうるのである[152]。

---

150) ここで，民執法53条と同75条の関係は，民536条1項と民534条1項の関係に比することができよう。

151) もっとも，売主に遅滞があると，所有者主義をとっても観念的所有権の移転のみでは危険は移転しない，というのが実体法上の原則である。そこで，競売でも，買受人が代金を納付したのちでも，売主たる原所有者が引渡を遅滞する場合には，やはり買受人は危険を負担しない，と解しなければならない。それゆえ，この実体法にそくして解するときにも，本文で述べた手続の取消が必要となるであろう（【89】をも参照）。

152) このような解釈は，筆者の実体法上の解釈に対応させたものである。すなわち，民法でも，534条1項は，物の危険を定めたものと解されるから，買主は，責に帰すべき事由のない不能のさいに，給付を請求することはできなくなる。しかし，反対給付義務の運命は，同条の規定すると

第6章 競　売

3　裁　判　例

㈦　損　傷

　裁判例には，民事執行法75条1項の「損傷」の概念を拡張するケースがかなりある。

　まず，民事執行法75条1項の「損傷」に直接あてはまる事由がなくても，買受申出前の対象建物内の殺人事件により，不動産の交換価値がいちじるしく損なわれたときには，その類推適用があり（仙台地決昭61・8・1判時1207号107頁），不動産競売の買受の申出後に対象の建物内で嬰児殺があった事実が判明した場合にも，民事執行法75条を類推適用し売却許可決定を取り消した事例がある（新潟地決平4・3・10判時1419号90頁）。不動産競売事件において，売却許可決定の後に，競売の対象となっている建物内で所有者の夫の自殺の事実が判明した場合にも，民事執行法75条1項を類推して売却許可決定を取り消した例がある（札幌地決平10・8・27判タ1009号272頁）。社会通念上の欠陥といえる場合である。しかし，土地建物の競売手続で，売却許可決定の確定後に，対象の土地から離れた山林で自殺者があった事実が判明した場合に，売却許可決定の取消を認めなかった（仙台高決平8・3・5判時1575号57頁）。

　また，市街化調整区域内の建物につき，都市計画法違反，建築基準法違反を理由とする増改築禁止がされている場合に，民事執行法75条1項の類推適用を認めた事例（東京高決昭60・12・27判タ610号140頁），売却許可決定の確定後で代金納付前に，競売土地の一部が隣地に取り込まれている事実が判明した場合について，民事執行法75条1項を類推適用した事例（東京高決昭60・1・17判時1138号91頁），建物の増築部分の第三者名義の所有権保存登記があった場合に，民事執行法75条1項を類推適用して売却許可決定の取消をした事例（東京地決昭61・5・16判時1195号114頁）がある。法律上の欠陥といえる場合である。

　ほかにも，土地の利用制限に関して，損傷を類推した事例は多い。不動産競売における土地・建物の買受人は，建物が都市計画法に違反する建築物であって当該土地上に建物の増改築をすることができないことを看過したことにつき責に帰しえない事情があるときには，民事執行法75条の類推適用により売却許可決定の取消の申立てをすることができる（東京高決平8・7・19判時1590号74頁）。不動産競売の対象となった土地が宅地造成等規制法が規定する宅地造成工事規制区域内にあり，

ころではなく，536条1項の一般原則によるのである。同様に，執行法上も，民執75条は，売却許可決定の取消だけを規定したもので，それ以上に積極的に強制競売の手続の取消ができなくなることを規定したものではなく，後者は独自に53条によって可能となるのである。あるいは，この場合にも直接実体法（民536条1項）によって，代金債務が消滅すると解さなければならない。

　民執法上のこの見解に近時言及するものとして，甲斐道太郎・新版注釈民法(13)〔1996年〕571頁（ただし，賛否は明らかにされていない）。

　なお，担保責任（借地権つき建物の競売で借地権がなかった場合）については，実体法が民執75条を補完する関係があり，これについては，前注141)参照。

第2節　民事執行法

新たに建物を建築するには多額の費用を要する擁壁工事を必要とすることは，民事執行法75条の不動産が損傷した場合に当たり，自己の責に帰すことができずにその事情を知らなかった買受人は，売却許可決定の取消しを求めることができる（東京高決平11・1・22判時1670号24頁）。競落した土地が，立川飛行場の滑走路の延長線上に位置するため高層マンションを建築することができないとの土地の利用制限がある場合にも，民事執行法75条1項の不動産の損傷に準じるものとして売却許可決定の取消を求めることができる（東京地八王子支決平12・7・6判タ1069号243頁）。不動産競売の対象となった土地が宅地造成等規制法が規定する宅地造成工事規制区域内にあり，新たに建物を建築するには多額の費用を要する擁壁工事を必要とすることは，民事執行法75条の不動産が損傷した場合に当たり，自己の責に帰すことができずにその事情を知らなかった買受人は，売却許可決定の取消を求めることができる（東京高決平11・1・22判時1670号24頁）。土地の競売手続において，売却対象の土地が，土地区画整理事業の施行地区内にあって仮換地の指定がされておらず，宅地として使用できることが不確定であるという事情が買受けの申出の後に判明した場合には，買受人は，売却許可決定の取消を求めることができる（大阪高決平13・6・4金法1651号87頁）。

さらに，買受申出前の不動産の損傷にも，民事執行法75条1項を拡張適用した例がある（高知地決昭60・5・21判時1171号129頁）。同じく，売却建物の火災による損傷を看過し，損傷が最低売却許可価額に反映されていないときには，買受人は，売却許可決定後でも，民事執行法75条によって，決定の取消を申立てることができる（名古屋高金沢支決昭62・1・22判時1227号66頁）。執行抗告の理由書提出期間経過後に目的不動産が火災により損傷した場合には，その事情を抗告理由に追加することは民事執行法10条3項に違反せず，抗告審において当該事実を認定して原決定を取り消すことができる（東京高決平10・12・2判時1669号80頁）。

しかし，敷地の利用権が使用借権である地上建物に対する強制競売手続において，売却許可決定の後で代金納付前に，土地所有者が建物の買受人の土地使用を承諾しない旨の上申書を執行裁判所に提出していた場合でも，執行裁判所は，職権で売却許可決定を取り消す義務はないとした例がある（東京地判平9・4・21判時1631号93頁）。

(イ)　手続の取消

他方，民事執行法53条については，その拡張解釈は少なく[153]，土地建物の競売手続

---

[153] 民執法53条関係の裁判例は少なく，他に，未登記建物の競売手続で，先行する競売手続の対象となっていることが判明したケースに関する大阪高決平7・6・23金判984号26頁（積極），土地建物の競売の手続で，所有者が土地のみを買いうけ建物を取壊し，建物の売却が不可能になったケースに関する東京高決昭61・3・31東京高裁判決時報37巻1＝3号25頁（消極）ぐらいである（なお，高知地決昭57・10・28判時1072号138頁（積極），大阪高決昭61・10・1判時1219号75頁（相続放棄・消極）参照）。

第6章 競　売

で，対象の建物に自殺者があった事実が判明したことを理由に，買受人が代金納付後に売却許可決定の取消の申立について，民事執行法53条の類推適用による競売手続の取消を認めなかったケースがあるにとどまる（東京高判決8・8・7金判1011号26頁）[154]。

第3節　再競売と競売保証金

1　再競売

㋐　旧　　法

(a)　競落人が代金支払期日に代金の支払をしない場合には，裁判所は，不動産の再競売を命じなければならない（旧民訴688条1項）。この再競売の制度は，民事執行法のもとでは廃止され（民執80条参照），次順位買受の申出の制度がとられた（民執67条）。

旧法下では，つぎのような形で問題とされ，いくつかの裁判例がある。すなわち，競落人の代金不払を理由として，再競売期日が指定されたが，当該期日の実施前に当事者の責によらずに不動産が滅失してしまうことがある。他方，再競売はまだ実施されておらず，新たな競落人は出ていない[155]。そのような場合に，前競落人の代金不払の責任が問題とされるのである。

(b)　この問題は，早くから旧民訴法688条旧6項（5項）との関係で裁判上争われた。すなわち，債権者たる前競落人（買主に相当）が代金の支払を遅滞したために再競売が命じられたとしても，その代金支払義務は，再競売が命じられることによって当然に免責されるわけではない。そこで，一方では，前競落人に何らかの責任を認めるよちがある。

他方，旧民事訴訟法688条6項によれば，前競落人は再度の競落代価が最初の競落代価よりも低い場合には，不足額および手続費用を負担しなければならない。そこで，みぎ規定を用いることによって，たんに再競売が実施されたときに代価との差額を負担させるだけでなく，再競売が実施される前に滅失したときにも前競落人に最初の代価を負担させる可能性もあった。

しかし，裁判例は，再競売が命じられたときには，以後危険は債務者の負担に帰する，

---

[154]　なお，原判決は，類推適用を認めた。高裁判決も，「不動産の損傷に準ずるものとして，同〔民執〕法75条1項により，売却不許可の申出又は代金納付前に売却許可決定の取消しの申立てができると解する余地もある」とする。しかし，「本件では既に代金の納付済であるから同法75条1項による売却許可決定取消しの申立てはできないのみならず」，民執法53条の類推適用もできないとする。ここにも，代金納付による75条の狭さが問題となり，これを回避するための同法53条あるいは実体法の適用が問題となる（前注141），152）参照）。

[155]　これに反し，再競売が実施され，新たに競落許可決定がなされ，それが確定したのちには，新競落人が危険を負担し，前競落人は危険を負担しない。

第3節　再競売と競売保証金

としていた。そこで，前競落人の直接の責任は，まったく否定されたのである。

【82】　大判昭5・3・14新聞3114号12頁

[事実]　Yは競落許可決定をうけたが，指定期日に競落代金を支払わなかったので，再競売が命じられた。ところが，その実施前に大震災による火災のために目的の家屋は焼失した。そこで，家屋に対して抵当権を有していたXが，債務者に代位して代金の支払を求めた。

[判旨]　判決は「依テ按スルニ競売法ニ依ル不動産ノ競売ニ於テ，競落人カ其ノ競落代金ノ支払期日ニ代金ノ支払ヲ為ササルコトニ因リテ直チニ代金支払ノ義務消滅スルモノト解スルノ非ナルコト勿論ナルモ，競売法ニ依ル不動産ノ競売ニ準用セラルル民事訴訟法第688条ノ規定ニ依ルトキハ，裁判所カ同条第1項ニ依リ再競売ヲ命シタルトキハ，之ニ依リテ競落許可決定ハ其ノ効力ヲ失ヒ，従テ競落人ノ代金支払ノ義務モ亦消滅スルモノト解スルヲ正当トス」として，Xの請求を認めなかったのである。

同旨の裁判例として，古くは，つぎがある。

【83】　東京地判大14・6・25新聞2440号16頁

[判旨]　「不動産ノ再競売ヲ命シタル場合ニ於テハ，不動産ノ滅失又ハ毀損ノ危険ハ，再〔ママ→爾〕後債務者ノ負担ニ帰スルモノニシテ，競落人ノ責任ハ再後競売カ行ハレ其競落代価カ最初ノ競落代価ヨリ低キトキ初メテ其不足額及手続費用ヲ負担スヘキモノナレハ，本件ノ場合ノ如ク再競売ノ競売期日前目的物タル不動産カ滅失シタル場合ニ於テハ所謂不足額ナルモノナク，之レカ為メ競落代価金額及手続費用ヲ競落人カ負担スヘキモノニアラス」。

【84】　大判大15(オ)223判決年月日不詳新聞2595号3頁

[事実]　再競売の手続中，大正12年9月1日の関東大震災によって目的建物が滅失した事件である。最初の競落人であるYが，最初の競売代金5501円と手続費用を支払わなかったので，Xがこれを求めた。

[判旨]　「競売法第32条第2項，民事訴訟法第688条第5項に依り不足額の請求を為すものなるや，又は目的物の滅失毀損の危険は買受人たるYに於て負担すべきものと為し従て建物の焼失したるに拘らず代金支払の義務ありとして之が支払を請求するものなるや，将又Yの義務不履行に因る損害賠償を請求するものなるや明瞭ならざるものとす。然るに原審は此の点を明にすることなく漫然『本件の如く競落物件たる建物が全滅に帰し再競売を実施すること能はざりし場合の全損も亦，競落人たる被控訴人（Y）に於て負担し競落代金不足額として之を賠償すべき義務あること勿論なるが故に云々』と判示し因て以てYに対し敗訴を言渡したるは適法に釈明権を行使せざるの違法あるもの」として，原判決中，Xに対し勝訴を言い渡した部分を破棄し，東京控訴院に差戻した。

【85】　東京控判昭2・10・12新聞2771号19頁

[判旨]　「而して競売法又は民事訴訟法に依る不動産競売の場合には可及的手続の迅速を図らむが為，競落人に対しては民法の売買に於ける買主に対するが如く飽く迄其代金支払義務の不

危険負担の判例総合解説　**153**

履行に因る責任を追求することなく其責任を一定範囲に限定し競落人が代金支払期日に其義務を完全に履行せざるときは裁判所は職権を以て再競売手続を実施し其結果再度の競落代価が最初の競落代価より低きときは前競落人をして其不足の額及手続の費用を負担せしむるに止まり其他に不履行に因る損害賠償の責を負ふことなからしむるの法意なるを以て本件に於ける被控訴人の競落代金支払義務不履行の結果控訴人に損害を生じたりとするも之が賠償を求むるを得ざるものと謂ふべし」。

また，大震災によって抵当物件が滅失して優先弁済権を失っても，このような損害は，不可抗力によるものであって，競落人の競落代金不払と損害の間には相当因果関係がないことをも理由としている。

(c) そして，学説上も，再競売は，競落人の代金支払義務の不履行を理由として競落許可決定を失効させて遡及的に不動産の所有権を債務者に復帰させ，その不動産に対してさらに競売手続をすることであるから，前競落人の代金支払義務も，消滅することが主張されていた[156]。

しかし，このような結果は，再競売手続に入らない場合には，前競落人の危険負担を認め（競落許可決定による危険移転という判例による），再競売手続に入った場合には，その危険負担を否定することになり，合理性が乏しい。しかも，前競落人には，不履行がある

から，その責任をすべて否定する必要はない。また，前競落人の代金支払義務も，代金不払による損害を賠償するべき不足額の支払義務に転化するから，その責任が存続することも予定されていたのである（旧民訴688条6項）。

(d) そこで，再競売が命じられた場合の前競落人の責任を肯定するよちがあり，これについては，およそ3つの構成が可能であった[157]。

第1は，旧民訴法688条6項にいう競落代価の不払を認定する方法である。そうすると，不動産滅失の場合には，再度の競落代価はありえないから，最初の競落代価が前競落人の負担となる。しかし，文言解釈のうえからは，それを差額というかには疑問が残る。

第2は，再競売が命じられたときにも，代金不払に対する損害賠償を認める方法である。しかし，債務不履行に対して個別の賠償責任を認めるとすれば，手続の煩雑性が問題となる。

第3は，再競売が命じられても，前競落人が負担する危険はなお継続する，との方法である。これは，前競落人は，支払の遅滞なくして滅失が生じたとしても危険を負担するから，支払が遅滞して再競売が命じられたときにはなおさらである，との衡平論に帰せられる。さらに，前競落人は再競売の決定後も期日の3日前までは代金，利息および費用を支払って再競売手続を取消すことができたから

---

156) たとえば，兼子・前掲書257頁。
157) 前述【84】大判大15(オ)223判決に傍論として述べられており，同事件では，競落人に対する抵当権者の競落代金支払請求の具体的内容が不明だとして，原判決は破棄差戻された。

(旧民訴688条4項)，逆に，その危険負担をも認めるべきであるとするのである。

これにつき，多数説は，【82】判決と同じく，再競売が命じられたときには，競落許可決定は効力を失い，前競落人の代金支払義務も消滅すると解した。しかし，そうすると，不払によって危険を免れる前競落人に何らかの責任をおわせることが必要となる。そして，これは，もっぱら競買保証金の支払によってのみなされることになる（後述2参照）。

再競売の決定によって，売買が解除されて，競落人の代金支払義務も消滅するとの立場は，売買の効力をくつがえすことを認めるから，実体法的には，解除の直接効果説と対比させることができる。そうだとすれば，逆に，再競売の決定の効果を解除の間接効果説的な構成によって説明することも可能であろう。その場合には，前競落人の代金支払義務はただちに消滅するのではなく，したがって，債務不履行に対する責任と危険負担とは残存するとすることができる。ちなみに，前競落人の代金支払義務も，代金不払による損害を賠償するとして不足額の支払義務になる範囲では予定されていたのである（旧民訴688条6項）。

(イ) 民事執行法

もっとも，前述のように民事執行法は再競売の制度を認めず，買受人の代金不納付により売却許可決定は，効力を失うと定めた（民執80条1項）。それゆえ，この時以後，買受人の危険負担のよちもなくなる，と解せられる[158]。

2 競売保証金

(ア) 保 証 金

(a) 競落人の代金不払からは，競買申立または入札の保証金に関する問題が生じる（旧民訴664条・668条・703条・705条。なお民執66条・80条）。すなわち，再競売が行われた場合には，前競落人の提供した競買保証金は返還されず（旧民訴688条5項，なお民執80条1項），配当にあてる売却代金に加えられる（旧民訴694条2項4号，民執86条1項3号）。そこで，再競売手続中に不動産が滅失したときには，代金自体がありえないから，これだけが売却代金として配当されることになる。

みぎのプロセスは，民事執行法のもとで代金不払の結果，売却許可決定が効力を失う場合にも引きつがれている。

(b) この競買保証金が不動産の滅失した場合にどのような意味をもつかについては，旧法下の裁判例が明らかにしている。事案は，旧民訴法688条5項が「再競売ヲ為ストキ」前競落人は競買保証金の返還を求めえない，としていたことに関するものである（民執80条1項2文参照）。

---

[158] 民執80条1項が，旧法下の判例・学説を前提として規定されたことを重視すれば，こう解することになろう。しかし，ここでも，間接効果説的に効力を失うと解するよちはあろう。つまり，競買保証金が返還されないことは，売却許可決定が効力を失ったことの例外ではなく，清算の範囲でだけ効力が失われることの証左とみるのである。

第6章 競　売

【86】東京高判昭54・2・27判時923号81頁

[事実]　Xは建物の強制競売手続において最高価競買人となり，競落許可決定をえたが，代金支払期日に支払をしなかったので再競売が命じられた。ところが，指定された期日の実施前に建物が第三者によって滅失させられ，期日は取消された。しかし，執行裁判所は，競落人が納付した競買保証金を売却代金として配当を実施した。そこで，Xは，国に対して返還を求めた。

判決は，「競買申出人の提供した保証金は違約金若しくは違約手付金的性格を有し」，したがって，競落人が代金を支払わないため『再競売ヲ為ストキ』には，執行法上の制裁として返還を認めないのであるから，再競売期日を開いて新競落人が定まることを必要とせず，再競売命令が発せられることをもって足りるとした。そこで，競売の対象物件が滅失すれば，再競売を実施することはできず，期日をも取消さなければならないが，保証金を返還するよちはないとして，請求を認めなかった。

[判旨]　「再競売命令発布後から再競売期日までの間に競売の目的物件が滅失した場合には，競売の対象物件が存在しないのであるから，もはや再競売を実施する余地がなく，再競売期日の指定は取消さざるをえないが，前の競落人が提供した保証金については，すでに再競売命令が発せられた以上，その段階で，その返還を求めることができなくなるものというべきであるから，その後に競売の目的物件が滅失したからといって，執行（競売）裁判所が前の競落人に右保証金を返還しなければならない理由は生じないというほかないのである。ただし，再競売命令が発せられた場合でも，再競売手続中に何らかの理由で競売申立の取下や競売手続の取消等があり，そのため配当手続にまで至らないで競売手続が終了したときは，右保証金は，その納付義務の根拠が消滅するので，返還することを要するものと解するのが相当である」。

同旨の裁判例として，つぎがある[159]。

【87】東京高決昭44・12・24判時587号33頁

[事実]　再競売中に目的建物が滅失し，再競売手続が取消された。競売保証金の返還を求める前提として，X（抗告人）が当初の競売開始決定の取消を求めて執行方法の異議（旧民訴544条）を申し立て，棄却されたので，抗告に及んだものである。

[判旨]　「以上の事実によれば，Xは，前記競落許可決定の確定により競売裁判所の定めた代金（支払期日までに代金競買代金と競買保証金との差額）を支払い，本件建物の所有権を取得する地位を有していたのに，右代金を支払わなかったため，再競売命令を受け，その後定められた再競売期日の3日前までに法定の金員を支払うことなく再競売が実施されたのであるから，

---

159)　なお，東京地判昭49・8・8判時769号63頁は，再競売手続が完結し，前競落人の競買保証金の返還請求が否定された事案である。ただし，事案は，Xが競落して，保証金を納付したが，不動産が他人の所有であり所有権を取得できないとして代金を納入しなかった場合に関する。競売手続が再競売にいたり，Bが競落し代金を納入し所有権を取得し，申立人Yが配当をうけた。Xは，民法568条2項によりYに保証金の返還を求めた。しかし，判決は，民法568条によるXの解除を否定し，再競売については，民訴法上の不服申立によるべきものとした。

第3節　再競売と競売保証金

競落許可決定により発生した代金支払義務は免れたのであるが，同時に，先の競売において最高価競買人として既に納付した競買保証金については，右代金不払に対する制裁としてその返還を求めることができなくなったものといわねばならない（競売法32条，民訴法688条。再競売が実施された以上，再競売期日に競買申出人がなく，再競落に至らなかったことは，右のように解することの妨げとなるものではない。）。そして，その後再競売が続行された間において本件建物はAによって収去されて滅失したのであるから，右滅失の後においては最早再競売を行う余地はなくなったのであるが，この場合，競売裁判所は競落人（X）の納付した競買保証金から競売の費用を控除し，残額があれば代金交付期日を指定し，抵当権者等に交付すべきものと解するを相当とする。けだし，競買保証金は，一面において，競落代金の支払義務を履行しない競落人に対する執行法上の制裁たる性質を有するから，一旦右の制裁事由が発生し競買保証金の返還請求ができなくなった以上，その後に競売の目的物件が滅失したからといって，競売裁判所が競落人に競買保証金を返還するいわれはないのみならず，他面，競買保証金は競買代金に算入されるものであることに徴し，これを競売代金交付手続に則って処理するのが妥当であるからである」。

つぎは，前述の【86】判決の原審判決である。

【88】東京地判昭53・3・15判時915号77頁

［事実］　Xの保証金の返還請求は，棄却された。
［判旨］　「再競売手続は本件建物滅失のため取消されたものの，競売手続開始決定そのものは取消されることなく，代金交付手続が実施されたのであるから，Xとしては，もはや本件保証金の返還を求めることはできないものというべきである。

けだし，最高競買申出人が競買申出の拘束力から解放されて競買保証金の返還を求め得るのは，競落不許可決定が確定したとき（民事訴訟法684条），676条1項により新競売期日が指定されたとき，678条により競買を取消したときの外は競売申立が取下げられたときか競売手続が異議（544条）・抗告（558条），550条1号ないし3号，653条，656条2項等により取消された場合に限られ，上記の場合以外に競売手続内で競買保証金の返還を求める根拠はないからである（従って，原告としては，本件保証金の返還を求めるには，その前提手続として競売手続開始決定の取消を求めて執行方法の異議（民事訴訟法544条）を申立てるべきであったといえよう。）」。

(c)　もっとも，所有者に責に帰すべき事由がある場合には，以下のように返還のよちがある。

【89】大阪高決昭50・8・13判時801号39頁

［事実］　任意競売手続において，代金不納付のために再競売期日が指定されたが，実施されないまま期日が取消され，新期日が未定の間に目的建物は建物収去土地明渡の仮執行宣言付判決によって収去され，抵当権も消滅した。そこで，競落人は，競売開始決定の取消の申立をした。

決定は，競買保証金の返還請求ができなくなるのは，再競売期日が実際に開かれて，再競売が実施されたときを意味するとし，本件のよう

に再競売が実施されず，新期日が未指定の間に，債務者たる建物所有者の責に帰すべき事由により建物が収去された場合には，競落人に制裁を課することはできないとした。そして，競買保証金を売却代金に算入することもできず，担保権実行の基礎たる抵当権は消滅し，競買保証金について競売代金交付手続をなすよちもないから，競売の申立は許されず，競売開始決定は実体上の瑕疵をおび，取消されるべきであるとした。

[判旨]「競売法による不動産の競売において，競落人が競落代金をその支払期日までに支払わないため競売裁判所が競売法32条2項によって不動産競売に準用される民事訴訟法688条1項に基づき再競売決定をしたときは，これによって競落許可決定はその効力を失い，競落人の代金支払義務は消滅するものであるが，代金の支払を怠った従前の競落人は競売法32条2項によって準用される民事訴訟法688条4項により再競売期日の3日前までに買入代金，代金支払期日より代金支払までの利息及び手続の費用を支払うことによって，目的不動産を取得することができるのであって，しかも競落人はこれによって同法688条5項6項の不利益をも免れることができるのであるから，代金不払後の競落人は再競売期日の3日前までは前示金額を支払って競売不動産を取得する権利を有するものである。そして一旦再競売期日が指定せられても，その期日が変更され現実に再競売が実施されない限りは，改めて再競売期日が指定されたとき，その3日前までは右の権利は失われないのであるから，最高価競買人たる競落人が納付した競買保証金の返還請求ができなくなる時点として民事訴訟法688条5項に定められた『再競売ヲ為ストキ』とは再競売期日が実際に開かれて再競売が実施されたときを意味するものと解すべきである。したがって，一旦再競売が実施された以上は再競売期日に競買申出人がなく再競売に至らなくとも先の競売において最高価競買人として既に納付した競買保証金は代金不払に対する執行法上の制裁としてその返還を求めることはできなくなるが，本件の如く再競売の実施がなされずして再競売期日が変更され新期日が未指定の状態にある段階において債務者たる建物所有者に帰すべき事由により建物が収去された場合には，先の競落人たる抗告人に右の如き制裁を課することはできない。それ故に，本件においては，競買保証金を売却代金に算入して（民事訴訟法694条2項4号），これを競売代金交付手続に則り処理する余地はない」。

(イ) 競売保証金と代償物の性質

古い裁判例上，再競売が命じられたときには，原則として競落人が競買保証金の返還を求めることは認められていない。ただし，債務者に責がある滅失については返還を認めるが，これは，この場合には，競落人が危険を負担しないことと一致しよう。【89】は，一般論では【86】判決の一般論に反するものであるが，後者の場合と考えられる[160]。

競買保証金は，再競売の代金が前の競売代金よりも高いかどうかを問わず返還されず，間接的に代金支払を強制する機能をもつ。そして，債務不履行に対する制裁として返還されないのであるから，賠償額の予定ととらえうる[161]。

しかし，競買保証金は，他面では別の意味

---

[160] 【89】事件における競落人による代金不払も，このように債務者の責により滅失することが予想されたためだと思われる。また，債務者の担保責任については，前注141) 参照。

をも有している。これは，目的物件が滅失した場合にみられる。その場合には，実際上，売却代金は，保証金に限定されてしまうので，債務者はこれによって満足するほかはない。

すなわち，目的物の価値がそこに化体され，通常の売買において代償物が生じるのと同じ意味をもつことになるのである[162]。

---

161) そこで，この制度は，再競売のとき前競落人は代金支払義務を免れ，危険をおわないとする見解（兼子・前掲書258頁）にとっては，その責任を問うためにとくに法定したものと解されよう。しかし，本来の代金債務は消滅しても，その不履行に関する損害の賠償義務は残ると解すれば，保証金による制裁は，これに代わるものとなる。というのは，個々に賠償額を定めるのも，煩雑だからである。もっとも，個別の賠償請求は認められず，保証金は内容が法定されているので，実質的な相違は生じない。しかし，解除の直接効果説・間接効果説の議論におけるのと同じく，前説では，信頼利益の賠償か，法規によって創設された責任となるのに反し，後説では，競落の債権的効果が存続するので，当然の責任ととらえられるであろう。

162) 代償請求権の発生する場合については，前述第2章2節参照。

第7章 雇　　用

第1節 民　　法

1　行為給付の特徴

㋐　労務給付

　雇用または労働契約は，労務の提供と賃金の支払とが対価関係に立つ双務契約であり，したがって，民法の原則である債務者主義（民536条1項）が適用される。しかし，民法上の危険負担は，有体物の給付をおもなモデルとして形成されてきたものであり，行為を給付の対象とする契約に形式的に適用すると不都合な結果が生じることがある。そのことは，給付の牽連関係についてもあてはまる。有体物を給付の対象とする場合には，その毀滅に際し対価支払債務を軽減することが，当事者の意思にも衡平にも合致する。

　これに反し，行為給付において，給付の前提たるもの，たとえば労務を提供するべき工場，物的設備の喪失したことによって債務者＝労働者の給付が不能となった場合には（経営障害），対価支払債務を否定するべき必然性はない。というのは，債務者の給付が不能であると同時に，債権者の受領も不能（いわゆる受領不能）となっているからである。その場合には，物給付で用いる給付不能（反対給付義務の消滅）や受領遅滞（受領遅滞中の危険負担は，原則として債権者がおう）という概念は，そのままでは適用されえないことが多い[163]。

　むしろ，当事者間の利益状況を比較すると，労働者による給付の可能性は何ら減少せず，物的設備の保全は，債権者＝使用者側の担保するべき事由といえる。また，多くの場合に給付の準備をし提供をもしている労働者に対し，債務者主義をもって論じることは不当な結果となる。みずからは履行せずに対価の支払を求める，として債権者主義を否定する前提がないからである[164]。

---

163) 行為給付の危険負担については，遠藤ほか編・逐条民法特別法講座⑥契約Ⅰ72頁以下，【研究】120頁以下参照。なお，以下の下級審判決は，網羅的なものではなく，典型的なものを摘出したにとどまる。
164) 行為給付型の契約の特質については，【研究】153頁以下参照。

(イ) 学　説

そこで，学説は，受領不能をたんなる不能として使用者の対価支払債務が消滅するとはせず，対価請求権を肯定する途を探ってきた。その1は，受領不能に受領遅滞の効果を適用しようとするものである。一般に債権者の受領遅滞中の不能の危険は同人が負担するとされるから，受領不能における受領遅滞の要素に着目してその効果によるのである。その2は，債権者の責に帰すべき事由の活用であり，民法を修正して，債権者の帰責事由を労働給付の場合に限り拡大するのである。あるいは，領域説であり，過責の有無にかかわりなく，各当事者は自分の支配領域内に生じた損失について負担するべしとするものもある。

いずれの見解も，労務給付の特殊性に着目したものではあるが，不能による対価支払義務の消滅という，物給付に関する民法上の不能概念を前提に，結果の妥当性のみから別の効果を導くものとなっている。そして，民法の受領遅滞あるいは帰責事由の概念を前提としながら，労務給付の特質によって修正し反対給付の支払義務を肯定する結果となっているため，債権法一般との整合性に乏しい。

しかし，民法典が基本とする帰責概念，ひいては過失責任の原則よりも，給付の不到達に関する技術的概念にすぎない「不能」の効果をこそ修正するべきであろう。しかも，後者は，物給付をモデルとして構成された概念であるが，債権法固有の領域を離れると，労働法的理念による民法の修正が容易である。そこで，わがくにの学説・判例の多くは，むしろ労働基準法の規定によろうとする。

2　裁　判　例

(ア) 裁　判　例

わがくにでも，受領不能や経営障害の問題はしばしば学説によって指摘され，そのさいに領域説が言及されることも少なくない。しかし，そのさいに，どのような状況が予想されているのか，あるいは実際の問題はどのようなものであるのかは，必ずしも明らかではない。そこで，つぎに，裁判例を検討する。

ところで，この分野では，戦前にはほとんど裁判例がみられなかったが（前述の【28】が先例である），戦後には多数の下級審判決をはじめとして多くの重要判決が存在する。そこで，数がきわめて多いので，以下では危険負担が問題となった事件を類型的に分け，一般的な傾向を探ることに重点をおくことにしたい。

(イ) 第1は，ロックアウト型である。

(a) この類型に属する裁判例は多く，また最高裁判決も多いことが特徴である。

【90】　最判昭55・4・11民集34巻3号330頁

[事実]　XはY会社の従業員であったが，労働争議にともなうY会社のロックアウトによって就業できなかった。Xは，Yに賃金支払を求めたが拒絶されたので，支払を訴求した。

判決は，Yのロックアウトを違法として，Yに賃金支払を命じた。上告棄却。

[判旨]　「思うに，個々の具体的な労働争議の場において，労働者の争議行為により使用者側が著しく不利な圧力を受けることになるような

場合には，衡平の原則に照らし，労使間の勢力の均衡を回復するための対抗防衛手段として相当性を認められる限りにおいては，使用者の争議行為も正当なものとして是認されると解すべきであり，使用者のロックアウトが正当な争議行為として是認されるかどうかも，右に述べたところに従い，個々の具体的な労働争議における労使間の交渉態度，経過，組合側の争議行為の態様，それによつて使用者側の受ける打撃の程度等に関する具体的諸事情に照らし，衡平の見地から見て労働者側の争議行為に対する対抗防衛手段として相当と認められるかどうかによつてこれを決すべく，このような相当性を認めうる場合には，使用者は，正当な争議行為をしたものとして，右ロックアウト期間中における対象労働者に対する個別的労働契約上の賃金支払義務を免れるものというべきである（最高裁昭和44年(オ)第1256号同50年4月25日第3小法廷判決・民集29巻4号481頁，同昭和48年(オ)第267号同50年7月17日第1小法廷判決・裁判集民事115号465頁，同昭和47年(オ)第440号同52年2月28日第2小法廷判決・裁判集民事120号185頁参照)」。

この判旨にもあらわれているように，最高裁は，すでに昭50年の判決で，ロックアウトと賃金請求権の問題を論じている。

【91】 最判昭50·4·25民集29巻4号481頁

[事実] ロックアウトをした使用者は，それが正当な争議行為として是認される場合には，その期間中における対象労働者に対する賃金支払義務を免れるとするものである。

[判旨] 「思うに，争議行為は，主として団体交渉における自己の主張の貫徹のために，現存する一般市民法による法的拘束を離れた立場において，就労の拒否等の手段によつて相手方に圧力を加える行為であり，法による争議権の承認は，集団的な労使関係の場におけるこのような行動の法的正当性を是認したもの，換言すれば，労働争議の場合においては一定の範囲において一般市民法上は義務違反とされるような行為をも，そのような効果を伴うことなく，することができることを認めたものにほかならず（労働組合法8条参照)，憲法28条や労働法令がこのような争議権の承認を専ら労働者のそれの保障の形で明文化したのは，労働者のとりうる圧力行使手段が一般市民法によつて大きく制約され，使用者に対して著しく不利な立場にあることから解放する必要が特に大きいためであると考えられるのである。このように，争議権を認めた法の趣旨が争議行為の一般市民法による制約からの解放にあり，労働者の争議権について特に明文化した理由が専らこれによる労使対等の促進と確保の必要に出たもので，窮極的には公平の原則に立脚するものであるとすれば，力関係において優位に立つ使用者に対して，一般的に労働者に対すると同様な意味において争議権を認めるべき理由はなく，また，その必要もないけれども，そうであるからといつて，使用者に対し一切争議権を否定し，使用者は労働争議に際し一般市民法による制約の下においてすることのできる対抗措置をとりうるにすぎないとすることは相当でなく，個々の具体的な労働争議の場において，労働者側の争議行為によりかえつて労使間の勢力の均衡が破れ，使用者側が著しく不利な圧力を受けることになるような場合には，衡平の原則に照らし，使用者側においてこのような圧力を阻止し，労使間の勢力の均衡を回復するための対抗防衛手段として相当性を認められるかぎりにおいては，使用者の争議行為も正当なものとして是認されると解す

べきである。労働者の提供する労務の受領を集団的に拒否するいわゆるロックアウト（作業所閉鎖）は，使用者の争議行為の一態様として行われるものであるから，それが正当な争議行為として是認されるかどうか，換言すれば，使用者が一般市民法による制約から離れて右のような労務の受領拒否をすることができるかどうかも，右に述べたところに従い，個々の具体的な労働争議における労使間の交渉態度，経過，組合側の争議行為の態様，それによつて使用者側の受ける打撃の程度等に関する具体的諸事情に照らし，衡平の見地から見て労働者側の争議行為に対する対抗防衛手段として相当と認められるかどうかによつてこれを決すべく，このような相当性を認めうる場合には，使用者は，正当な争議行為をしたものとして，右ロックアウト期間中における対象労働者に対する個別的労働契約上の賃金支払義務をまぬかれるものといわなければならない」。

逆に，ロックアウトが正当性を欠くとしてその期間中の使用者の賃金支払義務が認められた事例としては，つぎがある[165]。

【92】 最判昭52・2・28 裁判集（民）120巻185頁

[判旨]「思うに，個々の具体的な労働争議の場において，労働者の争議行為により使用者側が著しく不利な圧力を受けることになるような場合には，衡平の原則に照らし，労使間の勢力の均衡を回復するための対抗防衛手段として相当性を認められるかぎりにおいては，使用者の争議行為も正当なものとして是認されると解すべきであり，使用者のロックアウトが正当な争議行為として是認されるかどうかも，右に述べたところに従い，個々の具体的な労働争議における労使間の交渉態度，経過，組合側の争議行為の態様，それによつて使用者側の受ける打撃の程度等に関する具体的諸事情に照らし，衡平の見地から見て労働者側の争議行為に対する対抗防衛手段として相当と認められるかどうかによつてこれを決すべく，このような相当性を認めうる場合には，使用者は，正当な争議行為をしたものとして，右ロックアウト期間中における対象労働者に対する個別的労働契約上の賃金支払義務を免れるものというべきである（最高裁昭和44年（オ）第1256号同50年4月25日第3小法廷判決・民集29巻4号481頁，同昭和48年（オ）第267号同50年7月17日第1小法廷判決・裁判集民事115号465頁参照）。そして，このようなロックアウトの相当性の要件は，その開始の際必要であるのみならず，これを継続するについても必要であると解すべきことは，当然といわなければならない」。

「原審は，これらの事実によれば，本件ロックアウトは，組合の違法な争議行為に対抗し，企業を防衛するために適法に開始されたものであつて，先制的，攻撃的なものということはできないが，しかし，Y会社が組合の就労要求を拒否した昭和37年8月18日ごろには，組合はその組合員数を半減し力も弱くなつていたのに対し，Y会社は組織の大きくなつた第2組合の組合員及び非組合員によつて車両数も次第に増して平常に近い営業を行い，経営内容も著しく改善されるなど客観情勢はY会社にきわめて有利に変化していたのであるから，車検証，エンジンキーを返還しないなど組合に種々非難されるべき点があることを考慮しても，本件ロック

---

[165] 最判昭50・7・17 裁判集（民）115巻465頁も，【92】とほぼ同旨である（昭48年（オ）267号）。

アウトは前同日以降企業防衛の性格を失つたというほかなく，したがつて，Y会社のロックアウトによるX及び選定者らの就労不能はY会社が就労を拒否した右同日以降その責に帰すべき事由によることとなり，Y会社はこれらの者に対し賃金支払義務を免れないと判断しているのであつて，原審の右判断は，前記1に述べた見地に照らし，その結論において正当として是認することができる」。(上告棄却)。

(b) ロックアウト型は，使用者が労務を拒絶する1類型であるが，はたしてこの場合に使用者が賃金支払を免れるのかどうかには，およそ2つの考え方がある。

第1は，民法的な考察方法であって，ロックアウトと賃金支払義務との関係は，民法536条にしたがって，使用者の責に帰すべき事由があるかどうかによって処理されるとする。ここでは，労働者の賃金請求権の存否は，通常の危険負担の問題と把握される。

第2は，労働法的な考察方法であって，ロックアウトの労働法的な効果として民法上の受領遅滞の効果（413条・536条2項）が修正される，とする立場である。そこで，ここでは，ロックアウトの正当性が賃金支払義務の運命を決するのである。

裁判例は戦後早くから豊富であるが，労働法的考察方法が，比較的有力である。【90】をはじめとして，近時の最高裁判例は，労働法的考察方法によっている（前述【91】～【92】参照)[166]）。

その後の下級審判決では，【93】がある。

【93】 東京高判昭52・11・29労民28巻5＝6号511頁

[判旨]「Yが原子力の研究，開発，利用を推進することにより間接的に公共の福祉，国民生活の利益に奉仕すべきものであるから，そこにおいて行われる争議行為による損失，打撃については私企業におけるとは異なる考察が必要であり，しかもその事業が研究であることに伴う特殊性を考えなければならないというYの主張……を十分考慮に入れても，本件ストライキによる前記試験研究，養成実地訓練の阻害をもって本件ロック・アウトの正当性を考える上でYが主張するような大きな打撃であつたと認めることはできないというべきである」。

「本件ロック・アウトの実施にあたつて，Yが原研労組の行つた本件ストライキにより被る損失，打撃によつて著しく不利な圧力を受けることになるような状況におかれていたものとは認められないといわなければならない」。

「結局，本件ロック・アウトは，Yとして右損失，打撃を避けるという目的のあつたことは否定できないにしても，同時に本件ストライキを排除して，ロック・アウトの圧力により原研労組をして本件業務命令の定める4班3交替制を内容とする労働協約を締結させるという積極的な意図の下に行われたものとみざるをえない。以上を前記1において述べた法理に照ら

---

166) なお，初期の下級審裁判例としては，東京地判昭26・8・7労民2巻3号258頁。横浜地判昭29・8・10労民5巻4号408頁，大分地決昭39・4・25判タ163号136頁などがある。
　　また，古い下級審裁判例には，民法的考察方法によったとみられるものも散見される。たとえば，札幌地決昭37・8・9労民13巻4号887頁，高松地丸亀支判昭38・9・16労民14巻5号1158頁，大阪高判昭44・9・19労民20巻5号985頁など。

第7章 雇　用

して考えれば，本件ロック・アウトは，その開始の時点において，『本件ストライキによりYが著しく不利な圧力を受けることになるような場合に行われたもので，衡平の見地から見て労使間の勢力の均衡を回復するための対抗防衛手段として相当なものであつた』とは認められないというほかない。そして本件ロック・アウトが開始された後の時点において，これを正当ならしめるような特段の事情の変化があつたことは本件全証拠によるもこれを認めることができないから，右の結論は本件ロック・アウト継続中についても異ならないというべきである。よつて，本件ロック・アウトはその実施期間中のいずれの時点をとつても正当性を認め難いといわなければならず，Yの主張は採用することができない。
三　してみると，YはXらに対し，本件ロック・アウトにより就労できなかつた期間中の同人らの賃金の支払義務を免れない」。（控訴棄却）。

　最判昭58・6・13民集37巻5号636頁も，これを認容し，Yの上告を棄却した。判旨は，前述【92】とほぼ同一である。

　㈦　第2は，違法解雇・就労拒絶型である。
　(a)　この類型の裁判例も多い。

【94】　東京地決昭25・8・10労民1巻4号666頁

　［事実］　Yは，雇用するXを，「金融の困難」によって経営に支障をきたしたとして解雇した。Xは，解雇の無効を主張して賃金支払を訴求した。
　判決は，Yのした解雇の有効性を認めたが，それが効力を生じるまでYに賃金の支払義務が

あるとした（労基20条参照）。
　［判旨］　「Y会社は，金融の困難その他の事由により，昭和25年5月5日以降継続的に休業し，6月25日にいたつている。従つて，Y会社は右選定者等に対し，労働基準法第26条所定の休業手当を支払わなければならぬことはいうまでもない。
　この点に関し，Xは，『Y会社の責に帰すべき事由に因り，選定者等は，労働の履行をなすことができなかつたのであるから，反対給付たる賃金全額の支払を請求することができる。』と主張する。
　そこで，労働基準法第26条と使用者の責に帰すべき事由による履行不能（民法第536条第2項）ないし債権者の受領遅滞（民法第413条）との関係を考察すると労働基準法第26条が特約のない限り，平均賃金の『100分の60』の休業手当の支払を要求するにとどめている点に徴すれば，同条は，使用者の立場を考慮しつつ，右民法の規定の要件を緩和して，その適用範囲を拡張することにより，一定の限度において労働者の地位を保護しようとするものであると解することができる。すなわち，民法にいう『債権者の責に帰すべき事由』とは，債権者の故意，過失又は，信義則上これと同視すべきものを意味するものとして，極めて狭義に理解せられているのであるが，本条の『使用者の責に帰すべき事由』とは，これよりもひろく，企業の経営者として不可抗力を主張し得ないすべての場合（たとえば，経営上の理由により休業する場合）を含むものと解すべきである。
　本件の場合は，右第26条にいう『使用者の責に帰すべき事由』に該当し，民法の『債権者の責に帰すべき事由』には該当しない，と解するのが相当である。
　従つて，選定者は，Y会社に対し，別紙第2目録『休業手当』欄記載の金員を請求する権利

があるが、右の限度を超えて、賃金全額を請求する権利はない」。

(b) 違法解雇・就業拒絶型の事例では、民法の修正は、ロックアウトの場合ほど明確にはされていない。そして、使用者の解雇あるいは解雇にいたらない就業の拒絶によって労働者が就労できない場合でも、のちに解雇あるいは就労が違法とされたとすれば、そのような行為をした使用者に責に帰すべき事由があったかどうかによって、賃金請求権の存否が決せられる[167]。すなわち、解雇が違法であり、無効であるとされても、使用者が正当性を信じるにつき責がなければ、履行不能もその責に帰すべき事由によるものとただちにはなしえないのである[168]。これは、ロック

---

[167] 使用者が休職を命じた事案として、横浜地決昭40・11・26労民16巻6号1002頁。また、那覇地判昭63・12・15訟務月報35巻6号962頁、労働判例532号14頁は、アメリカ軍基地に勤務する警備員が階級章および肩章を着用していなかったことを理由として、その就労を拒否したケースである。階級章などの着用の義務は存しなかったとして、536条2項の適用を肯定した。着用拒否を理由に警備員の就労を拒否する行為を536条2項に該当するものとして、使用者の賃金支払の義務を認めたものである。

[168] もっとも、本文で指摘したところは、可能性の問題であって、多くの場合には、正当性の存在と責に帰すべき事由のないことは一致しよう。また、労働法的な考察方法がしだいに増加しつつあるように思われる。

ほかにも、比較的新しく就労拒否型のケースがいくつかみられる。たとえば、名古屋地判平3・7・22判タ773号165頁は、懲戒処分に先行する自宅謹慎中も、使用者は当然にその間の賃金支払義務を免れることはできず、支払義務を免れるためには、当該労働者を就労させないことにつき、不正行為の再発、証拠湮滅のおそれなどの緊急かつ合理的な理由が存するか、またはこれを実質的な出勤停止処分に転化させる懲戒規定上の根拠が存することを要するとし、自宅謹慎期間中の賃金支払請求が認められた。

また、東京地判平2・2・16労働判例557号7頁においては、15分の時限スト終了後、会社側が就労を拒否したのに対し、組合がその撤回を要求したことにより、労務の提供があったとされ、スト終了後の賃金支払請求が認められた。使用者が労働者から提供された労務の受領を拒否することにより賃金支払義務を免れるのは、使用者側からする争議行為の一種であり、これが許されるのは、労働者側の争議行為により労使間の均衡が破れ、使用者側がいちじるしく不利な圧力をうけることになるような場合に限られるとされ、時限スト終了後に使用者により就労拒否通告がされた場合に労働者の賃金支払請求が肯定された。ストライキを口実に勤務時間を変更するような場合であっても、ストライキ以外の時間に提供された労務が使用者にとって意味を持たないという特段の事情がない限り、当該労務提供が債務の本旨に従っていないということはできないとして賃金請求が認められた。基本的に正当性の有無が基準になっており、第1のロックアウト型に接近しつつあるともいえる。提供がもちだされたのは、たんに15分という労働者の争議行為の小ささに対し、使用者の行為が均衡を欠くことの言い換えにすぎない。

なお、536条2項の適用をうけるための要件については、東京地判平9・8・26労民48巻4号349頁がある。使用者が労働者の就労を事前に拒否する意思を明確にしている場合に労働債務は履行不能となるが、その場合であっても、当該労働者が536条2項の適用をうけるためには、それが使用者の責めに帰すべき事由によるものであることを主張立証しなければならず、この要件

アウト型でもみられた民法的考察方法に相当するといえよう。

前述【28】も，この類型に属し，民法的な考察がとられている。

この場合とロックアウト型の場合とで差がみられ，前者で使用者の行為の正当性がただちに賃金支払義務の存否と結びつけられるのは，争議行為としての特質によるものであろう。というのは，解雇は，それが労働基準法上の解雇制限（労基19条）に違反し，もしくは不当労働行為・権利の濫用として禁じられる場合にはともかくとして，わが法上は一般的に制限をうけているわけでは一応なく，のちに無効と評価されることはあっても，必ず使用者に責がある事由とまではいえないからである（もちろん，帰責事由があるとされることは多いであろう）。

(c) また，逆に，有効な解雇であっても，それが経営障害の範囲に属する場合には，なお「使用者の責に帰すべき事由」の一部として，対価請求権を維持することも可能となる。

そこで，多くの裁判例は，解雇による就労拒絶は，たとえ民法536条2項にいう「債権者ノ責ニ帰スヘキ事由」にあたらないとしても，労働基準法26条にいう「使用者の責に帰すべき事由」として，使用者は休業手当の支払を義務づけられるとした。すなわち，同法26条にいう帰責事由は，民法536条1項・2項にいう帰責事由が拡大されたものであるから，通常の意味における使用者の責がなくても，少なくとも休業手当を請求することは可能とするのである（以下「責の拡大説」という）[169]。

そこで，みぎの立場によると，雇用関係における危険負担では，使用者の責に帰すべき事由がなお大きな意味をもつことになる。

【95】 最判昭37・7・20民集16巻8号1684頁（昭36年（オ）第522号）

[判旨]「駐留軍労務者は，政府に雇用されて日本に駐留するアメリカ合衆国軍隊のために労務に服する者であつて，その労働関係は私企業におけると同視し得ない面があるとしても，少くとも給与に関する限り，私企業の労働者と区別して取り扱うべき合理的根拠は見出し難く，また所論のごとく，日本政府とアメリカ合衆国との間に締結されたいわゆる労務基本契約により，日本政府が駐留軍労務者に支払つた賃金そ

事実を主張立証するには，その前提として，労働者が客観的に就労する意思と能力とを有していることを主張立証しなければならないとされた。具体的には，未払賃金が支払われない限りは就労しない意思であったと認められ，536条2項にもとづく賃金請求は退けられた。また，賃金債務の不履行を原因として労働者の側から労働契約を解除した場合には，やむをえない業務上の都合による解雇の場合に準じた支給率で算出した退職金が支給されるべきであるとされた。立証責任の側面で論じているが，就労する意思や能力は客観的に判断されるべきものであり，たんに就労拒否の正当性を技術的な説明によって補完しているものにすぎない。

169) しかし，労働基準法26条にいう休業手当は，平均賃金の6割以上の支払を義務づけるだけであるから，民法536条2項が反対給付の支払を義務づけるのに比して労働者にとって不利であることは，べつに問題となりうる。

の他の給与の費用はアメリカ政府から償還を受ける関係上，本件給与規程の休業手当に関する条項が労務基本契約附属スケジュールＡの規定と符合するように立案されたとしても，スケジュールＡには休業手当につき本件給与規程の休業手当に関する条項に相応するもののほか別段の規定はなく，しかも，原判決の確定した事実によれば，右規程の立案にあたり民法536条2項の適用を排除せんとする特段の配慮はなされなかつたというのであるから，本件給与規程の休業手当に関する条項は，原判示のように，労働基準法26条と同様，休業期間中における労働者の最低限度の生活を保障するため特に設けられた規定であつて，軍の都合による休業が民法536条2項にいう『債権者ノ責ニ帰スヘキ事由』に基づく履行不能に該当し，労務者が政府に対し全額賃金の支払を請求し得る場合にも，その請求権を平均賃金の6割に減縮せんとする趣旨に出たものではない，と解するのを相当とする」。

労務給付における使用者の責に帰すべき事由の内容については，以下の判決に，より詳しい。

然適用せられ，本件出勤停止並に解雇は，いずれも同条第1号に該当する不当労働行為として無効たるを免れないものといわなければならない」。

「本件は雇主たるＹの責に帰すべき事由により，履行不能となつた場合に該当するものというべく，Ｙの主張は採用できない。

(二)，Ｙ主張の各給与規程の定めるところは，その趣旨及び体裁自体に徴するも労働基準法第26条と同趣旨に出たものと解するを相当とする。そして右基準法の規定する『使用者の責に帰すべき事由』とは，民法第536条第2項のそれよりは広く，例えば経営上の障害等による休業の場合をも含め，労働者保護のため，その最低生活を保障しようとの趣旨に出たものであつて，右民法の規定による賃金請求権を制限するものではないと解するのが，今日既に支配的となつている見解である」。

(エ) 第3は，経営障害型である。

(a) この類型については，とりわけ学説上争いが多い。しかし，ドイツ法では多くみられた実例は，わが国では比較的少ない。

【96】 福岡高判昭35・11・18労民11巻6号1317頁

[判旨]「Ｘに対する本件出勤停止並に解雇を決定した駐留軍の真意は，結局においてＸのなした正当な組合活動を嫌忌し，これをその理由としたものであると推認せざるを得ないところ，日米安全保障条約第3条に基く行政協定第12条第5項は，駐留軍労務者の保護のための条件並に労務関係に関する労務者の権利は，日本国の法令で定めるところによるべき旨を規定しているから，本件についても労働組合法第7条が当

【97】 大阪地判昭28・6・12労民4巻4号374頁

[事実] ＸはＹに雇用されていたが，いわゆる電休のために旋盤の使用ができなかったとして，Ｙはその時間に相当する賃金を支払わなかった。そこで，ＸはＹにその支払を訴求した。

判決は，労務の提供をなしえないことについてＹの責に帰すべき事由はなかったとして，民法536条1項を適用してＹの賃金支払義務を否定した。

[判旨]「昭和26年8月16日にＸはＹにより

その就業を拒否せられたため労働しなかつた事実を認めることができるが当日は停電日であつたため旋盤を使用できなかつた事実が同時に認められるから他に特別の事情がない限り右就業拒否のみの事実を以て使用者の責に帰すべき事由による休業と謂うことを得ないからYに当日の休業手当を支払う義務はない」。

【98】 熊本地八代支判昭27・11・27 労民 13 巻 6 号 1126 頁

[事実] XはYに雇用されていたが、Yは、その業務内容の約8割を受注する関連企業Aの争議のために仕事が減少し、休業した。そして、YがXに賃金を支払わなかつたので、Xは、これを訴求した。

判決は、Yは、Aから仕事の発注をうけられなくても、他からの発注を求めるなどのことをしなければ、休業について責に帰すべき事由があるとして、休業手当（労基26条）の支払を命じた。

[判旨]「労働基準法第26条の『使用者の責に帰すべき事由』とは、同規定が労働者保護のためその最低生活を保障しようとする趣旨にあり、かつ企業経営の利益が使用者に帰属することに対応して企業経営上の障碍による損失も使用者が負担すべきであるという衡平の観念よりすれば、民法の解釈とされている使用者の故意過失又は信義則上右と同一視すべき事由より広義に理解しなければならないものであつて、企業経営者として不可抗力を主張しえないすべての場合をも含むと解すべく、したがつて、経営政策上の事由や経営障碍を理由とする休業も使用者の帰責事由となる。債務者会社が本件休業に入るに至つたのは、その運輸業務を担当していたA新日窒水俣工場が争議のため生産業務が一時停止ないし縮小したことにともない業務が減少して経営障碍を惹起したことによることは明らかであるが、関連企業における業務の変動を原因とする経営障碍の場合と雖も、企業経営者としては直ちに不可抗力をもつて主張しえず、客観的に見て通常なすべきあらゆる手段を尽くしたと認める場合にのみ休業手当の支払義務を免れうると解するのが相当である。債務者会社〔Y〕水俣支店はA新日窒水俣工場の運輸業務を担当しているがそれが〔Y〕右水俣支店の業務のすべてではないのであり、本件休業に入つた当時はむしろ〔A〕右水俣工場の生産業務は漸次増加しようとする時期に当つていたのであり、債務者会社が本件休業を防止しようとしてなしたと認められる各措置ではいまだ使用者の帰責事由を免れさすに不十分であると考える」。

(b) 経営障害型は、当事者、とくに使用者の責に帰すべからざる経営の障害のために、労務の履行ができなくなる場合である。たとえば、工場の焼失あるいは原料・動力の不足によって操業できなくなる場合である。これはドイツ法では、使用者の一身的事由にもとづく給付障害のもっとも典型的な場合とされている。わが国でも、とくに学説によってとりあげられることが多い[170]。

しかしながら、実際の裁判例は乏しい。【97】および【98】がそのまれな例である。そして、これら事件でも、使用者にその責に帰すべき事由があるかどうか、によって賃金

---

[170] この経営障害型については、休業手当を意義づけようとするさいにとりあげられる（たとえば、石井照久・労働法〔1973年〕176頁、有泉亨・労働基準法〔1963年〕255頁、片岡昇・労働法(2)〔1975年〕440頁など）。

の支払義務を検討する立場がとられ，しかも【97】では，これが否定されているのである。

　前述【96】が，経営上の障害等による休業の場合にふれているところ，裁判例は，この場合にも，「使用者の責に帰すべき事由」を，民法第536条第2項のそれよりは広くとらえる構成を一般的に採用している。

　(c)　やや古い最高裁判決では，前述【95】がこれに関連し，連合軍関係事務系統使用人給与規定ならびに同技能工系使用人給与規定の各休業手当に関する条項は，休業期間中における駐留軍労務者の最低限度の生活を保障するためとくに設けられた規定であって，軍のつごうによる休業は民法536条2項にいう「債権者ノ責ニ帰スヘキ事由」にもとづく履行不能にあたり，労務者が政府に全額賃金の支払を請求しうる場合においても，その請求権を平均賃金の6割に減縮しようとする趣旨に出たものではないと解するのを相当とするとした。これも帰責事由を認めることによって，対価請求権を肯定するものといえよう。

　もっとも，これも不可抗力による経営障害型というよりは，当事者の責に帰すべき事由を拡大する基礎のある㈦の違法解雇型に近い。

　㈺　第4は，一部スト型である。
　(a)　一部スト型は，使用者ではなく労働者側に障害の原因のあることが特徴である。

第1節　民　法

【99】　東京地判昭53・8・9労民29巻4号578頁

　［事実］　AとBとは，Y会社の企業内組合であったが，そのうち，A組合がストを行った。そのため，業務が停止し，B組合所属の従業員Xは，Yから休業を命じられた。そこで，Xは，休業期間中の賃金の支払をYに訴求した。
　判決は，本件では，民法536条2項にいう債権者の責に帰すべき事由はない，としてみぎ請求を認めなかった。
　［判旨］　「民法第536条第2項の債権者の責に帰すべき事由とは，故意，過失又は信義則上これと同視すべき事由をいうものと解せられ，このことは労働契約に関する場合も同様であるといわなければならない。そしてストライキを含む一切の争議行為は，労働者の団体がその意思決定に基き，その目的を達成するために行うものであつて，使用者に争議行為を停止する権限はないから，労働者が他の組合又は一部組合員のストライキによつて就労できない状態になつたとしても，使用者が不当な目的をもつて殊更に労働者をしてストライキを行わせるように企図したり，ストライキに至る経過について使用者の態度に非難されるべき点がある等特段の事由がない限りは，使用者の責に帰すべき事由があるとはいえないものと解する」。

　(b)　一部スト型では，労働者の一部がストを行った結果，他の労働者の就労が妨げられた場合に，後者の賃金請求権が問題となる。
　この場合には，ロックアウトあるいは解雇のように，就労が妨げられるにあたって使用者の就労拒絶という行為を必要としないので，業務が停止しても，それをただちに使用者の

責に帰すべき事由と結びつけることができない。そこで、ストと無関係の労働者が賃金支払を請求するときには、使用者の責に帰すべき事由を判断して、すなわち、前述の民法的考察方法によって解決を探ることが多い[171]。

最高裁判決では、つぎがある。

【100】 最判昭62・7・17民集41巻5号1350（昭57年（オ）第1190号）

[事実] 一部ストによって、スト不参加労働者の労働義務の履行が不能となった場合に、使用者が不当労働行為の意思その他不当な目的をもってことさらストを行わせたなどの特別の事情がないかぎり、右ストは民法536条2項の「債権者ノ責ニ帰スヘキ事由」にあたらないとして、一部ストによる労務の停止が、使用者の帰責事由にあたることを否定したケースである。

[判旨] 「企業ないし事業場の労働者の一部によるストライキが原因で、ストライキに参加しなかった労働者が労働をすることが社会観念上不能又は無価値となり、その労働義務を履行することができなくなった場合、不参加労働者が賃金請求権を有するか否かについては、当該労働者が就労の意思を有する以上、その個別の労働契約上の危険負担の問題として考察すべきである。このことは、当該労働者がストライキを行った組合に所属していて、組合意思の形成に関与し、ストライキを容認しているとしても、異なるところはない。ストライキは労働者に保障された争議権の行使であつて、使用者がこれに介入して制御することはできず、また、団体交渉において組合側にいかなる回答を与え、どの程度譲歩するかは使用者の自由であるから、団体交渉の決裂の結果ストライキに突入しても、そのことは、一般に使用者に帰責さるべきものということはできない。したがつて、労働者の一部によるストライキが原因でストライキ不参加労働者の労働義務の履行が不能となった場合は、使用者が不当労働行為の意思その他不当な目的をもってことさらストライキを行わしめたなどの特別の事情がない限り、右ストライキは民法536条2項の『債権者ノ責ニ帰スヘキ事由』には当たらず、当該不参加労働者は賃金請求権を失うと解するのが相当である。

ところで、労働基準法26条が『使用者の責に帰すべき事由』による休業の場合に使用者が平均賃金の6割以上の手当を労働者に支払うべき旨を規定し、その履行を強制する手段として附加金や罰金の制度が設けられている（同法114

---

[171] 前橋地判昭38・11・14労民14巻6号1419頁、高知地判昭50・1・20判時785号108頁など。
　なお、わが国では、一部ストの場合には、賃金をめぐる使用者と労働者の対立よりも、組合相互の対立が顕著なことが多い（したがって、横断的組合間の連帯が指摘されるドイツの一部ストとは異なる）。たとえば、高松高判昭51・11・10労民37巻6号587頁参照。第2組合が第1組合の争議によって就労を妨げられたとして、後者に損害賠償を請求した事件である。
　本書では立ち入らないが、労働法的には、広義の一部ストは、狭義のそれと部分ストに分けられる。ドイツ型や1組合の1職種や部門の労働者のみがストに参加し、他の労働者が参加しない部分ストの場合には、ドイツの判例のいう労働者間の連帯が考慮されるが（ストは労働者の領域に属する）、1企業内にべつの組合が対立する場合には同様の理由づけはできず、A組合にとって、B組合のストはむしろ使用者の領域に属することであり、使用者がスト不参加者の労務を受領しうる場合には、賃金支払義務を否定しえないことになる。また、使用者にとって無関係のもの（領域的にも中立）と位置づければ、536条1項の対象ということになろう。

条, 120条1号参照) のは右のような事由による休業の場合に, 使用者の負担において労働者の生活を右の限度で保障しようとする趣旨によるものであつて, 同条項が民法536条2項の適用を排除するものではなく, 当該休業の原因が民法536条2項の『債権者ノ責ニ帰スヘキ事由』に該当し, 労働者が使用者に対する賃金請求権を失わない場合には, 休業手当請求権と賃金請求権とは競合しうるものである (最高裁昭和36年(オ)第190号同37年7月20日第2小法廷判決・民集16巻8号1656頁, 同昭和36年(オ)第522号同37年7月20日第2小法廷判決・民集16巻8号1684頁参照)。そして, 両者が競合した場合は, 労働者は賃金額の範囲内においていずれの請求権を行使することもできる。したがつて, 使用者の責に帰すべき事由による休業の場合において, 賃金請求権が平均賃金の6割に減縮されるとか, 使用者は賃金の支払いに代えて休業手当を支払うべきであるといつた見解をとることはできず, 当該休業につき休業手当を請求することができる場合であつても, なお賃金請求権の存否が問題となりうるのである。」

「本件において, Y会社が不当労働行為の意思その他不当な目的をもつてことさら本件ストライキを行わしめたなどの前記特別の事情がないことは明らかである。そして, 前記休業を命じた期間中飛行便がほとんど大阪及び沖縄を経由しなくなつたため, Y会社は管理職でないXらの就労を必要としなくなつたというのであるから, その間Xらが労働をすることは社会観念上無価値となつたといわなければならない。そうすると, それを理由にY会社が右の期間Xらに対し休業を命じたため, Xらが就労することができず, その労働義務の履行が不能となつたのは, Y会社の『責ニ帰スヘキ事由』によるものということはできず, Xらは右期間中の賃金請求権を有しないこととなる」。

なお, 同日の最高裁判決・民集41巻5号1283頁 (昭57年(オ)1189号) (後述【102】) も, 労働基準法と民法の「責に帰すべき事由」の関係にふれている。

3 類型化と特色

㈎ 労務の特質

(a) 雇用契約における履行不能は, 労働という給付の特質を反映している。すなわち, 当事者の一方が提供または受領しなければ, たんなる遅滞もそれにとどまらず, 不能をもたらすのである。これは, 労務給付が時の経過によって失われ, 物給付のように追完しえないことにもとづくが, そのため, 遅滞も不能に等しいという意味で影響が大きい。

ところで, 労働者が給付を履行できない場合は, 2つに大別される。

第1は, 労働者がみずから給付しえない場合である。これは, 主体に生じた障害あるいは給付そのものの障害の場合である。このような場合には, 給付それ自体を行うことができないのであるから, かりに障害について労働者の責に帰すべき事由がないとしても, 反対給付である賃金請求権が消滅することも, あながち不当とはいえないであろう。

第2は, 使用者側の事由によって履行できない場合である。この場合でも, 労務では給付の性質上不能がもたらされる。しかし, 受領の拒絶には, 必ずしも使用者の責に帰すべき事由が存在するとは限らない。他方で, 労働者にとって履行する能力までが失われているわけではない。そこで, この場合を使用者

第7章 雇　用

の一身的事由にもとづく障害としてとらえると，その効果，とくに反対給付の運命を問題とすることができる。

　(b)　使用者が労務の受領を拒絶することは，同人の責に帰すべき事由にもとづく場合にも，そうでない場合にもありうる。そして，この受領拒絶によって給付は不能となるから，責に帰すべき事由は，本来，受領拒絶についてのものであったはずであるが，給付不能についての帰責事由としても扱われうるのである。そうすると，給付不能の危険負担は，結局，使用者が受領を拒絶することについて責があったかどうか，によって決せられる。その結果，賃金請求をめぐる争いは，使用者の責に帰すべき事由を焦点として争われることになる。そこで，このような使用者の労務の受領拒絶の原因によって各事件の類型も特徴づけられるのである。

　㈲　特　　徴

　裁判例の概観から，わが国における雇用の危険負担の問題について特徴を摘出してみよう。

　(a)　第1は，外国で論争の中心となる営業・経営障害型の裁判例が，じっさいには少ないことである。この事実の背景がどこにあるのか，には立ち入りえない。そもそも現実に障害が生じなかったとはいえまい。むしろ，賃金を請求するには，使用者の責に帰すべき事由が必要である，とする意識が前提にあったからであろう。そのことは，他の類型での理由づけ（たとえば，【99】判決）にもみられ

るし，そのことが結局，使用者の責に帰すべき事由を拡大する，との考えをもたらしたのでもあろう。

　すなわち，外国法とは，責に帰すべき事由の把握と範囲において相違があり，この相違をふまえるならば，外国とくにドイツにおける経営障害理論をただちにわがくにの解釈にもちこむことはできない。

　さらに，そうだとすると，ここで問題が2つ残される。1つは，他の履行障害の場合（前述2㈭・㈰・㈵）における危険負担をどのように扱うかである。これに関連して，わがくにの雇用の危険負担の第2・第3の特徴がみられる（後述(b)参照）。もう1つは，たとえ数は少ないとしても，経営障害型の危険負担をどのように解決するかである（前述2㈨および後述㈰参照）。

　(b)　第2は，特定の型（おもに2㈭・ロックアウト型）で，使用者の責に帰すべき事由に代えて，その行為の正当性が賃金支払義務の運命を決定する，との労働法的考察が広く行われていることである。これは，みぎの類型がとくに争議行為との関連で問題となり，労働法的考慮が必要とされることを反映したものである。たんに，狭義の有責性だけを基準として対価の請求が判断されるわけではないことを指摘しておく必要があろう。

　(c)　これに反し，民法的考察のわくのなかでの解決方法には，なおふれておくべき第2の特徴ともいえるものがある。「責の拡大説」の存在がこれである。

　この見解は，とくに使用者の責に帰すべき

第1節　民　　法

事由を拡大し，それによって牽連関係（536条1項）を修正しようとする。そこで，牽連関係を修正するために一種の擬制をもちこむところに，ドイツの営業障害へのアプローチ（受領遅滞説・領域説）と共通した面をもっている。すなわち，その責に帰すべき事由がないからといって，使用者の賃金支払義務を否定するべきではない，と判断する共通の出発点に立っている。そこで，構成は異なっても，責の拡大説は，ドイツの領域説とも同じ機能を営むことができるのである。

(ウ)　営　業　障　害

そこで，営業障害に関しては，以下のことを指摘することができる。たしかに，営業障害は裁判例のうえでは，帰責事由の比較的広い（と思われる）わがくにではほとんど問題とならなかった。しかし，その基礎には，そのさいに形式的に牽連関係を適用してもよいか，には無意識的にせよ疑問があったものといえる。そこで，この疑問は，学説のなかでとりあげられ，類似した事例で，（たんに帰責事由の認定という事実のレベルだけでなく）責の拡大という方向で，「労働法的に」理論化されたのである。したがって，ドイツ法が援用されることは多いが，実際には相違がみられ，ドイツとは異なる解決が求められているのである[172]。

わがくにでは，伝統的に民法536条2項をもち出すことが多く，そこで，責の拡大によって使用者の危険負担を認める方法が探ら

れ，領域説も，そのように解されたのである。そして，同じ解釈は，つぎにみるように（以下の第2節）労働基準法の規定の解釈にあたってももちこまれたのである。

(エ)　労務の提供の（一部）不能

(a)　使用者の責に帰すべき事由とは逆に，労働者の主体に生じた障害により履行ができなくなった場合に関する判断は少ない。この場合には，給付は不能となるから，反対給付の支払義務も消滅するのが原則である（536条1項）。しかし，履行がまったく不能になるのではなく，労働者が疾病のため，業務のうち一部の労務の提供ができなくなるにすぎない場合の効果が問題となる。

これにつき，つぎの最高裁判決は，ただちに債務の本旨にしたがった労務の提供をしなかったとはいえないとし，賃金請求権の存続が可能な判断をした。

【101】　最判平10・4・9判時1639号130頁

［事実］　Yは，土木建築の設計，施工，請負などを目的とする従業員数，約130名の会社である。Xは，昭和45年3月からYに雇用され，本社の工事部で建築工事現場における現場監督業務に従事してきた。

Xは，平成2年夏，バセドウ病にり患しているとの診断をうけ，以後治療をうけていたが，平成3年2月まで右現場監督業務を続けた。Xは，平成3年2月以降は，現場監督業務が生ず

---

[172]　本書では，わが国の裁判例が，ドイツのそれとは必ずしも同じ問題を対象としてはいないことを指摘するにとどめ，それがわがくにの法理論にいかなる影響を与えたかには，立ち入らない。【研究】256頁以下参照。

危険負担の判例総合解説　**175**

第7章　雇　用

るまでの間の一時的業務として，Yの本社内で図面の作成などの事務作業に従事していたが，同年8月19日，翌20日から都営住宅の工事現場で現場監督業務に従事すべき旨の業務命令をうけた。そのさい，Xは，Yに対して，本件疾病にり患しているため現場作業に従事しえない旨の申出をし，20日，本件工事現場に赴任したさいにも，現場責任者に対し，疾病のため現場作業に従事することができず，残業は午後5時から6時までの1時間に限り可能であり，日曜及び休日の勤務が不可能である旨の申出をした。

平成3年9月9日，Xの主治医の作成した診断書には「現在，内服薬にて治療中であり，今後厳重な経過観察を要する」との記載があった。そこで，Yは，Xが本件工事現場の現場監督業務に従事することは不可能であると判断し，Xに対し，翌10月1日から当分の間自宅で治療すべき旨の命令を出した。

Xは，自宅治療命令が出された後に，事務作業はできるとして，平成3年10月12日付のXの主治医作成の，重労働を控えデスクワーク程度の労働が適切とする診断書を提出したが，Yは，右診断書にもXが現場監督業務に従事し得る旨の記載がないことから，本件自宅治療命令を持続した。

その後，XからYに対して賃金仮払を求める仮処分が申し立てられ，その審尋において，Xの主治医の意見聴取が行われ，平成4年1月時点では，Xの症状は仕事に支障がないことなどが明らかになった。そこで，Yは，同年2月5日，Xに対し，本件工事現場で現場監督業務に従事すべき旨の業務命令を発し，Xは，右命令に従い，現場監督業務に従事した。

Xは，平成3年10月1日から平成4年2月5日までの不就労期間中，工事現場の現場監督業務のうち現場作業に係る労務の提供は不可能で，事務作業に係る労務の提供のみが可能で，現実に労務に服することはなかった。そのため，Yは，右期間中Xを欠勤扱いとし，その間の賃金を支給せず，平成3年12月の冬期一時金を減額支給した。

Xの賃金請求に対し，原審は，以下の判断から，請求を棄却した。

[原審判決]「1　労働者が故意又は過失に基づくことなく，また，業務に起因することなくり患した病気（以下『私病』という。）のため労務の全部又は一部の履行が不能となった場合には，雇用契約，労働協約等に特段の定めがない限り，全部が不能のときは，労働者は賃金請求権を取得せず（民法536条1項），一部が不能のときは，一部のみの提供は債務の本旨に従った履行の提供とはいえないから，原則として使用者は労務の受領を拒否し賃金支払義務を免れ得るが，提供不能な労務の部分が提供すべき労務の全部と対比してわずかなものであるか，又は使用者が当該労働者の配置されている部署における他の労働者の担当労務と調整するなどして，当該労働者において提供可能な労務のみに従事させることが容易にできる事情があるなど，信義則に照らし，使用者が当該労務の提供を受領するのが相当であるといえるときには，使用者はその受領をすべきであり，これを拒否したときは，労働者は賃金請求権を喪失しない（民法536条2項）。

2　本件疾病は私病であり，私病のため労務の提供ができない場合でも賃金を支払う旨の規定があるとの主張立証はない。そして，Xは，本件不就労期間中，事務作業に係る労務の提供のみが可能であったところ，本件工事現場においては，現場作業がほとんどであり，事務作業は補足的でわずかなものにすぎず，信義則上事務作業をXに集中して担当させる措置を採ることが相当であったとはいえないし，現場勤務を命じられる前の工務監理部での事務作業は，恒

常的に存在するものではなく，本件不就労期間中にこれが存在したとは認められないから，これを斟酌することはできない。また，X提出の病状説明書や診断書の内容につき疑念を持つべき事情があったとはいえないから，Yが改めて医学調査をすべきであったとはいえないし，復職命令までの間に，Xが債務の本旨に従った労務の提供ができるようになったことを明らかにし，その受領を催告したとの主張立証はない。

3 したがって，信義則上Xの労務の一部のみの提供を受領するのが相当というべき事情がなく，Xの債務の履行が不能となったのであるから，Xは，本件不就労期間中の賃金及び一時金請求権を取得しない」。

これに対して，最高裁は，以下のように述べて原判決を破棄差戻した。

[最高裁判決]「1 労働者が職種や業務内容を特定せずに労働契約を締結した場合においては，現に就業を命じられた特定の業務について労務の提供が十全にはできないとしても，その能力，経験，地位，当該企業の規模，業種，当該企業における労働者の配置・異動の実情及び難易等に照らして当該労働者が配置される現実的可能性があると認められる他の業務について労務の提供をすることができ，かつ，その提供を申し出ているならば，なお債務の本旨に従った履行の提供があると解するのが相当である。そのように解さないと，同一の企業における同様の労働契約を締結した労働者の提供し得る労務の範囲に同様の身体的原因による制約が生じた場合に，その能力，経験，地位等にかかわりなく，現に就業を命じられている業務によって，労務の提供が債務の本旨に従ったものになるか否か，また，その結果，賃金請求権を取得するか否かが左右されることになり，不合理である。

2 前記事実関係によれば，Xは，Yに雇用されて以来21年以上にわたり建築工事現場における現場監督業務に従事してきたものであるが，労働契約上その職種や業務内容が現場監督業務に限定されていたとは認定されておらず，また，X提出の病状説明書の記載に誇張がみられるとしても，本件自宅治療命令を受けた当時，事務作業に係る労務の提供は可能であり，かつ，その提供を申し出ていたというべきである。そうすると，右事実から直ちにXが債務の本旨に従った労務の提供をしなかったものと断定することはできず，Xの能力，経験，地位，Yの規模，業種，Yにおける労働者の配置・異動の実情及び難易等に照らしてXが配置される現実的可能性があると認められる業務が他にあったかどうかを検討すべきである。そして，XはYにおいて現場監督業務に従事していた労働者が病気，けがなどにより当該業務に従事することができなくなったときに他の部署に配置転換された例があると主張しているが，その点についての認定判断はされていない。そうすると，これらの点について審理判断をしないまま，Xの労務の提供が債務の本旨に従ったものではないとした原審の前記判断は，XとYの労働契約の解釈を誤った違法があるものといわなければならない」。

(b) 労働者の主体に関して生じた障害は，労働者がみずからこれを負担するべきものとすれば，反対給付の請求権は消滅することになる。原判決は，この理論と，業務のうち一部の労務の提供ができなくなるにすぎない本件の場合でも，信義則上労務の一部のみの提供を受領するのが相当というべき事情がないとした。これは，業務のうち一部の労務の提供ができないことを履行の一部の提供ととらえ，もっぱら，物の履行の提供に関する民法

第7章 雇　用

理論によったものといえる。

　しかし，最高裁は，労働者の主体に関して生じた障害の場合の一部をも，「債務の本旨に従った労務の提供」の解釈から，使用者に負担させるものとした。「同一の企業における同様の労働契約を締結した労働者の提供し得る労務の範囲に同様の身体的原因による制約が生じた場合に，その能力，経験，地位等にかかわりなく，現に就業を命じられている業務によって，労務の提供が債務の本旨に従ったものになるか否か」が左右され不合理であるとの理由による。

　これは，行為給付の特質をとらえたものであり，危険の分配という観点からは，新たな点を含んでいる。すなわち，労働者の主体に生じた障害の一部をも，使用者の負担とするものであり，実質的に履行の一部の提供に関する判例理論を修正するものである。ここにも，「使用者の責に帰すべき事由」を拡大する判例理論の傾向が反映されているものととらえることができる。

　現象的には，反対給付請求権が存続する「使用者の責に帰すべき事由」の場合と同様に，その拡大が，当事者の責に帰すべき事由のない場合，あるいは労働者の責に帰すべき事由の一部にまで及んでいるのである[173]。

第2節　労　働　法

1　労働基準法26条

(ア)　責に帰すべき事由の拡大

　(a)　労働法の領域では，使用者の帰責事由を拡大して，労働者の賃金請求権を広く肯定しようとする見解が有力である。

　その出発点は，労働基準法26条の休業手当に関する規定である。それは，「使用者の責に帰すべき事由による休業」では，使用者は休業期間中でも労働者に平均賃金の6割以上の手当を支払わなければならないとする。

　ところで，使用者・債権者の責に帰すべき事由によって不能が生じたとすれば，民法の規定（536条2項）によると，損益相殺を除いて，労働者は賃金の全額を請求することができるはずである。そこで，文字通りに両者を比較すると，労働基準法による賃金保障は，民法のそれに劣ることになる。ここで，両者の関連が，古くから問題とされたのである[174]。

---

173)　ただし，本件の場合には，「使用者の責に帰すべき事由」による不能の場合とは異なり，労働者の提供が必要とされており，提供も不要となる「使用者の責に帰すべき事由」による不能の場合（536条2項）との限界となっている。
　　なお，労務給付の特質に注目して，「使用者の責に帰すべき事由」を，被用者に責に帰すべき事由以外のすべての場合（被用者の主体の障害を含めて）にまで拡大しようとする理論は，早くにドイツ民法典制定時にすでに展開されている【研究】163頁，169頁参照）。

174)　民法536条2項と労働基準法26条の関係についての学説の整理は，以下の諸文献にも詳しい。

(b) 学説の多くは，みぎの問題を以下のように解決している。あるいは労働基準法26条は，民法の受領遅滞の要件である提供（民492条）を不要とするものであるとし[175]，あるいは，同条にいう休業手当の限度で賃金支払はとくに強行的に保障されている（労基120条・罰則）とする[176]。あるいは労働基準法26条にいう「責に帰すべき事由」とは，民536条2項にいう「責ニ帰スヘキ事由」を拡大したものであるとする（前述の「責の拡大説」[177]）。

近時の有力説は，責の拡大説である。この見解の特徴は，労働基準法26条を民536条2項を修正したものととらえようとすることである。すなわち，前者をも後者と同じく一般の危険負担の問題とするのである。そこで，その意義づけには，債権法一般の有責要件の緩和が必要なのである。この責の拡大説は，使用者の有責という要件を緩和し，その危険負担を理由づける点が特徴である。日本的な領域説と位置づけることができる。

(c) ところで，初期には，労働基準法26条が労働者の提供を不要にする，として理由づけようとする見解もあった。むしろ，これは，受領遅滞の要件の緩和であり，有責を拡大する場合には，必要な操作ではない。受領遅滞を出発点とするのであれば，さらにドイツ民法旧324条2項（現326条2項）に相当するものを理論的に補うことで，受領遅滞中の不能として，使用者の対価支払義務を理由づけることができる（ドイツの領域説に相当する）。

しかしながら，責の拡大と，上記の受領遅滞の拡大とを同時に主張する必要はない。しかも，これは論理矛盾を含まずには成り立たない。というのは，労働基準法26条によって有責の要件が軽減されたととらえるならば，履行の障害は有責の不能（民536条2項相当）によって律せられるから，当然に対価を請求することができる[178]。加えて，無責の

西井竜生「休業手当」新労働法講座(7)〔1966年〕192頁以下，浅井清信・労働契約の基本問題〔1967年〕311頁以下，佐藤進「休業手当」労働法大系(5)86頁以下〔1963年〕，窪田隼人「賃金請求権」総合判例研究叢書労働法(3)127頁以下「賃金請求権」のなかの「休業手当」174頁以下〔1958年〕，蓼沼謙一「休業手当」労働判例百選〔2版・1967年〕第39事件，西村健一郎「休業手当」労働判例百選〔3版・1974年〕第50事件など参照。

　なお，労働法的文献の詳細については，いちいち立ち入らない。

175) たとえば，末弘厳太郎「労働基準法解説」法時20巻3号25頁。この見解は，民法413条から536条2項を導くことを意図する。

176) 我妻栄・前掲書V₃ 584頁，吾妻光俊・労働法概論〔1959年〕364頁など（各学説の詳細については，たとえば，西井・前掲論文参照）。なお，労働基準法現120条は，旧119条の2に相当する。

177) 石井照久・前掲書176頁，片岡昇・前掲書440頁ほか。さらに，責の拡大される範囲についても，①経営障害のすべてに適用されるとする見解と，②使用者が不可抗力を主張しえない一切の事由を含むとする見解があり，後者がやや有力である。後者のように解すると，不可抗力の範囲でのみ，（拡大された）責なく対価支払義務がないとされることになる。

178) 民法536条2項は，提供を要件としないから，ドイツ的な領域説による操作は不要である。こ

第7章 雇　用

受領不能を前提とする受領遅滞（ひいてはその要件の軽減）をもち出す必要はないのである[179]。

(イ)　裁　判　例

裁判例では，【102】ほかが，労働基準法26条の「使用者の責に帰すべき事由」は，民法536条2項の「債権者ノ責ニ帰スヘキ事由」よりも広く，使用者側に起因する経営，管理上の障害を含むとしている。

【102】　最判昭62・7・17民集41巻5号1283頁（昭57年(オ)1189号）

［判旨］「労働基準法26条が『使用者の責に帰すべき事由』による休業の場合に使用者が平均賃金の6割以上の手当を労働者に支払うべき旨を規定し，その履行を強制する手段として附加金や罰金の制度が設けられている（同法114条，120条1号参照）のは，右のような事由による休業の場合に，使用者の負担において労働者の生活を右の限度で保障しようとする趣旨によるものであつて，同条項が民法536条2項の適用を排除するものではなく，当該休業の原因が民法536条2項の『債権者ノ責ニ帰スヘキ事由』に該当し，労働者が使用者に対する賃金請求権を失わない場合には，休業手当請求権と賃金請求権とは競合しうるものである（最高裁昭和36年(オ)第190号同37年7月20日第2小法廷判決・民集16巻8号1656頁，同昭和36年(オ)第522号同37年7月20日第2小法廷判決・民集16巻8号1684頁参照）。

そこで，労働基準法26条の『使用者の責に帰すべき事由』と民法536条2項の『債権者ノ責ニ帰スヘキ事由』との異同，広狭が問題となる。休業手当の制度は，右のとおり労働者の生活保障という観点から設けられたものではあるが，賃金の全額においてその保障をするものではなく，しかも，その支払義務の有無を使用者の帰責事由の存否にかからしめていることからみて，労働契約の一方当事者たる使用者の立場をも考慮すべきものとしていることは明らかである。そうすると，労働基準法26条の『使用者の責に帰すべき事由』の解釈適用に当たつては，いかなる事由による休業の場合に労働者の生活保障のために使用者に前記の限度での負担を要求するのが社会的に正当とされるかという考量を必要とするといわなければならない。このようにみると，右の『使用者の責に帰すべき事由』とは，取引における一般原則たる過失責任主義とは異なる観点をも踏まえた概念というべきであつて，民法536条2項の『債権者ノ責ニ帰スヘキ事由』よりも広く，使用者側に起因する経営，管理上の障害を含むものと解するのが相当である」。

しかし，事案では，一部ストによる休業は，使用者の「経営，管理上の障害」によるものとはいえず，その責に帰すべき事由によるものということはできず，休業手当の請求はできないとされた。

使用者の責に帰すべき事由については，前述【100】の同日の判決（昭57年(オ)1190号）もふれている。

れを指摘する見解として，我妻・前掲書V_3　583頁参照。

179)　そこで，このような繰り返しは，ドイツの領域説を不必要に前提とし，わがくにのそれとの相違をみおとしている，といわざるをえない。比較的近時でも，このような繰り返しはみられる。たとえば，石井・前掲書176頁，片岡・前掲書440頁参照。

もっと古いものでは，つぎがある。

【103】 最判昭37・7・20民集16巻8号1656頁（昭36年(オ)第190号）

[判旨]「労働者は，労働日の全労働時間を通じ使用者に対する勤務に服すべき義務を負うものであるから，使用者の責に帰すべき事由によつて解雇された労働者が解雇期間内に他の職について利益を得たときは，右の利益が副業的なものであつて解雇がなくても当然取得しうる等特段の事情がない限り，民法536条2項但書に基づき，これを使用者に償還すべきものとするのを相当とする。

ところで，労働基準法26条が『使用者の責に帰すべき事由』による休業の場合使用者に対し平均賃金の6割以上の手当を労働者に支払うべき旨を規定し，その履行を強制する手段として附加金や罰金の制度が設けられている（同法114条，120条1号参照）のは，労働者の労務給付が使用者の責に帰すべき事由によつて不能となつた場合に使用者の負担において労働者の最低生活を右の限度で保障せんとする趣旨に出たものであるから，右基準法26条の規定は，労働者が民法536条2項にいう『使用者ノ責ニ帰スヘキ事由』によつて解雇された場合にもその適用があるものというべきである。そして，前叙のごとく，労働者が使用者に対し解雇期間中の全額賃金請求権を有すると同時に解雇期間内に得た利益を償還すべき義務を負つている場合に，使用者が労働者に平均賃金の6割以上の賃金を支払わなければならないということは，右の決済手続を簡便ならしめるため償還利益の額を予め賃金額から控除しうることを前提として，その控除の限度を，特約なき限り平均賃金の4割まではなしうるが，それ以上は許さないとした

もの，と解するのを相当とする」。

【104】 最判昭37・7・20裁判集（民）61巻737頁（昭36年(オ)第189号）

[判旨]「労働基準法が休業期間中における労働者の最低生活を保障するため，使用者に対し平均賃金の6割以上の休業手当の支払を命じているのは，休業が使用者の責に帰すべき事由によるものであることに帰因しているのであつて，もとより使用者に対し無過失賠償責任を課したものではないから，当該休業が使用者の責に帰すべき事由によるものである限り，使用者は，所定の休業手当を支払うべき義務を負担し，所論のごとく，その期間内に労働者が他の職について平均賃金の6割以上の収入を得たことによつて当然にその支払を免かるべきいわれはない。論旨引用にかかる旧労働基準法施行規則10条削除の理由は，同条が平均賃金の6割という法の定めた最低限度以上の手当の支払を罰則や附加金をもつて強制することとなつて法律違反の疑があるということにあるのであつて，所論のごとく，休業期間中における労働者の収入の総額を平均賃金の6割の限度におさえんとする趣旨に出たものではない。従つて，これをもつて労働基準法26条に関する前記解釈を左右するに足る資料とはなしえない，といわなければならない。

次に論旨は，本件のごとき解雇の場合には労働基準法26条の適用がない，と主張する。しかし，労働基準法26条は，民法536条2項の特別規定であつて，労働者の労務の履行の提供を要せずして使用者に反対給付の責任を認めているものと解すべきであるから，休業と解雇とではその期間内に労働者が他の職につく自由の点において異なるところがあるとして，解雇の場合

に労働基準法26条の適用を否定せんとする論旨は，その理由がない。

されば，原判決がXの解雇期間内に他の職について得た利益はYに償還すべきであると認めながら，その償還の限度を平均賃金の4割にとどめ，Yに対しXの解雇期間中の賃金として，平均賃金の6割相当の賃金の支払を命じたことは正当」。

これらと同日の，前述【95】最高裁昭37・7・20民集16巻8号1684頁（昭36年（オ）522号）も，労働基準法26条との関係にふれている。

一部ストのケースでは，前述【100】が，また，ロック・アウトのケースでは，【91】が，ロックアウトをした場合の賃金支払義務の免除にふれている。

(ウ) 中間利益の控除

また，使用者の責に帰すべき事由によって解雇された労働者が解雇期間内に他の職について利益をえた場合に，使用者が，労働者に解雇期間中の賃金を支払うにあたり，これを賃金から控除することはできるが，その限度は，平均賃金の4割の範囲にとどめるべきであるとされる。中間利益の控除の限界についての判断としては，以下がある。

使用者の責に帰すべき事由による解雇期間中の賃金を支払う場合の労働基準法12条4項所定の賃金については，労働者が解雇期間中，他の職についてえた利益額を控除できるとしたケースである。【103】がリーディング・ケースであり，中間利益の控除の限度は，平均賃金の4割の範囲内とした。同旨のものとして，【104】があった。

【105】　最判昭62・4・2判時1244号126頁

[判旨]「使用者の責めに帰すべき事由によって解雇された労働者が解雇期間中に他の職に就いて利益を得たときは，使用者は，右労働者に解雇期間中の賃金を支払うに当たり右利益（以下『中間利益』という。）の額を賃金額から控除することができるが，右賃金額のうち労働基準法12条1項所定の平均賃金の6割に達するまでの部分については利益控除の対象とすることが禁止されているものと解するのが相当である（最高裁昭和36年（オ）第190号同37年7月20日第2小法廷判決・民集16巻8号1656頁参照）。したがって，使用者が労働者に対して有する解雇期間中の賃金支払債務のうち平均賃金額の6割を超える部分から当該賃金の支給対象期間と時期的に対応する期間内に得た中間利益の額を控除することは許されるものと解すべきであり，右利益の額が平均賃金額の4割を超える場合には，更に平均賃金算定の基礎に算入されない賃金（労働基準法12条4項所定の賃金）の全額を対象として利益額を控除することが許されるものと解せられる。そして，右のとおり，賃金から控除し得る中間利益は，その利益の発生した期間が右賃金の支給の対象となる期間と時期的に対応するものであることを要し，ある期間を対象として支給される賃金からそれとは時期的に異なる期間内に得た利益を控除することは許されないものと解すべきである。以上と異なり，中間利益の控除が許されるのは平均賃金算定の基礎になる賃金のみであり平均賃金算定の基礎に算入されない本件一時金は利益控除の対象にならないものとした原判決には，法律の解釈適用を誤った違法があるものといわざるを得ず，右違法が判決に影響を及ぼすことは明らかである」。（破棄差戻）。

2 労務給付の特質と、これを契機とした危険負担論の再構成[180]

(ア) 債権法の再構成

労務給付の特質を反映して、受領不能は労働契約上重要な問題であり、伝統的に、牽連関係に修正を行うことが妥当とされている。反対給付たる賃金請求権を肯定するさいに、従来の構成では、使用者の責に帰すべき事由の拡大という構成が一般的である。しかも、これは、近時いっそう拡大される傾向にある。

しかし、これに対しては、責の拡大は、債権法の一般論に反するとの批判が可能である。しかも、責の拡大は、その用語のうえからして、すでに擬制を含むものである。

そこで、この擬制をはずし、可能なかぎりそれを債権法の一般論に組み込むことが必要となる。そうすることは、論理の一貫性と具体的な基準を明示することに役立つし、物給付の論理が全面的には当てはまらないことを正面から認識することになる。この作業は、たんに行為給付を債権法の一般論に適合させるだけではなく、債権法の一般論を行為給付にそくして類型的に修正することにつながるのである。

(イ) 牽連関係の修正

もっとも、上記の結論にいたる過程は、多様である。従来みられた方途には、債権者の有責を拡大する構成や、受領遅滞中の不能の転用というものであった。しかし、いずれも債権法の一般理論には適合しがたい。

そこで、これらの操作の基礎にある考え方と、同じく行為給付の不能の特殊性を明らかにさせうる性質上の一部給付説が、説得的である。行為給付と物給付には相違があることを前提とし、受領不能のさいに、むだに失われる労働者の履行を有効な一部給付とみるのである。この見解は、労働者の給付能力が失われないことを忠実に評価し、また、不能の反対給付に対する効果（その消滅）を修正するもっとも端的な構成であるからである。問題の出発点は、不能の効果を一律にとらえる従来の方法論にこそあると、考えられるからである。給付障害は、その態様にそくして効果をも類型化する必要があり、行為給付の危険負担論は、その契機たりうる。労働基準法26条による6割の給付も、この一部給付を具体化するものと位置づけられよう。

---

180) これについては、本書では立ちいらない。【研究】120頁以下参照。労働法の領域では、その特質や労働法的考察方法によれば、このような再構成の必要は、必ずしもない。しかし、同じ行為の給付を目的とする請負では、労務の特質による修正のみでは説得的ではなく、債権法にとりこまれた再構成が必要となるのである。

第8章 請　負

第1節 請負契約

1 総論との関係

前述第1章および第2章3節において，すでに請負における危険負担の裁判例を若干検討した。

まず，反対給付義務の排除に関して【1】～【3】があった。他方，目的物の引渡後には，注文者に危険が移転することについては，【4】があった。

また，当事者の責に帰すべき事由の存在が問題となることが多いのが，請負契約の特徴である。前述の【22】～【27】などである。請負契約は，雇用とならんで，債権者の責に帰すべき事由による不能が問題とされることが多い。この場合に，536条2項の適用を問題とするべきか，それとも一部工事に関する割合報酬の請求とするかによってべつの法律構成となり，前者は危険負担の問題となるが，後者は，既履行の工事に対する一部報酬の請求と未履行部分の契約の解除の問題となり，必ずしも危険負担の問題とはならない。しかし，すでにみたように，実質的には同一の問題とみることができ，以下では，後者の構成の裁判例を概観する。

2 請負契約の中途終了と清算[181]

㈦ 請負契約の清算

(a) わが民法典上，継続的契約では対価の支払は，後払が原則とされる（614条，624条）。そして，請負でも，報酬は仕事の目的物の引渡と同時に支払うかもしくは後払とされている（633条）。しかし，じっさいには，とくに建築請負契約において，出来高払が定められることが多い。請負人の履行が段階的に行われることから，報酬も順次支払われるのである。

---

[181] 請負契約の中途終了と清算に関しては【Ⅰ】279頁以下参照。学説や外国法については，立ち入らない。また，裁判例もごく簡略化して記載するにとどめる。また，来栖三郎・契約法〔1974年〕475頁，内山尚三・請負〔叢書民法総合判例研究 (33) 1978年〕30頁以下など参照。

それでは，報酬が出来高に応じて支払われるととくに約定されていなくても，請負人は出来高報酬を請求できるかが問題となる。とくに，請負契約が中途で終了した場合に問題となる。もっとも，請負契約で中途終了が生じる場合にも，各種の形態がある。

① 請負人が建物の新築を請負ったが，工事を半分行ったところで注文者との間に紛争を生じ，残余の工事を中断した（中断事例）。

② 上の①の場合に，半分完成した工事が，不可抗力によって滅失した（完成を請負った場合）。

③ 同じく①の場合に，注文者が残余の工事を請負人から取りあげて他の業者にゆだね，全部を完成させた（取り上げ事例）。

④ 同じく①の場合に，請負人が履行しないので，注文者が契約を解除したうえで他の業者にゆだね，全部を完成させた（解除事例）。

⑤ 請負人が建物の修理を請負い，修理のため材料を加工したところ，注文者の建物が不可抗力によって滅失した（修理の請負）。

(b) まず，ひとしく履行が不可抗力によって妨げられた②と⑤の場合に，請負人のなすべき仕事そのものには実質的相違はない。しかし，給付するべき内容は異なる。②では，請負人は建物の完成という仕事の結果について債務を負担するのに対し，⑤では，建物の存在を前提として，主として行為の給付を義務づけられる。

そこで，ひとしく建物が滅失しても，効果は異なる。②では，請負人の行為のみで履行はなお可能であり，また請負人は結果に対し責任をおい，再建築の義務をもおう。しかし，それでは請負人の負担が過大になるので，いわゆる完成による債務の集中（特定）が主張されている。完成により仕事は特定するから，請負人の給付義務は消滅し，同人はもはや再建築の義務をおわない，というのである[182]。このことは，一部分の完成に対しても割合報酬が与えられるときには，その一部分の完成によって仕事が集中することを認めることにつながる。

⑤では，もともと修理するべき建物の存在が契約の前提であるから，集中の有無を問わず建物の滅失によって請負人の履行は不能となる。

(c) これらと異なり，請負人が仕事を中断したというだけでは，給付は当然には不能とならない。そして，①の場合に，給付が可分であれば，注文者は，未履行の契約部分を解除しうる。そうすると，事実上，出来高払の約定がなくても，報酬債務はその範囲に限定されるのである。

ところが，しばしば注文者は，契約を解除することなく請負人から仕事を取りあげ他の業者に完成させることがある（③の場合）。そうすると，完成という注文者の行為によって，請負人の給付は不能となっている。そこで，請負人は，注文者の責に帰すべき不能と

---

[182] たとえば，我妻栄・民法講義V₃〔1962年〕624頁。このような集中を認めないと，請負人は仕事をやりなおさなければならないからである。

して少なくともその出来高に応じて報酬を請求しうべきことになろう。もっとも，そのための構成については争いがある。

④では，③とは異なり，注文者は解除によって正当に仕事を取りあげている。そこで，完成させて給付を不能としても，それは注文者の責に帰しえない。むしろ，不能の原因を作った請負人にこそ責があるといえる。もっとも，この場合でも，仕事を一部履行した請負人には，出来高工事の費用償還請求のよちはある。

さらに，⑤の場合にも，給付の不能は，注文者の担保するべき建物の存在しないことによって生じたのであるから，その損失（出費）は，むしろ同人が負担する必要がある。

このように請負契約の態様が多様であり，それに関する障害も多様であるのに反し，既履行給付に対する出費を賠償し出来高報酬を与える構成によって，多様な障害をかなり統一的に把握できるのである。

(イ) 一部解除

(a) 請負人が仕事を中途で放置しその後の履行を遅滞し，給付が可分な場合には，注文者は，契約を解除することができる。しかし，その前提として，既履行給付については解除は許されない。順次引渡の売買に関しては，早くにこの理が認められているが（大判大14・2・19民集4巻64頁）[183]，これを請負について比較的早くに言及したのが，つぎの判決である。

【106】 大判大15・11・25民集5巻763頁[184]

[事実] XはYに石垣積工事を下請けさせたが，Yは工事を完成させず，また，その施工した部分も不完全であった。そこで，Xは，自分の出捐で完成させ，Yの不履行によって損害をこうむったとしてその賠償を求めた。原審は，XがYから工事をとりあげた時点ではまだ履行期が残っており，不能につきYには責がない，とした。Xから上告。

判決は，事案において，たとえ期限到来前であっても請負人が工事を完成させえないことは明確であり，そのような場合には，注文者は，民法641条によっても解除しうるし，また一般の解除権の行使も妨げられないとして，原判決を破棄差戻した。

[判旨]「請負人ニ於テ今後尚為スヘキ工事アルニ拘ラス捨テテ顧ミス，従テ約定ノ竣工期限到来以前ニ於テ，既ニ業ニ其ノ期限迄ニ到底請負人ニ於テ其ノ工事ヲ完成セシムルコト能ハサル事実カ明確トナリタルトキハ，注文者ハ同法第641条ノ規定ニ従ヒ請負契約ヲ解除シ得ヘキハ言ヲ俟タスト雖，同条ハ請負契約ノ性質ニ鑑ミ注文者ニ一般ノ契約解除権以外ニ特種〔ママ〕ノ解除権ヲ与ヘラルニ過キサルモノニシテ，之カ為ニ一般ノ契約解除権ノ適用ヲ除外シタルモノニアラス。而シテ債務者ノ責ニ帰スヘキ事由ニ因リ履行不能ヲ生シタル場合ニ，債権者ハ履行期到来ヲ待タスシテ直ニ契約ヲ解除シ得ル」。

みぎ判決は，解除が未履行給付の部分に限られるのか，との問題には立ちいっていない。そして，仕事の目的物に瑕疵があっても，建

---

183) この判決については，杉之原舜一・判民大正14年度39頁がある。
184) 【106】判決については，我妻栄・判民大正15年度537頁がある。

物その他土地の工作物に関する契約は解除しえない，とする635条但書の適用をも否定した。しかし，既施工部分の解除がなされると請負人にとって酷であり一般経済上も不利益であることから，635条但書は既施工部分の解除を禁じたにとどまる，との判断を前提にするものである。

(b) 請負の解除の内容を明確にしたのは，つぎの判決である。

【107】 大判昭7・4・30民集11巻780頁[185]

[事実] XはYから建築工事を請負い，相当程度完成させた。しかし，Yが出来高代金を支払わないので，X・Y間の合意で既施工の建物の一部をXに譲渡する旨を約した。しかし，Yはその移転登記をせず，また，請負契約をも解除する旨の意思表示を行った。そこで，Xは，請負目的物の所有権の請負人帰属を前提に，Yの解除の結果，建物所有権は全部自分に復帰したとして，その所有権確認を求めた。Yは，解除が未完成部分だけに対するものだと抗弁したが，原審は全部解除を認め，Xに所有権があるとした。Yから上告。

判決は，仕事の完成とは必ずしも工事の全部完成に限らず，給付が可分で当事者がその給付につき利益を有するときには，すでに完成した部分を解除することはできず，未完成部分につき契約の一部解除が許されるにすぎない，として原判決を破棄差戻した。

[判旨] 「按スルニ請負人カ仕事ヲ完成セサル間ハ，注文者ニ於テ何時ニテモ損害ヲ賠償シテ契約ヲ解除シ得ヘキコトハ，民法第641条ノ規定スル所ナリト雖，ココニ仕事ノ完成トハ必スシモ全部工事完成ニ限ラス，凡ソ其ノ給付カ可分ニシテ当事者カ其ノ給付ニ付キ利益ヲ有スルトキハ，既ニ完成シタル部分ニ付テハ解除シ得ヘカラス，只未完成ノ部分ニ付キ所謂契約ノ一部解除ヲ為シ得ルニ止マルモノト解スヘキナリ」。

(c) 最高裁も，同趣旨を認めている。

【108】 最判昭56・2・17判時996号61頁，裁判集（民）132巻129頁

[事実] Xは，Aに対する手形金債権にもとづき，AのYに対する建築請負の報酬請求権を差押え取立命令をえて，Yに対しその支払を求めた。これに対し，Yは，A・Y間の請負契約では，Aが工事を半分しか完成させないので債務不履行を理由に契約を解除した，そこで報酬支払債務も消滅したと争った。原審はYの抗弁をいれた。Xは，解除に遡及効を認めるのは不当として上告。

[判旨] 最高裁は原判決を破棄差戻して，つぎのように判示した。

「建物その他土地の工作物の工事請負契約につき，工事全体が未完成の間に注文者が請負人の債務不履行を理由に右契約を解除する場合において，工事内容が可分であり，しかも当事者が既施工部分の給付に関し利益を有するときは，特段の事情のない限り，既施工部分については契約を解除することができず，ただ未施工部分について契約の一部解除をすることができるにすぎないものと解するのが相当である」。

---

185) 【107】判決を肯定するものとして，末弘厳太郎・判民昭和7年度205頁。

(d) 請負人の仕事の放置に対し，注文者は，遅延賠償を求めることもできる。ここで，請負人が期限内に仕事を完成させえなくなったときには，これを履行不能とみることができるか。これを肯定すれば，請負人に責がある不能として填補賠償を求めることができよう。しかし，当然には不能にならないとすると，注文者が他の業者に完成させたときに，同人に責のある不能となる。

(ウ) 全部解除

仕事の目的物が不可分な場合には，一部の履行は注文者にとって意義がない。しかし，建築請負にはあまりありえない類型である。とくに高度の技術を要するために，他の業者に完成させるよちがなく，しかも一部では使用しえない場合のみであろう。請負一般では，芸術的・創造的作品の製作が多くこれにあたる。この場合には，契約の全部解除を認める必要がある。

最高裁は，つぎの事件で契約の全部解除を認めた。

【109】 最判昭52・12・23判時879号73頁，裁判集（民）122号597頁

[事実] XはYに，自動車学校の用地整備・コース付随設備の工事を請負わせ，その対価として，代金の代りに土地を与えることを約し，約定の土地の2分の1について移転登記を行った。しかし，Yは工事を2割ほどしかせずに中止した。そこで，Xは，債務不履行を理由に契約を解除し，土地の返還と移転登記の抹消を求めた。原判決は，Xの解除は契約の一部解除であって，Yのした既施行部分にはおよばないとした。Xから上告。最高裁は原判決を破棄差戻した。

[判旨] 「本件工事はその性質上不可分であるとはいえないが，Yのした右既施工部分によってはXが契約の目的を達することはできないことが明らかであるところ，Xは，本件工事残部の打切りを申し入れるとともに本件土地全部の返還を要求しているのであるから，他に特別の事情がない以上，右本件工事残部の打切りの申入をすることにより，Xは契約全部を解除する旨の意思表示をしたものと解するのを相当とすべく，単に，右残工事部分のみについての契約の解除の意思表示をしたものと断定することは妥当を欠くものといわなければならない」。

本件判決は，契約の全部解除の可能性を肯定する。しかし，整地工事の続行は他の業者にとっても可能であるから，給付自体が不可分とはいえない。むしろ，事案では，反対給付が土地の譲渡だという特殊性があった。そして，履行が契約の2割にすぎない状況のもとでは，請負人から土地を返還させることが妥当であり，その前提として解除がもち出されたにすぎないのである[186]。

---

186) 本件における対価の特殊性に着目するものとして，内山尚三・判評236号28頁参照。
　対価が金銭ではなく，（不可分の）物によって定められたときには，給付の障害にさいし，反対給付を調整するさいには，複雑な関係を生じることがある。別稿・商論56巻4号（東京高判昭61・4・24判時1200号67頁参照）。これは，YがXの土地上に建物を建築して，その一部とXの敷地の一部とを交換する等価交換契約において，建築基準法上の容積率の制限から，Xが当初

そこで，上記の特殊性を考慮すれば，この請負工事についても，出来高報酬の請求を認めることは可能であり，その反面，契約の解除も，未履行部分に制限される。対価である土地の返還は，対価に関する付款の解除によって理由づければ足り，このような構成によって，請負人が2割の報酬を求めることは可能となろう。

3 履行不能と中断

(ア) 注文者の責に帰すべき不能

請負契約の履行が当事者に責のない事由で不能となった場合には，債務は消滅し，反対給付の債務も当然に消滅する（536条1項）。狭く請負契約における危険負担という構成では，この場合だけがカバーされる。すでにみた請負に関する古い裁判例が，これに属する。前述【1】，【2】などである。

【4】では，引渡まで請負人が危険を負担することを前提に，危険移転の効果として，注文者が報酬の支払義務をおうこととされた。履行が不能になり，引渡が行われた範囲では，報酬の支払義務が生じるであろうし，引渡がない範囲では，支払義務は消滅することになる。

もっとも，当事者に帰責事由のない場合が問題となった例はあまりなく，じっさい上の意味をもつのは，むしろ当事者に責のある不能である。

(イ) 2つの構成

(a) 請負契約の不能につき，注文者に責があるとして請負人の報酬請求を認めた例は多い。その事例はいずれも，請負人が仕事を途中で放置したために，注文者がこれをとりあげて他の業者に完成させた場合に関するものである。前述のように，裁判例には2つの流れがある。

(b) 第1は，大審院の裁判例の立場であり，前述の【22】，【24】，【26】がある。

もっとも，大審院の判決がいずれも，一般論として536条2項の適用に言及したにとどまるのに対し，最高裁には，具体的に同条を適用して請負人の請求を認めた事案がある。前述の【25】である。

学説のなかにも，従来は，大審院の判例を

約定した面積を取得しえなかった債務不履行，不法行為を理由に損害賠償を請求した事件である。判決は，Yの損害賠償義務4082万円余を肯定したが，Xの過失を認め，4割の過失相殺をし，2453万円を賠償額と認めたのである。

本来，給付の価値が不能の結果減少した場合には，反対給付もそれに応じて減少するはずである（牽連関係）。しかし，反対給付が不可分で減価しえない場合には，それを価値で償還するか，便法として損害賠償を認めるほかはない。しかるに，そのさいに4割もの大幅な過失相殺を認めたのでは，給付と反対給付の均衡は維持されないのである。

また，同事件には，反対給付請求権への過失相殺の可能性（当事者の双方に過失がある場合に，債務者の損害賠償義務から出発すると，これに対する過失相殺が可能であるが，債権者の反対給付義務から出発すると，これに対しても過失相殺が可能かの問題が残る）の問題も含まれている（前述第2章4節4参照）。

理由に，536条2項の適用を認める見解が有力であった[187]）。

しかし，【25】判決を契機にこれに対する批判が加えられた。①仕事がまだ行われていないのに全額の請求を認めるのはおかしい。②具体的な請求額は，出来高のみの報酬を認めることによっても変わりはない。③請負人に全額の請求を認め，しかるのち出費を逸れた利益を注文者に償還するというのは複雑で法律関係の錯綜を招く，などを理由とする[188]）。

【25】判決にそくしてみると，その論点は，2つある。第1は，Yの行為によるXの履行不能がAの責に帰すべき事由によるといえるかの問題であり，第2は，注文者の責に帰すべき事由によって履行不能となった場合の請負人の報酬請求権の運命である。判決は，まず第1の論点につき，注文者の責を肯定した上で，第2の論点につき，出来高払ではなく，民法536条2項の適用を認めた。

まず，Xの履行不能につきAに帰責事由があるといえるかが問題である。本件では，X・Y間には契約関係はない。そこで，Xの履行不能につきYに帰責事由があっても，契約当事者であるXのAに対する536条2項による報酬請求権は当然には発生せず，また，Yの保証債務を問うことも当然にはできない。そこで，Yの行為によるXの不能がAの帰責事由によるとすることが，Xの請求を肯定する前提となる。

この点につき，判旨は，防水工事は，本来Aが行うべきものであり，ただAがYにこれを行わせることが容認されていたにすぎないとして，Yの帰責事由をAの帰責事由と同視する。すなわち，Yは，防水工事の関係ではAの履行補助者のように把握されている。つまり，Yは，履行代行者に相当する者であるが，本件は，給付の性質上履行代行者を使用しうる場合と考えられる。このような場合には，債務者は履行補助者の故意過失についても責任をおう，とするのが債務不履行における帰責事由（民415条）についての一般的な理解であり，同じことが注文者の帰責事由にもあてはめられているといえよう。

（c）第2の論点は，注文者の責に帰すべき履行不能のさいの請負人の報酬請求権であり，裁判例のもう1つの流れにかかわる。これについては，2つの考え方がありうる。

第1は，不能となる前に現実に履行された給付に対して，その出来高に応じて請負人の報酬請求権を認める立場である（原審）。これによれば，請負人は，契約代金全額ではなく，出来高に応じて請求できるにとどまる。

第2は，最高裁のように，536条2項の適用を認め，請負人が報酬の全額を請求できる

---

[187] 我妻・民法講義V_3 623頁，広中俊雄・注釈民法（16）〔1967年〕105頁，内山・前掲書（33）100頁など。
[188] 長尾治助・民商77巻2号262頁（267頁），同・判タ367号21頁）。なお，星野英一・民法概論Ⅳ(2)〔1976年〕262頁。ただし，能見善久・法協95巻9号177頁（181頁）は，536条2項の適用を否定しない。本判決については，好美清光編・基本判例叢書〔債権・1982年〕117解説（小野）をも参照。

とする立場である。もっとも，この立場では，請負人は，履行不能によって自己の債務を免れたことによる利益を注文者に償還すべき義務をおうから，抽象的な計算の上では，両説は，ほぼ同じ結果に帰することもあろう。しかし，第2の立場では，請負人に債務を免れたことによる利益の生じたことを注文者が主張・立証してその償還を請求しなければ，裁判所は，この点を考慮せず，請負代金全額の支払を命ずることになる。

ところで，【25】の場合に，第2の考え方をとることには疑問がある[189]。なぜなら，工事は完成前であるから，請負人に報酬全額を請求させる必要はないし，請負の継続的性質や目的物の利用可能性という観点からは，注文者に給付物への対価を支払わせれば足りるので，未履行の給付に対しても対価の支払を義務づけ，いたずらに証明上の負担を課する必要はないからである。

また，536条2項の構成と一部対価請求の構成とでは，内容に差異がでる可能性がある。たしかに，抽象的な計算では同様になる。しかし，前者では，債務者が免れた利益を償還することにつき相手方の主張を待つという点で，具体的請求のうえでは差異が生じる可能性がある。じっさいに，最高裁は，債権者が主張しないことを理由として，債務者に全対価の請求を認め，免れた出費を償還することを不要としたのである。

なお，原判決は，割合報酬の支払を命じた

にとどまるが，量的な一部不能が同時に実質的には全部不能を意味するような場合には，反対給付義務をすべて排除する必要が生じることもある。そして，これは，当事者に不能についての帰責事由がない場合にもありうることである（611条2項参照）。その場合には，債権者は，受領した給付を返還して反対給付義務をすべて免れることができる（536条1項）。

(ウ) 出来高報酬の支払

(a) 実務上の扱いとして，請負報酬の支払が，全額一括して行われることは少ない。むしろ，請負契約の継続的性質から，履行の段階にしたがって出来高報酬の支払われることが一般である。そこで，一部履行がなされ，その余の履行が不能になったときにも，たんに既履行給付への支払を義務づければ足りる。すなわち，請負人の請求は，給付不能の清算としてではなく，有効な給付への対価と構成されるのである。

これが裁判例の第2の立場であり，むしろ近時の下級審裁判例の主流を占めている[190]。

【110】 札幌高判昭54・4・26判タ384号134頁

［事実］Xは，Yから炭鉱鉄道線路の撤収工事（66.6キロメートル）を請負い，50.86キロメートルの犬釘抜き，ページ外し工事を終え

---

189) 近時では，たとえば，長尾・前掲論文267頁など。
190) 比較的早いものとして，岡山地判昭46・1・18判時625号90頁，東京高判昭46・2・25判時624号42頁，東京地判昭46・12・23判時655号58頁，前掲の基本判例叢書117解説をも参照。

たが，X・Y間のトラブルのため工事を中止した。そこで，Xは，請負工事の未完成がYの責に帰せられるとして，自分が工事をせずに免れた費用と受領ずみ代金額とを控除して請負代金残額の支払を求めた。これに対し，Yは，①15.74キロメートルの犬釘抜き，ページ外し工事契約をXの履行遅滞を理由として解除し，②枕木撤収・集積工事契約を合意解除した，と主張した。

判決は，①については契約の一部解除がなされた，②についてはYの責に帰せられる事由で不能になった（その後，第三者によって工事終了）として，①の出来高報酬と，②Yが工事を免れたことによってYがえた利益を契約代金から控除した残額の支払義務を認めた。

[判旨]「本件の如き請負工事契約において，請負人が工事に着工した後，請負人の一部の工事履行債務の不履行によって契約を解除する場合，工事が全体としては未完成であつても，その工事の内容が可分であり，かつ当事者にとつて既に完成された工事部分だけでも，その給付を授受することが利益であるときは，他に特段の事情のない限り，未完成の部分についてのみのいわゆる契約の一部解除をすることが許されるものと解するのが相当であるところ，これを本件についてみるに，Xがその請負工事を中止した昭和45年7月上旬ころには，本件請負工事のうち，50.86キロメートルにわたる犬釘抜き，ページ外し工事が完成しており，残工事は後日他の業者に施行させることによつて完成させることも可能であり，現に，後日他の業者によつて完成させられていることは前認定のとおりであり，また本件請負工事のうち，15.74キロメートルにわたる犬釘抜き，ページ外し工事は，他の工事部分と可分なものであることは明らかであるから，Yのなした本件請負契約のうち未だ完了していない15.74キロメートルにわたる犬釘抜き，ページ外し工事部分についての契約解除は有効なものと解するのが相当である。」

「請負契約において，仕事が完成しない間に，注文者の責に帰すべき事由によりその完成が不能となつた場合には，請負人は，自己の残債務を免れるが，民法536条2項によって，注文者に請負代金を請求することができ，ただ，自己の債務を免れたことによる利益を注文者に償還すべき義務を負うものと解するのが相当である。これを本件についてみると，本件請負契約のうち枕木撤収，集積工事が，工事未完成の間に，注文者であるYの責に帰すべき事由によりXにおいてこれを完成させることができなくなつたというべき」である。

もっとも，この判決では，①の部分では解除と出来高の支払義務が肯定されたが，②の部分については，536条2項の構成が残されている。【25】判決につらなるものであり，出来高の支払を認めた，つぎの判決とは対照的である。

【111】 **福岡高判昭 55・6・24 判時 983 号 84 頁**

[事実] 建物新築の請負契約において，注文者Yに責がある事由で，請負人Xは工事を中止した。Yが他の業者に工事を完成させたので，Xは約定報酬の支払を請求した。

[判旨]「建物の建築工事請負契約において，建築工事の途中で注文者の責に帰すべき事由により請負人が工事の一時中止を余儀なくされ，注文者が残工事を第三者をして施工完成せしめた場合，右請負契約は目的の達成により終了することになるが，この場合，請負人がその請負にかかる工事をみずから完成しなくても，現に施工した工事に相応する報酬請求権を認め，か

第8章 請　負

つ，それで足りるとするのが信義則にかない衡平であると解する」。

そして，判決は，契約代金（780万円）の約8割（663万円）の請求を認容（なお，完成させるために他の業者にXが支払ったのは，767万円であった）。

ほぼ同旨の判決として，後述【114】がある。

(b) このような出来高構成は，請負人の中途放置に対し，注文者は契約を解除でき，その場合には出来高に応じて報酬を支払えば足りる，とされていることに対応するものである。

注文者による解除があれば，請負人には出来高を超えて報酬を認める必要はないとされている。それでは，解除の有無は，どれほどの相違をもたらすべきか。

つぎの裁判例は，必ずしも解除がなくても合意解除があったとして，出来高報酬の請求を認めたものである。請負人の履行遅滞による構成と注文者の責による不能による構成との間に位置するものである。

【112】　東京高判昭58・7・19判時1086号101頁

　[事実]　Xは，Yの注文にしたがいYの工場に自動旋盤機25台の配線工事を行い，機械がすえつけられれば完成する工程まで終えた。ところが，Yは，機械を3台しかすえつけず，Xの催告にも応じない。そこで，Xは，契約関係を終了させるため，報酬支払を求めた。Yは，みぎ3台の残工事を他に行わせたうえ，工場を売却した。

　[判旨]　「請負人の仕事が現実には完成していないが，それが主として注文者の責に帰すべき事由によるものであり，それに基因して，契約上の信頼関係が崩壊し，請負人において契約関係の清算を望み，注文者もまた請負人による仕事の続行に期待をかけず，あたかも両者間において請負契約の合意解除があったと同視しうるような事態に立ち至った場合」には，注文者は，出来高の範囲で報酬の支払義務をおうとする。

このように，黙示の合意解除や「契約関係の終了」をいう場合には，事実上，解除の有無にかかわらず請負人は出来高報酬の請求をなしうることになる。しかし，解除の明示の意思表示があったわけではないから，この構成は，履行遅滞に関する論理（解除による出来高請求）を不能（上記の場合には注文者の有責）におきかえることを意味する。

請負契約は，仕事の結果を目的とするものであるから，仕事が滅失しただけでは請負人の給付が不能になったとはいえない場合が多い（前述2参照）。そのような場合には，遅滞をもって論じる必要があるが，仕事が滅失して請負人の給付が不能になる場合との相違は，実質的にはそう大きなものではない（2の②および⑤）。また，請負人の遅滞にさいして，注文者が契約を解除しないで他の方法で完成させるような場合には，注文者の責に帰すべき事由による不能ともなるからである。そこで，もっぱら給付障害の形式に依存するのではなく，両者を接近させる構成が探られたものとみるべきであろう。

(c) 請負契約につき，合意解除があったとして出来高報酬の支払を認める裁判例は，ほかにもみられる。

【113】 大判昭 16・12・20 法学 11 巻 719 頁

［事実］ 請負契約が請負人の仕事完成前に合意解除されたので，請負人が報酬を請求した〔事実関係の詳細は不明〕。契約では，報酬は仕事完成後に支払う特約があった。

判決は，上記特約にかかわらず，請負代金債権は，未完成の仕事を注文者に引渡しまたは後継請負人に引きついだときに，その仕事の出来高に応じて弁済期に達するとした。

［判旨］ 「請負工事の報酬金に付，仕事完成後支払を為すべき旨の約定ありたるときと雖も，報酬債権は契約と同時に発生し唯工事完成に先ち契約当事者間に於て該請負契約を合意解除したるときは，請負人の報酬金債権は其の未完成の仕事を注文主に引渡し，或は後継請負人に引継ぎたる時に，其の仕事の出来高に応じたる金額に付，弁済期到来するものと解するを相当とす」。

のみならず，注文者の行った解除を無効としながら，請負人の報酬請求を認めた裁判例もある。

【114】 東京高判昭 59・7・25 判時 1126 号 36 頁

［事実］ 請負人Xは，注文者Yから材料・部品の一部の供給をうけてホブ盤の加工・組立をすることを請負った。しかし，Xは，注文者Yが材料を供給しないため仕事を完成できず，またY は，Xに不履行があるから請負契約を解除したとして，損害賠償を請求する。そこで，X は，加工賃請求の反訴を提起した。

判決は，本件契約では加工賃は完成後に支払う約定であっても，Xが約8割の加工・組立を終え，さらに必要な作業をすれば完成する状態にあり，しかもそれはYにとっても相応の価値をもつ。加えて，Yは，責のないXに対し契約を解除したと称している。このような状態のもとでは，Xはホブ盤の未完成にもかかわらず，加工賃をYに対して請求できるとした。

［判旨］ 「Xが約定の期限までに本件ホブ盤の加工・組立てを完成すべき債務を履行することができなかったのは，専ら，Yが前認定の約定に反して，右加工・組立てに必要な材料，部品をXに十分に供給せず，かつ，外注先に対する外注費の支払を一部滞らせたことによるものであ」り，Yの解除は効力を有しないとして，その請求を棄却した。

反訴については，「本件契約は請負契約であり，加工費は完成後に支払うこととされていたことは前判示のとおりであるが，《証拠略》によれば，Xは，昭和47年9月末ころの時点において約8割程度まで本件ホブ盤の加工・組立てを終えており，本件ホブ盤は，右時点においては，さらに必要な材料，部品を加えて作業を続行すれば本来の機能を有するものとして完成させることができた状態にあり，Yにとっても未完成ながらそれ相応の価値を有するものであったことが認められ（《証拠判断略》），加えて，前認定のとおりYは，その後Xの責に帰すべき事由がないにもかかわらずこれがあるとして，一方的に本件契約を解除したと称し，甲事件［本訴］の訴えを提起して現在に至っているのであり，このような本件の事実関係の下においては，Xは，本件ホブ盤の未完成にもかかわらず，右認定の加工賃をYに対して請求することができるものと解するのが相当である」。

みぎ判決でも，解除を認めることもなく，出来高報酬の請求が認められている。当然に契約関係が終了することが予定されているのである。不能と目されたのであろう。この事案では，注文者に有責性のあることはいっそう明らかである。もっとも，このような契約関係の終了事由の拡大は，無事由の解除を認める危険性をも含むものである。

(d) 536条2項を適用する場合と請負人に出来高の請求を認める場合とでは，つぎの相違を認めえよう。すなわち，後者では，注文者が解除した場合と同じく，請負人の請求が出来高額に限定されるのに反し，前者では，これを超えた請求が可能である。請負人は報酬全額を求めうるし，注文者に償還しなければならないのは不能によって出費を免れた範囲のみである。それゆえ，出来高にいたらない場合でも，出費は賠償をうけうるのである。
そうすると，536条2項を適用するかどうかは，各事件の実質を考慮するものとして再構成される必要がある。すなわち，継続的契約である請負には，その中断が当事者のいずれに責があるのか不明な場合，または双方に責がある場合がある。そこで，契約を解除しなかったといっても，注文者のみを責めて対価全額の支払を義務づけるのは衡平に反する。信義則や「契約関係の終了」にもとづいて出来高構成をとる裁判例は，このような実質にそくし，契約利益の取得を請負人に認めないとする実質判断に合致する。
これに反し，536条2項の適用に長所があることもありうる。注文者の有責性が大で請負人に契約から期待しうる利益を保持させるべき事情があるときである。また，請負人が材料を切断するなどして出費した場合である。これらでは，注文者は契約を解除しなかったからとして，また請負人は出来高を完成していなくても出費したとして，工事が未完成であっても対価を取得しうべきである。この場合に，厳密な出来高額で対価請求をうち切るのは酷である。

ちなみに，注文者が契約を解除した場合でも，641条の任意解除によったときには，同人は損害を賠償しなければならず，その範囲は，請負人の支出費用と完成したならばえたであろう利益とを含む，とされている[191]。

なお，その後の裁判例のうち，注目するべきものとしてはつぎの【115】がある。

これは，注文者の有責で仕事の完成が不能となった場合に536条2項を適用したが，信義則から，請負人の報酬を出来高に制限したものである。

【115】 東京地判平5・10・5判時1497号74頁

［事実］ Xは老人ホームの経営者であり，また仕事の注文者でもあるが，請負人であるYが仕事の遂行のために必要な官庁との打ち合わせをしないので，建物の完成が不能となったことから，契約を解除し，Yに支払ずみの報酬3000万円の返還を求めた（本訴）。これに対して，Yは，Xの責に帰すべき事由で不能になったとして，536条2項によって，1500万円を請求する

---

191) 我妻・V₃ 651頁，および東京高判昭59・11・28判時1138号85頁参照。

反訴を提起した。
　判決は，Yの仕事はなお不能とはいえないから，Xは契約を解除できないとし，Xが仕事の完成を妨げたことから，536条2項によって，Yは，9000万円の請求権を取得したが，Yの完成した仕事は，4分の1にすぎないから，信義則上，Yの取得するのは，出来高分に相当する3000万円だけであるとし，すでにYが3000万円の支払をうけているとして，いずれの請求をも棄却した。
　[判旨]「Xの解除は無催告解除と言うべきで，その解除原因としては履行不能となった事実が必要である。しかし，右（二）のとおり履行不能の事実は認められないのであるから，Xのした解除は無効である」。
　「右解除は解除の要件を満たしておらず，XがYに対し，その後の業務遂行のための協議を拒絶し，Yの本件契約の仕事の完成を不可能ならしめたことを認めることができる。そこで，YはXに対し，民法536条2項の危険負担の規定に従い報酬の残金9000万円の支払請求権を取得する」。
　「Yは，Xに対し，報酬の支払請求権を有することとなる。
　しかし，以下の理由により，YがXに対し請求できるのは，被告の業務の出来高に応じた額に限られ，その出来高は金額にして金3000万円を超えることはないとするのが相当である」。

(エ)　他の場合
　さらに，請負人が仕事を中途で放置し注文者が完成させた行為を，536条2項ではなく，請負人の債務不履行の一類型として解決した裁判例がある。

【116】　最判昭60・5・17金判729号13頁，判時1168号58頁，裁判集（民）145号13頁[192]

　[事実]　請負人Xは，注文者Yから工事を請負いその約85パーセントを施工したが，残余の部分を約定の期日までに完成せずに放置した。そこで，注文者Yは，未完成部分の工事を他の業者に請けおわせて完成させた。XがYに対し請負代金請求の本訴を提起したので，Yは反訴を提起し，完成に要した費用と遅延賠償とを求めた。
　1審は，Xの本訴を認めたが，Yの反訴をも一部認めた。2審は，本訴につき，契約代金の85パーセントの出来高報酬の支払義務を認め，反訴につき，残余工事完成費用と遅延賠償の損害賠償義務とを認めた。
　[判旨]　Xの上告に対し，最高裁は原判決を一部破棄した。「請負において，仕事が完成に至らないまま契約関係が終了した場合に，請負人が施工ずみの部分に相当する報酬に限ってその支払を請求することができるときには，注文者は，右契約関係の終了が請負人の責に帰すべき事由によるものであり，請負人において債務不履行責任を負う場合であっても，注文者が残工事の施工に要した費用については，請負代金中未施工部分の報酬に相当する金額を超えるときに限り，その超過額の賠償を請求することができるにすぎないものというべきである」。
　そして，事案においても，請負契約は，Xが工事を約85パーセント施工したまま終了し，同人はそれに相当する金額を請求しうるにすぎないから，Yも，未施工部分の完成に要した費用131万円余の全額を損害賠償として求めること

---

[192]　【116】につき，小野・ジュリスト871号95頁，内山尚三・民商94巻4号参照。

はできず，これから契約代金のうち工事未完成部分（15パーセント）相当の121万円余をひいた額を損害賠償として請求しうるにとどまる，とした。

(オ) 類型化

請負人が仕事を放置した（2①以下の事例参照）といっても，その効果は，形式的には，履行が不能となったか（同③事例），遅滞に止まるか（同①事例），によって異なる。

(a) 履行が不能となり当事者に責がない場合であれば，注文者は反対債務を免れる。そして，給付が可分で一部不能になったのにとどまるときには，反対債務もその割合で減少する。

しかし，その一部不能が請負人の責に帰せられる場合には，注文者は，解除権または損害賠償請求権を取得する（543条・415条）。

(i) 解除権を行使する場合には，給付が可分で注文者に有益なものであれば，同人は契約を一部解除できその効果として反対債務を免れる（④事例）。

(ii) 損害賠償請求権を行使する場合には，注文者は，不能になった給付につき填補賠償を請求でき，遅延賠償があればそれを加えて請求し，これと反対債務とが対価的関係に立つ（交換説）。これに対し，損害賠償請求権固有の問題として，注文者は，填補賠償から自分の反対債務をひいた差額を請求する一個の請求権を取得するにすぎない，とする差額説の立場もある[193]。

(iii) 請負人が仕事を放置し履行遅滞となるときにも，注文者には2つの手段がある。第1は，契約を一部解除し自分も反対債務を免れ，損害賠償額から対価をひいた差額を請求する方法であり，第2は，解除なしに損害賠償金額を請求する代りに，自分も反対債務をおう方法である。いずれにせよ，注文者が反対債務を免れるには，不能か解除を要するのである[194]。

【116】事件においても，請負人が仕事を中途で放置した段階では履行遅滞にすぎず，これは不能とは異なり当然には注文者の反対債務を消滅させない。そうすると，不能は，注文者が解除もせずに仕事を他の業者にゆだね完成させた時とも考えられる。それゆえ，注文者に責のある不能ともいえる。しかし，それでは損害賠償を請求するよちはなく，のみならず，注文者が自分の債務を免れる可能性も疑わしい。そのためか，判旨は，不能に責があるのは請負人とする立場をとった。

ここでは，2点が問題となる。第1点は，請負人が仕事を放置した場合に，その時点では履行は必ずしも不能とならず，また解除もないのに注文者が一部反対債務を免れるかで

---

193) 両説につき，【II】171頁，195頁参照。Vgl. Larenz, Schuldrecht, I, 1976, S.276ff.; ders. 1987, S.340.
194) もっとも，損害賠償請求につき差額説をとれば，解除しなくても，損害賠償請求権は反対債務を控除した部分にのみ成立する。すなわち，差額計算の中で，反対債務を免れるのである。なお，反対給付義務の消滅と解除については，ド民新323条1項および326条1項において，その関連性が承認された。

あり，これは請負人からみれば，出来高の報酬しか求めえないか，との問題となる。第2点は，請負人が出来高報酬の請求をする場合の損害賠償の範囲の問題である。

(b) 仕事の中途終了にさいしての請負人の報酬請求は，二様に構成しえよう。

【116】の1審判決は，注文者と請負人の各給付が全額にわたって交換されるべしとする。注文者は，契約代金全額を支払わねばならず（本訴部分），他方，請負人も，残余工事の完成に要した費用を支払わなければならない（反訴部分）。

これに対し，2審・最高裁は，請負人は出来高に応じた割合でしか報酬を求めえないとする（本訴部分）。

しかし，2審と最高裁とは，残部の完成に要した費用の賠償につき判断を異にする（反訴部分）。2審は，費用全額155万円を請負人の負担としたのに反し，最高裁は，これから，契約代金のうち残余工事の出来高分（15パーセント）を差しひくべきものとした。つまり，本訴において，未完成部分については請負人に出来高請求しか認めず，注文者の反対債務が消滅するとしたことに対応させて，反訴においても，損害賠償についてこれから反対債務分（15パーセント）を差しひくべし，としたのである。さもないと，注文者は対価を支払うことなく15パーセントの残余工事を取得しうることになろう。この部分を損害賠償額から控除するのは，本訴において請負人に出来高請求しか認めないことの帰結ともいえる。

(c) それでは，いつ出来高構成をとりうるか。出来高構成は，いわば契約の一部解除であり，それゆえ，注文者も対価の支払を免れるのである。解除なしにこれをとりうるか問題となる。

【116】判決は，「仕事が完成に至らないまま契約関係が終了した」ことを理由とする。しかし，当事者の解除の意思表示は認定されていない。請負においてだけこのような処理が許される理由を探る必要がある。

そうすると，請負では，すでに注文者に責のある不能で広く請負人の出来高請求が認められていること，また履行遅滞でも出来高請求が認められることとの連続性が考慮される必要がある。前者の場合にも，解除なしに出来高の請求は可能だったのである。請負人に責がある「契約の終了」も同じ考慮にもとづくものである。

(d) ところで，注文者に有責な不能にさいして請負人の出来高請求を認めるときには，契約を注文者が解除したときと同じく，請負人はその余の請求をなしえない。これに反し，536条2項を適用するときには，請負人は報酬全額を請求でき，たんに不能によって逸れた出費を償還するにすぎない。

同様の対応は，請負人が有責な場合の「終了」の清算にもいえるか。すなわち，注文者が損害賠償を請求するときに，反対債務を控除するかである。【116】事件のような一部履行では，①注文者は損害賠償全額を請求でき，これと反対債務が交換されるのか，それとも，②請負人は反対債務を出来高の範囲でのみ，つまり注文者は損害賠償から反対債務を控除

危険負担の判例総合解説 **199**

して差額のみを請求しうるのかである。そして、②の場合には、請負人が出来高の請求をなしうることの反面として、注文者はその余の損害賠償を請求しえない、との立場もありえよう。注文者が解除しなかったのであるから、請負人に契約利益以上の損失をおわせるのは不当ともいえるからである。しかし、【116】判決は、注文者が差額を損害賠償として請求することを認めた。

　出来高構成のもとでも、差額の請求を否定するべきではあるまい。まず、注文者に責のある不能でも、事案の実質を考慮する2構成があった（536条2項によるか否か）。請負人が有責の不履行でも、同じ区別の必要があり（責に帰すべき事由の重大性）、それは、損害賠償によって達するほかはない。また、出来高構成をとらないとすれば、当然に出来高額でうち切ることにはならず、注文者は対価の支払と交換にすべての損害を賠償請求しうる。さらに、契約を解除したときにも、賠償請求は可能である。これらとの比較から、損害賠償請求のよちを残す必要がある。すなわち、注文者は、出来高報酬を支払って未完成分の対価支払を免れる。そこで、損害賠償額から出来高報酬分を差しひいて差額につき損害賠償請求権を取得するのである。

　また、これとは逆に、仕事を完成させない請負人に、一部完成したと同じ利益をえさせる出来高報酬を与える点をも問題とする必要がある。そこで、請負人の有責が重大な場合には出来高請求を認めず、請負人の負担する賠償義務からたんに注文者のえた利得を差しひくにとどめることも考慮される必要があろう。ひとしく出来高といつても、無責の請負人が有責な注文者に求めるのと、有責な請負人が求めるのとは異なるからである。

　それゆえ、付言すれば、【116】の判旨は、事案のもとでの損害賠償の可能性を認めたものにすぎない。場合によつては否定することがありえよう。注文者が有責の不能の場合にみられたのと同じく、出来高請求の構成のもとでは、請負人の有責性の軽微、あるいは注文者にも有責性があるときには、出来高以上の請求（ここでは、損害賠償[195]）は否定される[196]。

---

195) 注文者の軽微な有責の不能の場合には、536条2項の適用が否定される。
　　逆に重大な場合には肯定される。たとえば富山地判平10・3・11判タ1015号171頁は、536条2項の適用を肯定した。事案は、ゴルフ場の開発のための用地買収の取りまとめをする旨の請負契約において、注文者Yの責に帰すべき事由により請負人の債務の履行が不能となったとして、請負人に536条2項による反対給付の権利を認めた。請負契約の内容は、ゴルフ場開発計画に伴うゴルフ場用地買取とりまとめなどの業務委託契約であり、計画の中止が「主としてYが会社経営の悪化に伴って事業資金を調達することができなくなったためと認めるのが相当である」と認定されている。本件は、Yの主観的な事由による障害の場合ともいえ、そうすると事業自体は不能とはいえない場合でもある。みずから不履行をして事業を妨げている場合は、130条の場合以上に、その責任を認めうるのであり、536条2項の適用が肯定される。
196) なお、注文者が損害賠償を請求しうるときでも、請求しうる範囲は、客観的に相当な額までであろう。さもないと、注文者はかってに他に請負わせ、差額を請負人に回わすことになるからで

第1節　請負契約

	帰責事由による構成	出来高請求による構成
①工事の中断 ③注文者の有責 　（取り上げ例など） ④注文者の解除 ②⑤不能	請負人の有責では，損害賠償。注文者がえた利益の償還。 536条2項・対価の支払から，請負人が免れた額を控除する。 一部解除。出来高請求。 注文者の有責あるいは請負人の有責（損害賠償の請求）。	当事者の軽微な有責による場合に出来高請求。（不可抗力による中断場合でも，出来高請求は可能になることが多い。損害賠償は制限）。
⑤目的不到達 ⑥任意の解除	費用賠償（出費の賠償）。 641条履行利益の賠償（完成したときの利益）。	

(e)　やや一般化すると，解決は，注文者が有責の場合とパラレルに二様になろう。第1に，一方当事者の有責性が重大かつ明らかなときには，その負担を認め（536条2項または損害賠償），第2に，有責性が軽微，不明または双方有責のときには，出来高構成をとる。つまり，後者では，注文者・請負人の有責いずれを出発点にとろうと，出来高構成という中間的解決で，一致するのである[197]。

ある。このことは，給付を交換する構成をとっても（この場合には，注文者は代金を支払って他に請負わせた費用を請負人に請求できるはずであるが），同様に解さなければなるまい（【Ⅱ】238頁以下参照）。

197)　さらに，付言すると，給付障害について当事者双方に責があるような場合には，請負人＝債務者の責を出発点にとった場合と，注文者＝債権者の責を出発点にとった場合とで異なる結果を回避するための技術的構成が必要となる。前者の場合には，請負人の損害賠償義務から出発すれば，注文者の責は過失相殺によっても考慮しうる（従来の方法では，請負人の中途放棄の場合に，注文者が解除すれば契約の一部解除と出来高の請求が可能とされ，また必ずしも解除しなくても契約の終了と出来高請求によって類似の解決をしているが，これは過失相殺的考慮の代替といえる）。

他方，後者の場合に，注文者の反対給付義務から出発すれば，これについて請負人の責を過失相殺によって考慮しうるかが問題とされなければならない。しかし，請負人の請求を当初から出来高の範囲に制限することによっても，この問題を回避することができるのである。一部の裁判例のように，出来高の構成によらずに536条2項を適用する構成のもとで，請負人にも責がある場合には，たんなる免れた利益の償還では足りないこともあるはずであり，そのさいには正面から過失相殺の類推適用を認めることが必要となろう。なお，前述第2章4節4参照。

第2節　運送および傭船契約[198]

1　物品運送契約

(ア)　危険負担

(a) 民法典以外で危険負担について比較的まとまった明文規定をおくのは，商法典である。その576条は，運送品の全部または一部が不可抗力によって滅失したときには，運送人は運送賃を請求することができず，もし運送人がすでに運送賃の全部または一部をうけとっているときには，これを返還しなければならないとし（同条1項），また，運送品の全部または一部がその性質もしくは瑕疵または荷送人の過失によって滅失したときには，運送人は運送賃の全額を請求することができるとする（同条2項）。

請負契約の一種である運送契約では，運送行為と運送賃の支払とが対価的関係に立つ。商法576条1項は，不可抗力，すなわち当事者双方の責に帰しえない事由によって運送品が滅失し，運送行為が不能になった場合に運送人は運送賃の支払を請求しえないと定めた。厳密には運送品の滅失は必ずしも給付行為の物理的滅失を意味するものではなく，したがって，ただちに運送行為を不能にするわけでもないが，物理的滅失の場合とおなじく運送契約の意味を失わせる。そこで，民法536条1項と同じく，反対給付の請求権が消滅することにしたのである。

(b) のみならず，商法典は，民法典には明文規定がない一部不能についてもふれ，不能となった部分に相当する運送賃の請求ができなくなるとした。また，運送賃が先払されたときには，その返還義務が生じるともする。民法536条1項を具体化したものである。

(イ)　債権者の責に帰すべき場合

商法576条2項は，運送品の滅失が債権者である荷送人の過失によって生じたときに運送人の運送賃請求権を認めた。民法536条2項に相当する規定である。しかし，商法は，たんに債権者の責に帰すべき滅失の場合だけでなく，運送品の性質またはその瑕疵による滅失の場合にも，運送人は運送賃を請求できるとする。後者の滅失事由は必ずしも荷送人の責に帰せられる事由にあたるわけではないが，運送品が性質上正常な状態で運送されることは，むしろ荷送人の担保するべき事由であることから，荷送人の有責に準じるものと扱ったのである。民法でも，参考とされるべきである（民536条2項，636条の類推による）。

なお，運送品の滅失以外の事由による運送行為の不能（たとえば，法令による運送の禁止）でも，民法536条1項に従い，反対給付＝運送賃支払債務は消滅する。また，商法典には明文がないが，運送人は履行を免れたことによってえた利益を償還する必要がある

---

198) 遠藤ほか編・逐条民法特別法講座⑥契約Ⅰ〔1986年〕66頁以下。また，【Ⅰ】326頁参照。

（民536条2項但書）。

物品運送契約（商576条）に関する規定は，全体として民法の債務者主義の原則（民536条）を確認し，かつ綿密にする規定ととらえることができる。

2 傭船契約

(ア) 契約の終了

傭船契約についても，危険負担に関係する規定がある。しかし，これらは，陸上運送契約に関する規定ほどまとまっておらず，また海上運送の特質を反映して民法規定を大幅に修正するものとなっている。

まず，商法760条は，船舶の全部をもって運送契約の目的とした場合には，その契約は，①船舶の沈没，②船舶の修繕不能，③船舶の捕獲，④不可抗力による運送品の滅失によって終了するとする（同条1項）。そして，この①〜③の事由が航海中に生じた場合には傭船者は運送の割合に応じて運送品の価格を超えない限度で運送賃を支払わなければならないとする（同条2項）。

また，商法761条は，航海または運送が法令に反するに至ったとき，その他不可抗力によって契約を為した目的を達することができなくなった場合には，各当事者が契約を解除できるとする（同条1項）。そして，この事由が発航後に生じて契約を解除した場合には，傭船者は運送の割合に応じて運送賃を支払わなければならないとする（同条2項）。

(イ) 運送賃

(a) 傭船契約の法的性質については争いがあり，判例は，船舶賃貸借と労務供給契約との混合契約とする[199]。これに反し，学説の多数は，特殊な契約とみる[200]。しかし，いずれにせよ，船主が船舶を提供しかつ運送行為を行い，その対価として傭船者が傭船料を支払う双務契約である。そこで，運送が不能になったときには，危険負担の問題が生じるのである（関連する裁判例としては，前述【17】がある）

(b) 運送が不能となる原因のうち最も典型的なものは，船舶に生じた障害であるから，商法760条は，船舶の沈没・修繕不能・捕獲を全部傭船契約の法定終了原因としてあげた（1項1号—3号）。これら事由の発生によって運送は不能となるから，契約は当然に終了するのである。契約が終了することによって，傭船者の運送賃支払債務も消滅するので，同人は，危険負担を免れることができる。

しかし，商法は，船舶の発航後には，傭船者は運送の割合に応じて運送賃を支払わなければならないとした（商760条2項）。船舶の沈没などによって履行は不能となるが，いったん発航したあとでは運送はすでに一部履行されているので，運送の割合に応じた運送賃の請求を認めたものである。契約で目的とした効果が生じないときには対価支払債務も生じないとする請負や運送契約の結果債務性とは異なり，一部不能の方式を採用したもので

---

199) 大判昭和3・6・28民集7巻8号519頁ほか。傭船契約の法的性質は，【17】判決でも言及されている。
200) 石井照久・海商法〔1964年〕210頁，小町谷操三・判民昭和3年51事件〔1930年〕258頁。

あるが，海上運送の特殊性に基づく危険の分担方法というべきである。ただ，民法上も，請負の危険負担に関しては，その結果債務性を強調することは請負人にとって酷となり，同人に出費の償還を請求させ，あるいは一部不能・一部解除の主張を認めるべき場合があり，本条の価値判断も参考に値しよう[201]。

(c) 商法760条1項4号の運送品の滅失の場合には，契約は終了しても割合運送賃の支払義務は生じない（2項の反対解釈）。陸上運送契約と同じ扱いであるのは（商576条1項），船主に船舶が残される場合であるから，傭船者に危険の分担を求める必要がない，とみたためであろう。

(ウ) 解　除

商法761条は，法定原因による契約解除について定める。760条の場合と異なり，傭船契約は当然に終了するのでなく，各当事者が契約解除権を取得するのにとどまる。契約解除によって債務が消滅しても，傭船者は運送賃の支払債務を免れ，危険をおわないことになる。

760条と異なり，当然に契約が消滅するとしなかったのは，解除権を取得する事由の特殊性にもとづく。すなわち，解除権取得には，航海または運送が後発的に法令に違反するにいたったこと，およびその他の不可抗力によって契約の目的を達しえなくなることを要する。このうち，契約の目的不到達の有無については，債権者＝傭船者の判断をまつとす

るのが便宜であろう（民611条2項参照）。そこで，契約を存続させるかどうかは，解除権者の判断にゆだねられたのである。

法定原因による解除の場合にも，解除事由が発航後に生じた場合には，傭船者は，割合運送賃の支払義務をおう（商761条2項）。

(エ) 一部滅失

全部傭船の際に運送品の一部が滅失したとき（商760条1項4号），および一部の運送品の運送が法令に違反しその他不可抗力によって契約をした目的を達しえなくなった場合に，傭船者は，船舶所有者の負担を重くしない範囲で他の運送品を船積することができる（商762条1項）。全部傭船契約は船舶による運送・船体を借りきったものであるから，当然の権利といえよう。ただし，この場合には，運送賃を全額支払わなければならない（同条2項参照）。船荷の積みかえをしない場合でも，船体を借りきった全部傭船の効果として運送賃の減額を請求することはできない。陸上運送の場合と異なり，運送人の履行はさほど軽減されないからである。

(オ) 裁判例

(a) 傭船契約については，以下の裁判例がある。

【117】大判明45・1・26民録18輯36頁[202]

［事実］　Yが船主Xから船舶を傭船し，貨物

---

201) 行為給付型の契約における費用賠償の問題については，【Ⅰ】303頁参照。

第2節　運送および傭船契約

を運ぶ途中，みぎ船舶は座礁した。そこで，Yは，積荷の一部を他船に移して運送した。ところが，Xは，訴外Aから提起された引渡請求事件の判決の仮執行をうけた結果，残余の貨物の占有をも失ってしまった。そこで，Xは，商法614条（現761条）によって契約を解除するとして，割合運送賃の支払を請求したが，原審はこれを認めなかった。

Xの上告に対し，大審院は，Xが残余の貨物の占有を失って契約をした目的を達しえなくなったことは不可抗力にもとづくといえるから，みぎ614条を適用しうるとした。

[判旨]「Yハ明治38年12月4日運送賃ヲ1日金25円トシ，X所有ノ帆船鳳周丸ノ全部ヲ以テ運送契約ノ目的ト為シ，大隅國肝屬郡内ノ浦港ヨリ東京市深川迄貨物ヲ運送スル傭船契約ヲ為シ，同船ハ貨物ヲ積載シテ東京へ向ケ航行中，明治39年1月26日志摩國鳥羽港附近ニ於テ座礁シタルヨリ，Yハ其都合ニ依リ積荷タル櫓木37挺ヲ除クノ外ハ之ヲ他船ニ積移シテ東京ニ送付シタレハ，Xカ運送スヘキ貨物ハ右櫓木37挺残存スルニ過キサルコトト為リタリ。然ルニ其残存櫓木モ，明治40年6月25日Xハ，訴外人A崎田儀平ヨリ係ル櫓木引渡請求事件ノ判決ノ仮執行トシテ其占有ヲ喪失スルニ至リタルモノニシテ，此櫓木ノ占有ヲ喪失シテ契約ヲ為シタル目的ヲ達スルコト能ハサルニ至リタルハ，原判旨ノ如ク之ヲ不可抗力ト称シ得可キカ故ニ本件ニ於テハ商法第614条ヲ適用シテXノ請求ヲ認容スヘキモノナルニ，原院カ同条ヲ本件ニ該当セサルモノトシタルハ法律ノ解釈ヲ誤リタルモノ」として，上告をいれ，原判決を破棄差戻した。

(b) 事案において，船主Xが現761条に相当する旧614条の適用を主張したのは，傭船者に割合運送賃の支払が義務づけられるからであろう（2項）。運送品の滅失を理由とした契約の終了（現商760条1項4号）では，運送賃の支払は，明文上はできないからである[203]。

ところで，第三者の執行による占有の喪失については，2面からこれを考察しなければならない。第1に，執行の結果占有を奪われたことは運送品の滅失と異ならないであろう。そうだとすれば，これは，滅失をもって論じるのが妥当であり，それにもかかわらずXの解除を認めたのは，むしろ運送賃請求権を確保させるためである。それをむりに761条の「契約ヲ為シタル目的ヲ達スルコト能ハサル」場合にあてたのでは，適用の要件があいまいとなり，また，滅失と区別して運送賃を与える根拠が不明確となる。

第2に，執行の結果占有を失うことは「不可抗力ニ因リテ」（商760条1項4号，761条1項ともに）といえるか，は問題である。まず，傭船者Yが（解除もせずに）みずから運送した部分については，不能は債権者の責に帰すべき事由にもとづくから，Xに運送賃請求権が生じるとみるべきであろう（民536条2項，商766条，576条2項）[204]。つぎに，残

---

202) 本件については，戸田修三・海事判例百選〔1973年〕33事件の評釈がある。なお，差戻審は，大正元・12・28新聞856号23頁参照。以下では，商法特有の問題には立ち入らない。
203) 陸上運送では，運送品の滅失による不能のさいに，運送賃請求権は消滅する（商576条）。そして，この規定は，海上運送にも準用される（商766条）。また，商法760条2項の体裁からみると，立法者は運送賃の支払を認めないと意図していたことが推断される。

余の運送品の運送が不能となったのは，Aの執行にもとづくが，執行にいたる原因が問題である。それが，まったくYの責に帰しえない可能性は少ない。おそらく，YのAに対するなんらかの債務不履行を原因とするものであろう。そうだとすれば，執行による不能は，債権者であるYの責に帰すべき原因に由来するのであり，XのYに対する請求は，割合運送賃としてではなく，反対給付の請求（民536条2項ほか）として再構成しなければならない。そこで，上記事案を，単純に不可抗力による障害にさいして解除が認められた事案と一般化して位置づけることには疑問がある。

この事例は，目的物が差押えられた場合を「不可抗力ニ因リテ契約ヲ為シタル目的ヲ達スルコト能ハサル」場合として（商761条），傭船者の割合運送賃支払義務を肯定した。しかし，それについては，むしろ運送品の滅失をもって論じるべきこと，およびその場合であっても割合運送賃の支払義務が生じる必要があるのである。

（c）ところで，ここで，何ゆえ「不可抗力ニ因リテ契約ヲ為シタル目的ヲ達スルコト能ハサル」（目的不到達）場合に法定原因とする解除が認められるか，を検討する必要がある。商法760条には，主要な契約終了原因が列挙されている。それゆえ，たんに761条が760条の諸事由を総括する，たんなる補充的規定にすぎないとすれば，その効果を異にする必要性は乏しい。

そうすると，目的不到達の場合がたんなる契約の終了原因と異なる扱いをうけているのは，目的不到達という性質にそくして解されねばならない。すなわち，契約をした目的の到達が抽象的な判断を要し一義的には明らかでないことである。これに反し，760条所定の事由は，物理的に不能の認識が可能な場合である。

給付に障害をもたらす事由は，たんに不能だけではない。いわゆる契約目的の挫折も同様であり，その場合には，債権者は給付を受領しうるが，契約をした目的が失われ給付が不要となるのである。このように給付を特定の用途に用いるとの目的（使用目的・間接目的）は，本来債権者の意図にすぎないが，それが表示され契約の前提となったときには，債務者によっても分担される。それゆえ，目的挫折のさいに債権者は対価支払義務を免れるのである（使用危険の移転）。もっとも，債権者が対価支払義務を免れうるとしても，債務者に損害を与えることまで認めるべきではないから，債務者がすでに出費しまたは履行した範囲では使用危険の移転は生じないと解される。そこで，債権者は対価支払義務を免れるために契約を解除するさいにも，債務者の出費を賠償しなければならないのである[205]。

---

204) 民法におけると同じく，船主は，それによってえた利益を償還するべきである（民536条2項但書）。なお，請負の一部履行に準じて出来高報酬の請求のみを船主に認めるとすれば，割合運送賃の請求だけが許されることになろう。
205) 本文の目的挫折の構成は，傭船契約の目的不到達にもあてはまる。そうすると，債権者たる傭

3 一部傭船および箇品運送

傭船契約の法定原因による当然終了および解除に関する規定（商760条・761条）は，一部傭船契約および箇品運送契約にも準用される（商763条1項）。

運送品の一部滅失にさいしても，傭船者または荷送人は，契約を解除しうるものの，運送費を全額支払わなければならない（同条2項）。運送人の負担が軽減されないこと，および全部傭船の場合ほどには荷送人に負担にならないことによる。

なお，陸上運送に関する商法576条は，海上運送にも準用される（商766条，とくに商576条2項）。

4 旅客運送

㈦ 運送賃

旅客運送に関しては，商法782条がある。すなわち，旅客が発航前に死亡，疾病その他一身に関する不可抗力によって航海をすることができなくなった場合には，船舶所有者は運送賃の4分の1を請求することができる（同条1項）。また，このような事由が発航後に生じたときには，船舶所有者はその選択にしたがって運送賃の4分の1を請求するかまたは運送の割合に応じて運送賃を請求することができる（同条2項）。

また，商法784条は，旅客運送契約は，760条1項1号ないし3号の事由によって終了するとし，もしその事由が航海中に生じたときには旅客は運送の割合に応じて運送賃を支払わなければならないとする。

㈦ 契約の終了

(a) 旅客運送においても，船舶の沈没・修繕不能・捕獲などの船舶に生じた障害は，運送行為を不能にするもっとも典型的な事由である。そこで，商法は，これら事由の発生によって運送契約は当然に終了するものとした（商784条1項）。旅客は，不能によって運送賃の支払を免れることができる。

これに反し，これら事由が航海中に生じた場合には，旅客は，運送の割合に応じて運送賃を支払わなければならない（同条2項）。

(b) 旅客が発航前に死亡，疾病その他一身に関する不可抗力で航海しえなくなった場合にも，船舶所有者は運送賃の4分の1を請求することができる（商782条1項）。死亡・疾病などは旅客の責に帰せられる事由にあたらなくても，まったく契約の両当事者にとって中立的な事由とはいえない。身体の保全は，むしろ旅客がみずから担保するべきであり，また，発航前といえども，船舶所有者は運送の準備に出費を強いられる。そこで，商法典は，出費の償還の趣旨で，運送賃の4分の1の支払を旅客に義務づけたのである。

発航後には，履行はすでに一部履行されているから，旅客は，割合運送賃を支払わなければならない。しかし，船舶所有者は，それ

船者は，船主の損失（すなわち，発航後の割合運送賃）を賠償することによって契約の解除をすることができ，761条は，そのことの確認規定と解することができる。なお，目的不到達については，【Ⅰ】153頁以下参照。

第 8 章 請　負

に代えて発航前と同じく運送賃の 4 分の 1 を請求することもできる（商 782 条 2 項）。

5　国際海上運送物品法

船舶による物品運送で，船積港または陸揚港が日本国外にある契約に関しては，国際海上物品運送法が適用される（国際海運 1 条, 20 条）。内容的には，商法典の規定がほぼ準用されている。

第9章 リース

第1節 裁判例

1 標準契約書と危険負担の特約

㈦ 標準契約書

　リースの危険負担については，約款上明文がおかれていることもあり，これに直接かかわる裁判例は，そう多くはない。早くからリース標準契約書17条には，「物件が滅失，盗難，または毀損，損傷して修理不能となったときは，乙（賃借人）は甲（賃貸人）に対し書面でその旨を通知し，その原因のいかんを問わず，直ちに表(8)記載の損害賠償金を甲に支払います。②前項の支払がなされたとき，この契約は終了します。」との記載がある。この特約の効力が問題となる。

㈣ 先　　例

　つぎの裁判例は，リース業者の危険負担の免責の特約を有効とした。

【118】　大阪地判昭51・3・26判タ341号205頁

　[判旨]　「(一) 瑕疵担保責任の免責につき前記認定事実によつて明らかなように目的物件の選択，特定は借主がこれをなし，物件の引渡も売主から借主に直接なされ，借主において検収をなした結果，物件の瑕疵を発見した場合は，右契約書5条3項，6条2，3項により，貸主にそれを通知して，貸主（買主）が売主に対して有する損害賠償請求権を譲り受けて，売主に対し損害賠償請求をなし得るように定められており，また，貸主は売主との売買契約で，売主が直接，借主に対し購入物件に対する保守義務を負担することを売主に約させている。借主の地位が右のように規定されているのは本件契約が貸主と借主との間の賃貸借という法形態をとりながらも，その実質においては借主が売主から目的物件を取得して使用収益するため，貸主がその中間に立つて，経済的に借主に金融的な便宜を供与するものであることに基をおくものであつて，借主から売主に対しても，瑕疵担保責任追及の道が残されているところであり貸主に瑕疵担保責任を免責する前記規定をもつて一方的に苛酷でこれを無効ということはできない。
　(二) 目的物件の滅失（物理的なそれのみならず，利用価値の喪失を含む）による危険負担を借主

に負わせる規定についても，さきに説明したような本件契約のもつ経済的制度としての性格に即して考えねばならない。さきに認定したようなリース料金算定の方法によれば本件契約のリース料は物の使用収益の対価ではなく，貸主が借主に融資したものと考えられる本件会計機の購入代金，金利その他の経費を貸与期間で分割した返済金と考えられ，借主は目的物件の利用を買い切り，終始それを現実に支配するものである。そうして，前記甲第1号証によれば本件契約書14条1, 2項，15条1ないし4項（なお，14条3項は別表（12）の付随条項で排除され，保険料は，貸主が負担する。）では，貸主は借主に目的物件に保険を付すことを約していることが認められるので，借主が右物件の滅失により被る損害は右保険金で填補する措置が講じられていることが明らかである。このようにみてくると通常の賃貸借契約のように目的物件の滅失により賃貸借契約が終了し賃料支払義務が消滅するのと異り，目的物件の滅失により，当然，本件契約が消滅し，借主がリース料支払義務を免れると解するのは相当でない。そうだとすると目的物件の滅失による危険負担を借主に負わせる規定が必ずしも当事者間の公平を著しく欠くものというに当らない」。

2 裁 判 例

危険負担に直接関連するものでは，最高裁にはつぎの1判決があるにとどまる。

【119】 最判昭56・4・9判時1003号89頁，金判621号3頁，裁判集（民）132巻531頁

［事実］ (a) Xは，Yから電子会計機を代金1,548万円で購入することにし，昭45年4月3日にAリース会社との間で会計機のリース契約を結んだ（リース料月額53万8,700円，リース期間3年，リース総額1,939万3,200円）。AがYから会計機を1,548万円で買いうけ，同年6月30日にXに引渡し，Xが借用証を交付したので，AはYに代金を支払った。なお，YはXとの間で，会計機の性能を保証し，その性能が欠けるときにはXのうける損害を賠償する，との損害担保契約を結んだ。

しかし，みぎ会計機は約定の性能を発揮しえなかったので，XはYにその引取を求め，同46年2月以降，使用も中止した。そこで，Yは4月にいたり，1,000万円を支払ったうえ会計機を引取ることをXに申し入れたが，Xは，Aから残リース料1,381万円の請求をうけていたのでその賠償を求めた。しかし，Yは，これに応じなかった。

そのうちに，会計機は台風による水害のためXのもとで使用不能となった。そこで，Xは，Xが支出した費用および既払リース料・支払をよぎなくされている未払リース料の合計2,075万円余を，前記損害担保契約にもとづき請求した。

(b) 第1審判決は，Xが会計機の使用を買い切っていることによって，その実質的価値を取得しており，また，その実質的価値はXがYから会計機を購入した価格とみるほかはないとして，損害合計額2,066万円余から会計機の代金に相当する1,548万円をひいた残額519万円余の請求を認めた。

第2審判決は，Xの有する会計機の利用権の実質的価値は，XがYの協力をえて会計機を利用できた期間（昭45年7月から46年1月）にすぎないとし，その間のリース料合計377万0,900円を損害額合計2,066万円余から損益相殺し，1,689万円の請求を認めた。Y上告。

(c) 最高裁は，Yの上告を棄却し，原審の損益相殺を肯定した。また，「右の場合，右会計機がその後〔Xが使用を中止したのち〕水害により使用不能となった事実は，賠償額の算定に当たり考慮すべきものではなく，右の水害によって生じた会計機の価値喪失による損失はYにおいてこれを負担すべき」であるとした原審の判断は認容できる，としたのである。

[判旨]「原判決は，要するに，YとX間の損害担保契約に基づきYがXに対して賠償すべき損害のうち，XがA上告外オリエント・リース株式会社に支払い，又は支払を余儀なくされた本件会計機のリース料に関する損害については，その総額から，Xにおいて右会計機の引取をYに要求してその使用を中止するまでの間Yの協力を得て使用しうる状態にあった期間のリース料相当額のみを右会計機の利用によってXが取得した利益として控除し，その残額をXのこうむった損害として賠償すべきものとし，右の場合，右会計機がその後水害により使用不能となった事実は，賠償額の算定に当たり考慮すべきものではなく，右の水害によって生じた会計機の価値喪失による損失はYにおいてこれを負担すべきものとしているものであるところ，原審が適法に確定した事実関係のもとにおいては，原審の右判断は，正当として是認することができる。原判決に所論の違法はなく，論旨は採用することができない」。

第2節 リースにおける危険負担

1 法的性質

㈠ 三面契約

リース（ファイナンス・リース）は，X（ユーザー，賃借人）がY（サプライヤー）から物を買いうけるのにさいし，金融をえる目的でリース業者Aに買いとらせ，みずからはAから目的物を借りる契約である。そこで，その内容には，売買，消費貸借，賃貸借など多様な契約の性質が含まれる[206]。

㈡ 危険負担

(a) 【119】の事案で，リース業者A・借主X間の関係に着目すると，X（賃借人）がA（賃貸人）から目的物を借りる形式をとる。そして，通常の賃貸借であれば，物を使用収益させる給付と，賃料の支払という反対給付とが対応する。したがって，一方の給付に生じた障害によって反対給付債務も免責される（536条1項，611条）。

そこで，【119】事件の1審において，Xは，Aからのリース料請求に対して　リース料支払の拒絶は会計機の使用不能にもとづくから正当と抗弁した。

---

[206] リース契約の特質については，一般的に，庄政志・リースの実務知識〔1982年〕147頁，より詳しくは，私法38号（私法学会39回大会シンポジウムのテーマ「リースその実態と法的構造」3頁以下参照。

しかし，1審判決は，「リース料金算定の方法によれば本件契約のリース料は物の使用収益の対価ではなく，貸主が借主に融資したものと考えられる本件会計機の購入代金，金利その他の経費を貸与期間で分割した返済金と考えられ」るから，通常の賃貸借のように目的物の滅失によって賃貸借契約が終了し賃料支払義務が消滅することはなく，借主がリース料の支払を免れるのは相当でないとした。

(b) 学説も，ファイナンス・リースは，利用者が機械などを必要とするさいに，それを購入する資金を貸しつける代わりに，リース業者が購入して貸与するものであって，かつ，リースの物件には汎用性がないので，リース期間中に機械の購入原価や金利などが回収されるようにリース料が算定されているとする[207]。

実質的に，借主は，リース業者から融資をうけ，分割払で目的物を購入するにすぎない。そうすると，リース料はたんなる賃料というより実質的に売買代金にひとしい。そこで，この売買類似の実質関係に着目すれば，引渡をうけた借主は目的物を現実に支配していることから，みずから危険を負担しなければならない。

また，AとXの関係が金銭の消費貸借であることに着目しても，同じ結果がえられよう。たしかに，Aは所有権を留保してXに自分の物を貸している。しかし，目的物はAにとって利用上の意味をもたない。Aは，Xに金融を与え担保を有するにすぎない。そして，物の占有もXのもとにある。担保目的の所有権留保売買におけると同じく，実質的な支配にそくして危険負担を決するべきであろう。やはり，Aとの関係において，原則としてはXが危険を負担するのである。

前述したリース標準契約書は，民法の危険負担規定（536条1項）を修正する特約であり，ユーザーの危険負担（損害賠償金の支払義務）を定めている。もっとも，リース業者は，このような損害に備えて，動産総合保険をかけているので（リース標準契約書14条），じっさいにユーザーが損害を負担することはまれである。約款の有効性は，リースの消費貸借性，保険の存在とリース料に危険負担の費用が含まれていないことなどから，肯定されている[208]。しかし，このような結論は，リース契約においてリース料と目的物の使用の対価的関係が否定されていることから生じる契約の特質にもとづく要請とみるべきであって（後述【121】,【122】参照），たんに賃貸借の危険負担規定の任意の修正とのみ理解するべきではあるまい[209]。

---

[207] 裁判上リース取引がはじめて認定された判決とされる大阪地判昭49・10・8金判451号17頁参照。学説では，たとえば，来栖三郎・契約法〔1974年〕294頁，庄・前掲書153頁。

[208] リース事業協会法務委員会「ファイナンス・リース取引に関する標準約款書の解説」NBL 407号20頁（29頁）。
　しかし，リース料に危険負担の費用が含まれていないとみるべきかには疑問もあり，対価関係を全面的に否定することにも，疑問は残る。本書では立ち入りえない。

(c) もっとも,【119】事件のX・Y（ユーザーと売主）の関係は，これと異なる。これは，実質的には売買であり，その間に金融のためにリース業者Aが介在しているにすぎない。そこで，売買における危険負担に引渡主義を採用すれば，一般には，目的物の引渡をうけ使用を開始したXは，危険を負担し，対価を支払わなければならないのである210)。

(ウ) 消費貸借の性質

(a) リース契約における危険負担について正面から論じたものは，その後，最高裁判例としてはみられないが，つぎの諸判決は，リースの消費貸借としての性質を前提としている。そこで，かりに危険負担を考慮するとすれば，一般的には，ユーザーの負担を肯定することにつながりやすい構成といえよう。

直接には，危険の問題ではなく，利用者の債務不履行を原因としてリース業者がリース期間の途中でリース物件の返還をうけた場合について，つぎの【120】も，リース業者が返還によってえた利益は清算する必要があるとし，また，リース期間の途中でリース物件の返還をうけたリース業者が返還に取得した利益を清算すべき場合と右利益の算定基準は，リース物件が返還時において有した価値とリース期間の満了時において有すべき残存価値との差額であって，規定損失金額を基礎とすべきものではないとした。リースの賃貸借的な対価関係を否定し，消費貸借的な性質を前提とするものである。

【120】 最判昭57・10・19民集36巻10号2130頁

［事実］ リース業者Xは，リース期間の途中で，ユーザーであるYから，その債務不履行を原因としてリース物件の返還をうけ，残リース料の支払を求めた。

［判旨］ 判決によれば，まず，「リース業者は，リース期間の途中で利用者からリース物件の返還を受けた場合には，その原因が利用者の債務不履行にあるときであつても，特段の事情のない限り，右返還によって取得した利益を利用者に返戻し又はリース料債権の支払に充当するなどしてこれを清算する必要があると解するのが相当である。けだし，右リース契約においては，リース業者は，利用者の債務不履行を原因としてリース物件の返還を受けたときでも，リース期間全部についてのリース料債権を失うものではないから，右リース料債権の支払を受けるほかに，リース物件の途中返還による利益をも取得しうるものとすることは，リース契約が約定どおりの期間存続して満了した場合と比較して過大な利益を取得しうることになり，公平の原則に照らし妥当ではないからである。もつとも，右リース契約は，形式的には，リース業者が自己の所有する物件を利用者に利用させるという内容を有するものではあるが，これを実質的にみた場合には，リース業者が利用者に対して金融の便宜を供与するという性質を有することは否定できないから，右のような清算の必要を認

---

209) すなわち，契約の特質を検討することが必要であり，たんなる約款で左右しうるものとはいえない。前述第3章のように，危険負担の任意法規性には限界があるからである。
210) ただし，瑕疵のある物を引渡すことによって危険が移転するかが，問題であって，これは，後述2の対象となる。

めたからといつて，リース業者に対して格別の不利益を与えるものではないというべきである」。

また，この場合に，「清算の対象となるのは，リース物件が返還時において有した価値と本来のリース期間の満了時において有すべき残存価値との差額と解するのが相当であつて，返還時からリース期間の満了時までの利用価値と解すべきではなく，したがつて，清算金額を具体的に算定するにあたつては，返還時とリース期間の満了時とにおけるリース物件の交換価値を確定することが必要であり，返還時からリース期間の満了時までのリース料額又はリース物件がリース期間の途中で滅失・毀損した場合に利用者からリース業者に支払うことが約定されているいわゆる規定損失金額を基礎にしてこれを算定することは正当でない」。

【121】 最判平5・11・25 金法1395号49頁

［事実］ 本件は，コンピュータのファイナンス・リースについて，ユーザーYが，販売店Aから物件の引渡をうけていないのに，Aの資金繰りに協力し，引渡をうけた旨の「リース物件受領書」をリース業者Xに発行したので，XがAに物件の代金を支払ったが，Aの経営不振から，Yに引渡されていなかったリース物件を，Xが自分の管理に移した事案に関するものである。Xは，リース料の不払を理由に，リース契約を解除し，残リース料相当の約定損害金の支払を請求した。

［判旨］ 判決は，ファイナンス・リース契約では，「リース物件の使用とリース料の支払とは対価関係にたつものでない」とし，したがって，「ユーザーによるリース物件の使用が不可能になったとしても，これがリース業者の責めに帰すべき事由によるものでないときは，ユーザーにおいて月々のリース料の支払を免れるものではない」とした。

また，Xがリース物件をひきあげたことについても，Yは，これをAに保管させ，「自らこれを占有すべき本件リース契約上の義務に違反し」ていたことから，Xの行為は「無理からぬものがある」とし，リース物件の使用不能の状態は，「むしろYの前記本件リース契約上の義務違反に起因するものであって，Xの責めに帰すべきものということはできない」とした。

【122】 最判平7・4・14 NBL 568号74頁

［事実］ 本件は，ファイナンス・リース契約におけるユーザーについて会社更生手続が開始された場合に，未払のリース料債権が共益債権（会更103条1項・208条7号）となるか，を問題とするものである。リース業者Xが更生手続によらず随時その支払を請求でき，その不払を理由として契約を解除することもできると主張したことに対して，ユーザーの更生管財人Yがこれを争った事件である。

［判旨］ 判決によれば，フルペイアウト方式のファイナンス・リース契約では，「リース料債務は契約の成立と同時にその全額について発生し，リース料の支払が毎月一定額によることと約定されていても，それはユーザーに対して期限の利益を与えるものにすぎず，各月のリース物件の使用と各月のリース料の支払とは対価関係に立つものではない」。

したがって，「会社更生手続の開始決定の時点において，未払のリース料債権は，期限未到来のものも含めてその全額が会社更生法102条にいう会社更生手続開始前の原因に基づいて生じた財産上の請求権に当たるというべきである。

そして，同法103条1項の規定は，双務契約の当事者間で，相互にけん連関係に立つ双方の債務の履行がいずれも完了していない場合に関するものであって，いわゆるフルペイアウト方式によるファイナンス・リース契約において，リース物件の引渡しをしたリース業者は，ユーザーに対してリース料の支払債務とけん連関係に立つ未履行債務を負担していないというべきであるから，右規定は適用されず，結局，未払のリース料債権が同法208条7号に規定する共益債権であるということはでき」ず，リース業者が更生手続によらずに，リース料の支払を請求することはできず，また会社更生手続開始決定後には，未払のリース料の支払を催告してリース契約を解除することはできない，としたものである。

(b) これらの判決の前提として，各月のリース物件の使用と各月のリース料の支払とが狭い意味での対価関係に立たないとの理解は，ほぼ確立しているといえよう。リースは，賃貸借ではなく，消費貸借の性質を有するものと把握されている。リース料の支払は，たんなる使用の対価ではなく，消費貸借上の債務の返還を意味している（【121】・【122】）。したがって，リース業者が，リース期間の途中で，ユーザーからその債務不履行を原因としてリース物件の返還をうけ，残リース料の支払を求める場合には，債権の履行と目的物件の価値とをともに求めるものであるから，後者を清算しなければならない（【120】）。リースの消費貸借としての性質を前提に，さらに，担保的構成を予定して，担保物の価額を清算することとしたものである。もっとも，この場合に，清算するのは，リース物件の返還時とリース期間満了時との価値の差額である。

これを，返還時からリース期間の満了時までのたんなる利用価値と解さないことも（【120】），リース料が通常の使用の対価ではないことに由来する。清算されるべき価値は，むしろ担保物の価値だからである。

このような金融あるいは消費貸借としての構成は，危険負担においては，使用の障害があっても，リース料の支払が免責されないことから，一般的には，ユーザーの不利益につながるものであるが，【122】では逆に，会社更生手続においては，一定の場合に，リース業者の不利益にも機能することが示されたのである。

(c) もっとも，消費貸借あるいは金融としての性質が肯定されても，さらにリース契約を，所有権留保的なものとして構成するか，あるいは担保権として構成するかは，なお残された問題である。しかし，【120】判決が認めた清算義務の構成からすると，その担保権としての性質が強調されているようにみえる。また，いわゆるフル・ペイアウトのファイナンス・リースが，契約の終了後には目的物件の価値を実質的に残さないものであり，リース業者に残された地位が，実質的には担保権的なものにすぎないことに着目すれば，譲渡担保などと同じく，これをより抵当権に準じたものとして把握していくことになろう。【122】判決は，直接には，たんにリース料債権が共益債権となることを否定したものであるが，今後の展開としてはこれを更生担保権として構成していく道を開いたものと位置づけることができる。

2 清算関係における危険負担

(ア) 契約の清算

(a) 【119】には，リース特有の問題以外に，危険負担全般に関係する問題が含まれている。清算関係における危険負担である。しかし，これは，たんにリース契約における危険負担のみから解決される問題ではない。すなわち，瑕疵のある目的物の危険負担の問題である。そこで，問題をより単純化するためには，以下のような簡略なケースによることが有用である。

〔ケース1〕YがXに会計機を売却したところ，その会計機は性能において不十分であり，Xは，Yにその引取を求めた。その後，引取の行われる前に，会計機は水害によって滅失した。

(b) この〔ケース1〕において，物が滅失する前の，X・Y間の関係は，2点から考慮される必要がある。

第1は，民法上生じる担保責任の存在である。XはYに対して，損害賠償の請求，または瑕疵によって契約の目的を達成しえないときには契約の解除を求めることができる（570条・566条1項）。

第2は，X・Y間の損害担保契約の存在である。この契約においてXの解除権が約定されていれば，合意の効力として，必ずしも「契約をした目的を達することができないとき」でなくても，解除権が生じるのである。

そして，目的物が滅失した場合には，これらから生じる解除権または損害賠償請求権の運命が問題となるのである。

(イ) 牽連関係と担保責任

(a) ところで，〔ケース1〕において，目的物の欠陥を理由にXが使用を中止したのち，XはYに対して会計機の引取を求めている。これを，解除権の行使と把握することができれば，意思表示の時から，X・Y間には給付物を返還するべき清算関係が生じている。そうすると，その後の物の滅失は，清算関係における危険負担の対象となる。

清算関係における危険負担は，契約履行上の危険負担とパラレルにとらえることができる。すなわち，契約履行上，売主は物を給付し，買主は対価を支払う債務をおうが，清算関係においては，売主は対価を，買主は給付物を返還する債務をおう。そこで，給付物が滅失したときには，給付の牽連関係によれば反対給付をなす債務も消滅するのである（536条1項の類推適用）。もっとも，給付債権者である売主は，引渡（返還）の時から目的物を使用・監視することができる地位を取得するから，危険をも負担しなければならない（引渡主義）。これを〔ケース1〕にあてはめれば，一般に，返還までX＝買主が危険を負担しなければならないことになろう。すなわち，引渡まで，返還債権者である売主に危険が移転する必然性はないのである。

(b) この解除の意思表示後の滅失と異なり，物が滅失した当時，解除権が行使されていないと，その存続の問題となる。解除前の滅失のさいにも解除権が存続するとすると，買主はなお解除しうる。そうすると，売主に対し原状回復＝代金返還請求しうるのである。つまり，買主は危険を負担しないことになる

（解除による危険の転嫁）。

　(c)　この結果は，(a)の場合に比して不均衡であろう。では，(a)・(b)のいずれを基準とするか。ドイツの有力説は，物の滅失によっても解除権は消滅しないとするド民旧350条（日民548条2項）を不当として，その制限解釈を試みた。つまり，(a)を基準とするのである。

　このような考慮は，たとえば，買主の不履行にさいして，売主が契約を解除しようとする場合には，妥当しよう。契約を解除しても，目的物の滅失によって，買主の返還債務が不能となり，売主は目的物を返還してもらえないのに，買主は，代金の返還を求めうるのでは，解除の意味がないからである。あるいは，当事者双方が返還することを予定して合意解除したのに，目的物の滅失によって，買主だけが返還を免れる場合には，妥当性を欠くからである。

　なお，この有力説は，合意解除を主たる対象とするドイツ民法典の規定には，解除権および減額請求権の発生に関する制限がないことから，ド民旧350条の解釈として，解除権を制限しようとするものであった。そして，1992年のドイツ債務法改定草案は，この見解を採用しなかったが，350条の規定を廃止し，目的物の偶然の滅失では解除権も消滅しうることを認めたのである（2002年の債務法現代化法も同様）。

　(d)　しかし，一般的な解除権の制限をしては，売主の担保責任が無視される結果となることがある。(a)の考慮は一般的には妥当して

も，法定の解除事由である瑕疵担保解除の場合には，必ずしも妥当しない。わが民法上の瑕疵担保責任にもとづく解除権は，買主が契約をした目的を達しえないときにのみ生じる。このような制限をおかずに，広く代金減額請求と解除を認めるドイツ民法（旧459条以下，旧462条，現437条）の場合とは同列に扱いえないのである。たしかに，契約の目的を達しうる場合には，ささいな瑕疵があったことを理由に，本来買主がおうべき危険を解除によって売主に転嫁することに合理性はない。しかし，もともと契約の目的を達しえない場合には，瑕疵は重大であるから危険も移転しないとみるべきなのである。このように限定された解除権をさらに制限するのは，不当である（2002年の債務法現代化法346条2項では，目的物が滅失しても解除権が存続する場合には，価額賠償義務を定めた）。

　ここで，危険負担の側面からみると，買主Xが危険を負担するとすれば，それは，まだ返還がなされず，売主（返還給付の債権者）が占有による利益を取得していないからである，とするほかはあるまい。しかし，事案では，占有をえている買主も，契約をした目的を達しえないのであるから，そのような占有によって何ら利益をえていない。それゆえ，滅失につき責があるときはかくべつ，さもなければ契約がないのと同じ状態を追及しうることが必要である。

　もっとも，買主が利益をえている範囲で，その利益は償還されるべきである。これは後述する損益相殺の問題となる。

(ウ) 受領遅滞

ところで，〔ケース１〕では，さらにべつの点が考慮されなければならない。すなわち，ここでは，買主Ｘは，会計機の使用を中止しその引取をＹに求めている。ここで，売主Ｙ＝給付債権者が受領遅滞に陥ったとすれば，債権者の受領遅滞中の危険負担となるので，通常の危険負担が変更されることを考慮しなければならない。そして，この場合には，債権者の危険負担を認める立場が有力である211)。

そうすると，かりに引渡までは買主が危険を負担しなければならないとの立場をとっても，事案では，売主Ｙが危険をおうよちがある。もっとも，たんに売主が引きとらないとの一事をもって受領遅滞としうるか，には疑問もある212)。

(エ) 解除権の消滅

(a) 売買の目的物に瑕疵があり買主に契約の解除権が帰属するべき場合に，その目的物が滅失したときの危険負担について，わが通説は，548条１項・２項の区別にしたがって解除権の存否を決する。そこで，同条２項の適用される不可抗力による目的物の滅失＝解除権者に故意・過失がない場合には，解除権は存続し，したがって解除権者＝買主は契約を解除することができ，代金の返還を求めうるから滅失の危険をおわない，とするのである。本件リース契約に関しても，同じ処理が考えられる。評釈者には，見解の対立がある。

(b) 買主負担説は，買主Ｘと売主Ｙとの間に実質的売買契約関係が成立していることを前提として，Ｘによる解除後にそのもとにある物件が不可抗力で滅失した場合の危険負担を考察する。そして，これについて548条が適用されるとし，しかし，通説とは異なり，同条１項にいう解除権が消滅する場合である解除権者の「行為又ハ過失」とは，たんに故意・過失をさすものではなく，解除権者の支配領域内に入ったことを意味しており（最広義の帰責事由という），本件の場合に，目的物件について支配可能性のあったのはＸであるから，Ｘは契約を解除することができず，したがって代金の返還請求もなしえない，とするのである213)。

(c) 売主負担説も，Ｘ・Ｙ間に実質的な売買関係があることを前提とする。そして，履行の全部遅滞・全部不能・追奪担保責任の場合には解除にともなう買主の危険負担を問題

---

211) 遅滞中の不能については，立ち入らない。前述第２章３節２参照。
212) 買主の持参するべき債務とすれば，提供もない，といえる。しかし，大型機械の給付の性質上取立債務とみるべきであろう。しかし，事案のもとで，受領遅滞の成立は必ずしも明らかとはいえない。もっとも，私見は，かつて本判決へのコメントで，受領遅滞中の不能の可能性についても示唆したことがある（遠藤浩・倉田卓次・山口和男編 逐条民法特別法講座⑥契約Ｉ〔1986年〕59頁以下参照）。【Ｉ】132頁，144頁参照。
213) 本田純一・金判638号58頁。同評釈は，本文のような解釈は，リース物件の滅失は，責任が免責される場合を除いて保険で処理され，その結果，借主（買主）の支配可能性と被保険利益とが一致することになるから，リースについてはとりわけ妥当するとする。

とするよちは少ないが、一部遅滞や一部不能、不完全履行、瑕疵担保を理由に解除されることはある。後者の諸場合には、債務の本旨に従った履行がなされておらず、買主はその物によってほとんど利益をえていないのが普通であるから、売主はその物を引きとるべきであり、買主のもとにある間に不可抗力によって毀滅したとしても買主にその損害を負担させる理由はない。本件【119】の事案でも、XがYに引取を要求し、売主の品質保証が実現しなかったことから、Xの引取の請求は契約解除の主張と同視しうる、とするのである214)。

　(d)　売主の責任がはたされていない間に目的物が滅失した場合には、つねに担保責任と危険負担との効果の調整の問題が生じる。そのさいに、清算上の牽連関係は重視されるべきであるが、担保責任のもつ規範性も考慮される必要がある。わが民法上、瑕疵担保責任にもとづく解除権の発生は、給付の目的が達しえないときに限定されている。それゆえ、この限定された範囲で解除権が発生したと解するかぎり、売主の責任を没却するものと解してはなるまい。すなわち、解除権行使の結果として、売主は代金請求権を失い、危険を負担するのである215)。

3　買主が返還するべき利得・損益相殺

㋐　利益の償還

さて、買主が危険を負担しないとしても、同人が会計機を占有・使用したことによってえた利益は償還されるべきであろう。買主が利益をえたかぎりで給付は有効に与えられたのであるから、同人はその対価を支払わなければならないからである。

㋑　損 益 相 殺

その算定が問題となる。使用しえたことによる利益を考えるべきであるが、リース料そのものはこれにあたらない。リース料はたんなる使用料ではなく、目的物件の交換価値をリース期間で割ったものにすぎないから216)、第1審判決のようにリース料をもって算定の基礎とすると、買主は使用価値をいちじるしく超えた支払をよぎなくされる。しかし、契約の解除は、買主が瑕疵のあるものの受領を拒絶する意思表示であるから、解除にもかかわらず、交換価値までの支払を義務づけられたのでは、解除の意味は没却されることになろう。

そこで、償還されるべき利益は、最大でも現実の使用利益、つまり賃料相当額に限定されるべきであろう。これは、土地のように使

---

214)　半田吉信・ジュリ765号92頁、また、ほぼ同旨のものとして、近江幸治・判タ472号61頁。
215)　小野「瑕疵担保責任」森泉先生還暦記念論文集（現代判例民法学の課題・1988年）619頁、【Ⅰ】132頁。なお、本文のことは、清算にさいして牽連関係を一般的に否定するものではない。他の無効・取消・解除を理由とする清算関係（たとえば、買主の錯誤）では、給付を返還しえない受領者は、返還不能が偶然によっても自分の請求権を失うべきなのである。
216)　リース料算定の、いわゆるフル・ペイ・アウトでは、リース期間中に投下資金の全額が回収されるから、リース料の支払は、実質的には売買代金の分割払にひとしい（庄・前掲書21頁参照）。

用によって減価しないものについては，その賃料相当額で足りる。これに対し，自動車やコンピューターのように減価・陳腐化の激しいものについては，減価償却費を算入すると相当高価になる可能性がある[217]。

2審は，利用期間中のみのリース料を基礎としている。その期間中は利用しえたから，というのである。たしかに，その利用が給付として満足するべきものであれば，そう解しうる。しかし，利用期間中もほとんど意味をなさなかったという場合であれば，買主にとって酷であり，解除権の意味を失わせる結果となろう。本件の解決は事案かぎりのものであって，他の場合には各事案にそくした利益の算定が必要である。

---

[217] また，目的物が減価している場合には，買主がうけた利益を償還する限度では，目的物の価格返還が行われるのと同じ効果があり，返還の範囲では，買主も危険を負担することになる（返還関係における債務者主義）。

第10章　清算関係における危険負担[218]

第1節　本章における検討対象

1　担保責任と危険負担

(ア)　契約不適合物

　危険負担は，契約目的物が後発的事由によって毀滅した場合に，その毀滅によって生じる損失を契約当事者間で分配する法理である。そして，その対象も，第1次的には，契約に適合した物をさし，またその物が契約に適合した状態で履行される場合を前提としているのである。

　しかし，実定法規が契約適合物のみを対象に危険負担の諸規定を定めたとしても，現実には，契約に適合しない物（契約不適合物）に関しても，後発的な障害が生じることが避けられない。この場合には，その解決を現行法規のわく内で探ろうとするかぎり，危険負担に関する諸規定（534条～536条）をもって，第2次的には，これらの障害をも考察の対象としなければならない。

　ところが，契約不適合物については，たんに危険負担の効果だけではなく，契約に適合しないことに対する法的手段，たとえば，瑕疵担保責任あるいは売主の不履行責任の存在をも考慮に入れる必要がある。そこで，危険負担（後発的不能）に加えて，原始的不能の効果をも考慮しなければならないのである。

　もちろん，立法政策上，契約不適合物の危険負担そのものを正面から規律することは可能であろう。しかし，わが民法典のみならず，従来の諸外国の多くの民法法規にあっても，その解決は必ずしも明らかではなく，とりわけ具体的効果については不明な点が多い。現在のところ，若干の新しい法規が明文規定を設けているにとどまる（アメリカ統一商法典2-510条1項）。

(イ)　危険負担

　(a)　ところで，こうして契約不適合物の危険負担について通常の危険負担規定が用いら

---

[218]　清算関係における危険負担については，【II】73頁以下参照。本書第9章でも，リースにおける危険負担との関係で，すでに若干ふれた。

れるとしても，その効果は，当然，契約適合物の場合とは異なる。以下では，この場合の修正を概観する。

契約不適合物の危険負担に類した事例としては，当事者が履行を遅滞している場合の危険負担がある[219]。というのは，この場合にも，遅滞についての当事者の責任と，危険負担との効果の調整が問題となるからである。もっとも，遅滞の事例の一部は，すでに伝統的な危険負担の固有の問題に取り入れられている。第1に，たとえば，売買において，売主が目的物の引渡を遅滞しているときには，その危険負担が認められている（フ民1138条2項但書・1302条。所有者主義の原則に対する例外），第2に，逆に，買主が受領を遅滞しているときにも，その危険負担が認められる（ド民旧324条2項，現326条2項，統一商法典2-510条3項など。引渡主義の原則に対する例外）。この結果は，危険負担の原則に債権者主義をとっても，債務者主義をとっても，一致して認められているのである。

遅滞との若干の比較によっても，契約不適合物，とくに瑕疵のある物の危険負担を，通常の危険負担と区別しなければならないことは，明らかであろう。これらの場合には，たんなる危険負担の効果に加えて，当事者の責任を考慮するか，またどのように考慮するかが問題となるのである。

(b) また，上記の問題を検討することには，実践的な意義もある。すなわち，危険負担に関しては，それが任意法規の範囲内にあることから，たとえば，通常の売買では，かりに債権者主義のように必ずしも妥当とはされない主義が法文上定められている場合であっても，当事者が合意によってこれを排除できる。そこで，じっさい上は，法規のもたらす不都合は見かけほどには大きくはならないとされる。しかし，このような合意による修正の可能性は，あくまでも当事者が予想しうる範囲に限定される。契約が解除された場合に生じる清算の関係において，どのような危険負担が生じるかは，通常，当事者の予想するところではない。その結果，法文の形式的適用が，少なくとも第1次的には考慮されることになる。そこで，通常の契約関係以上に，債権者主義の適用の是非が検討されなければならない面がある。同様のことは，契約が解除される前に，契約目的物が買主のもとで滅失した場合についても検討されなければならない[220]。

2 清算関係

上記の検討にあたって，以下の点に注目する必要がある。

(ア) 解除と清算

(a) (i) 第1は，清算関係における危険負担としての観点である。給付目的物の瑕疵に

---

219) 遅滞中の不能の検討については，前述第1章2節，および【Ⅱ】353頁以下参照。
220) 同様のことは，法定の売買関係である造作買取請求権の行使された場合や，競売についてもいえる。前述の第5章，6章参照。

対する救済手段としては，担保責任にもとづく解除権がある（570条・566条1項1文）。解除権が行使される前には，いうまでもなく売買目的物に関して，買主は給付債権者であり，売主は給付債務者である。しかし，解除権が行使され契約が清算関係に転換されたときには，買主を返還債務者，売主を権利者とする新たな関係にそくして危険負担を考察することができる。解除の意思表示後の毀滅は，この関係にそくして解決されなければならない。

この点，従来の有力説である解除の直接効果説によると，解除の効果として契約関係は消滅し，代わって法定の債権関係である不当利得返還請求権の性質をもつ原状回復請求権が生じる。そこで，この請求権は当初の契約とは無関係であり，契約の効力は当然には及ばない。そこで，契約の効果を定めた規定である533条以下の適用はないとされる（546条は創設的規定となる）。これに対し，間接効果説によると，解除の結果生じた原状回復請求権は，当初の契約のまきもどしであり同一性を保つとされる。そこで，後者による場合には，533条以下の適用が認められるのである（546条は確認的規定となる）。

しかし，近時の不当利得の類型論によれば，無効・取消・解除によって生じる返還請求権は，給付利得の性質を有し，当初の契約のまきもどしとしての性質を有する。そして，給付利得返還請求権は，当初の契約の変形であり契約法の諸規定に服する。そこで，直接効果説によっても，533条以下の適用が認められ，結局，直接効果説・間接効果説の対立は，解消されたとみることができるのである。

(ⅱ) その筋道について，簡単にふれておくと，解除権が行使されれば，買主は受領した物を返還し，売主も受領した代金を返還しなければならない。そこで，滅失のために目的物を返還できない買主が（給付では債権者，返還関係では債務者），代金の返還をも請求できなくなるとすれば，危険は同人が負担する結果となる（債務者主義）。逆に，代金の返還だけはなお請求可能だとすれば，危険は売主（給付では債務者，返還関係では債権者）の負担となる（債権者主義）。すなわち，契約関係を反対方向に転換することによって危険負担を考えることも可能である。

一般的には，清算の関係においても，返還義務相互の牽連関係を考慮することが必要である（536条1項の適用）。すなわち，目的物を受領し返還しえない買主は，危険を負担しなければならず，解除によってもこれを売主に転嫁しえないのが原則とみなければならない（債務者主義）。解除の間接効果説的な考慮および不当利得の類型論の考え方からすれば，返還の関係でも，契約の履行の過程とパラレルな関係が生じるから，当然の結果となるのである。

もっとも，返還関係でも牽連関係をとるとの原則じたいには疑問のよちがないとしても，その範囲はなお問題たりうる。この原則は，たとえば，目的物をなお受領していない買主（返還関係では既返還とみなしうるので，売主負担）あるいは目的物を受領することによって契約の目的を達成した買主（履行をうけた同人の負担）については，あてはまる。また，買主の不履行によって売主が契約を解除する場合にもあてはまる（返還しない買主の負担）。双方的な履行および返還の関係を認めるべき

第10章　清算関係における危険負担

だからである。

　しかし，目的物の瑕疵の結果，契約の目的を達成しえない買主（あるいはより広く法定解除権を取得した買主一般）についても，そういえるかが問題であり，債務者主義を返還の関係にも適用するさいの限界を探ることが必要である。

　(b)　第2は，解除権の存否の観点である。
　(a)(ii)とは異なり，解除の意思表示前には，なお清算関係は成立していない。しかし，当事者のじっさいの利益状況は，(ii)の場合とそれほど異なるものではない。(ii)の場合との均衡と，その考慮をどう危険負担に反映させるか，が問題となる。ここで，滅失の結果，目的物を返還できない買主が，なお解除権を失わない（548条2項）とすれば（そして，買主が不能により原状回復義務を免れても，売主の原状回復義務だけは存続するとすれば），危険は，売主が負担することになる。
　逆に，買主が解除権を失う（548条1項）とすると，危険は，買主が負担することになる。解除権の存否が，危険負担の問題の先決事項となる。そこで，ここでは，解除権の存否と危険負担とを，いかに調和させるかが問題となる。あるいは，買主が解除権を失わないとしても，その行使にあたっては，必ず自分も受領したものに代わる価額返還をしなければならないとすれば，危険が売主に転嫁されることはなくなる。後者の構成は，買主に帰責事由のある場合に関して普通法上唱えられた。買主に帰責事由がない場合にも，そういえるかが問題である。もっとも，解除と同じく契約関係の清算をもたらす契約の無効・取消のさいの不当利得（給付利得）返還請求権に関しては，（受領したものの）価額返還が認められる（日民704条。ド民818条3項の否定）。両者の統一的な解決方法が探られる必要がある。

　解除の意思表示前の関係には，その意思表示後の関係に比してもより困難な問題が含まれているとみられるが，上記のような解除権の消滅・存続の問題に関しては，従来の諸国の立法例をみると，かなり詳細な規定がおかれていることが多い。もっとも，その内容は，必ずしも同一ではない。そこで，この解除権の消滅・存続を検討することが，清算関係における危険負担の問題の解決に資するのである。

　(c)　解除権の存否の方法による構成によって，解除権が存続する場合には，危険は売主が負担し，解除権が消滅する場合には，危険は買主が負担することになる。いわばall or nothingの選択的な解決がもたらされるのに反し，清算関係の危険負担の観点からすれば，解除権が存続する場合でも，価値的な返還が可能となり（履行された給付には返還が行われる），よりきめ細かな解決が行われる。

　(イ)　取消および無効と清算
　(a)清算関係における給付の牽連関係は，取消による場合にも考慮されるが，詐欺など特定の事由による取消の場合には問題がある。給付障害に対し契約からの脱退をもたらす価値中立的な制度である解除とは異なり，取消には，それを基礎づけたいわば制裁的な考慮が影響するからである。かつては，解除につ

第1節　本章における検討対象

いても，これを債務不履行に対する制裁とする思想があり，これによる場合には，清算関係における牽連関係を否定することが行われた（解除権の存続を認める548条2項＝ド民旧350条。たとえば，瑕疵担保解除をするさいには，買主の解除権を認めて，買主のもとで目的物が滅失した場合でも，解除し代金を取戻しうるとするもの）。とりわけこのような制裁的思想が強く考慮されるべきものとして詐欺や強迫の場合がある。

　詐欺取消の場合でも，同時履行の主張ができるかには疑問のよちもあり，詐欺者に対しては，目的物を返還するまで代金を返還しないと主張させないことまでが（売主の詐欺で，買主が取消をする場合に，買主による代金の取戻を確実にする。逆に，買主の詐欺で，売主に目的物の返還を確保させるために，返還するまで代金も返還しないと売主に主張させる類型もある），詐欺取消を認めることの規範的意義に包含されるとすれば，これを制限するよちがある（ドイツの一部の裁判例）。日本では，不当利得返還義務が相互に同時履行の関係にあることを肯定した裁判例がある（未成年取消につき，最判昭28・6・16民集7巻6号629頁，詐欺取消につき，最判昭47・9・7民集26巻7号1327頁，東京地判昭61・10・30判時1244号92頁）。なお古い裁判例は，双方の請求権を別個のものとして牽連関係を否定した（錯誤無効の場合につき，大判昭2・12・26新聞2806号15頁）。価値中立的な契約解消方法である約定解除では，このような規範的意義を考慮する必要はない。また，制限能力者の取消では，その償還義務は，現に利益をうける限度に制限されている（121条但書）。これは，全額の返還を義務づけたのでは，制限能力による取消の実効性がなくなるためである。

　(b)そして，同時履行と同じく，詐欺の場合には，給付の（存続上の）牽連関係についても，詐欺の規範的効力を考えるよちがあり，これを肯定する場合には，詐欺をうけた買主のもとで目的物が滅失しても，詐欺者である売主だけが代金を返還する義務を負担すると解するよちがある（返還関係における債権者主義）。

　ドイツ法では，契約の無効・取消による契約の清算の場合に，不当利得返還請求権相互の間には，差額説が適用される。たとえば，80の物を受領した取消権者は，支払った代金100との差額20を請求できるだけであるから，取消権者（買主）のもとで物が滅失した場合には，みずから危険を負担しなければならない。かなり早くからライヒ大審院（RGZ）は，交換説を否定した（RGZ 54, 137）。給付の相互関係が考慮されたのである。なお，詐欺をうけた売主が取消す場合には，買主のもとで目的物が滅失しても，詐欺者である買主のみが代金の返還請求権を有することにはならず，差額説のもとで，売主の差額請求権が生じることになろう（実質的には買主＝返還債務者の危険負担。差額説を妥当とするものとして，松坂佐一・事務管理・不当利得（1973年）226頁。もっとも，交換説でも買主に価額返還を義務づければその負担となる）。

　ただし，買主による取消権の行使の場合には，つぎの交換説の可能性がある。交換説（物の返還請求権と代金100の返還請求権がそれぞれ発生する）のもとでは，取消権者である給付受領者〔もとの買主に相当＝返還義務

第10章　清算関係における危険負担

者〕の目的物返還は，目的物の滅失によって不能となり，給付者〔もとの売主〕の代金返還義務だけが存続する（我妻・V₄ 1090頁は，交換説を前提に，買主は返還義務を免れ，売主は返還義務を免れないとしても，売主の「関与の程度と態様を斟酌して」，売主の返還義務を縮減するのが妥当という）。これは，ド民350条＝日民548条によって解除権が存続する場合と同様の結果をもたらし，給付者（返還関係の債権者＝売主）の危険負担によって，契約関係の清算の諸場合を統一するものとなる。すなわち，給付受領者（取消権者，解除権者）は，契約の無効・取消・解除のすべての場合に，危険負担を免れるのである（【Ⅱ】104頁，107頁注7参照）。もっとも，2002年の債務法現代化法は，旧350条を廃止したから，解除による危険の転嫁は否定された（解除権の存続する場合でも，価値賠償が必要である。ド民346条2項3号）。つまり，返還関係における債務者主義である（買主が実質的な価値を受領していた場合には，これが妥当であろう。牽連関係を主張する学説はこれを前提にしている）。ただし，取消の場合に，制裁的な思想を完全に払拭できるかには疑問があり（買主が実質的価値をほとんど受領していない場合に多い。牽連関係を重視しない学説はこの場合を前提にすると思われる），少なくとも詐欺や強迫では困難があろう（つまり詐欺がなければ，およそ買主のもとで目的物が消滅することがありえないとして）。また，取消には，そのような規範的拘束が強いことから，清算関係は，制度それぞれに固有の問題となる（つまり，売主＝返還関係の債権者主義といっても，534条1項の類推ではなく，536条2項の類推に

あたると考えるかが問題である）。

　また，当事者の一方のみが給付した場合にも，差額説は適用しえない。たとえば，売主のみが履行し，買主のもとで滅失した場合である。当事者に帰責事由がなければ，買主＝返還債務者は返還を免れ，売主のみが危険を負担することになる。これは，双方が給付した場合に危険を買主（返還債務者）が負担することに反する（ドイツには多様な制限説がある）。わがくにでも，これを回避するために，これがなお未履行給付の法律関係と対価関係にたつとみる（川村泰啓・「給付利得制度」判評143号7頁ほか），あるいは履行不能による債権消滅の例外を認める（加藤雅信・事務管理・不当利得（1999年）153頁，なお，同・財産法の体系と不当利得法の構造（1986年）452頁参照。詐欺の規範的効力は不法行為法によるものとする。同475頁注40）などの見解がある。なお，先履行されたものが金銭の場合には，その不能はないから，売主はつねに返還を義務づけられる。給付利得に返還義務の軽減がないことは（704条），買主の返還関係にも類推できるから，（給付の相互性を前提とするかぎりは）買主もつねに価額返還の義務をおうと解される（取消の規範的効力の範囲の問題には立ち入らない）。

　(c)無効にも，同じ問題がある。たとえば，買主が錯誤による無効を主張する事例において，買主のもとで，目的物が滅失した場合には，返還義務を免れながら，代金の返還を請求することができるか疑問である。とりわけこの場合には，自分の錯誤を理由とするからである。ちなみに，ドイツ法のもとでは，錯誤の効果が取消であるから（119条），上の取

消権の消滅が問題となるが，日本法のもとでは，無効であり，これを絶対的に解するかぎり，買主はつねに返還の主張ができることとなる（実質的に売主＝返還債権者の負担。なお，価値賠償については立ち入らない）。

同じ無効でも，公序良俗違反による場合には，べつの考慮が必要となる。売主の側に公序に反する行為があった場合には，買主がつねに返還を主張できることは，公序による無効の規範的な範囲に属する（買主の下で滅失，免責の場合）。しかし，買主の側に公序に反する行為があった場合には，逆に，返還の主張は，無効の回復を認めない契機となる。不法原因給付による返還請求権の制限がこれである（708条）。すなわち，不法原因給付は，清算関係の問題の一部を独立した制度としたものにほかならない。

取消と同様に，無効も，それぞれのもつ規範的拘束が強く，各制度の固有の性質を検討する必要性が強い。そこで，以下では，解除を中心に検討する。

第2節　対象の限定・先例

1　対　象

㈦　限　定

問題の所在を明確にするために，対象を以下のように限定しておく。

第1に，清算されるべき契約関係として売買のような交換型の契約をおもに検討する。他の契約においても危険負担と瑕疵との関係を探る問題はあるが，売買がもっとも典型的である。

第2に，瑕疵のある物に生じる障害は，目的物の「滅失」とする。毀損によっても危険負担の問題は生じるが，おおむね滅失に準じて論じれば足りよう。また，当初の物の欠陥は「毀損」程度のものとする。当初から滅失にいたるほどのものであれば，後発の滅失のよちはないからである。なお，後発の滅失は，物の原始的瑕疵にもとづくものではないことを前提とする。すなわち，瑕疵の結果として目的物が滅失した場合には，瑕疵とはべつに滅失の危険を考える必要はなく，瑕疵に対する責任のみを考えれば足りるからである。

さらに，特定物の売買を考える。種類物の売買では，当初，物に欠陥があった場合には，瑕疵担保責任ではなく，売主の不履行責任を生じる可能性がある。しかし，以下では「特定」の問題（第4章2節参照）や，瑕疵担保責任の性質についての争点にも立ち入らない。

なお，とくに断らないかぎり，後発の物の滅失には当事者双方に帰責事由がないものとする。

㈣　瑕疵の基準時

また，以下の問題は，担保責任の基準時選択の問題とは異なる。すなわち，担保責任を原始的瑕疵に限るか，それともドイツ民法のように危険移転時までに生じた後発的障害をも含めるかを問題とすると，目的物毀損といった1つの事由が，担保責任の対象となる

瑕疵としても，同時に危険負担の対象となる毀損としても評価される。

しかし，ここで問題とするのは，担保責任を生じる瑕疵が存在するさいに，かさねてその物が滅失し危険負担が争われる場合である。ここでは，①単一の事由を法的にどの構成で律するかではなく，②２つの事由から独立に生じる効果をどう調整するかが問題となるのである。

2 事 例

典型的なのは，たとえば，〔ケース１〕Ｙは，Ｘに物品を売却し引渡したが，それには瑕疵があった。引渡後，目的物は当事者に帰責事由なく滅失したという事例である。

(ア) 裁 判 例

【123】 東京高判昭39・10・28下民15巻10号2539頁

[事実] (a) Ｘは，Ｙから工場を賃借してＹの下請をする約束で，保証金85万円を差し入れていた。Ｘは，工場の引渡をうけラジオの組立作業を始めたが，工賃が支払われないまま３か月で，契約は，合意解除された。Ｘは，工場の返還を申し出て保証金の返還を求めたが，Ｙがこれに応じないまま４か月ほど経過したところ，原因不明の火事で工場は焼失した。Ｘは，工場を返還する関係では債権者であるＹ，およびその連帯保証人Ａに，出火について責に帰すべき事由があるとして，保証金の返還を請求した（536条２項）。

(b) 事案において，Ｘによる工場の返還債務とＹによる保証金の返還債務とは，たがいに対価的な関係にあるが，判決は，まず解除によって生じる債権関係には，双務契約の効力について規定した536条２項は適用されないとする。

[判旨]「出火による工場焼失と当事者双方の債務との関係について判断する。Ｘの此点についての主張は契約解除による当事者双方の負担する原状回復義務についても民法536条２項の危険負担の原則の適用のあることを前提とし，本件工場の焼失従つてＸの工場返還義務が履行不能となつたのに拘らずなほ保証金の返還請求を失はないというに在る」。

「思うに民法第540条１項，第545条１項の規定によつて各契約当事者がそれぞれ相手方に対して負担する原状回復義務は形成権たる解除権の行使によつて生ずる特別な法定の債務関係（不当利得返還債務の対立）であつて，決して解除によつて給付対反対給付の関係を内容とする新たな双務契約関係が生ずるのではない。ただ各当事者の負担する原状回復義務相互の間に同時履行の抗弁の規定を準用（民法546条）したのはそれが公平に適するとしたからである。そして相互の原状回復義務が双務契約でないこととこれを前提として民法546条が特に双務契約の効力のうち同時履行に関する同法533条のみを準用し，他方同法548条第２項の規定のあること等を考へると，解除の結果生ずる相互の原状回復義務については，双務契約について規定する民法536条の危険負担の原則はその適用のないことは勿論準用も亦ないものと解するを相当とする。そして以上のことは当事者が合意により双務契約を解除して相手方に対し原状を回復することを約した場合にも妥当する。以上の如くであるからＸが民法第536条２項を云々するのは法律論として正しいとは言えないが，これは，合意解除を原因として原状回復を求めるＸの請求自体には何等影響なしと謂うべきであ

る」として，Xが536条2項によって，保証金の返還を求めることを否定した。

しかし，つぎのことから，Xの請求が認容されるべきであるとする。

「本件工場が原因不明の出火により昭和35年2月7日焼失したことは前認定のとおりであり，世木茂の証言，Y及びXの各供述を綜合すると同34年12月頃よりYが関係するピース電気株式会社が本件工場の半分位を使用していていずれの使用個所から出火したか，またその出火の場所も判然としないことが認められ（出火原因の不明であることの争のないことは前記の通りである）且つXの本件工場の占有の適法なることは前認定のとおりであるから，右出火はXの故意又は過失乃至は善良なる管理者の注意義務の懈怠により起つたものとは認め難い。他に右焼失がXの責に帰すと認めるに足る資料は何等存在しない。以上の通りであるからXのYに対する工場返還債務は右工場の焼失によりその目的物を失い消滅したものと認むべく，従つてYの有する同時履行の抗弁権は右により当然喪失し，Yは債務者として，Aは連帯保証人として夫々Xの請求により保証金85万円を返還しなければならないものというべきである。」

〔ケース2〕　上記【123】では，契約の中に賃貸借や請負の性質が含まれ，対価関係が必ずしも明確ではない。そこで，より典型的な例として，つぎの売買の事例を考えよう。

XはYから工場を買い入れ，代金を支払いその引渡をうけた。しかし，その工場には欠陥があったので，Xは契約を解除し代金の返還を請求した（あるいはXYの間で合意解除された）。ところが，Yが工場の受領を拒みこれに応じないでいる間に，工場は当事者に帰責事由なくして焼失した。

(イ)　解除後の危険

〔ケース2〕およびつぎの〔ケース3〕は，ともに契約解除による清算関係の成立後における危険負担を問題とする場合である。

〔ケース3〕　上の〔ケース2〕において，Xが契約を解除してのち，すぐに工場が焼失したとする。

解除権の行使によって，当事者は原状回復義務をおう（545条）。この原状回復義務は，契約関係のまきもどしに向けられた不当利得の返還義務であり給付利得の返還関係にほかならない[221]。そこで，双務契約の給付関係を規律する533条以下の規定が準用される，と解せられる。そう解すると，当事者は給付の牽連関係にそくして，同時履行の抗弁権（533条・546条）や反対給付義務の消滅（536条1項）を主張しうることになる。つまり，Xが工場を返還しないときには，Yも保証金あるいは代金を返還しなくてもいいことになる（契約の目的を達成できる場合）。

(ウ)　同時履行

(a)　しかし，【123】は，解除の効果をかつての直接効果説によってとらえ，原状回復義務は法定の債権関係である不当利得であるとし，546条を例外的・創設的な規定と解した。

---

[221]　【123】におけるその他の一般的な問題や，双務的関係を認定すること自体の是非などについては，立ち入らない。また，営業譲渡に関する裁判例であるが，【69】は，実質的に返還関係における債務者主義を認めた。

そこで，給付相互の牽連関係は否定され，Yの保証金返還債務をXの工場返還債務と無関係なものとみたのである。この構成のもとでは，Xが工場を返還しなくても，Yのみは保証金あるいは代金を返還しなければならない。

(b) もっとも，当該事案の具体的解決にとっては，【123】がYの保証金返還債務の存在を認めたことは，必ずしも不当なものとはいえない結果となっている。その理由は，【123】に相当する〔ケース2〕と，〔ケース3〕との相違をみると，明らかとなる。すなわち，前者では，売主＝返還給付の債権者Yによる目的物の受領拒絶・遅滞があったからである。

一般に，債務者主義のもとにあっても，債権者（売買では買主）が受領を遅滞し，その遅滞中に目的物が滅失したときには，その危険は債権者が負担する（ド民旧324条1項。現326条2項）。この場合には，遅滞がなければ物は買主のもとで滅失し，同人が危険を負担したはずであるから，買主は引渡がないことを理由に対価の支払を拒みえないのである（日民536条2項）[222]。同様の理は，清算関係では，物の返還に関する債権者（もとの売主）の遅滞に関しても準用することができよう。

【123】は，Yが保証金の返還を拒めないことの理由として，536条2項に代えて，Yに同時履行の抗弁権がないからとして，Yの返還義務を肯定した。しかし，同時履行の抗弁権自体，契約上の法理（双務契約の効力としての533条。たとえ類型論以前の直接効果説的に不当利得を法定債権関係ととらえても，これに関する規定である703条・704条ではない）であることに変わりはない。また，これは，履行上の牽連関係を規律するものであり，給付の一方がすでに滅失している本件のような場合には，存続上の牽連関係＝危険負担を問題としなければならない。みぎ判決が，同時履行の抗弁権＝履行上の牽連関係の存否をもち出さざるをえなかったことは，危険負担規定（536条2項）の適用を否定した前段の文言とは裏腹に，まさにそれが存続上の牽連関係を考慮していたことを示しているのである[223]。

〔ケース2〕でも，売主Yは，Xに対し代金返還債務をおう。このことは，受領遅滞の結果として正当化されうる。しかし，返還債務はYの遅滞の効果によってのみ正当化されるにすぎないから，受領遅滞のない場合には，

---

222) わが民法536条2項は，債権者の責に帰すべき不能の場合の危険負担のみを対象とし（＝ド民旧324条1項，現326条2項），受領遅滞中の不能の危険負担（＝ド民旧324条2項，現326条2項）に関する明文規定をもたない。しかし，これを補充することは，解釈によっても可能であるし，また多数説でもある（たとえば，末川博・契約法（上）〔1958年〕100頁，甲斐道太郎・注釈民法（13）〔1966年〕315頁ほか）。その適用要件については争いがある。
223) なお，危険負担規定（536条）を準用しないとしても，その結果，たとえば，買主が，目的物を返還せずに代金を返還請求できることになれば，返還債権者＝売主の危険負担を認めることになるから，実質的には，契約法理（債権者主義＝534条1項）を準用したことになってしまうのである。すなわち，清算の関係には，つねに契約法理との対決が避けられないのである。

当てはまらない。これに反し，【123】の構成では，各債務は独立して存続し，かりに受領遅滞がない場合でも（〔ケース3〕がそのような場合である），Yのみが代金を返還しなければならないことになろう[224]。しかし，そうすると，返還関係に534条1項の債権者主義を準用するのと同一になる。この結果は，同条について一般にいわれるのと同じく，債権者（Y）が引渡をうけずに，代金支払（返還）を義務づけられることを意味し，妥当ではない。これを回避するには，給付の牽連関係を認め，Xが返還しえないときには，代金の返還請求も制限される，とする必要がある。534条1項の制限解釈は，清算関係にもあてはまるのである（原則としての536条1項の適用）。

(c) もっとも，当事者の合意解除ではなく，法定解除の場合には，目的物の瑕疵がかなり重大なことが予定されているから，買主が瑕疵を理由に契約を解除した場合には，危険が売主に転嫁されることも必要であろう。そのような重大な瑕疵では，買主は正当に受領を拒絶できるから，危険負担について引渡主義をとっても，「引渡」はありえず危険も移転しない。それとの均衡を考えるべきだからである（契約の目的を達成しえない場合）。

(エ) 解除前の危険

つぎの〔ケース4〕は，解除前の滅失の危険負担を問題とする。

〔ケース4〕 前述の〔ケース2〕において，Xが契約を解除する前に，工場が当事者に帰責事由なく焼失した例を考えよう。

ここでは，〔ケース1〕と同じく，滅失にかかわらず解除権が存続するか，を問題としなければならない（548条2項参照）。

(オ) 以上が，買主が解除する場合であるのに反して，つぎの〔ケース5〕は，買主の不履行（たとえば割賦代金の不払い）を理由に売主が解除する場合である。

〔ケース5〕 Yは，Xに工場を売却し引渡したが，Xは代金を一部しか支払わない。YがXの残額の不履行を理由として契約を解除したところ，目的たる工場は焼失していたとする。

目的物の引渡の結果，危険は買主に移転したのであるが，解除の結果，売主の代金請求権が消滅するとすれば（受領ずみの代金も返還しなければならず，他方，買主は滅失につき帰責事由がなければ，返還義務をおわず），危険は，売主に復帰することになる。

しかし，それでは，買主の不履行責任を追及しようとした売主の意図は達成されない。

---

224) この場合には，Xの返還義務は不能によって免責されているから，Yのみが返還することになる。結局，買主は，目的物を受領し契約の目的をも達していながら，危険を転嫁しうるのである。
　もっとも，後述のように，担保責任の規範的判断の結果，Yに返還を義務づけることが妥当なこともあろう（瑕疵がごく重大な場合には，買主は目的物を受領していないのと同様であり，解除によって代金を取り戻すことがつねに保障されなければならない）。ここでは，解除権の形式的適用がすべての場合に妥当なのではなく，また担保責任との調和をはかったものでもないことを指摘するにとどめる。

第 10 章　清算関係における危険負担

ここでは，目的物を返還しない買主は，代金を支払わなければならないのではないか（つまり解除が行われても危険を転嫁することはできない），が問題である。あるいは解除によって買主が代金債務を免れるとすれば，目的物に代わる価額の返還をするべきではないか，が問題である225)。

なお，解除後に工場が滅失した場合にも，目的物を返還しない買主が，代金を取得しうる（返還請求できる）のはおかしいのではないか，が問題となる226)。不履行の買主（履行および返還につき）が，危険を負担するべきだからである。

第 3 節　先例と検討

1　裁　判　例

清算関係における危険負担の裁判例には，すでにふれたものとしては，【123】のほか，他人の物の売買に準じる【53】，営業譲渡に関する【69】がある。しかし，【123】は，これが危険負担の問題であることを認識していないし，すでにみたように，【53】判決（福岡高宮崎支判昭 36 年）も，その対象が単純な契約の展開過程の危険負担ではなく，当事者の責に帰すべき事由がある場合の危険負担，あるいは端的に清算関係における危険負担が問題となる場合であることに気づいていない。

2　解除権の存否

以下も，もっぱら，548 条の解除権の存続に関する裁判例としてのみ争われている。

(ア)　解除権の消滅

まず，解除前に，解除権者が自分の行為によって契約の目的物を毀損したとして，解除権が消滅したとする裁判例としては，以下がある。

【124】福島地判昭 44・12・23 下民 20 巻 11＝12 号 947 頁，判時 587 号 67 頁

［事実］　X は，Y から新車として外国製自動車を買いうけ，残代金支払債務（225 万円）につき公正証書が作成されている。X は，上記自

---

225)　あるいは，解除権は消滅し，解除による危険の転嫁を否定するかである。売主の権利を制限することになるが，売主への危険移転よりは妥当な結果となろう。
　　売主が，解除の前に目的物が滅失したことを知っていれば（この場合に解除の意味はなくなるから），解除はしないであろうから，解除の意思表示じたいが無意味である。解除の意思表示を錯誤によって取消すことも考えられる。
226)　この場合には，前注 225)の後半のような構成によることもむずかしい。解除の意思表示の時点では，目的物は滅失しておらず，錯誤もないからである。正面から，目的物の返還と代金の返還の間に，給付相互の牽連関係を認めなければならない。

動車が中古車であり，債務の本旨に従った履行ではないとして契約を解除した，またその結果自分の支払義務は消滅したとして，公正証書の執行力の排除を求めた。

判決は，自動車が中古車であって（もっとも，以前いったんべつの買主に売られ，40日間その管理下におかれて，ある程度使用されたと「推認される」程度である），Xは解除権を取得したとする。

[判旨]「自動車においてはその性能と離れた外観等の形式的要素が非常に重視されるということができ，しかも新車を購入する者一般の感情を斟酌すると，すでに登録がなされているかどうかということは中古車かどうかの判断について相当の比重をもつといわなければならず，使用の有無についての前認定の事実と総合すると，本件自動車はいわゆる中古車であるというべきである。そして本件が新車の売買であつたことは当事者間に争いがないから，中古車である本件自動車の提供を理由として原告は本件契約を解除することができると解するのが相当である」。

しかし，Xは解除する以前に自分の過失により自動車事故を起こし，その破損の程度は，「本件自動車のような外国車としては大きな事故の部類に入ることが認められ」「右事実と前認定の自動車の売買における形式的要素〔新車か中古車か〕の比重の大きさとを併せ考えると，Xの前示行為は，民法第548条に定める解除権を有する者が自己の過失により著しく契約の目的物を毀損した場合にあたると解すべきであるから，Xの本件契約の解除権は消滅したといわなければならない」。

【125】 大阪高判昭58・11・30 判タ519号145頁

[事実] 買主Xが，売買目的物の自動車を暴走族むきの仕様に改造し，車体に傷をつけて廃車同様の姿にしていることを理由に，瑕疵担保責任による契約解除を無効とした事例である。

詳細は，必ずしも明確ではない。昭56年4月，Yは，Xに自動車を代金145万円で売却し引渡した。ところが，同年7月，その自動車が動かなくなる故障を生じたので，Xが点検したところ，エンジンにターボチャージャーを取りつけられない型の自動車であるのに，売買当時これが取りつけられ，故障の原因となっていた。故障の修理には，エンジンの取替え以外に方法はない。そこで，Xは，民法570条にもとづき売買契約を解除する意思表示をなした。なお，Yは，売買契約のさいに信販会社Aとの間でした売買代金の立替払い契約にもとづき，代金の立替払いをうけ，Xは，Aに対して月賦で弁済している。解除の意思表示をしたXは，AがYに支払った代金額の返還請求権を取得したとして，Yにその返還を請求した。

[判旨] 判決は，エンジンにターボチャージャーを取りつけると出力が増大するに伴ってエンジンの負担も増大するので，その負担に耐えられるように製造されなければならず，普通のエンジンにターボチャージャーを取りつけると故障の原因になるとして，「本件自動車のエンジンにターボチャージャーを取り付けることは，その運転に特段の注意を払わない限り，故障の原因となるものであつて，これを取り付けた同車を売買することはその目的物に瑕疵があるものということができる」。そして，Xは，自動車にターボチャージャーが取りつけられていることを知っていたが，取付によって故障を誘発す

る原因になることは知らなかったので，570条の隠れた瑕疵があるものといえるとした。

しかし，その後，Xが自動車を暴走族むきの仕様に改造し，車体に傷をつけて廃車同様の姿にしているとして，Xは「自動車の前記瑕疵とは関係なく同車を著しく毀損してその返還を不能にしているものということができるから，同車に隠れた瑕疵のあることを理由に本件売買契約を解除するXの権利は既に消滅しているものと認めることができる」。

【126】 浦和地熊谷支判昭50・10・6判時817号104頁

[事実] Xは，Yほかに債務を負担し，Yからは強制執行をうけていた。そこで，X・Y間で，つぎの和解契約を締結した。すなわち，Yは，Xに対する債権を消滅させ強制執行を取り下げる，Yは，Xの第三者に対する債務を引きうける，その代償として，XはYに本件土地を譲渡する，というものである。なお，Xは，一定期間本件土地の耕作ができるものとされた。そこで，Xは，上記契約に従って，Yに土地の所有権移転登記をしたが，Yは，強制執行を続行し，Xの耕作を妨害した。Xは，Yの強制執行に対して請求異議訴訟を提起し，競売開始決定に対する異議申立をし，また，Yの契約違反を理由として損害賠償訴訟を提起し，これらはいずれもXの勝訴に帰した。

ところが，その後Xは，和解契約をYの前記債務不履行を理由に解除し，原状回復として，（土地がすでにYから第三者に譲渡されていたので）土地の価額返還を請求した。

[判旨] 判決は，Xが前記請求異議，損害賠償訴訟を提起し勝訴したことは，Xが和解契約上の本来の義務の履行（これに代替する損害賠償義務）を求めるとの意思を明らかにするものであり，これにより，義務の履行「の目的を達してしまった場合や，解除によって生ずべきみずからの原状回復義務の履行を不可能にしてしまったときは，これを客観的に見れば，相手方に本来の義務の履行を求める代りに自分の方でも自分の本来の義務を履行する，との立場をとったということができ，いわば解除権の放棄の意思表示とでも呼ぶべき事実があったことになるから，〔Xの〕解除権は消滅するものと考えるべきである。このように考えないと相手方の地位は極めて不安定となり，いかに債務不履行のあった当事者とはいえこれに対して酷に失する結果となる。この考えは，禁反言や信義誠実の原則にも合致するし，民法548条1項の法意によっても裏付けられている」として，Xの請求を棄却した[227]。

---

[227] 同判決は，前述の引用部分につづいて以下のようにいっている。「Yの契約不履行によりXに解除権が発生した後も，Xは，これを行使せず，契約の効力を根拠にして請求異議訴訟，損害賠償請求訴訟を提起し，競売開始決定に対する異議申立をなし（これらのXの行為を客観的に評価すれば，Yに対して本件和解契約上の本来の義務の履行を求める，との意思を明らかにするものであり，その反面として，自分の方でも本件和解契約上の本来の義務を履行する，との意思を明らかにするものということができる。前述のとおり，相手方に本来の義務の履行を求めつつ同時に自己の本来の義務の履行を拒絶する方法は法律上認められていないからである。），いずれもその主張は認められたのであるから，その後になって解除権を行使することは許されないというべきである」。

(イ) 解除権の行使

つぎに、解除権の行使が認められた諸事例があり、本稿の対象としてはより重要である。

【127】 大判明45・2・9民録18輯83頁

[事実] Xは、Yより立木を買受けたが（山林5町1段〔ママ反〕1畝15歩に生立する松杉立木、代金2000円）、Yは、所有者から立木の所有権を取得することができなかった。そこで、Xは、売買契約を解除し売買代金の返還を請求した。これに対して、Yは、Xが立木中57本を伐採しそのうち15本に加工して返還できなくさせているとして、548条の規定に従って、解除権は消滅したと主張した。原審では、X勝訴。

大審院は、548条1項の規定の趣旨を、解除権の行使によって相手方を原状に復せしめるにつき不確実な損害賠償の方法によるほか適当な目的を達することのできないような場合を予想したものであるから、契約の目的物のうち重要でない僅少の部分に加工し、あるいは返還できなくさせたとしても、なお「多大ノ部分残存シ一般取引ノ観念ニ於テ原状回復ノ目的ヲ適当ニ達スルコトヲ得ヘキトキノ如キハ」、解除権を消滅させる法意ではないとして、Yの抗弁を排斥した。

[判旨] 「仍テ按スルニ、民法第548条第1項ノ規定ハ、契約当事者一方ノ解除権行使ニ因リ相手方ヲ原状ニ復セシムルニ付キ不確実ナル損害賠償ノ方法ニ依ルノ外適当ニ其目的ヲ達スルコト能ハサルニ至リタルカ如キ場合ヲ予想シタルモノナレハ、契約ノ目的物数多アル場合ニ、其中重要ナラサル僅少ノ部分ニ加工シテ之ヲ他ノ種類ノ物ニ変シ又ハ之ヲ返還スルコト能ハサルニ至リタルモ、尚ホ多大ノ部分残存シ一般取引ノ観念ニ於テ原状回復ノ目的ヲ適当ニ達スル

コトヲ得ヘキトキノ如キハ、同法条ノ規定ニ依リ解除権ヲ消滅セシムル法意ニアラスト解スルヲ当然トス」。

【128】 最判昭50・7・17金法768号28頁

[事実] 548条1項にいう「契約の目的物」の意義が争われた事例であるが、詳細は必ずしも明確ではない。土地所有者Aは、Xに対し建物所有のために土地を賃貸した。Xは建物を建築し、Yに賃貸した。X・Y間の賃貸借契約では、Yは、建物を増改築することができ、Yが増改築する場合にAから異議がでる場合には、XはYのために増改築ができるよう協力することとされ、かつ、このような増改築が完了しAの了解がえられたときには、増改築後の新建物の所有権はXに帰属し、旧建物についての賃貸借は、この新建物に移行するとの合意がなされた。Yが増改築中に、Aから異議が出て仮処分が執行され、Yが工事を続行することはできなくなった。YはXに、Aの異議を排除し工事が続行できるようにせよとの申出をしたが、Xはこの申出を拒絶した。

そこで、Yは、Xに対して、申出にかかる義務の不履行を理由に増改築契約を解除する旨の意思を表示した。これに対し、Xは、みぎの増改築契約にもとづき改築後の新建物は自己の所有であると主張し、所有権の確認を求めた。Yは、増改築契約の解除を理由に新建物がXに属することを否定する。Xは、旧建物の滅失を理由に解除権の消滅を主張したもののようである。

最高裁判決によると、原審は、旧建物に関する増改築および賃貸借契約は、当事者の意図した契約の目的にかんがみ、旧建物が取り壊された事実を前提として、新たに建築された新建物の所有権の帰属とその賃貸借関係についての約

定を内容とする契約に変更されたものとした。上告棄却。

[判旨]「原審は，その適法に確定した事実関係のもとにおいて，所論旧建物に関する増改築並びに賃貸借契約は，当事者の企図した契約の目的に鑑み，旧建物が取り毀された事実を前提として，その敷地上に新たに建築される本件建物の所有権の帰属とその賃貸借関係についての約定を内容とする契約に変更されたものとしていることが明らかであつて，原審の右判断は，首肯できないものではない。

ところで，民法548条1項所定の契約の目的物とは，解除の対象となる契約に基づく債務の履行として給付された物であって，解除により解除者が相手方に返還しなければならないものをいうと解されるところ，右変更された本件契約の内容に照らすと，旧建物は本件契約の目的物にあたらないと認めるのが，相当である。そうすると，本件契約の解除の意思表示が有効であるとした原審の判断に所論の違法はな」い。

【129】 最判昭51・2・13 民集30巻1号1頁[228]

[事実] 売買契約解除による原状回復義務の履行として目的物である自動車を返還できなくなった場合に，返還不能について無責の買主は，目的物の返還に代わる価額返還債務をおわないとした事例である。

Xは，昭42年9月4日，中古自動車販売業者Yから，本件自動車を代金57万5,000円で買いうけた。代金は即時に支払われ，自動車は，Xに引渡された。しかし，約1年後，昭43年9月12日，Aの執行官保管の仮処分によって，自動車は，Xから引きあげられた。その間の事情は，以下のようであった。すなわち，Aは，所有権留保をして本件自動車をBに割賦販売し，さらに，昭42年9月1日，中古車販売業者Bは，本件自動車を53万5,000円で，Yに売却した。そこで，その自動車の登録名義はAにあり，BやYには処分権限はなかったのである。しかし，Yは，Bに処分権限があるものと信じて，Yの責任で登録名義をXに移転することを約していたが，果たせなかった。

Xは，Aの仮処分により，Yに処分権がなかったことを知り，昭43年2月13日ごろ到達した書面で，民法561条によって2月22日かぎり，本件売買契約を解除する旨の意思表示をした。そして，Yに対して，解除による原状回復義務の履行として代金57万5,000円と遅延利息の支払を求めた。Yは，本件自動車またはその仮処分時の価格27万1,000円と，受領後解除時までの1年余の使用利益のうち30万4,000円＝自動車の価値減少分相当との請求権があるとして，引換給付判決を求めた。原審は，Xの請求を認容。Yから上告。

---

[228] 本判決については，島田禮介・判解民昭51年1頁，北村実・法時48巻10号，谷口知平・民商75巻4号698頁，加藤雅信・昭51年重要判例解説（ジュリ642号）66頁，瀬川信久・法協94巻11号1678頁，田中整爾・判例評論212号19頁，好美清光・基本判例双書〔76事件解説〕162頁など参照。
　　Vgl. Ono, Rücktritt und Pflicht zur Rückgabe des Werts des Gegenstandes und der gezogenen Nutzungen. OGH, Urteil des 2. Senates vom 13.2.1976 (RegNr. 1974-o-1152), Minshu 30, 1 ff., Hitotsubashi Journal Law and Politics, Vol. 29, p. 49 (2001)〔これは，Hagen のドイツ放送大学から出版予定のものにも所収〕

最高裁は，Yの主張をいれて，原判決を破棄差戻した。

[判旨]「売買契約解除による原状回復義務の履行として目的物を返還することができなくなつた場合において，その返還不能が，給付受領者の責に帰すべき事由ではなく，給付者のそれによつて生じたものであるときは，給付受領者は，目的物の返還に代わる価格返還の義務を負わないものと解するのが相当である」。

「売買契約が解除された場合に，目的物の引渡を受けていた買主は，原状回復義務の内容として，解除までの間目的物を使用したことによる利益を売主に返還すべき義務を負うものであり，この理は，他人の権利の売買契約において，売主が目的物の所有権を取得して買主に移転することができず，民法561条の規定により該契約が解除された場合についても同様であると解すべきである。けだし，解除によって売買契約が遡及的に効力を失う結果として，契約当事者に該契約に基づく給付がなかつたと同一の財産状態を回復させるためには，買主が引渡を受けた目的物を解除するまでの間に使用したことによる利益をも返還させる必要があるのであり，売主が，目的物につき使用権限を取得しえず，したがつて，買主から返還された使用利益を究極的には正当な権利者からの請求により保有しえないこととなる立場にあつたとしても，このことは右の結論を左右するものではないと解するのが，相当だからである。

そうすると，他人の権利の売主には，買主の目的物使用による利得に対応する損失がないとの理由のみをもつて，Xが本件自動車の使用利益の返還義務を負わないとした原審の判断は，解除の効果に関する法令の解釈適用を誤つた」ものである。

そこで，みぎ使用利益について，さらに審理をつくさせるために，本件は原審に差し戻された。

また，より新しいものとしては，前述の【119】のリース契約の清算に関する　ケースがある229)

3 検 討

(ア) 解除権の消滅

まず，解除権者が自分の行為によって契約の目的物を毀損して，解除権が消滅したとされた場合には，解除権者は，目的物の滅失の危険をもみずから負担しなければならない（【124】，【125】）。前記諸判決のうち，【124】では，買主の債務不履行を理由とする解除権が，【125】では，瑕疵担保解除権が消滅したとされたのである。ほかにも，東京高判昭29・7・24下民5巻7号1151頁は，東京証券協会の会員たる証券業者間には，買受けた証券が事故株である場合には買主に対し一種の契約解除権を与える商慣習があり，これは，「買受けた証券が事故株である場合に，買主はこれを返還して時価相当額の支払を受け得るとの慣習は，買主にたいし一の契約解除権

---

229) 本件については，判決に反対するものとして，本田純一・金判638号54頁。賛成するものとして，半田吉信・ジュリスト765号92頁，近江幸治・判タ472号61頁がある。および，遠藤ほか編・逐条民法特別法講座・⑥契約Ⅰ〔1986年〕59頁以下〔小野〕，同・森泉先生還暦記念論文集・現代判例民法学の課題〔1988年〕619頁以下（＝【Ⅰ】132頁以下）参照。

を与えるものであると認められる」が，買主が公示催告手続における権利の届出をしなかつたために株券が効力を失つた場合には，買主に過失があるから，548条1項により，買主の右解除権は消滅するとした。

これに対し，【126】では，民法548条1項の法意が言及されてはいるが，必ずしも解除権の消滅のケースとみることはできない。この場合には，給付受領者は，所期の目的を達している。むしろ，債権者＝解除権者による訴えが実効性をあげ，債務者の債務不履行が治ゆされた結果，解除権が発生しないとされたケースとみることができる。

(イ) 解除の効果

つぎに，解除権の行使が認められたケースは，前述の【127】以下である。

【127】では，買主＝解除権者の買いうけた立木の伐採，加工の程度が僅少であるとして，解除権の行使が認められた。大審院は，判決理由中で，548条1項の趣旨を，解除権の行使によって相手方を原状に復せしめるにつき不確実な損害賠償の方法によるほか適当な目的を達することのできないような場合を予想したものであると位置づけている。必ずしも明確ではないが，解除の結果生じるのは，(原物返還のほか) 損害賠償のみと考えているようである。原物に代わる価額返還には言及がない。しかし，この場合には，解除が認められたから，加工した部分に関しては，価額返還義務が生じるはずであるが，これには言及せず，たんに，僅少な部分にすぎないから，「損害賠償」で足りると解したのである。

【128】では，賃借人Yは，増改築契約にもとづき旧建物を壊すことができることを前提に，賃貸人Xの不履行を理由とする新建物の所有権移転契約の解除が認められた。判決は，この2つの内容をもつ契約を別個にとらえることにより，「右変更された本件契約〔新建物の所有権移転契約〕の内容に照らすと，旧建物は本件契約の目的物にあたらないと認めるのが，相当である」として，Yの解除を認め，旧建物の消滅による解除権が消滅したとするXの主張を認めず，結局，Xによる所有権確認請求を認めなかった。

しかし，増改築契約と新建物の所有権移転契約とが一体をなすものとみるのが，率直である。むしろ，新建物の所有権がXに移転しないのは，増改築契約がXの不履行によって工事ができなくなったことを理由とするべきであり，この場合には，解除の相手方の有責を理由とするから，目的物が滅失しても解除は可能である。判決の考え方は，契約の解除にもかかわらず，旧建物の返還（それが不能となったときには，それにかわる価額返還）を不要としたことに意義があり，すなわち，債務不履行を理由とする解除権の行使が許された（また相手方の有責による不能の）場合には，価額返還がないとの理論を前提としているものとみることができるのである（新建物は，それを建築した賃借人Yの所有となる）。

(ウ) 価格返還

したがって，上の2判決は，いずれも，解除権者に滅失につき帰責事由がなく，解除権の行使が認められる場合には，原物に対する返還義務が消滅するのはもとより，原物に代わる価額返還義務もないことを前提にしてい

第3節　先例と検討

るのである（もっとも，【127】は，損害賠償を肯定する限度でこれを修正している）。これは，ドイツ民法などにおける解除権の行使が可能な場合には，解除の相手方＝給付者が危険を負担するとの考え方（ド民旧350条＝日548条2項，2002年の債務法現代化法では削除）と共通するものである。

また，前述の【123】は，解除権行使後の危険負担に関するものであるが，当事者に帰責事由のない不能にさいして，給付した保証金の返還請求権を返還関係の債務者X（解除権者）に対して認めた。第2節において考察したように，その内容は，返還関係の債権者Yの受領遅滞中の不能に関するものであった。ここでは，Yの広義の有責から，その負担が認められたのであるが，受領遅滞中の不能という特殊の事情がなければ，当事者はたがいに返還しあわなければならず，これは，解除が可能な場合の，解除権者の危険負担に対応する（解除の相手方のみが返還する場合には，債権者主義）。

⑷　使用利益の返還

(a)　しかし，わが判例は，必ずしもつねに解除権の行使がなされる場合には，相手方のみが危険を負担するとの考え方をとっているわけではない。正面からその理を唱えたものは存しないが，間接的にその趣旨をうかがわせるのが，【129】，【119】である。

【129】は，原状回復義務が不能となり，そ

れが給付者によるときには，給付受領者＝解除権者は，目的物の返還に代わる価額返還の義務をおわないものと解するのが相当であるとして，価額返還義務を否定している。したがって，この場合には，解除権の行使が肯定されたときには，もっぱら，給付者が危険を負担するはずである。

しかし，判決は，同時に，給付受領者が使用利益を返還するべきことを認めている。ところが，使用利益は，いわば原物が価値に化体したものでもあるから，その返還を義務づける場合には，実質的には，価額返還を認めるに等しいことが注目されるべきである。したがって，その場合には，給付受領者＝解除権者による返還義務が肯定される限度においては，必ずしも危険が給付者のみに課せられることにはならないのである[230]。

(b)　同様の関係は，【119】でもみることができる。もっとも，同判決では，訴の上では損害賠償が問題とされており，価額返還は問題とされていない。しかし，そこでは，まず，借主＝買主のもとでの目的物の滅失がその帰責事由にもとづかない場合には，返還義務がなく，また，原物に代わる価額返還義務も生じないことが前提とされている。それに代えて，1審以来の諸判決は，借主＝買主が支払をよぎなくされているリース料合計額（損害賠償請求額）から，同人のえた使用利益を損益相殺する構成をとった。

---

230)　しかも，この場合は，内容的に相手方有責の場合（担保責任があるとの意味で）でもある。結果は，解除可能で，価額返還は免責されている。しかし，後述するように，使用利益の賠償をする限度では，実質的には返還がなされているのである。これについて，Ono, Restitution and the Extinction of Rescission, Hitotsubashi Journal of Law and Politics, Vol. 22（1994）, pp. 21（p. 36）.

第10章　清算関係における危険負担

　これは，実質的には，借主＝買主＝解除権者による解除を認め，原物または価額返還義務が生じないとし，しかし，使用利益の返還を認めるのと同一である。1審・2審では，その損益相殺＝使用利益の額の算定をいくらとするかが，焦点となったにすぎない。すなわち，損害賠償と損益相殺の実体は，解除による危険の転嫁と価額賠償にあるとみるべきなのである。そして，判決は，損益相殺を認めることによって，一部価額の返還を認め，したがって，もっぱら給付者のみが危険を負担することを否定したのである（実質的な債務者主義）。

　(c)　したがって，わが判例は，解除権の制限によって買主の請求を制限するのではなく，解除権の行使を認め，しかし，場合によっては価額返還によって，給付相互の均衡を目指すものと位置づけることができるのである[231]。

---

231)　比較的新しいドイツの見解（Caemmerer, Leser など）は，解除権の制限を主張する。その後の動向や比較法については，【II】104頁以下，122頁以下，219頁参照。
　　解除権の消滅の方式では，危険負担が給付受領者に帰せられる（解除すれば，危険は給付者に転嫁される）。この一方的な解決とは異なり，価値償還の方法では，給付受領者がえなかった価値の範囲でのみ，危険が転嫁されるから，より柔軟な解決となる。私見は，基本的に，この方法による（解除権の存続と価値償還）。ただし，法定解除で，買主が契約の目的を達成しえない場合や，〔ケース5〕（前注225），226）参照）の場合を除く。詳細については，前述の拙稿を参照されたい。

判 例 索 引

【 】内は本書の判例通し番号，【 】右の太字は［判旨］掲載頁を示す。

大判明27・11・13 大審院判決録1・494，復刻
　版322 ……………………………………【49】93
大判明34・11・28 民録7・10・121 ………【42】82
大判明35・12・18 民録8・11・100 …………【1】4
大判明39・10・29 民録12・1361 …………【30】55
大阪控判明42・3・24 最近判例集4・94 …【54】104
大判明45・1・26 民録18・36 ……………【117】204
大判明45・2・9 民録18・83 ……………【127】235
東京控判判決年月日不詳明45(オ)23・評論1・
　民法529 ……………………………………………55
大判大元・12・20 民録18・1066……………【22】44
大正元・12・28 新聞856・23 …………………205
東京地判判決年月日不詳・新聞875・(大2年
　7月5日号）17 ……………………………【19】33
大判大3・12・26 民録20・1208 ……………【2】4
大判大4・7・31 民録21・1356 ……………【28】49
大判大4・12・15 民録21・2117 ………………147
東京地決大6・5・31 新聞1271・28 ………【79】143
大阪控判大6・8・3 新聞1305・32 ………【27】48
大阪地判大6・12・16 新聞1356・25 ………【6】8
大阪控判大8・4・30 評論8・民法578，新聞
　1555・24……………………………………【55】104
大判大8・12・25 民録25・2400 …………【58】106
益田区判大9・2・14 評論（諸法）141 ……【52】100
大判大9・11・15 民集26・1779 ………………40
大判大11・4・28 民集1・5・228，評論（民法）
　11・437 ……………………………………【9】18
横浜地判大11・7・26 新聞2035・18 ………【48】92
大判大11・11・24 民集1・732 ……………【59】107
大判大12・2・7 新聞2102・21 ……………【44】86
大判大12・12・7 新聞2234・19，同2238・17
　…………………………………………………【66】121
東京地判大13・3・27 新聞2255・13 ………【70】133
東京地判大13・11・3 新報25・20 ………【50】96
大判大14・2・19 民集4・64 ………………………187
東京区判大14・4・15 新聞2417・15 ………【71】133
東京地判大14・6・25 新聞2440・16 ………【83】153

東京控判大15・5・8 新聞2625・11 ………【80】144
東京区判大15・5・20 新聞2683・12 ………【72】133
大判大15・7・12 民集5・616 ………………………70
大判大15・7・20 民集5・709 ………………【10】20
東京地判大15・10・14 新聞2622・5 ………【46】89
東京地判大15・11・24 新報106・22 ………【73】133
大判大15・11・25 民集5・763 ……………【106】187
大判大15(オ)223 判決年月日不詳新聞2595・
　3 ………………………………………………【84】153
大判昭2・2・25 民集6・236，評論16・284 …【51】99
大判昭2・2・26 新聞2680・15 ……………【34】58
東京地判昭2・3・11 評論16・民法333，新報
　109・26 ……………………………………【56】105
東京区判昭2・6・17 新報127・23 ………【68】126
東京地判昭2・9・26 新報136・20 ………【47】90
東京控判昭2・10・12 新聞2771・19 ………【85】153
大判昭2・12・26 新聞2806・15 ………………225
東京地判昭3・6・14 評論18・民法496 ……………55
大判昭3・6・28 民集7・8・519 ……………32, 203
大阪地判昭3・7・26 評論18・民法804 ………【8】11
東京地判昭3・8・6 評論19・民法260 ……【60】108
東京地判昭3・12・8 新報172・23 ………【69】130
大判昭4・3・30 民集8・36 …………………………83
大判昭4・6・19 民集8・675 …………………………83
大判昭5・3・14 新聞3114・12 ……………【82】153
大阪地判昭5・12・20 評論21・民法625 …【29】51
東京地判昭6・6・10 新報262・18 ………【23】45
大判昭6・8・7 新聞3311・14 ………………………32
大判昭6・10・2 法学1・378 ………………【26】47
大判昭7・4・30 民集11・780 ……………【107】188
長崎控判昭8・3・20 評論22・民法875……【11】22
大判昭8・10・2 裁判例7・228 ……………………55
大判昭10・5・13 民集14・876 ………………………83
大判昭12・3・13 民集16・269 ……………【32】57
大判昭12・5・22 民集16・723 ………………147
大判昭13・7・5 大審院判決全集5・16・4 ……【24】45
大判昭14・3・10 民集18・148 ………………【5】7

危険負担の判例総合解説　*241*

判例索引

大判昭 16・12・20 法学 11・719 ……………【113】195
大判昭 17・10・22 新聞 4808・8 ……………………36
大判昭 19・12・6 民集 23・5・613 ……………【20】36
最判昭 24・5・31 民集 3・6・226 ……………【43】84
東京地決昭 25・8・10 労民 1・4・666 ………【94】166
最判昭 26・2・6 民集 5・3・342 ……………………39
東京地判昭 26・8・7 労民 2・3・258 ……………165
京都地判昭 26・8・30 行裁集 2・8・1259 ………【3】5
大阪高判昭 26・12・22 下民 2・12・1494 ……【74】134
熊本地八代支判昭 27・11・27 労民 13・6・1126
　　…………………………………………【98】170
大阪地判昭 28・6・12 労民 4・4・374 ………【97】169
最判昭 28・6・16 民集 7・6・629 …………………225
最判昭 29・1・28 民集 8・1・234 ……………………39
東京高判昭 29・7・24 下民 5・7・1151 ……………237
横浜地判昭 29・8・10 労民 5・4・408 ……………165
最判昭 30・3・4 民集 9・3・229 ……………………83
最判昭 30・10・18 民集 9・11・1642 ………【45】86
最判昭 30・12・20 民集 9・14・2027 ………【21】37, 39
横浜地決昭 31・1・11 下民 7・1・1 …………【81】144
金沢地判昭 31・3・24 下民 7・3・741 ……………39
最判昭 31・4・6 民集 10・4・342 …………………39
東京地判昭 31・10・23 下民 7・10・29 ……………55
最判昭 32・12・3 民集 11・13・2018 ………………12
東京地判昭 34・11・26 判時 210・27 ………………39
福岡高判昭 35・11・18 労民 11・6・1317 ……【96】169
最判昭 36・6・20 民集 15・6・1602 …………………39
最判昭 36・7・21 民集 15・7・1952 …………【7】9
福岡高宮崎支判昭 36・8・29 下民 12・8・2088
　　…………………………………………55,【53】100
札幌高函館支判昭 37・5・29 高民 15・4・282 ……88
大阪高判昭 37・6・27 下民 13・6・1306 ……………53
最判昭 37・7・20 民集 16・8・1656（昭 36 年
　（オ）第 190 号）……………………【103】181
最判昭 37・7・20 裁判集（民）61・737（昭 36 年
　（オ）第 189 号）……………………【104】181
最判昭 37・7・20 民集 16・8・1684（昭 36 年
　（オ）第 522 号）……………………【95】168
札幌地決昭 37・8・9 労民 13・4・887 ……………165
高松地丸亀支判昭 38・9・16 労民 14・5・1158 …165
前橋地判昭 38・11・14 労民 14・6・1419 ………172

大分地決昭 39・4・25 判タ 163・136 ……………165
東京地判昭 39・4・28 判時 381・36 …………【62】114
広島高松江支判昭 39・9・11 高民 17・6・412
　　………………………………………………【65】116
東京高決昭 39・9・16 下民 15・9・2195 ……【76】140
東京地判昭 39・9・28 判時 395・37 …………【78】142
東京高判昭 39・10・28 下民 15・10・2539 …【123】228
松山地判昭 40・2・24 下民 16・2・335 ……………55
秋田地判昭 40・5・12 判時 416・76 …………【61】112
東京地判昭 40・11・22 判時 444・79 ………………39
横浜地決昭 40・11・26 労民 16・6・1002 ………167
最判昭 41・12・23 民集 20・10・2211，裁判集
　（民）85・843 ………………………………【12】23
大阪高決昭 42・5・17 下民 18・5＝6・536 …【77】141
最判昭 43・1・25 金判 98・6 ………………………69
最判昭 43・2・23 民集 22・2・281 ……………【13】27
東京地判昭 43・7・13 判タ 227・193 …………【16】31
最判昭 44・1・12 民集 23・12・2467 ………………39
鹿児島地判昭 44・1・20 判時 568・74 ……………55
東京地判昭 44・2・3 判タ 234・202 …………【15】30
大阪高判昭 44・9・19 労民 20・5・985 …………165
東京地判昭 44・10・13 ジュリ 449・6―判例
　カード ……………………………………【57】105
福島地判昭 44・12・23 下民 20・11＝12・947，
　判時 587・67 ……………………………【124】232
東京高決昭 44・12・24 判時 587・33 ………【87】156
東京地判昭 45・5・18 判時 608・151 …………【18】33
大阪高判昭 45・9・29 高民 23・4・511 ………【75】135
岡山地判昭 46・1・18 判時 625・90 ………………192
東京地判昭 46・2・25 判時 624・42 ………………192
東京地判昭 46・3・30 判タ 264・355 …………【17】32
東京地判昭 46・12・23 判時 655・58 ……………192
最判昭 47・3・30 判時 665・51 ……………………83
最判昭 47・9・7 民集 26・7・1327 ………………225
福岡地小倉支判昭 49・6・27 判時 759・86 ………39
東京地判昭 49・8・8 判時 769・63 ………………156
東京高判昭 49・8・29 判時 759・37 ………………69
大阪地判昭 49・10・8 金判 451・17 ……………212
高知地判昭 50・1・20 判時 785・108 ……………172
最判昭 50・4・25 民集 29・4・481 …………【91】163
最判昭 50・7・17 金法 768・28 ……………【128】235

242　危険負担の判例総合解説

最判昭 50・7・17 裁判集（民）115・465 …………… 164
大阪高決昭 50・8・13 判時 801・39 …………… 【89】157
浦和地熊谷支判昭 50・10・6 判時 817・104
　……………………………………………… 【126】234
最判昭 51・2・13 民集 30・1・1 ……………… 【129】236
大阪地判昭 51・3・26 判タ 341・205 ………… 【118】209
高松高判昭 51・11・10 労民 37・6・587 …………… 172
最判昭 52・2・22 民集 31・1・79 ……………… 【25】46
最判昭 52・2・28 裁判集（民）120・185 ……… 【92】164
最判昭 52・3・31 判時 851・176 ……………… 【31】55
東京地判昭 52・7・11 判時 879・101 ………… 【4】5
東京高判昭 52・11・29 労民 28・5＝6・511 ……【93】165
大阪地判昭 52・11・29 判時 884・88 …………… 69
最判昭 52・12・23 判時 879・73, 裁判集（民）
　122・597 ……………………………… 【109】189
東京地判昭 53・3・15 判時 915・77 ………… 【88】157
東京地判昭 53・8・9 労民 29・4・576 ……… 【99】171
東京高判昭 54・2・27 判時 923・81 ………… 【86】156
大阪高判昭 54・3・15 金判 577・34 ………… 【36】63
札幌高判昭 54・4・26 判タ 384・134 ……… 【110】192
東京地判昭 54・6・27 判時 946・65 ………… 【35】60
東京高決昭 54・12・13 判時 957・57 ………… 【33】57
最判昭 55・3・6 判時 968・43 ………………… 【14】27
最判昭 55・4・11 民集 34・3・330 ……………【90】162
福岡高判昭 55・6・24 判時 983・84 ……… 【111】193
最判昭 56・2・17 判時 996・61, 裁判集（民）
　132・129 ……………………………… 【108】188
最判昭 56・4・9 判時 1003・89, 金判 621・3, 裁
　判集（民）132・531 ………………… 【119】210
最判昭 57・10・19 民集 36・10・2130 ……… 【120】213
高知地決昭 57・10・28 判時 1072・138 …………… 151
横浜地判昭 58・6・27 判タ 509・174 ……………… 53
東京高判昭 58・7・19 判時 1086・101 …… 【112】194
大阪高判昭 58・11・30 判タ 519・145 …… 【125】233
浦和地判昭 59・1・31 判時 1124・202 …………… 70
東京高判昭 59・7・25 判時 1126・36 ……… 【114】195
東京高決昭 60・1・17 判時 1138・91 …………… 150
最判昭 60・5・17 金判 729・13, 判時 1168・58,
　裁判集（民）145・13 ……………………【116】197
高知地決昭 60・5・21 判時 1171・129 …………… 151
東京高決昭 60・12・27 判タ 610・140 …………… 150

東京高決昭 61・3・31 東京高裁判決時報 37・
　1＝3・25 ………………………………………… 151
東京高判昭 61・4・24 判時 1200・67 ……………189
東京地決昭 61・5・16 判時 1195・114 …………150
仙台地決昭 61・8・1 判時 1207・107 ……………150
大阪高決昭 61・10・1 判時 1219・75 ……………151
東京地判昭 61・10・30 判時 1244・92 …………225
名古屋高金沢支判昭 62・1・22 判時 1227・66 …151
大阪高決昭 62・2・2 判時 1239・57 ……………141
最判昭 62・4・2 判時 1244・126 ………… 【105】182
最判昭 62・7・17 民集 41・5・1350（昭 57 年（オ）
　第 1190 号）………………………………【100】172
最判昭 62・7・17 民集 41・5・1283（昭 57 年（オ）
　1189 号）………………………………… 【102】180
東京高決昭 62・12・21 判タ 660・230 …………142
那覇地判昭 63・12・15 訟務月報 35・6・962, 労
　働判例 532・14 ……………………………… 167
東京地判平 2・2・16 労働判例 557・7 …………167
東京地判平 2・3・13 判時 1338・21 ……… 【63】115
大阪高判平 3・2・27 判時 1400・31 …………142
名古屋地判平 3・7・22 判タ 773・165 …………167
新潟地決平 4・3・10 判時 1419・90 ……………150
最判平 5・2・26 民集 47・2・1653 ………… 【67】123
東京地判平 5・9・16 金判 955・35 ………… 【64】115
東京地判平 5・10・5 判時 1497・74 ……… 【115】196
最判平 5・11・25 金法 1395・49 …………… 【121】214
大阪地判平 7・2・27 判時 1542・94 ………… 【39】73
東京地判平 7・3・16 判タ 885・203 …………34, 69
最判平 7・4・14 NBL 568・74 ……………… 【122】214
大阪高決平 7・6・23 金判 984・26 ………………151
神戸地判平 7・8・8 判時 1542・94 ………… 【37】71
神戸簡判平 7・8・9 判時 1542・94 ………… 【38】72
大阪地判平 7・10・25 金判 990・37, 判時 1559・
　94 …………………………………………… 【40】75
最判平 8・1・26 民集 50・1・155 ………………102
最判平 8・1・26 民集 50・1・171 ………………142
仙台高決平 8・3・5 判時 1575・57 ………………150
東京高決平 8・7・19 判時 1590・74 ………………150
東京高判決平 8・8・7 金判 1011・26 ……………152
東京地判平 9・4・21 判時 1631・93 ……………151
東京地判平 9・8・26 労民 48・4・349 …………167

危険負担の判例総合解説　243

判例索引

大阪高判平 9・12・4 判タ 992・129 ……………………9
富山地判平 10・3・11 判タ 1015・171 ……………200
最判平 10・4・9 判時 1639・130 ……………【101】175
札幌地決平 10・8・27 判タ 1009・272 ……………150
最判平 10・9・3 民集 52・6・1467，判時 1653・96
　　……………………………………………【41】76
東京高決平 10・12・2 判時 1669・80 ……………151
東京高決平 11・1・22 判時 1670・24 ……………151
東京地八王子支決平 12・7・6 判タ 1069・243 …151
大阪高決平 13・6・4 金法 1651・87 ………………151
大阪高判平 15・11・21 判時 1853・99 ……………78

〔著者紹介〕

小野 秀誠（おのしゅうせい）

略歴　1976 年　一橋大学卒業
　　　現在　　一橋大学法学部教授

〔主要著作〕

逐条民法特別法講座・契約Ⅰ〔契約総論，売買〕，担保物権Ⅱ〔物上代位ほか〕（共著，ぎょうせい，1986 年，1995 年），危険負担の研究（日本評論社，1995 年），反対給付論の展開（信山社，1996 年），給付障害と危険の法理（信山社，1996 年），債権総論（共著，弘文堂，1997 年，2 版，2003 年），叢書民法総合判例研究・危険負担（一粒社，1999 年），利息制限法と公序良俗（信山社，1999 年），専門家の責任と権能（信山社，2000 年），大学と法曹養成制度（信山社，2001 年），土地法の研究（信山社，2003 年），司法の現代化と民法（信山社，2004 年），Die Gefahrtragung und der Gläubigerverzug, Hitotsubashi Journal of Law and Politics, vol. 19 (1991); Comparative Studies on the Law of Property and Obligations, ib., vol. 22 (1994); Comparative Law and the Civil Code of Japan, ib., vol. 24-25 (1996-97); The Law of Torts and the Japanese Civil Law, ib., vol. 26-27 (1998-99); Strict Liability in Japanese Tort Law, especially Automobile Liability, ib., vol. 28 (2000); Joint Unlawful Act in Japanese Tort Law, ib., vol. 29 (2001); Die Entwicklung des Leistungsstörungsrechts in Japan aus rechtsvergleichender Sicht, ib., vol. 30 (2002); A Comparative Study of the Transfer of Property Rights in Japanese Civil Law, ib., vol. 31-32 (2003-04).

危険負担の判例総合解説　　　　　　　　　　　　　　判例総合解説シリーズ

2005（平成 17）年 6 月 10 日　第 1 版第 1 刷発行　5657-0101

著　者　小野秀誠
発行者　今井 貴・稲葉文子
発行所　株式会社信山社　東京都文京区本郷 6-2-9-102
　　　　電話(03)3818-1019　〔FAX〕3818-0344〔営業〕　郵便番号 113-0033
　　　　印刷／製本　松澤印刷株式会社

ⓒ 2005，小野秀誠　Printed in Japan　落丁・乱丁本はお取替えいたします。　NDC 分類 324.211
ISBN 4-7972-5657-5　　★定価はカバーに表示してあります。

Ⓡ〈日本複写権センター委託出版物・特別扱い〉本書の無断複写は，著作権法上での例外を除き，禁じられています。本書は，日本複写権センターへの特別委託出版物ですので，包括許諾の対象となっていません。本書を複写される場合は，日本複写権センター(03-3401-2382)を通して，その都度，信山社の許諾を得てください。

判例総合解説シリーズ

分野別判例解説書の新定番　　　　　実務家必携のシリーズ

実務に役立つ理論の創造

緻密な判例の分析と理論根拠を探る

石外克喜 著（広島大学名誉教授）　2,900 円
権利金・更新料の判例総合解説
●大審院判例から平成の最新判例まで。権利金・更新料の算定実務にも役立つ。

生熊長幸 著（大阪市立大学教授）　2,200 円
即時取得の判例総合解説
●民法192条から194条までの即時取得に関する主要な判例を網羅・解説。学説と判例の対比に重点。動産の取引、紛争解決の実務に役立つ。

土田哲也 著（香川大学名誉教授・高松大学教授）　2,400 円
不当利得の判例総合解説
●不当利得論を、通説となってきた類型論の立場で整理。事実関係の要旨をすべて付し、実務的判断に便利。

平野裕之 著（慶應義塾大学教授）　3,200 円
保証人保護の判例総合解説
●信義則違反の保証「契約」の否定、「債務」の制限、保証人の「責任」制限を正当化。総合的な再構成を試みる。

佐藤隆夫 著（國学院大学名誉教授）　2,200 円
親権の判例総合解説
●離婚後の親権の帰属等、子をめぐる争いは多い。親権法の改正を急務とする著者が、判例を分析・整理。

河内　宏 著（九州大学教授）　2,400 円
権利能力なき社団・財団の判例総合解説
●民法667条～688条の組合の規定が適用されている、権利能力のない団体に関する判例の解説。

清水　元 著（中央大学教授）　2,300 円
同時履行の抗弁権の判例総合解説
●民法533条に規定する同時履行の抗弁権の適用範囲の根拠を判例分析。双務契約の処遇等、検証。

右近建男 著（岡山大学教授）　2,200 円
婚姻無効の判例総合解説
●婚姻意思と届出意思との関係、民法と民訴学説の立場の違いなど、婚姻無効に関わる判例を総合的に分析。

小林一俊 著（大宮法科大学院教授・亜細亜大学名誉教授）　2,400 円
錯誤の判例総合解説
●錯誤無効の要因となる要保護信頼の有無、錯誤危険の引受等の観点から実質的な判断基準を判例分析。

小野秀誠 著（一橋大学教授）　2,900 円
危険負担の判例総合解説
●実質的意味の危険負担や、清算関係における裁判例、解除の裁判例など危険負担論の新たな進路を示す。

平野裕之 著（慶應義塾大学教授）　2,800 円
間接被害者の判例総合解説
●間接被害による損害賠償請求の判例に加え、企業損害以外の事例の総論・各論的な学理的分析をも試みる。

松尾　弘 著（慶應義塾大学教授）　【近刊】
詐欺・強迫の判例総合解説
●関連法規の全体構造を確認しつつ判例分析。日常生活の規範・ルールを明らかにし、実務的判断に重要。

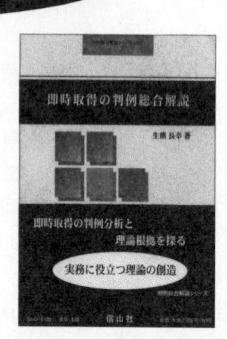

信山社